오랑캐 홍타이지
천하를 얻다

오랑캐 홍타이지
천하를 얻다

초판 1쇄 발행 2015년 5월 31일
개정 1판 1쇄 발행 2018년 10월 25일
개정 2판 1쇄 발행 2024년 9월 10일

지은이 장한식
발행인 권윤삼
발행처 도서출판 산수야

등록번호 제2002-000278호
주 소 서울시 마포구 월드컵로165-4
전 화 02-332-9655
팩 스 02-335-0674

ISBN 978-89-8097-614-0 03910

값은 뒤표지에 있습니다. 잘못된 책은 바꿔드립니다.

www.sansuyabooks.com
sansuyabooks@gmail.com
도서출판 산수야는 독자 여러분의 의견에 항상 귀 기울입니다.

역사가 숨긴 한반도 정복자 ——— # 오랑캐 홍타이지
천하를 얻다

皇　太　極

장한식 지음

산수야

일러두기

1) 이 책에서는 수도를 만주에 두었던 누르하치의 건주여진과 후금, 홍타이지 시절의 청나라를 통칭하는 단어로 '만주국'이라는 용어를 쓴다. 시기적으로는 1589~1644년까지이다. 훗날 일제의 꼭두각시 국가인 만주국과는 당연히 다른 개념이다.
2) 만주족의 '한'은 몽골족의 '칸'과 같은 의미이지만 발음은 약간 달랐다. 이 책에서 여진·만주의 군주는 한으로 표기하고 몽골은 칸으로 표기해 구분한다.

왜 홍타이지인가?

시진핑의 위험한 도박

2018년 봄, 중국 국가주석 시진핑(習近平)은 중대한 정치적 도박을 행하였다. 의회격인 전국인민대표대회에서 헌법을 개정한 것인데 '2차례를 초과해 연임할 수 없다'던 국가주석의 임기제한 규정을 삭제하였다. 개헌안 투표는 가림막이 없는 반(半)공개투표였고, 참가자 2,964명 가운데 99.8%인 2,958명이 찬성표를 던졌다. 헌법조문 몇 글자를 손본 파장은 컸다. 40년간 지속돼 온 중국의 집단지도체제는 허리가 부러졌고, 사라졌던 '황제의 망령'이 다시 대륙을 덮었다. 당초 2023년에 퇴임할 예정이던 시진핑은 '5년씩 두 번 연임'의 굴레를 벗고 적어도 2033년까지는 권좌를 지킬 생각으로 알려져 있다. 임기제한이 없는 최고 권력자의 미래는 외길이다. 결국 '독재자의 길'로 나아갈 것이 분명하다.

1976년 마오쩌둥(毛澤東)이 사망한 이후 중국에서 독재자는 사라졌다. 덩샤오핑(鄧小平)이 권력을 이어받아 대륙을 지배하였으나 정교했던 덩은 '총구(중앙군사위 주석)'만 장악한 채 권력분점을 시도하였다. 당 총서기나 국가주석직을 사양한 덩은 살아생전에 권력을 장쩌민(江澤民)과 나누었다. 국가주석과 부주석의 임기를 제한한 1982년 헌법은 덩의 '작품'이었다. 장쩌민이 국가주석에 올랐지만 정치권력은 7~9명의 '당 정치국 상무위원'이 분점하였다. 이후 최고지도자인 국가주석은 10년 주기로 교체되었다. 후진타오(胡錦濤)를 거쳐 시진핑이 등극하기까지 중국은 집단지도체제로 통치되었다. 덩샤오핑 집권 이후, 독재자라고 부를 만한 권력자는 대륙에 존재하지 않았다. 이는 시대의 흐름과도 맞아보였다.

　　그러나 시진핑은 달랐다. 부패척결을 명분으로 정치적 라이벌들을 차근차근 솎아낸 시진핑은 마침내 집단지도체제를 무력화하고 1인체제를 구축하였다. 이어서 임기제한마저 철폐하면서 사실상 황위(皇位)에 오르게 된 것이다. 시진핑의 행보는 많은 사람들의 예상이나 기대와는 거리가 멀다. 한국의 한 중국전문가는 2016년에 발간한 책에서 '시진핑이야말로 인치(人治)가 아닌 법치(法治) 시대를 열 지도자'라고 칭송하였는데 불과 2년 만에 스타일을 구겼다. 40년을 거슬러버린 시진핑의 행보에 대해 서방과 타이완·홍콩은 물론이고 대륙 내부의 반발도 만만치 않다. 그렇다고 해서 독재의 문을 연 시진핑의 시도를 '시대와 민심에 역행하는 처사'라고 간단히 규정하는 것은 허전하다. 신중한 시진핑이 위험한 도박을 할 때에는 그만한 믿음과 이유가 있다고 봐야 한다.

마오쩌둥이 일으킨 문혁(文革)으로 청춘을 희생한 시진핑이 마오 못지않은 '독재자'에 바짝 다가선 이유를 성장배경이나 개인적 경험에서 찾으려는 분석들도 나온다. 그러나 나는 동의하지 않는다. 퍼스낼리티를 분석해 특정인의 행보를 풀이하는 것은 흥미롭긴 하지만 과학적이지는 못하다. 독재자는 스스로 만들어지지 않는 법이다. 그가 소속된 사회와 시대의 산물이다. 2018년 3월 칭하이성 당서기가 '시진핑은 살아 있는 부처〈活佛〉'라고 아부한 사실은 '괴물'을 생산할 수 있는 중국의 조야한 정치현실을 증명해 준다.

상황이 여기에까지 이르게 된 것은 2012년 이후 중화인민공화국의 정치권력을 장악한 시자쥔(習家軍, 시진핑과 추종세력을 의미함.)의 '축차적 선택의 결과'로 여겨진다. 우선 시자쥔은 집단지도체제에 실망했음이 분명하다. 5년의 집권 경험 끝에 집단지도체제는 신속한 정책집행도, 책임정치도 방해할 뿐 아니라 심각한 부정부패를 초래한 원흉이라고 판단한 듯하다. 또 10년이라는 시한으로 인해 중화제국의 영광을 회복하고자 하는 시진핑의 꿈을 실현시킬 수 없다고 여긴 듯하다. 여기에다 시진핑이 2연임만 하고 물러날 경우 시자쥔은 철저히 제거될 운명이란 사실도 고려됐을 것이다. 시자쥔이 정적들에게 휘둘렀던 칼날이 날카로웠던 만큼 반격도 거셀 것은 정한 이치이다. 위의 3가지 이유만으로도 시진핑에게 장기(長期)독재를 제외한 다른 선택지는 없었다고 하겠다.

시진핑 독재정치의 전망은 명암이 엇갈린다. 단기적으로는 효율성의 이점이 있을 것으로 여겨진다. 강한 개혁 드라이브를 걸 수 있고 정책의 일관성과 집중성도 높일 수 있을 것이다. 그러나 장기적으로는 권력이양의 제도적 장치가 제대로 작동하지 않으면서 권력투쟁이 격화되고 정치적 긴장이 높아질 것으로 전망된다.(중앙일보 2018년 3월 9일자 서진영 고려대 명예교수 인터뷰 내용이다.)

시진핑의 정치 스승, 청 태종 홍타이지(皇太極)

새로운 황제를 꿈꾸는 시진핑의 도박이 성공할지 여부는 예단하기 어렵다. 다만 그의 의도는 짐작할 수 있다. "리더십이 안정되고 공고해야 중국몽(中國夢)을 이룰 수 있다. 이는 역사가 증명한다." 시진핑의 정치 목표인 중국몽은 '중국이 미국이나 유럽을 제치고 세계 최강국으로 우뚝 서서 전 세계를 이끌겠다.'는 야심의 표현이다. 서강대 사학과 전인갑 교수는 중국몽을 '제국몽(帝國夢)'이란 말로 설명한다. 옛 중화제국의 부활을 꿈꾼다는 말이다.(신(新)실크로드 건설을 위한 '일대일로(一帶一路) 구상'을 국가전략으로 선정한 데서 보듯, 집권 이후 시진핑의 행보는 중화주의를 강하게 표방해 온 것이 사실이다.)

횡적으로는(동시대 서방적 시각으로는) 도무지 설명되지 않는 시진핑의 행보지만 종적으로(중국 역사를 시대적으로) 살펴보면 이해할 수 있다. 비슷한 방식으로 성공한 역사가 존재하기 때문이다. 나는 시진핑이 누구를 흉내 내고 있는지 알 것 같다. 바로 청(淸) 태종 홍타이지이다. 1632년 정월 초하루, 후금(청나라의 전신)의 군주 홍타이지는 '팔왕공치'(八王共治, '팔기의 기주가 공동으로 나라를 다스리도록 하라'는 후금 창업주 누르하치의 유훈)라는 집단지도체제를 종식시키고 '한(汗) 독재체제'를 구축하였다. 독재군주가 된 이후, 홍타이지는 만주국의 자원을 총결집하는 전략으로 중원(中原)을 정복할 수 있는 실력을 확보하였다.

독재의 문을 열어 제친 시진핑의 의도는 '홍타이지의 성공역사를 재현할 심산'이라고 필자는 판단한다. 지나친 억측이 아니다. 중국 역사가 비록 길다고 해도 집단지도체제의 사례는 매우 드물다. 더욱이 집단지도체제를 독재체제로 바꿔 성공한 군주는 내가 알기로는 홍타이지가 유일하다. 2012년 집권 이후 통치구도 변경 문제에 몰두해 온 시자쥔이 홍타이지의 사례를 포착하지 못했을 가능성은 없다고 단언한다. "만주땅의 작은 나라 후금이 세계 최강국 청으로 도약한 비결은 일관되고 효율적인 유일(唯一) 리더십을 구축한 덕분이다. 홍타이지의 성공경험을 우리 시대에 재현해 보자." 시자쥔의 결론은 대략 이러했을 것이다. 이렇게 본다면 홍타이지는 시진핑의 '정치 선배', 조금 더 과감하게는 '정치적 스승'이라고 부를 수 있겠다.

나의 관심사는 시진핑이 중대한 결정을 하게 된 배경을 분석하는 데 있을 뿐 그를 비판할 의도는 없다. 시진핑의 정치적 선택은 나름의 소명의식에서 출발한 것으로서, 옳고 그름의 문제가 아니라고 여긴다. 그러나 결론부터 말한다면 400년 전 홍타이지의 성공방정식을 현대에 적용하기에는 무리가 적지 않을 것이다. 시대가 달라지고 상황이 바뀌었기 때문이다. 시진핑의 실험이 성공할 가능성은 별로 높아 보이지 않는다. 자신과 국가에 파국적 결과를 초래할 위험성도 다분하다. 그럼에도 불구하고 시진핑이 위험한 도박을 벌인 것은 홍타이지의 성공역사를 동원하지 않을 수 없는 처지에 몰렸다는 뜻이다.

홍타이지와 그가 걸어간 족적을 진지하게 공부하다 보면 시진핑의 '이해 못할 선택을 이해'할 수 있을 뿐 아니라 중국 지도부의 향후 행보도 제대로 예측할 수 있을 것이다. 중화인민공화국의 원형은 만주족(滿洲族)이 세운 청나라 시대에 이미 완성되었고 만청(滿淸)의 실질적 창업군주는 홍타이지이다. 현대 중국의 작동원리를 본질적으로 이해하기 위해서는 만청의 역사, 그 중에서도 창업주인 홍타이지 시대사를 공부할 필요가 있다는 뜻이다. 이제 400년 전 만주로 돌아가 거친 땅에서 몸을 일으킨 '강인한 족속'의 성공 스토리를 살펴보기로 한다.

'나쁜 오랑캐' 만주족의 대궐기

"…북쪽 사람들은 배고픔과 추위를 아주 잘 견딘다. 행군(行軍)할 적에도 쌀가루만 물에 타서 마시는데 6~7일 동안 먹는 식량이 쌀 4~5되에 불과하다. 그리고 바람이 불건 비가 오건 눈서리가 내리 건 밤새도록 한 데서 거처한다…"

1619년 후금과의 전투에 참전했다 포로가 된 조선 관리가 쓴 『건주문견록(建州聞見錄)』에 나오는 내용이다. 여기서 '북쪽 사람들'이란 만주족을 말한다.(1630년대 만주족으로 개칭하기 전까지는 여진족으로 불렸다.) 조선 사람들이 하루 2되의 쌀을 먹던 시절, 6~7일 동안 4~5 되만 먹고도 행군을 하고 눈비 내리는 밤에 야영을 한다니 굳세고 강한 족속임을 알 수 있다.

고대의 읍루(邑婁)에서 숙신(肅愼), 물길(勿吉), 말갈(靺鞨) 등으로 불려온 만주(여진)족은 퉁구스 계통으로, DNA만 놓고 보면 한민족(韓民族)과는 '형제민족'이다. 실제로 중국에서 만나본 만주족은 외모부터 한국인과 구분하기 힘들 정도로 닮았다. 한족(漢族)과는 다르고 '우리와 같은 줄기구나' 하는 생각이 저절로 든다. 몽골인이 한국인과 닮았다고 하지만 사실은 만주족이 더 가깝다. 한민족과 만주족의 종족적 유사성은 체질인류학 연구를 통해 이미 밝혀져 있다. 두개골 계측치를 보면 한국인은 앞뒤가 짧은 머리 즉, 단두형(短頭型)에 속하는데 전 세계에서 만주족만이 우리와 닮았다. 귀에서 정수리까지의 머리뼈 높이도 한국인은 평균 14.1cm로 만주족의 14.02cm와 극히 유사하다고 한다.[1] 고조선과 부여, 고구려, 발해를 함께 구성했다는 점에서 만주(여진)족을 우리민족으로 분류하고 그들의 역사를 한국사에 편입해야 한다는 주장을 펴는 학자들도 있다.

한민족과 같은 줄기에서 비롯됐지만 여진족은 오랜 기간 우리보다 더 가난하고 더 힘들게 살아왔다. 기후가 거친 북방에서 기마와 사냥을 일상화했던 여진족은 한반도 사람보다 더 모질고 강인한 성품을 갖게 됐고, 조선 관리의 눈에도 특이하게 비춰졌던 것이다. 그런 까닭에 여진족의 인구는 한민족의 10분의 1 정도에 그쳤고 경제력도 약했지만 군사 측면에서는 극강한 면모를 보여주었다. 예컨대 926년 발해가 멸망한 이후 200년 동안 거란족의 지배를 받았지만 1115년 아구타(阿骨打)라는 영웅이 나타나 대제국 금을 세우는 실력을 발

---

1) 연변통신, 2011년 11월 13일자.

휘하였다.

그러나 중국 북방을 지배했던 금나라가 1234년 몽골에 망한 이후 여진족은 나라 없는 설움을 톡톡히 맛보았다. 원과 명의 분할통제정책에 걸려들어 통합된 정치조직을 세우지 못한 채 소규모 부락단위로 갈래갈래 찢어져 살아야 했다. 그 결과 여진족은 수백 년간 조선과 명의 변경을 약탈하거나 원조를 받으며 살아가는 따분한 시절을 보냈다.

그런 여진족이 17세기가 열리자마자 세계사의 주역으로 등장하였다. 만주 땅을 통일해 독립국가를 건설한 다음 몽골과 조선을 굴복시키고 중국을 정복해 대륙의 주인이 되었다. 불과 40년 세월에 기적처럼 이뤄낸 성과이다. 도대체 그 힘의 원천은 무엇일까? 이 글은 17세기 초, 동시대에 이뤄진 만주(여진)족의 흥기와 조선의 몰락에 대한 나의 의문에서 시작하였다. 1600년까지만 해도 조선에 비해 인구수나 생산력, 문화전통에서 한참 뒤졌던 가난한 만주족이 불과 한 세대 뒤에 한민족을 무릎 꿇리고 주인 노릇을 하게 된 사실, 더 나아가 드넓은 중원의 패권자(覇權者)가 될 수 있었던 배경이 궁금하였다.

오랜 생각 끝에 두 가지 이유를 찾아낼 수 있었다. 하나는 16세기 은(銀)이 일으킨 세계사적 변화의 물결을 만주족은 잘 활용한 반면, 상공업을 억압했던 조선은 그 흐름을 제대로 타지 못했다는 사실이다. 만주족의 경제사회체제가 은이 준 기회에 능동적으로 대처할 수 있었다면, 조선사회는 사농공상(士農工商)의 질서에 갇혀 은의 힘을 충분히 활용하지 못했던 것이다.

더 결정적인 원인은 양쪽 지도부간 '집단사유(集團思惟)의 차이'에서 찾을 수 있다. 특히 중국을 보는 시각과 전략이 정반대였다. 조선의 지배층이 즐거이 명나라의 신하가 되기를 바랐다고 한다면 만주의 지도부는 반대로 명을 정벌하고 지배하겠다는 야심을 키웠다. 조선은 중국을 '하늘(天)'로 보고 섬기려 한 반면 만주족은 정복할 '땅(地)'으로, 지배할 대상으로 간주하였던 것이다.

충효의 유교이념이 구현되는 예의지국을 건설함으로써 작은 중화(小中華)가 되기를 희망했던 조선은 오랑캐이면서도 오랑캐 근성을 버린 이른바 순이(順夷), '착한 오랑캐'였다. 스스로를 좁은 울타리에 가뒀던 탓에 조선은 시간이 흐를수록 잠재능력 이하로 작아지고 약해져갔다.

반면 만주족은 100배가 넘는 인구에다 비교할 수 없이 부유하던 명나라를 두려워하지 않았다. 그 격차에 기가 죽지도 않았다. 역이(逆夷), '나쁜 오랑캐'를 자처했던 만주족은 스스로를 작지만 강한 족속으로 단련시켰던 까닭에 어느 순간 조선이 넘볼 수 없는 강력한 존재로 성장했던 것이다. 두려워할 만한 상대를 겁내지 않고 정면으로 부딪치는 것, 바로 '나쁜 오랑캐 정신'이다. 이웃대국이 굴기하는 오늘날, 대한민국에 요구되는 이념이기도 하다.

중국이란 용(龍)을 어떻게 다룰 것인가?

21세기는 중국시대이다. 2014년 중국의 GDP(국내총생산)는 10조 3,500억 달러, 17조 4,000억 달러의 미국에 이어 세계 2위이고 4조 8,000억 달러인 세계 3위 일본의 2배 이상이다.(한국은 2014년 1조

4,500억 달러였다.) 2019년에는 중국의 GDP가 20조 달러를 넘어서며 미국을 능가할 것으로 IMF는 예측하고 있다.(구매력평가(PPP) 기준으로 할 경우에는 이미 2014년 말 중국이 미국을 추월해 세계 제1의 경제대국으로 부상한 것으로 분석된다.) 경제력 외에 군사력과 외교력, 우주과학기술 등 총체적 국력도 미국에 비견할 수준으로 성장하였다. 14억 대국의 굴기는 가히 눈이 부실 지경이다. 승천하는 용의 기세 그대로이다. 유사 이래 수천 년을 '중국의 이웃'으로 살아온 우리역사에서도 이 정도의 변화는 일찍이 경험하지 못한 대사건이다.

현대 한반도인들은 대국굴기의 파장을 실감하며 살아가고 있다. 당장 한국경제는 중국이 기침하면 몸살을 앓게 되었다. 특히 유통과 부동산, 여행업은 '요우커(遊客)'에 목을 매고 있는 실정이다. 힘이 커진 중국은 서해어장을 싹쓸이하고 있고 고구려와 발해사의 소유권도 주장하고 있다. 한반도 통일과정에도 관여할 태세이다. 장차 더 강력해질 중국을 어떻게 마주할 것인가? 인간이든 동물이든, 국가이든 조직이든 강한 자는 약자 위에 군림하려 들게 마련이다. 위세를 과시하는 중국… 섬길 것인가 맞설 것인가? 피할 것인가 싸울 것인가? 아니면 대등한 친구가 될 것인가? 우리는 선택을 강요받고 있다.

미국도 우리에게 강한 영향력을 투사하고 있지만, 태평양을 격해있는 까닭에 영토와 영해, 역사문제 등을 둘러싼 고민거리는 거의 없다. 반면 중국은 다르다. 눈앞의 용을 어떻게 다루느냐는 현재의 자존심은 물론이고 미래운명과 직결된 문제가 된다. 용은 힘이 세고 많은 재주를 가졌다. 온화한 듯 보이지만 변덕이 심하다. 등에 올라탈 경우 동반승천의 행운을 누릴 수도 있지만 자칫 역린을 건드려 낭패를 볼 위험도 크다.

작은 덩치로 '이웃의 큰 나라'를 어떻게 다룰지는 과거의 조상들도 깊이 고민했던 주제이다. 고조선과 고구려는 맞서 싸우다 실패했다. 신라와 고려는 자주성을 잃지 않는 범위 내에서 중국의 패권을 인정하였다. 조선은 중국을 내면으로 존경하며 깊숙이 섬겨 '신속(臣屬)의 도리'를 다하였다. 그렇다면 대한민국은 중국을 어떻게 대할 것인가? 이 물음에 어떤 답변을 제시하느냐가 우리의 미래를 결정적으로 좌우할 것이 틀림없다.

만주족의 성공 비결, 오랑캐 전략

나는 '중국 스트레스'에 대한 해답 찾기의 방편으로 이웃민족의 역사를 살펴보았다. 특히 400년 전, 불과 100만 인구로 1억이 넘는 중원을 정복하고 대륙의 주인으로 군림했던 만주족의 성공역사에서 적잖은 시사점을 얻었다. 당시 조선은 몰랐지만 만주는 알고 있었다. 저 크고 강한 중국을 어떻게 상대할 것인지… "나라 크기와 인구 숫자로 상하(上下)가 정해지는 것은 아니다. 꿋꿋한 의지와 실력이 있다면 작은 것도 큰 것에 능히 맞설 수 있다." 만주족은 놀랍게도 '굴종' 대신 '정복'을 선택하였고 끝내 성공하였다.(만주족이 부상한 17세기 초 중국은 결코 약하지 않았다. 명나라는 국력이 약해 망한 것이 아니라 만주의 대담하고 치밀하고 집요한 공격에 의해 무너졌다. 이 점은 본문에서 상세히 다룬다.)

만주족의 강점은 전쟁인 반면 약점은 경제이다. 만주 땅은 기온이

낮고 비도 적어 농사에 적당하지 않았다. 비단옷에 쌀밥을 먹고 싶었지만 엄혹한 기후와 낙후한 농사기술로는 몸을 덥히고 배를 채울 수 없었다. 반면 전쟁기술이 뛰어났던 만큼 약탈능력은 탁월하였다. 만주족 지도부는 자신들의 강약을 정확히 알고 강한 쪽으로 베팅하였다. "추운 땅에 눌러 앉아 배를 곯기보다는 중원을 빼앗아 그 땅과 백성을 지배하며 살아가자"… 중국 입장에선 날강도나 다름없지만, 나쁜 오랑캐다운 기백이 넘치는 전략이었다. 당대 조선보다 가난하고 약했던 만주족이지만 자신들의 강점을 잘 살린 '오랑캐 전략' 덕분에 성공할 수 있었던 것이다.

오랑캐 전략의 핵심은 '허리 굽혀 살지 않겠다'는 굳센 자존심과 투지, 두려움 없는 용기와 지칠 줄 모르는 정력, 수렵민족 특유의 발빠른 지략, 호화사치를 배격하는 내핍과 검약 기풍, 명분보다 실질 중시, 개인보다 조직 우선 등으로 요약된다. 집단사냥으로 먹고사는 늑대 무리의 습성과 유사하다고 할까? 춥고 배고픈 데다 사방이 적으로 둘러싸인 최악의 환경에서 발전시킨 극한의 생존전략이다. 적은 인구에 생산력도 보잘 것 없었지만 오랑캐 전략으로 날을 세운 만주의 집요한 공세에 중국은 무너지고 말았다.

천하를 얻는 일이 쉽고 간단할 수는 없다. 시대적 행운도 작용했지만 '논두렁에서 꿩 알 줍기'는 결코 아니었다. 전민족의 단합된 역량과 엄청난 희생, 온갖 노력과 지혜를 쏟아부은 끝에 비로소 변방 오랑캐는 대륙의 지배층이 될 수 있었다. 조상들의 탁월한 전략과 결단 덕분에 만주족의 후예들은 추운 삼림에서 사냥하던 시절보다 훨씬 복된 삶을 누릴 수 있었다.(일부 논자들은 만주족이 중국을 정복했지만 자신들의 말과 문화를 잃고 소멸됐다면서 올바른 선택이 아니었다고 설파한다. 그러나 만주족은 결코 사라지지 않았다. 중국의 주류사회에서 자존심을 누리며 평균적으로 상류층, 식자층으로 굳건히 살아가고 있다.)

물론 오늘의 우리는 만주족처럼 중국을 정복하거나 지배할 이유가 없다. 그럴 역량도 없다. 현재의 국제사회는 일국이 다른 일국을 노골적으로 해치거나 억압하는 시대가 아니다. 수백 년 전에나 통할 '오랑캐 노선'을 고집했다가는 테러지원국으로 지목돼 국제제재와 고립을 면치 못할 것이다. 다만 만주의 성공비결에서 대국을 상대할 '올바른 전략'은 도출할 수 있다. 국세(國勢)가 밀린다고 해서 기가 죽을 이유는 없다는 것이다. 작은 나라가 국익을 지키고 자존을 유지하고 대등한 친구로 대접받기 위해서는 큰 나라보다 앞선 '자신만의 강점'을 파악하고 이를 키워나가야 한다는 사실이다.(중국보다 앞서 우리의 강점이라면 몇몇 제조업과 한류문화 등을 들 수 있겠지만 책의 주제가 아니므로 상술하지 않는다.) 거듭 말하거니와 지금 우리에게 필요한 것은 크고 강한 상대의 위세에 지레 꼬리를 내리거나 굴복하지 않겠다는 '나쁜 오랑캐 정신'이다.

홍타이지, 역사가 숨긴 '한반도 정복자'

굳이 중국을 상대할 교훈까지 아니더라도, 만주족의 성공역사는 그 자체로 조망할 가치가 충분하다. 우선, 비슷한 잠재력을 지닌 형제 민족의 위대한 스토리에서 '우리도 세계 최고가 될 수 있다'는 자신감을 얻을 수 있다. 아울러 만주족 이야기는 우리 역사와 불가분의 관계란 점에서도 충실한 이해가 필요하다. '만주족의 성공 비결'은 '조선의 실패 원인'과 상통하기 때문이다.

같은 오랑캐였지만 순이(順夷)였던 조선과 180도 다른 꿈을 키웠던 역이(逆夷), 만주족의 결단은 오늘의 우리에게 좋은 교훈이 된다. 그런데 만주족이 견지한 오랑캐 정신은 결코 우연의 산물이 아니다. 용략(勇略)이 뛰어난 지도자의 선구자적 역할을 간과해선 안 된다. 그 지도자는 이 책의 주인공인 '아이신교로 홍타이지(愛新覺羅 皇太極, 애신각라 황태극 1592~1643년)'이다. 병자호란을 일으킨 장본인으로서 1637년 1월 30일 삼전도 들판에서 조선 왕(인조)을 무릎 꿇렸다. 그 결과 홍타이지는 '한반도 정복자'라는, 우리 역사에서 제외시킬 수 없는 인물로 스스로 자리매김하였다.

한반도와 악연으로 맺어졌지만 우리는 홍타이지를 객관적으로 평가할 필요가 있다. 한민족에게 치욕을 안긴 '기분 나쁜 원수'로 단정해 무시하거나 폄하해서는 곤란하다. 우리를 일거에 무너뜨린 인물을 통해 스스로의 문제를 제대로 연구하고 보완할 필요성이 다분하다. 그렇지 않을 경우 장차 또 다른 홍타이지가 나타나 새로운 삼전도의 굴욕을 강요하지 않는다는 보장이 없기 때문이다. 앞으로 우리를 짓밟을 수도 있는 적은 아마도 '사람'이 아닌 '사건'의 모습으로 다가오겠지만….

홍타이지의 행적을 추적하다 보면 용맹과 지략을 동시에 갖춘 쾌남아의 면모를 확인할 수 있다. 선대로부터 물려받은 '작은 것'에 만족하지 않고 '완전히 새롭고 더욱 큰 것'으로 키워내는 2세 경영의 힘, 창업주를 능가한 창업정신도 배울 수 있다. 내가 홍타이지를, 17세기 만주족 이야기를 주목한 이유도 바로 이런 점이다.

그러나 홍타이지에 대한 한국인들의 관심은 희미하다. 우리를 짓밟은 정복자인 만큼 심도 있게 조망한 평전(評傳)이 더러 있을 것으로 생각했지만 찾아보기 힘들었다. 누르하치나 칭기즈칸은 잘 아는 한국인들이 홍타이지를 망각해버린 이유는 무엇일까? 서울 땅을 직접 밟는 등 누르하치나 칭기즈칸보다 우리 역사에 훨씬 큰 영향을 끼친 인물인데도 말이다. 창업주가 아닌 2세여서? 그게 아니다. 조선의 지식인들부터 현재까지 홍타이지란 기억하고 싶지 않은 인물이기 때문이다. 우리를 해친 원수는 철저히 망해야 그나마 분이 풀릴 텐데 오히려 중원을 정복하는 등 큰 성공을 거뒀으니 조선인들의 심리적 타격이 컸고 그래서 애써 숨기지 않았나 싶다. '병자호란의 악몽' '삼전도의 굴욕' 정도가 홍타이지에 대한 기억의 전부라고 해도 과언이 아니다.(이는 조일전쟁과 풍신수길에 대한 기억이 생생한 것과 대조적이다. 풍신수길이 전쟁 도중에 죽고 그의 아들이 정적에게 살해된 것을 조선인들은 통쾌하게 여겼다. 조일전쟁의 기록이 풍성한 것은 일본에 항복하지 않고 침략자들을 몰아낸 데다 '원수의 몰락'에 위안 받았던 심리와 관련 있어 보인다.)

조선은 병자호란 때 한 번 망한 셈이다. 전광석화 같은 만주군의 공격에 조정이 남한산성으로 피했다가 결국은 무릎을 꿇었다. 오랑캐라고 얕봤던 족속에게 짓밟혔다면, 그래서 수백 년간 부끄러워했다면 조선의 조야는 실패원인부터 스스로의 약점까지 철저히 분석했어야 마땅하다. 하지만 조선에서 그런 일은 없었다. 편하게 망각하고 숨기는 길을 택했다. 사실 우리는 지난 수백 년간 삼전도의 일을 애써 거론하지 않고 홍타이지를 제대로 연구하지 않음으로써 '치욕의 역사'를 성공적으로 숨겨 왔다. 그러나 이젠 달라져야 한다.

400년 가까운 시간이 흐른 만큼 병자호란의 굴욕을 제어할 수 있는 심적 여유가 생겼다. 만주족을 라이벌로 여길 필요성은 사라졌고 '오랑캐에 항복했다'는 마음의 상처도 아득한 옛 기억일 뿐이다. 이제라도 홍타이지와 만주족의 혈관이 펄펄 뛰던 시대상과 조선을 침공한 배경, 당대 동아시아의 국력 동학(動學)을 객관적으로 조망할 필요성이 있지 않을까? 홍타이지와 만주족이라는 거울에 비친 우리들의 일그러진 자화상을 직시해 볼 가치는 충분하다. 역사는 박제된 과거가 아니라 현재와 미래를 보는 창이기 때문이다. 한민족은 약했고 라이벌은 강했던 시절, 우리를 쳐부순 상대를 통해 스스로의 민낯과 강약을 제대로 파악할 수도 있을 것이다.

또 병자호란 전후사를 공부하다 보면 '국가와 민족의 흥망성쇠 원리'도 덤으로 얻을 수 있다. 만주족이 흥국(興國)의 탄탄대로를 걷던 시절, 명과 조선이 쇠락의 길로 접어드는 과정은 뚜렷하게 대비된다. 특히 병자호란의 실패는 이데올로기(당시로서는 성리학과 사대주의)가 국가발전과 민족생존의 수단이 아니라 도전을 불허하는 목적으로 변질됐을 때 망국으로 치닫게 된다는 것을 보여준 대표적인 사례이다. 국가의 성공과 실패를 가르는 근본 원인에 대한 개안(開眼)은 오늘날에도 지혜가 되기 마련이다.

우리 민족이 지닌 어떤 특질이 만주군대를 불러들였고 그들에게 무릎 꿇게 만들었을까? 그 해답은 만주족이 갖고 있을까 조선에서 찾을 수 있을까? 서두를 필요는 없다. 16세기 중반 만주족의 부상에서부터 17세기 대륙정복까지의 역사를 순차적으로 살펴보면서 해답을 추적해 볼 생각이다. 작은 책이지만 사람들의 가슴에 한 줄기 흔적을 남기길 기대하며, 부족한 글을 감히 세상 밖으로 내보낸다.

皇太極

2부. 홍타이지 내부개혁, 후금의 재탄생

4부. 천명(天命) 내걸고 중국 정복

皇太極

홍타이지

1234년 금나라가 몽골에 멸망한 이후 1500년대 중후반까지 여진(만주)족의 역사는 처절하였다. 통일세력을 이루지 못하고 갈래갈래 나뉘어 힘이 약화된 상황에서 원과 명의 가혹한 지배를 받았다.

가난하고 거친 데다 문물마저 낙후됐다는 이유로, 300년이 넘는 기간 동안 중국과 조선, 몽골 등 이웃의 멸시도 톡톡히 감수하였다.

그러나 여진족이 최악의 시절을 보내고 있던 16세기 중후반 경, 세계사적 변화의 물결이 만주 땅으로 흘러들었다. 하얀색 금속 백은(白銀, silver)이 만든 혁명이었다. 흩어지고 쪼개져서 약해졌던 만주족은 '은의 축복' 속에 다시 뭉쳤고 나아가 독립국가인 후금(後金)을 건설하는 기회까지 포착할 수 있었다.

은(銀)이 뒤흔든
16~17세기 동아시아

이 모든 이야기의 시작은 은(銀)이다. 명나라가 약화되고 만주벌판의 여진부락들이 후금이라는 하나의 정치체제로 통합된 일, 작은 나라 후금이 청으로 몸집을 키워 중원의 주인이 될 수 있었던 근본동력은 은이다. 은이 일으킨 세계사적 충격파의 연장선상에서 동아시아의 격변 또한 이뤄진 것이다. 만주에 비해 조선의 힘이 약화된 결정적인 이유도 은이 만든 변화에 제대로 대처하지 못한 탓이다. 수천 년 전부터 화폐나 장신구로 쓰이던 은이 세계사에 그 위력을 발휘한 것은 16세기 들어서이다.

백은(白銀) 대박, 동서무역 확대

경제상의 변화는 역사를 바꾼다. 이는 현대나 과거나 마찬가지이다. 세계역사에서 16세기는 분명 '백은(白銀)의 시대'이다. 은의 생산량이 급증한 데다, 풍성해진 은 덕분에 유럽과 아시아 간의 동서무역이 폭발적으로 늘어난 때문이다. 당시의 양대 은산지는 중남미와 일본이니, 은의 산출이 폭증한 시대적 배경을 먼저 살펴본 뒤 이야기를 진행하자.

고대 로마시대부터 비단 등 중국산 제품은 유럽을 매료시켰다. 후추와 육두구(肉荳簆) 등 동양산 향신료도 육식을 즐기는 유럽인들에게 없어선 안 될 인기품목이었기에 아시아와 유럽을 잇는 무역로(실크로드가 대표이다.)는 끊임없이 가동됐다. 15세기 이전의 동서무역은 주로 아랍상인들이 주도한 낙타무역이었다. 비단과 향신료 등 아시아 산물은 낙타 대상(隊商)에 의해 지중해까지 운반되고, 다시 이탈리아 상인에게 넘겨져 유럽각지에 팔려나가는 구조였다.

그런데 15세기 중엽(1453년) 오스만투르크가 동로마제국을 멸망시키고 서아시아 일대로 진출하면서 동서무역에 적잖은 차질이 발생하였다. 동양과 직접교역하기를 바랐던 유럽인들은 막힌 육로를 대신할 해로를 찾아 나선다. 덕분에 동방으로 가는 새로운 바닷길이 개척되고 신대륙을 비롯해 지금까지 알려지지 않았던 지역이 유럽인의 가시권에 들어가니, 이를 '지리상의 발견'이라고 부른다.

새로운 항로개척에 앞장선 나라는 포르투갈과 스페인이었다. 1498년 포르투갈 국왕의 명령을 받은 '바스코 다 가마'가 4척의 배를 이끌고 아프리카 남단의 희망봉을 돌아 인도 캘리컷에 도착하면서 새로운 동양 항로가 열렸다. 스페인도 뒤지지 않았으니 1492년 스페인 여왕의 지원을 받은 콜럼버스가 서인도제도를 탐험하였다. 1519

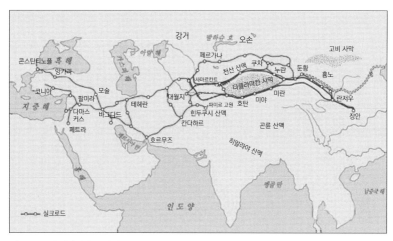

실크로드 비단길이라고 일컫는 실크로드(Silk Road)는 고대 중국과 서역 각국 간에 비단을 비롯 한 여러 가지 무역을 하면서 정치 · 경제 · 문화를 이어 준 교통로의 총칭이다.

년 스페인을 떠난 마젤란 함대는 대서양과 태평양을 거쳐 필리핀에 이르렀고, 계속 서진한 끝에 인도양과 희망봉을 돌아 1522년 출발지 인 세비야 항구로 일부가 귀항하면서 최초의 세계일주가 이뤄졌다.

동양으로 가는 새로운 항로와 신대륙이 발견된 이후 유럽인들은 앞다퉈 해외로 진출하며 무역과 식민활동을 힘차게 전개하였다. 향 신료와 비단, 도자기 등 동양산 제품과 담배, 감자, 커피 등 신대륙 산 물이 대량으로 유입되면서 유럽의 생활상에 혁명적 변화가 생겨났 다. 또한 멕시코와 페루 등지에서 대대적으로 광산이 개발되어 막대 한 금과 은이 유럽으로 반입되었다. 다량의 금은은 동양의 물품을 수 입할 수 있는 자금이 되었고, 덕분에 유럽과 아시아 간의 무역규모는 날로 확대되었다.

1540~1550년대 멕시코와 페루, 볼리비아 등 중남미에서 대규모

은광이 발견되고 얼마 지나지 않은 1560년대, 은광석에서 은을 채취하는 새로운 '수은 아말감법' 제련기술이 개발되면서 생산량이 급증하였다. 세계 은 산출량의 80%를 차지한 중남미 백은 가운데 2/3, 연간 270톤은 유럽으로 수출됐고 나머지 1/3, 연간 135톤 정도는 동아시아로 유입되었는데 대부분 중국으로 흘러들어 갔다.

16세기가 열리면서 포르투갈과 스페인 상인의 아시아 방문은 급증하였고 동남아, 일본과 연계돼 최종 목적지 중국으로 향하면서 명나라 사회 전반에 영향을 미치게 된다. 세계적 규모의 무역이 이뤄지면서 중국은 비단과 도자기, 차 등을 수출할 수 있는 거대한 시장을 발견한 셈이었으니 산더미 같은 은이 중원으로 유입되었다.

중남미 백은보다 더 많이 중국으로 흘러들어간 은은 일본산 은이다. 16세기에서 시작해 17세기 중엽, 정확히 1668년 막부가 은 수출을 금지할 때까지 일본에서 해외로 유출된 은은 막대하였다. 특히 1560년에서 1640년까지 일본은 세계적 은 생산, 수출국이었다.[1] 17세기 초에는 연간 200톤의 백은이 일본에서 해외로 수출되었고 주로 포르투갈과 네덜란드 상인의 손을 거쳐 중국의 산물을 구매하는 데 소비되었다. 조선을 매개로한 중일무역도 일본 은이 명나라로 유입된 중요한 통로였다.[2] 16세기 중반부터 조선의 사신단을 통해 중국의 비단과 생사가 일본산 은과 교환되었다.

일본의 은 생산량은 1530년대부터 크게 늘었다. 조선의 양인 김

1) 안드레 군더 프랑크, 『리오리엔트』, 이희재 역, 이산, 2003, p253.
2) 동북아역사재단, 『동아시아의 역사 2』, 동북아역사재단, 2011, pp286~290.

감불(金甘佛)과 노비 김검동(金儉同)이 1503년(연산군 9년) 함경도 단천은광에서 세계 최초로 개발한 연은분리법(鉛銀分離法)이 1533년 일본에 전수되었기 때문이다. 은광석에는 은과 함께 다량의 납(鉛)이 포함되어 있는데 은과 납을 분리하지 않고서는 은 생산을 늘리기 힘들다. 그런데 김감불과 김검동이 소나무재를 이용해 은과 납을 분리하는 획기적인 기술을 개발하였다. 머리 좋은 조선인이 세계적인 신기술을 개발하였지만 사농공상 나라에서 볼 때는 쓸데없는 짓을 한 셈이었다. 상공업을 말업(末業)으로 치부하며 억누르던 조선은 은의 필요성을 별로 느끼지 않는 사회였고 당연히 은을 캐는 데도 소극적이었던 것이다. 조선의 대표적인 은광인 단천은광도 세종대에 폐쇄됐다가 훗날 다시 열린다. 조선 최고의 성군마저 '앞으로는 금은을 진상하지 않아도 된다'는 명의 허락을 받자마자 채굴을 금지하였으니, 백은에 대한 관심이 얼마나 저조했는지 알 수 있다.

조선에서 홀대당한 이 신기술이 일본으로 전수되면서 세계사적 변화를 야기한 결정적 원인이 된다. 혼슈 시마네현에 소재한 '이와미(石見) 은광산'에 연은분리법이 도입되면서 이곳의 생산량이 한 때 전 세계의 1/3을 차지할 정도로 급증하였다.

일본 은은 왜구의 불법무역과 포르투갈 상인의 합법무역을 통해 중국으로 본격 유입됐다.[3] 1521~1566년까지 명나라 가정제(嘉靖帝) 재위 기간에 집중된 '가정의 대(大)왜구' 사태는 일본 은과 중원의 산물을 교환하려는 중일 양국상인의 거래를 명 조정이 금지한 데 따른

---

3) 앞의 책, pp282~286 참조.

반작용이었다. 어쨌든 왜구들의 밀무역을 통해 상당량의 일본산 은
이 중국으로 유입된 것은 사실이다.[4]

동양으로 촉수를 뻗친 포르투갈은 1511년 말레이반도의 말라카
를 점령한 데 이어 1557년 명으로부터 마카오 거주를 허락받는다. 그
결과 말라카해협 → 마카오 → 일본 나가사키를 잇는 정기항로를 열
수 있었다. 포르투갈 상인들은 조총 등 유럽산 문물을 일본에 수출해
백은을 확보한 뒤, 그 은으로 중국의 차와 비단, 도자기를 구입하여
유럽으로 실어 갔다.

스페인이 건설한 필리핀 마닐라와 베트남 중부의 호이안에서도
중개무역이 이뤄지면서 더 많은 일본 은이 명나라로 흘러들어 갔다.
연간 200톤 정도였던 일본 은의 해외 수출물량 대부분이 궁극적으로
는 중국으로 들어간 것으로 분석되고 있다.

은의 중국 유입과 은본위제(銀本位制) 확립

가정의 대왜구 사태를 겪은 뒤 명나라는 개국 이후 200년간 지속
해왔던 해금정책(海禁政策)을 재검토하였다. 그리하여 1560년 절강과
복건, 광동성의 시박사(市舶司, 해상무역 담당 관청)를 다시 연 데 이어
1567년에는 해금령을 공식해제하고 남중국의 항구를 유럽 등 해외
상인들에게 개방하였다.

묵은(墨銀)이라고 불린 멕시코 백은(사실은 중남미 은)은 1565년부

---

4) 융이, 『백은비사』, 류방승 역, 알에이치코리아, 2013, pp45~57.

스페인의 갤리온선 갤리온은 16세기 후반에서 18세기 무렵까지 사용된 범선이다.

터 1815년까지 250년간 갤리온(Galleon, 대형범선)에 실려 태평양을 건너와 필리핀 마닐라에서 중국산 산물과 교환되었다. '마닐라 갤리온 무역시스템'이다. 당시 마닐라항은 중국 복건성과 광동성에서 출발한 정크선들로 붐볐다. 중국 화물선들은 도자기와 비단, 차를 싣고 마닐라로 입항해 멕시코의 아카풀코(Acapulco) 항구에서 은을 싣고 출발한 스페인의 갤리온 선단을 기다렸다. 당시 마닐라항은 복건성 출신 화교만 2~3만 명이 거주할 정도로 번창하였다.

1573년의 경우 2,000톤의 대형 갤리온 두 척에 실려 온 중남미 은괴가 중국 면직물 1만 1,300필, 비단 두루마리 712개, 도자기 2만 2,000점과 교환돼 중국으로 유입되었다.[5] 1597년에도 345톤의 은괴를 실은 스페인의 선박이 아카풀코를 출발해 중국으로 향했다고 한다.[6]

태평양을 건너온 신대륙 은뿐만 아니라 대서양을 건너 유럽으로 향한 은도 결국은 중국으로 흘러들어 가는 것이 당시의 구도였다. 1586

5) 왕자평 외 7, 『대국굴기』, 양성희 · 김인지 공역, 크레듀, 2007, p35.
6) 융이, 『백은비사』, 류방승 역, 알에이치코리아, 2013, p76.

년 스페인의 서기가 필리핀에서 본국으로 보낸 보고서의 일부이다.

> "매년 이 지방(필리핀)에서 30만 페소의 은이 중국으로 유입되는
> 데 올해는 50만 페소(12.5톤)에 이르렀습니다."[7]

> 1637년에는 "멕시코에서 스페인으로 반입된 은은 영국인, 프랑
> 스인, 네덜란드인, 포르투갈인의 손에 옮겨가고 그들에게 이익을
> 준 후 포르투갈인에 의해 동인도로 수송됩니다. 인도에서 네덜란
> 드인, 페르시아인, 아라비아인, 무갈인 등의 손을 거쳐 마지막에
> 는 중국으로 흘러들어 가 버립니다."라고 하였다.[8]

중남미 은이 서쪽으로 가든 동쪽으로 향하든 종착지는 중국이라
는 얘기였다. 당시 중국상품을 유럽으로 가져가면 5배 정도의 이익을
남길 수 있었기에 유럽상인들은 큰 배에 은을 싣고 중국으로 달려갔
던 것이다.

독일 출신의 경제사학자 안드레 군더 프랑크(Andre Gunder
Frank)는 서양 중심의 세계체제론을 비판한 저서 『리오리엔트』에서
16세기 중반(1545년)부터 18세기 말(1800년)까지 전 세계에서 생산
된 13만 7,000톤의 백은 가운데 6만 톤, 약 44%가 중국으로 흘러들
어 갔다고 보았다.[9] 250년간 6만 톤이 유입됐다면 연평균 240톤이

7) 미야지마 히로시 · 키시모토 미오, 『조선과 명청』, 김현영 · 문순실 공역, 너머북스, 2014, p199.
8) 서영교, 「전쟁과 시장(44)-정치권력과 조폭의 결합」, 인터넷사이트- 'THE KOREA 전쟁사' 중에서.
9) 안드레 군더 프랑크, 『리오리엔트』, 이희재 역, 이산, 2003, pp249~257.

마제은(馬蹄銀) 명나라 시대에 널리 쓰인 은화. 말발굽 모양으로 생겨서 마제은으로 불렸다.

라는 막대한 은이 외부에서 중국으로 유입됐다는 설명이다. 1500~1800년까지 전 세계 은의 절반이 중국으로 흡수됐다는 주장도 있다.[10)

지구상의 은이 중국으로 몰린 이유는 중국의 물산이 풍부한 탓도 있었지만 다른 지역에 비해 중국이 은의 가치를 높이 쳐준 것이 그 배경이다. 16세기 금과 은의 교환비율을 보면 유럽이 12대 1 정도였던 반면 중국은 6~8대 1 수준이었다. 중국에서 은의 가치가 유럽보다 2배가량 높은 셈이었다.

어쨌건 16세기 중반, 특히 1567년 해금령 폐지 이후 중국 자체에서 채굴한 은(명나라 초기엔 절강성이나 복건성에서 연간 100만 냥(37.5톤) 이상의 백은을 채굴했지만 15세기 중반 이후 생산량이 줄었다. 전체 은 수요에 비해 자체 생산량은 미미한 편이었다.) 외에 연간 은 200톤 안팎의 무역흑자가 누적되면서 명의 사회경제는 이전에 겪지 못한 거대한 변화를 경험하였다. 은이 돈처럼 결제기능을 담당하면서 상품화폐경제가 급속히 확대되었던 것이다. 16세기 말 양자강 하류 소주(蘇州)에는 직기를 수십 대씩 갖춘 직물업소가 만여 곳에 이르렀고, 직공

10) 백영서 외, 『동아시아의 지역질서』, 창비, 2005, p43.

과 무늬공, 염색공 등 분야별로 수만 명의 노동자가 직물공장에서 일을 할 정도였다.

소량의 은만 가져도 많은 양의 물품과 교환할 수 있게 되면서 상품유통이 빨라졌고, 황제부터 서민까지 명나라 사회의 모든 구성원이 은의 효율성을 실감하면서 더 많은 은을 확보하기 위해 활발히 움직였다. 16세기 이후 명나라는 함량 미달의 아둔한 황제들이 줄이어 등극하면서 정치는 엉망이었지만 해외 은이 쏟아져 들어온 덕분에 경제, 사회적으로는 한동안 풍족한 시대를 구가할 수 있었다.

세금도 점차 백은으로 납부하기 시작하였다. 현물세와 부역 등 다양한 부세를 토지면적과 가족 수에 따라 단일기준을 정한 뒤 은으로 받으면 편리하였던 것이다. 일조편법(一條鞭法)이란 세정개혁은 이런 분위기에서 등장하였다. 일조편법은 1565년 절강성에서 처음 시행되었고 1572년 만력제 즉위 후에 내각수보(內閣首輔) 장거정(張居正)이 전국으로 확대한 세금제도이다. 이는 납세자와 조정 모두에게 이익이었다. 예전에는 각종 부역세와 인두세, 토지세 등 여러 세목이 있어 번잡했지만 일조편법을 통해 토지세 한 가지로 일원화되면서 세금납부나 세금관리가 편리해졌다. 또 곡식이나 비단 같은 현물이 아니라 은으로 납부하니 납세자들은 운반비 부담이 없어 좋았고, 조정은 가격변동이 없어 안정적인 재정운영이 가능해졌다.(다만 농민들이 세금 낼 은을 마련하기 위해 곡식을 팔 때 상인들의 농간으로 손해를 보는 경우는 허다하였다.)

한마디로 일조편법은 교환 수단-결제 수단으로서의 은의 기능을 극대화한 조치였으며 그 결과는 사실상의 은본위제 확립으로 이어졌다. 일조편법을 시행하자 막대한 양의 은이 조정으로 쏟아져 들어왔고, 명의 국가재정은 급속히 안정되었다. 만력 10년(1582년) 6월 장거정이 사망했을 당시 명나라 조정이 10년 동안 쓸 수 있는 양곡 1천 300만 석과 은 700만 냥을 비축하고 있었다고 한다.

운반하기 쉽고 저장하기도 편리한 은이 화폐로 기능하게 되면서 부(富)의 축적과 상속이 용이해짐에 따라 민간에서도 은 확보를 위한 경쟁이 격화되었다. 곳곳에서 거만의 은을 축장한 부호들이 속출하였고 사치풍조도 빠르게 확산되었다. 16세기 후반의 명나라를 배경으로 한 소설 『금병매(金瓶梅)』에서 보듯이 상류층을 중심으로 배금사조(拜金思潮)와 불건전한 생활, 말기적인 타락한 문화풍조가 판을 치게 되었다.(『금병매』의 주인공 서문경(西門慶)은 수단과 방법을 가리지 않고 거금을 모은 약재상인데, 많은 처첩을 거느리고도 방탕한 생활을 계속하는 인물로 그려져 있다.) 중국의 역사가들은 명나라 후기에 자본주의의 맹아적 형태가 출현했다고 파악하고 있다.

은의 유입과 여진사회의 변화

명나라에 유입된 은은 크게 두 갈래로 사용되었다. 하나는 조정에서 세금으로 거두어 국방과 외교를 위한 국가재정 수단으로 쓰였고, 다른 하나는 민간에서 화폐로 기능하며 상품유통을 확대하는 역할을 담당하였다. 덕분에 중국경제에 대한 의존도가 높았던 여진(만주)족과 몽골 사회도 16세기 접어들면서 은의 영향을 받기 시작하였다.(16세기 동아시아에서 일본은 최대 은 수출국이고 중국은 최대 유입국이다. 몽골과 여진도 일찌감치 은 경제권에 포함되었다. 동아시아 전역이 은의 물결을 받아들이던 시점이지만 상업을 억눌렀던 조선은 그 혜택을 제대로 누리지 못하다가 임진왜란 이후에야 은이 소량 유통되기 시작했다. 이 점에 관해선 뒤에서 상술한다.)

특히 여진족 사회에는 '외교'와 '상품유통'이라는 2개 경로 모두를 통해 중원의 은이 대량으로 유입되었고 심대한 사회변화를 유발하였다. 우선 국방, 외교비용을 따져보자. 중국이 벌어들인 은의 80% 이상이 북방의 군비와 이민족을 달래기 위한 외교비용으로 들어갔다는 분석이 있다. 1567~1572년의 경우 명나라의 연간 군비는 230만 냥이었지만[11] 16세기 말이 되면 서북의 군대 주둔지에 보내는 은만 해도 연간 400만 냥을 넘어섰다. 각 부대는 주변의 농민들과 상인들에게 은을 주고 곡물과 직물 등 군수품을 조달하였다.[12]

만리장성에 대한 대대적인 수리와 신축 작업에도 산더미 같은 은덩어리가 투입되었다. 요즘 북경 근처에서 볼 수 있는 거대하고 멋진 벽돌장성 대부분은 명나라 장수 척계광(戚繼光)이 권력자 장거정의 재정지원을 받아 새로 쌓은 것이다. 1568년 계주총병(薊州總兵)으로 부임한 척계광은 15년에 걸쳐 북경의 북방으로 동서 수백 리에 걸쳐 높이 7~8m, 폭 5~6m나 되는 웅장한 장성을 축조하였다. 성곽 위로는 몽골말 다섯 마리가 나란히 달릴 수 있는 마도(馬道)도 마련하였다.[13]

---

11) 토마스 바필드, 『위태로운 변경』, 윤영인 역, 동북아역사재단, 2009, p508.

12) 피터 C 퍼듀, 『중국의 서진』, 공원국 역, 도서출판 길, 2012, pp110~111.

13) 니시노 히로요시, 『말과 황하와 장성의 중국사』, 김석희 역, 도서출판 북북서, 2007, pp308~310.

만리장성 중국 역대 왕조가 변경을 방위하기 위해 축조한 대성벽. 보하이만에서 중앙아시아까지 약 6,400km에 걸쳐 동서로 뻗어 있다.

이때는 명의 재정상태가 가장 좋았던 시절이었기에 몽골과 여진이라는 북로(北虜) 방비를 위한 시설에 은을 물 쓰듯 들이부었다. 결국 차와 도자기, 비단을 팔아 번 백은으로 만리장성을 새로 쌓았다고 봐도 틀림이 없다.

군비만이 아니라 외교비용도 막대하였다. 명은 건국 후 초기 80년만 몽골, 여진족에 대해 군사적 우위를 지녔을 뿐 영락제 사후엔 북방경영에서 늘 밀리는 신세였다. 특히 1449년에는 6대 황제 정통제(正統帝)가 하북성 토목보(土木堡)에서 몽골 오이라트부 추장 에센(也先)에게 포로로 잡히는 사태까지 벌어졌다. 명은 몽골과 굴욕적인 화친을 맺을 수밖에 없었고 이후, 오이라트 등 거친 부족을 견제하기 위해 몽골 온건부족과 여진의 여러 부족장들에게 '세폐(歲幣)'라는 이름으로 많은 자금지원을 하였다. 예컨대 누르하치만 하더라도 1583년 그의 부조(父祖)가 이성량의 군사에 의해 오살된 대가로 명나라로부터 매년 상은(賞銀) 800냥을 받았다. 은으로 평화를 사는 외교비용에 얼마나 투입됐는지 통계조차 없지만 그 규모는 국방비 전체와 비슷했을 것으로 추정된다. 역사가들은 당시 은의 분포를 두고 다음과 같이 비유한다.

> "명나라 시대의 중국 북부(몽골과 여진의 영역이다.)는 은의 블랙홀이다."
> "전 세계에서 가장 큰 부자는 교황도 아니고 술탄도 아니고 중국의 황제도 아니다. 몽골인과 여진족, 명 북부의 군벌들일 것이다."[14]

결국 은으로 받은 명나라 세금의 상당 부분이 군대 유지와 군사시설 정비, 여진족과 몽골족을 달래기 위한 '평화비용'으로 소모됐다는 말이다. 그 결과 여진, 몽골과 인접한 요동은 명나라 전역에서도 은이 가장 흔하고 부유한 지역으로 바뀌었다.

하지만 여진사회 전체로 볼 때 유입된 은의 절대량은 교역을 통해서 밀어닥쳤다. 상품경제의 발전으로 신흥부호가 급증함에 따라 16세기 후반부터 명나라 상류사회는 호화사치 풍조와 방탕한 생활상이 판을 치게 되었다. 그 여파로 건강에 좋은 인삼과 녹용, 방한과 과

---

14) 인터넷 글. 원래의 출처는 불분명함.

시효과가 뛰어난 초피(貂皮, 담비모피), 여성들이 선호한 진주 등 만주 산 고가명품을 찾는 소비자가 급증하였다. 특히 강정제(強精劑)로 인기 높았던 인삼은 백은과 비슷한 무게로 교환되었다. 이 때문에 산서성의 진상(晉商)과 안휘성의 휘상(徽商)을 필두로 한 중원의 수많은 상인들이 해당 물품을 구하고자 요동, 만주 일대로 몰려들었다. 은의 유통이 늘어나면서 만주산 사치품의 가격은 천정부지로 치솟았고 중원 상인과의 흥정을 겪으면서 순박한 여진족들도 점차 세상물정을 알게 되었다.

물론 중원과 만주와의 교역은 예전부터 행해져왔다. 즉, 인삼과 초피, 말을 명나라 상인에게 팔고 중원의 농기구와 소금, 직물 등 생필품을 대가로 받는 방식이었다. 그러나 소금과 직물 등은 무게와 부피가 큰 탓에 명의 상인이 한 번에 운반해 갈 수 있는 양은 한계가 있었고 그 때문에 만주산 물품과의 교환 물량은 한정적이었다. 그런데 16세기 중반 이후 운반과 휴대가 쉬운 은이 결제 수단이 되면서 다량의 물자매집이 가능해졌다.(명나라는 1527년부터 조공과 회사(回賜, 조공에 대한 답례)를 은으로 환산해 계산하기 시작했고 1564년에는 여진 추장들의 요구에 따라 회사와 무상(撫賞, 선무용 보상금)을 모두 은으로 지급하였다.)[15]

중원에서 쏟아져 들어온 은은 16세기 후반부터는 여진족 사회에서도 화폐처럼 유통되고 가치척도와 결제 수단으로 자리 잡았을 것으로 여겨진다. 특히 1567년 명나라가 민간무역 금지를 폐지한 이후

15) 유소맹, 『여진 부락에서 만주 국가로』, 이훈 · 김선민 · 이선애 공역, 푸른역사, 2013, p141.

일본 은과 중남미 은이 대량으로 중국에 유입되었고, 약간의 시차를 두고 여진사회에도 흘러들어 갔다. 덕분에 만주 땅은 자연스럽게 세계 은경제권에 편입되었다. 실제로 여진사회의 권력자들은 시장의 세금을 은단위로 계산해 걷는 등 상품가치를 은으로 통일해 매겼다. 은의 유입량이 늘어남과 동시에 수렵과 채집 등 자급자족 수준에 머물던 여진족 경제사회에 '커다란 변화'가 '빠르게' 일어났다. 은을 가진 사람은 누구나 하얀색 금속이 지닌 위력을 곧바로 알아볼 수 있었기 때문이다.

명나라 상인들은 인삼과 초피, 말, 진주 등 전통적인 상품 외에도 목재와 잣, 버섯, 벌꿀 등 다양한 물품을 노리고 만주로 몰려들었다. 이에 맞춰 산과 호수로 달려가 상품의 수집에 나서는 여진족이 늘어났고 교역에 종사하는 상인층도 형성되었다. 여진사회의 지도부들도 통상이 갖는 의미를 체득하고 유통경제의 효과를 알아채기 시작하였다.(상업을 말업(末業)으로 천시하고 억압했던 조선과 달리 만주에서는 상업을 중시하였다. 이 차이는 은이 가져온 시대흐름을 타느냐 타지 못하느냐로 커졌고 나아가 양국의 운명을 바꾼 중요한 배경이 되었다. 2장에서 상술한다.) 이제 여진의 모든 물산이 은과 교환되면서 무역량이 곧 권력인 시대가 도래하였다.

은이 던진 충격파는 여진족 사회를 근본에서부터 뒤흔들어 버렸다. "인삼과 초피, 말, 진주는 많은 은과 교환할 수 있다. 은을 가진다면 우리도 한족처럼 부유하고 호화롭게 살 수 있다."는 경제상식을 체득했기 때문이다. 이제 명과의 무역허가장인 칙서(勅書)의 가치는 더욱 높아졌고 더 많은 무역권을 장악하기 위한 '칙서전쟁'은 걷잡을 수 없을 정도로 격화되었다.(칙서전쟁에 대해서는 3장 '누르하치의 굴기'

편에서 상세히 다룬다.) 칙서확보 전쟁은 나아가 여진의 통일로 이어졌으니 결국 은의 유입은 작은 부락단위로 나뉘어 깊은 잠에 빠져 있던 여진사회를 깨우고 통합하게 이끈 단초가 된 셈이다.

특히 1592년 발발한 조일전쟁은 여진사회에 '경제특수'로 작용하였다. 7년의 전란 동안 명나라 조정에서 조선 파견군에 뿌린 자금은 은 1,000만 냥… 전쟁에 소비될 마필과 창검, 식량의 대부분은 요동 일대에서 은과 바뀌어 조달되었다. 전란으로 결딴난 조선에서 구한 전쟁물자보다 요동, 만주에서 준비한 물자가 더 많았다고 본다면 줄잡아 500~600만 냥의 은이 여진족과 요동의 한인(漢人)사회에 뿌려진 것으로 추산할 수 있다.

전쟁 이전부터 시작된 상품경제의 파도가 조일전쟁 발발 이후 더욱 거세게 몰아닥치며 여진족 사회는 극도의 경기호황을 체감했다고 하겠다. 원래 변혁의 물결은 중심이 아닌 주변부에서 일어나기 쉬운 법이다. 대명(大明)의 몰락과 새로운 패권의 출현 또한 '명나라 천하'의 극변(極邊)이던 만주 땅에서 시작되었으니, 그 촉매제는 단연 백은이었다.

백은의 반격, 중국의 위기

한번 구축된 은본위제가 제대로 유지되기 위해서는 시장에 은이 순조롭게 공급되어야 한다. 은(화폐)이 부족하면 곧바로 상품유통에 차질이 생기기 때문이다. '은이 순조롭게 공급된다'는 의미는 재산으로 축장되는 분량을 제외하고도 시간의 흐름과 함께 점점 더 많은 은

이 시중에 풀려야 한다는 말이다. 경제가 정상적으로 굴러가기 위해서는 현상유지만으로는 안 되고 성장을 해야 하기 때문이다. 한마디로 은본위제 하에서 명의 경제가 순항하기 위해서는 해외은의 유입량이나 국내 은광의 생산량이 꾸준히 늘어나야 했던 것이다.

그런데 대륙 전역에 끝없는 호황을 안겨줄 것 같은 은이 1590년대 어느 날부터 시장에서 부족하기 시작하였다.(중국에 유입되는 해외은의 공급량은 시대별로 들쭉날쭉하였기에 은 부족 사태는 수시로 반복되었다. 1640년대에도 백은 유입량이 급감했다는 분석이 있다.) '백은의 반격'이 시작된 셈이다. 가파른 은수요 확대를 공급이 따라가지 못했기 때문이다. 해외산 백은의 공급이 줄어드는 상황에서 중국 영토 내의 은광개발도 신통치 않았다.

명에 유입된 해외 은의 양대 산지가 중남미와 일본이었다는 말은 앞서 언급하였다. 우선 1592년 조일전쟁 발발을 전후해 일본 은의 중국 유입이 감소하였다. 열도 전역이 내전에 휘말렸던 시절, 일본의 광산에서 캐낸 백은은 조총 등 유럽산 무기를 수입하는 데 지불되었다. 무기를 판 유럽상인들은 일본산 백은을 중국산 도자기와 비단, 차를 구입하는 데 썼다. 그런데 1588년 도요토미 히데요시(豊臣秀吉)가 열도를 통일하고 전국시대의 종지부를 찍으면서 일본 내 유럽무기 수요가 격감하였다. 일본 은의 해외유출 요인이 줄어든 셈이니 중국으로의 유입도 당연히 감소하게 된다. 게다가 조일전쟁의 발발과 함께 조선을 매개로 한 중일무역이 중단되면서 일본 은의 유입은 뚝 끊기고 말았다.

중남미 은의 유입에도 차질이 생겼다. '아르마다(Armada)'라고 불리던 스페인의 무적함대가 1588년 7월 영국함대에게 완패하였다. 한 번의 싸움에서 패했다고 해상왕국 스페인의 역량이 당장 쪼그라든 것은 아니었지만 스페인 몰락의 서곡이 되었고 중국과의 동방무역도 쇠퇴하는 조짐을 보였다.[16]

이때쯤 스페인은 영국, 프랑스, 네덜란드 등과 거의 하루도 쉬지 않고 유럽 패권전쟁을 치르는 형편이었다.(네덜란드와는 1566년부터 1648년 베스트팔렌조약으로 네덜란드가 완전독립하기까지 80년에 걸친 전쟁을 하였다.) 중남미 은을 유럽에서의 전비로 대거 투입하는 데다 무적함대 재건을 위해 많은 은을 쏟다보니 스페인의 대중(對中)무역 여력은 약화되었고, 중남미 은의 중국 유입은 한동안 감소하였다. 반면 영국과 중국의 무역은 시작되지 않았기에 1590년대 이후 일정기간 동안 은의 추가 유입루트는 생겨나지 않았다.

나쁜 일은 한꺼번에 몰려오는 법이다. 외부 은의 유입이 여의치 않은 상황에서 명나라 조정에선 은을 쓸 일이 밀려들었다. 만력삼대정(萬曆三大征)이 그 대표가 된다. 첫째, 1592년 3월에 몽골 오르도스부의 추장 보바이(哱拜)가 명나라가 자신을 홀대한다며 영하(寧夏)에서 반란을 일으켜 중국 서북부 일대를 뒤흔들었다. 명 조정에선 이여송을 급파하고 180만 냥을 들여 간신히 진압하였다. 둘째, 1592년 4월에 일본이 조선을 침공하자 조선에 지원군을 파병하면서 7년간 은을 1,000만 냥 넘게 소모하였다. 셋째, 1597년 남부 귀주성의 파주에서 소수민족인 묘족의 지도자 양응룡(楊應龍)이 반란을 일으켜 4년 동

16) 한명기, 『광해군』, 역사비평사, 2000, p165.

안 귀주, 사천, 운남 일대를 쑥대밭으로 만들었다. 양응룡을 잡는 데도 200만 냥이 들어갔다. 만력삼대정에 소모된 은만 해도 1,500만 냥에 육박했던 것으로 분석된다.[17] 당시 명 조정의 1년 일반예산이 400만 냥 정도였다니 삼대정(三大征)에 얼마나 많은 은을 쏟아부었는지 알 수 있다. 1599년 북경을 찾았던 조선 사은사 신식(申湜)의 보고를 보면 명의 궁핍한 재정상황을 알 수 있다.

> "대창(大倉, 명의 정부창고)에 저장된 양식과 은자(銀子)가 떨어져서 각진(各鎭)이 여름부터 월량(月糧)을 받지 못하고 있다 합니다. 우리나라 사신에게 주는 상(賞)도 임진년 이후에는 은자로 지급해서 노자에 보탬이 되도록 하였는데 이번 사행(使行)부터는 본색(本色, 밭에서 생산된 그대로의 것, 즉 벼, 보리, 밀, 콩 등을 말함.)을 준다고 들었습니다. 이번에 칙서를 내리면서 황제가 준 은자 역시 태복시(太僕寺, 궁궐의 말과 목장을 관리하는 부서)에 저축된 것으로 주기를 제청했다 하니 (명의 재정이) 얼마나 절핍(絶乏)한지 알 만합니다."[18]

한마디로 국내 은 수요는 빠르게 증가하는 데 반해 외부 은의 유입에 차질이 발생하자 명나라 전역이 은 부족의 고통을 겪게 되었다. 그 결과 명의 은 시장은 요동을 치기 시작하였다.

---

17) 동북아역사재단, 『동아시아의 역사 2』, 동북아역사재단, 2011, p244.
18) 『선조실록』, 선조 32년(1599년) 11월 24일자.

어떤 재화든지 공급이 약간이라도 감소된다는 신호가 시장에 주어지면 가격은 더 크게 오르는 성질이 있다. 은이 귀해지면서 그 가치가 빠르게 높아졌고 그럴수록 은은 세상 밖에서 유통되기보다는 깊은 장롱 속으로 숨어들었다. 숨겨둘수록 가치가 더 올라갔기 때문이다.

축장(蓄藏)은 화폐의 3대 기능 가운데 하나인 만큼 동서고금 어디에서나 보편적으로 발견되지만 이때 명의 저축 열풍은 지나치게 심한 편이었다. 잦은 전란과 수탈에 대비해 가뜩이나 숨기기를 좋아하는 중국인들이었기에 집안의 벽이나 마당에 은을 감춰두고는 홀로 웃음짓기 일쑤였다.[19]

은 축장과 관련해 '꺼비왕얼(隔壁王二, 격벽왕이) 이야기'가 유명하다. '꺼비(隔壁, 격벽)'는 벽으로 격리됐다는 뜻이니 곧 이웃이고 '왕얼(王二, 왕이)'은 왕서방네 둘째 아들을 말한다. 한 부자가 뒤뜰에 은 300냥을 몰래 파묻었다. 그런데 남들이 알까봐 걱정이 되었다. 그래서 '여기 은 300냥이 없음(這里沒有銀三百兩 저리몰유은삼백냥)'이라는 팻말을 세워두니 조금 안심이 되었다. 이웃집 왕얼이 팻말을 보고 궁금해서 땅을 파보았다. 은 300냥을 횡재한 왕얼은 기분이 좋았지만 아무래도 자기 짓이란 게 들킬 것만 같았다. 그래서 '옆집에 사는 왕얼이 훔치지 않았음(隔壁王二不偸 격벽왕이불투)'이란 팻말을 옆에 세웠다고 한다. 몰래 숨긴 은을 선전한 바보와 자기의 도둑질을 알린 멍청이를 꼬집는 우스갯소리인데, 어쨌든 중국의 은 축장 풍조를 잘 보

---

19) 명나라의 은 축장 풍조에 대해서는 '융이, 『백은비사』, 류방승 역, 알에이치코리아, 2013, pp76~80' 참고.

여준다고 하겠다.

　은 숭배풍조가 고조된 상황에서 시장에 은이 모자라게 되자 명나라에서는 최고위 지배층부터 최하층 백성들까지, 은을 확보하려는 만인의 경쟁이 시작되었다. '은 싸움'의 선두주자는 황제, 만력제(萬曆帝)였다. 만력제는 나라 살림에는 전혀 관심이 없고 철저히 황제 개인의 축재와 사치에만 힘을 쏟은 인물이다. 만력삼대정으로 국가재정이 결딴난 처지에서도 자신의 무덤(定陵, 정릉)을 미리 조성하는 데만 2년의 국가예산과 맞먹는 800만 냥을 쏟아부은 '강심장'이었다. 조정은 재정위기를 맞았지만 내탕(內帑, 황실금고)에는 은화가 산처럼 쌓여 있었다. 산더미 같은 내탕의 은화로도 만족하지 못했던 만력제는 전국의 은을 모두 거둬들이기로 결심한 듯 행동하였다.

　멍청하면서도 포악했던 만력제는 은을 구하기 위해 만력 24년(1596년)부터 수백 명의 환관들을 광세사(鑛稅使)란 이름으로 전국에 파견하여 백성들을 괴롭혔다. 이때는 조일전쟁이 지속되던 시기였기 때문에 일본 은의 유입은 눈에 띄게 줄어들었고 조선에 수백만 냥의 전비를 쏟아부은 터라 명나라 전역이 은을 구하기 위해 몸부림치던 시절이었다.

　광세사들은 지하에 광맥이 있다는 것을 알면 채굴을 위해 주변에 사는 주민들을 모두 몰아냈다. 채굴이 실패하면 인근 부유층들에게 도광(盜鑛), 즉 몰래 캐갔다는 책임을 물어 배상을 강요했다. 황제라는 뒷배를 믿은 광세사들은 백성들을 마구잡이로 약탈하였다. 광세를 거두는데 꼭 은광이 있어야 할 필요는 없었다. 광세사가 지목하는 땅은 '은광'으로 둔갑해 '광세'를 물어야 했기 때문이다. 은 냄새가 조금이라도 난다 싶으면 민간의 가옥을 철거하거나 무덤까지 파헤치는 상황이 잇따랐다. 광세사 파견은 명나라의 대표적인 악정으로 꼽혀 광세지폐(鑛稅之弊)라는 오명을 얻었지만 눈이 뒤집힌 황제는 중단하지 않았다.

상세(商稅) 징수도 큰 파장을 일으켰다. 전국의 상업요지와 성문마다 세감(稅監)이라고 불린 환관 징세관을 보내 무거운 세금을 물렸다. 전국 각 지역마다 점포세, 소금세, 선박세, 해외무역세, 차세(茶稅), 물고기세, 돗자리세 등 다양한 세금을 개발해 착취하니 상업이 위축되면서 상품유통에도 문제가 생겼다. 1601년 강소성 소주에서는 미곡 상인이 장사를 포기하면서 모든 물가가 폭등했다. 상업이 마비되자 1만여 곳에 이르던 소주 직물업소의 폐업이 잇따랐고 일자리를 잃은 직물노동자들이 징세관을 살해하고 폭동을 일으키기도 하였다. 상세는 장사하는 상인에게만 거두는 것이 아니라 은이 있는 누구에게나 해당되었고 반발하는 자에게는 무자비한 폭력이 가해졌다. 황제가 은에 미쳐 날뛰면서 명나라 체제에 균열이 생기기 시작했다.

그런데 만력제가 은을 구하고자 혈안이 된 이면을 찬찬히 들여다보면 은 부족 사태가 그만큼 빨리, 또 심각하게 명나라 경제에 타격을 입혔다는 방증도 된다. 어쨌든 해외유입 은이 줄면서 국내 은광개발을 통해 이를 보전하려던 만력제의 계획은 백성들만 괴롭힌 채 아무런 성과가 없었다. 오로지 유통경제의 후퇴만이 분명해졌다.

일조편법의 시행으로 은이 화폐로 기능하는 은본위제 상황에서 은 부족 사태는 경제에 치명상을 입혔다. 사회전반의 구매력 저하로 농민과 섬유업자 등 생산계층의 몰락이 촉진되었다. 같은 물건을 팔고도 받을 수 있는 은의 양이 예전에 비해 줄어들었기 때문이다. 명의 지식인들은 은 부족 현상을 이렇게 진단하였다.

> "모든 조세를 은 하나로 아우르니 은이 부족하게 되었다. 재정 지출이 많아진 이래로 북경에 모인 은이 모두 변경 밖(여진, 몽골 등지)으로 빠져나가고 부유한 상인, 고관, 교활한 관리들은 북방에서 남방까지 모두 자신의 힘을 가지고 천하의 금은을 모두 거두어갔다… 무릇 은이 부족해지는 데도 부세는 옛날 그대로이고 교역도 변함이 없다. 허둥지둥 은을 구하고자 해도 장차 어디에서 구하겠는가?"[20]

> "지금 천하는 흉년이 계속되는 데도 곡물가격은 점점 더 내려가고 백성은 갈수록 굶주리고 있다. 그 이유는 곡물이 많아서가 아니라 은이 부족해서이다. 은이 모자라면 곡물을 싸게 팔아서라도 은을 마련할 수밖에 없다. 곡물 값이 싸지면 남은 곡물이 적어지고 백성의 생활은 어려워질 뿐이다."(錢穀議 전곡의)[21]

더욱이 결제 수단, 교환 수단이 부족해지면서 물자유통이 느려졌다. 은을 구하기가 힘들어지고 그 가치가 높아지니 상인들이 확보할 수 있는 은자가 그만큼 줄어들고 상업활동에도 지장이 생긴 것이다.

---

20) 황종희, 『명이대방록』, 강판권 역, 계명대학교출판부, 2010.
21) 서영교, 「전쟁과 시장(44)-정치권력과 조폭의 결합」, 인터넷 사이트 – 'THE KOREA 전쟁사' 중에서.

돈이 없어 생긴 전황(錢荒)과 유사한 '디플레이션 현상'이 전대륙에 번져갔다. 은의 가치가 높아질수록 은을 축장하려는 욕구는 커져갔고 은 부족현상은 더욱 심해져갔다. 은 부족의 악순환이었다.

만력제 시기의 은본위제 확립과 곧바로 이어진 은 부족 사태, 만력제의 정치가 초기 10년과 그 이후에 180도로 달라지는 이유는 이렇게 설명된다. 은의 막대한 유입 덕분에 만력제 초기에는 은본위제가 구축되며 유례없는 번영을 구가하였지만, 만력제 후기 들어 은이 순조롭게 공급되지 못하면서 참혹한 경기후퇴를 경험하였다. 좋았던 시절을 맛보았기에 사람들이 겪는 은 부족의 충격은 더욱 컸다. 은 수급 차질에 따른 경기침체는 쉽게 극복되지 못하였으니, 결국 명나라의 국가기능 저하와 변방 오랑캐에 대한 통제력 약화로 귀착되었다.(참고로 중국의 은 부족 사태는 청나라가 대륙의 주인이 되고 난 이후 해결된다.) 은 부족의 충격파 와중에 명의 주변부이자 은의 유입에 따른 사회변화를 크게 경험한 요동 인근에서 세상을 바꿔버릴 움직임이 태동하고 있었다.

백두산 인삼전쟁 만주의 승리

16세기 후반, 중국으로 밀어닥친 은의 물결은 만주 땅에도 큰 파장을 불러일으켰다. 은의 효력을 실감하게 되면서 여진사회에도 하얀색 금속을 구하려는 '운동'이 시작된 것이다. 1장에서 언급했듯이 여진사회에서 백은을 확보하는 방안은 명나라가 외교목적에서 제공하는 '평화비용'과 명의 상인들과의 교역에서 얻는 '무역이익' 두 가지였지만 후자의 비중이 더 컸다.

무역으로 은을 얻으려면 만주의 여러 물산을 중원에 넘겨야 했는데 최상의 상품은 인삼과 담비모피, 즉 초피였다. 사람은 생활이 요족(饒足)해지면 건강과 장수를 꿈꾸게 마련이다. 특히 인삼이 지닌 탁월한 약효는 대륙의 고관부호들을 매료시켰으니 '백두산(장백산) 인삼'은 비슷한 무게의 백은과 거래될 정도였다.

흔히들 인삼이라면 깊은 산에서 자생한 산삼과 달리 인공적으로

56

재배한 삼을 통칭하는 용어로 알고 있다. 그러나 본래는 뿌리가 '사람(人)' 형상인 탓에 인삼이란 이름이 붙었거니와 이 글에서의 의미도 그러하다. 인삼은 한반도와 만주가 원산지이다. 고구려, 백제, 신라가 각각 중국과 인삼교역을 했다는 기록이 있고 발해도 당에 삼을 수출했다는 기록이 나온다. 고구려와 발해의 강역에 포함됐던 만주지역도 한반도 못지않은 삼 생산지이고 여진족 역시 인삼채집에 열을 올렸다는 얘기가 된다.

은의 물결 속에 인삼의 가치가 높아지면서 조선과 만주의 심마니들은 국경을 넘나들며 삼을 캐기 시작했다. 귀한 만큼 인삼채집과 판매를 둘러싼 양측의 신경전도 달아올랐다. 이는 곧 조선과 만주 간의 '인삼전쟁(人蔘戰爭)'으로 발전하였고, 두 민족의 운명을 결정하는 중요한 변수가 되었다.

수십 년간 지속된 인삼전쟁은 '더 악착같았던' 만주의 승리로 귀결되었다. 만주는 중원 시장에서 조선을 제치고 주도권을 잡았다. 인삼전쟁에서 승리한 만주는 덕분에 거만의 백은을 확보할 수 있었고, 그 은의 힘으로 민족통일과 독립국가 건설의 한 길로 매진할 수 있었다.

1595년 조선-건주(建州) 인삼외교

1592년 조선 경내에 들어와서 인삼을 채취하던 여진인이 목이 잘리고 살가죽이 벗겨지는 혹독한 형벌을 당했다. 인삼이나 사냥감을 찾아 국경을 넘은 여진인들이 조선에서 낭패를 겪는 일은 과거에도 흔히 있었지만 이번은 조금 심한 경우였다. 이때 압록강 북쪽 건주여진의 지배자는 30대의 '아이신교로 누르하치(愛新覺羅 奴爾哈赤, 애신각라 노이합적 1559~1626년)'였다. 당시 건주여진은 여진의 여러 분파 가운데 가장 유력한 정치세력으로 성장한 상태였다.(건주여진에 대해서는 3장에서 상세히 설명한다.) 젊은 지도자는 자신의 부하가 타지에서 참혹하게 죽은 사실에 크게 분노하였다.

조일전쟁이 한창이던 1595년 누르하치는 조선에 사절을 보내 뒤늦게 이 문제를 거론하였다. 조선이 건주를 우습게 보는 증거가 아니냐는 힐책이었다. 1595년은 조일전쟁이 한창이던 때, 누르하치가 자신의 기병대 수만 명을 전선에 투입해 조선을 돕겠노라고 호언하던 시절이었다. 조선은 '오랑캐의 호의'를 믿을 수 없어 좋은 말로 거절하였다. 그러나 누르하치가 일본을 치겠다며 진짜로 기병대를 보내온다면 조선은 남북의 오랑캐를 한꺼번에 상대할 수도 있었다. 민감하고 어려운 시기에 건주와의 불화는 곤란하다고 판단한 조선은 몸을 낮추었다.

1595년 12월 무관인 신충일(申忠一)과 통역관 하세국(河世國)을 명나라 관원과 함께 건주여진의 도읍지인 만주 땅 '퍼알라(佛阿拉)'로 보내 월경채삼(越境採蔘) 문제를 논의하게 하였다. 논의라기보다는 사실상의 진사 사절이었다.

피로 보복하겠다며 펄펄뛰던 누르하치도 조선이 자신을 '대화상대'로 인정하고 '외교사절'을 보낸 점을 감안해 한층 누그러졌다. 신충일 일행에게 소를 잡아 대접하는 등의 호의까지 나타냈다.

누르하치는 신충일에게 "여진인을 살해한 데 대한 보복으로 조선을 공격할 생각이었으나 관리를 보낸 점을 고려해서 서로 잘 지내기로 했소."라고 한 자락을 깔았다. 그러면서 "우리는 무단 월경자들의 죄를 물어 그 식솔들을 잡아다 노역을 시키는 처벌을 하였소. 앞으로는 무단 월경인을 죽이지 말고 잡아서 넘겨주어 각자의 국법으로 처벌한다면 피차 원한이 없을 것이오."라고 말하였다. '각자의 국법'이란 대목에서 당시 조선과 대등한 독립국가로 인정받기를 희망하던 누르하치의 웅심(雄心)이 읽혀진다.[22]

아직 나라의 기틀을 세우지 못한 시점에서 조선이 자신을 '외교대상'으로 삼아 사절단을 파견한 점을 누르하치는 기뻐하였다. 37살의 젊은 나이에 만주 땅의 최강자로 부상해 있었지만 여전히 사방에는 적들이 깔려 있었다. 누르하치로서는 인삼 갈등을 무기삼아 국제외교무대에 화려하게 데뷔한 셈이었고, 범(汎)여진사회에서 라이벌들을 능가하는 권위를 내세울 수 있었다. 이런 효과 덕분에 1592년 여진인의 월경채삼을 둘러싼 조선-만주 간 첫 번째 인삼 싸움은 큰 문제없이 일단락되었다.

그러나 인삼의 가격이 같은 무게의 은과 비슷한 상황에서 월경채삼을 처벌로 없애기란 힘들었다. 특히 양측 국경인 압록강 양안과 백두산 일대가 인삼의 최대 산지였기에 월경채삼은 일상적인 일이었고, 삼의 채취를 둘러싼 크고 작은 시비는 그 후에도 끝없이 이어졌다.

---

22) 신동준, 『조선국왕 vs 중국황제』, 역사의아침, 2010, pp230~231.

조만(朝滿) 인삼전쟁, 만주가 주도하다

1626년 새로 한(汗)으로 등극한 홍타이지는 아버지보다 훨씬 강경하였다. 홍타이지는 조선인이 인삼을 쫓아 자신들의 경내를 침범하는 것을 용납할 수 없다고 생각했다. 당시 후금 입장에서 인삼은 중국에 팔아 은을 확보하는 '국가자산'이었고 조선은 인삼무역을 방해하는 강력한 경쟁자였다. 그런 조선인들이 자신들의 땅에까지 들어와 인삼을 캐간다는 것은 국가경제의 근본을 위협하는 행위로 인식되었다.

이에 따라 홍타이지는 1628년 조선에 보낸 국서에서 '양국의 백성들이 사사로이 경계를 넘어 수렵하는 것은 마땅히 엄금하며 멋대로 행동하여 문제를 일으키게 해서는 안 될 것'이라고 경고하였다. 후금의 강한 압박에 밀려 조선은 만주로 넘어간 자기 백성들을 직접 처벌하기 시작했다. 1631년 후금 땅에서 월경채삼하다 적발된 조선인 2명을 서울로 압송해서는 잉굴타이(龍骨大, 조선에서 용골대로 불렸던 잉굴타이는 정묘-병자호란 시기에 조선인 가운데 모르는 사람이 없을 정도로 악명 높았던 인물이다. 1596년생으로 청년기 이후 생사를 가르는 전쟁을 수없이 치른 역전의 무장이자 조선을 수시로 핍박해 자국의 이익을 관철시킨 노련한 외교관이었다. 조선에서는 천하의 독종으로 미워했지만 만주 입장에서는 군사와 외교, 경제방면에서 탁월한 능력을 발휘한 개국원훈(開國元勳)이었다.) 등 후금 사절이 보는 앞에서 참수하였다. 홍타이지는 1633년 8월 잉굴타이에게 인삼 100근과 관삼(官蔘, 관청에서 관리하는 쪄서 말린 인삼. 즉, 홍삼을 말한다.) 100근을 주어 조선과 무역하게 하였으나 조선의 비협조로 재미를 보지 못하였다.[23] 한 달 뒤인 1633년 9월 홍타이지는 조선의 처사를 원망하는 국서를 보냈다.

> "앞서 인삼 (1근의) 가격을 16량으로 정하였으나 귀국(조선)이 '인삼은 우리나라에서 필요 없는 것이니 9량만 지급하겠다'고 하면서 요구를 받아주지 않으면 거래를 중지하겠다고 하였소. 이 또한 이전의 약속을 배반하고 이를 핑계로 가격을 낮추려는 것이 아니겠소? 귀국은 인삼이 필요 없다고 말하지만 매년 (조선인이) 경계를 넘어 우리 강토로 들어와 쓸모없는 인삼을 캐 가는 것은 무엇 때문이오?…"

조선인의 인삼 채취를 단순한 불법 월경이 아니라 후금의 핵심 무역이익을 침해하는 경제적 도전으로 규정한 후금과 홍타이지는 조선 조정을 강하게 내몰았다. 월경 당사자뿐 아니라 이를 막지 못한 관리까지 처벌할 것을 요구하였다. 예컨대 1635년 평안도 위원 사람 36명이 압록강을 건너 인삼을 캐다가 붙잡히자 후금은 이를 문제 삼아 위원군수와 첨사(僉使), 만호(萬戶)까지도 구금할 것을 요구하였다. 후금의 위세에 눌린 조선은 결국 3명의 관리를 모두 처벌하였다. 만주인 가운데서도 조선국경을 넘어 채삼하는 무리가 없지 않았지만, 수세에 몰린 조선은 반박도 못한 채 용서를 구할 뿐이었다.

---

23) 김선민, 「월경 채삼과 후금-조선 관계」, 성균관대 HK연구원, 인터넷논문.

"…다만 국경을 넘어가 삼을 캐는 것은 우리 백성들이 큰 이익이 있기 때문에 그런 것인데 내가 진실로 가슴 아프게 여깁니다. 그러나 이제부터는 다시 엄하게 단속하여 반드시 분명히 끊고야 말겠으니 잠시 용서해 주면 다행이겠습니다…"24)

그렇지만 '조선인이 수시로 국경을 넘어 인삼을 캐고 사냥을 하는데도 조선은 단속하지 않는다'는 후금의 비난은 끝이 없었다. 1633년 11월, 1634년 10월, 1635년 7월과 10월, 12월, 1636년 4월에 보내온 후금의 국서에서 동일한 문제를 지적하였다. 1636년 12월 병자호란 직전, 청이 명나라에 보낸 국서에서도 조선인의 월경채삼 문제를 조선 공격의 이유 가운데 하나로 지적할 정도였다. 조선과 만주 간에 인삼의 경제적 이권을 놓고 벌인 '인삼전쟁'은 수십 년간 시비와 갈등을 일으켰고, 정묘호란과 병자호란의 중요한 원인 가운데 하나로 작용하였다.

어쨌건 1570년대에서 1640년대까지 70년간의 '조선-만주 인삼전쟁'에서 승자는 분명 만주였다. 당시 명나라에서 백두산(장백산) 인삼의 인기가 높았던 반면, 조선인삼의 비중은 높지 않았던 것이 증거이다.(고려시대 중국시장을 주름잡았던 한반도의 인삼이 중원에서 다시 힘을 갖게 된 것은 1644년 만주족이 중원으로 들어가고 인삼의 인공재배가 이뤄진 17세기 후반부터의 일이다.) 조선의 총체적 국력이 약했던 탓도 있지만 인삼을 상품화하는 의지나 노력에서 만주가 더 치열했던 것

---

24) 『인조실록』, 1635년 12월 30일자.

이 더욱 결정적인 요인이었다. 조선의 지도부는 인삼수출을 그렇게 절실한 문제로 여기지 않았던 반면, 만주 측은 백은을 확보할 수 있는 국가 기간산업으로 간주해 목숨을 걸다시피 하였던 것이다.

양자 간의 이런 차이는 상품과 상업을 보는 시각이 달랐기 때문이라고 하겠다. 상업을 대하는 양국의 격차는 국가운명을 갈라버린 중요한 요인이 됐다는 점에서 상세히 살펴볼 필요가 있다.

농본국(農本國)과 중상국(重商國)의 차이

조선의 지배사상인 성리학은 중의경리(重義輕利), 즉 의로움을 중시하고 이익을 가벼이 여기는 것이 핵심이다. 그러므로 백성들이 풍족한 삶을 사는 것보다 가난하면서도 인간의 도리를 지키는 것을 우선시한다. 이는 곧 돈벌이가 주목적인 상공업을 억제하고 농업을 장려하는 경제정책으로 구체화되었다.

조선의 건국이념 역시 '농자천하지대본(農者天下之大本)'이라는 말로 표현되는 농본주의였다. 농업지주가 중심세력이었으니 이들은 피지배층이 농사에 전념하는 것을 최선으로 간주하였다. 기말이반본(棄末而反本)이라는 구호는 '말업(末業, 상공업)을 버리고 본업(本業, 농업)으로 돌아간다'는 뜻이니 사농공상(士農工商)의 질서를 유지하기 위한 슬로거이다.

어쨌든 조선에서는 백성들이 '쉽게 돈을 버는' 말업에 빠져드는 것은 사회 안녕을 해치는 병리현상을 간주해 상공업의 발전을 억압하였다. 한마디로 중농억상(重農抑商)이 조선의 경제정책이었던 셈이다.

조선의 지배층 가운데서도 나라는 부강해야 하고, 그러기 위해 말업을 장려해야 한다는 생각을 가진 '개인'이 없지는 않았다. 신숙주가 대표적인 상업진흥론자이다. 성종 4년(1473년) 2월 11일, 왕이 승정원에 전교를 내려 대신들에게 '철장(鐵匠)에게서 세를 거두는 것과 화폐에 관한 문제'를 논의하도록 지시하였다. 이에 신숙주는 시장과 점포를 열어 상품을 교환하게 하면 화폐는 저절로 유통될 것이라고 건의한다. 그러면서 1470년의 흉년 때 전라도 백성들이 장문(場門)을 세워 살아남은 사례를 거론하며 시장의 설치와 상업의 중요성을 강조하였다.

…(전략) …승정원(承政院)에 전교하기를 "국폐(國幣, 나랏돈)로 쓰는 면포(綿布)에 도장을 찍는 것과 철장(鐵匠)에게서 세금을 거두는 것이 편리한 지를 원상(院相)으로 하여금 상의하여 아뢰게 하라."하였는데… (중략) …신숙주(申叔舟)가 의논하기를 "우리나라에서 화폐가 쓰이지 않는 데에는 그럴 까닭이 있습니다. 경성(京城) 이외에는 시포(市鋪, 시장과 점포)가 없으니 화폐가 있더라도 어디에 쓰겠습니까? 화폐가 행용되게 하고자 하여도 그 근본을 연구하지 않으면, 이는 백성을 소요하게만 하는 법이 될 뿐입니다. 화폐를 쓰게 하는 방법은 경외(京外)에서 시포를 열어 백성들이 있는 것과 없는 것을 서로 바꾸게 하는 것밖에 없는데, 있는 것과 없는 것을 서로 바꾸자면 물건을 옮기는 거리가 멀 수도 있으므로 반드시 돈의 유통에 힘입어야만 이루어질 수 있으니 이것이 화폐는 반드시 시포가 있어야 통용된다는 까닭입니다. 그

러나 시포를 설치하는 것은 인심의 소원에 의하지 않으면 이뤄질 수 없을 것입니다. 경인년(1470년)에 흉년이 들었을 때 전라도의 백성들이 스스로 시포를 열고 장문(場門)이라 불렀는데, 사람들이 이것에 힘입어 보전하였습니다. 이것은 바로 외방에 시포를 설치하는 기회였으나 호조(戶曹)에서 수령들에게 물으니 수령들이 이해(利害)를 살피지 않고서 전에 없던 일이라 하여 다들 금지하기를 바랐으니, 이는 상습만을 좇는 소견이었습니다. 다만 나주 목사 이영견(李永肩)은 금지하지 말기를 청하였으나, 호조에서는 굳이 금지하여 천년에나 한 번 있을 기회를 잃었으니 아까운 일이었습니다. 신이 전에도 이것을 아뢰었고 지금도 반복하여 생각해 보니, 큰 의논을 세우는 자는 아래로 민심에 순응하면 그 성취가 쉽습니다. 지금 남쪽 고을의 백성들은 전에 이 때문에 스스로 보전하였으므로 그들이 바라는 것이 반드시 같을 것입니다. 이제 외방의 큰 고을과 백성이 번성한 곳에 시포를 설치하도록 허가하되, 강제로 시키지 말고 그들이 바라는 대로 하여 민심이 향하는 바를 관망하면 실로 편리할 것입니다… (하략)…"하였다.[25]

신숙주의 화폐에 관한 주장은 정곡을 찌르고 있다. 화폐가 통용되지 않는 이유는 서울 외에는 시장이 없기 때문이라고 말한다. 사람과 물품이 모이는 시장이 있어야 돈이 쓰일 수 있는데, 그러지 못하니 화폐가 통용될 수 없다는 것이다. 사실 조선전기의 국내 상업은 대부분

---

25) 『성종실록』, 1473년 2월 11일자.

물물교환 수준에 머무르고 있었고 해외무역도 미약했던 탓에 국가경제는 가난한 편이었다. 그래서 신숙주는 전국 각지에 시장을 개설하면 화폐도 쓰이고 경제가 발전돼 백성들도 구제할 수 있을 것이라고 주장한 것이다.

그러나 신숙주가 제기한 방책이 국가정책으로 행해지기는 쉽지 않았다. 조선은 상공업을 억압하는 농본주의 사회였기 때문이다. 계급적 한계를 넘어 국가발전의 큰 틀을 고민했던 일부 재상급 지도자를 제외한 대부분의 관리와 양반사대부들은 말업 그 자체를 불온시하였다.

상공업은 양반의 소유물이던 노비나 농민들을 토지로부터 이탈하도록 유인할 수 있는 '위험업종' 또는 '경쟁업종'으로 간주되었다. 즉, 농사보다 이윤창출력이 높은 상공업 분야가 발전해 일자리가 늘어날 경우, 노비나 농민들이 그쪽으로 옮겨갈 것이고 지주들은 인력부족에 시달릴 위험이 다분하였다. 그러기에 양반사대부들은 상공업을, 요즘에 비유하면 도박업과 유사한 사회병리적인 지하경제로 여겼던 것이다.

이런 상황에서 조선의 지배층이 머리를 맞대고 상공업의 발전방안을 모색한다는 것은 있을 수 없는 일이었다. 물론 조선후기에 들어서면 인삼수출이 활성화되고 전국적인 유통망이 구축되는 등 사정이 달라진다. 하지만 병자호란 이전의 조선에서는 '상공업을 육성하기 위한 국가정책'이 시행된 사례는 거의 찾을 수 없다.(조선에서도 해외무역에 종사해 많은 은을 모은 상인이 없었던 것은 아니다. 중종 34년(1539)년 10월의 기록을 보면, 많은 비단을 주고 확보한 일본 은을 중국에 보내 무역하려 한 박수영(朴守榮)이란 상인을 처벌하고 있다. 조선에서도 이윤을 찾아 밀무역을 한 사례가 더러 발견되지만, 적발될 경우 사형에 처하는 등 국법으로 단속했기에 국가경제를 활성화시킬 정도의 운동력을 가질 수는 없었던 것이다.)

조선의 국시는 국부민강(國富民强)이 아니다. 국정의 최우선 과제는 충효의 유교이념이 구현되는 '예의지국(禮儀之國)'을 세우는 것이었던 만큼 백성들이 경제적으로 윤택한 삶을 살도록 하는 일은 관심 밖이었다. 중의경리(重義輕利)의 견지에서 볼 때 나라가 가난하더라도 성현의 가르침이 구현되는 도덕사회가, 부강하지만 법도가 땅에 떨어진 경우보다 더 바람직하다는 것이 양반들의 일반적인 신념이었다. 한마디로 농업지주의 이익이 보장되는 선에서 조용하고 안정된 사회를 지향하였을 뿐 백성들의 이동이 잦고 활력이 넘치는 사회를 선호하지 않았던 것이다.[26] 그랬던 만큼 조선은 백은이 초래한 16세기의 대변혁에 제대로 대처할 수 없었고, 일본과 만주와의 경쟁에서도 패배하였다. 농본국가의 비극인 셈이다.

반면 여진의 사정은 달랐다. 여진의 지도층도 '충효'를 강조하는 유교이념에 대해 상당한 지식은 갖추고 있었지만 유학을 교조주의적으로 받아들이지는 않았다. 명분보다 실질을 중시하는 오랑캐답게 자신들의 파워를 키우고 현실적인 삶을 발전시키는 방안에 관심이 집중됐다. 상하간 위계질서는 명과 조선 못지않게 중시했지만 '봉제사 접빈객(奉祭祀 接賓客)' 제사와 손님접대라는 허례허식에 정력을 쏟

---

26) 장한식, 『이순신 수국 프로젝트』, 산수야, 2018, pp385~388.

는 유교국들과는 확연히 구분되는 체제였던 것이다.

그런 까닭에 중원과의 물자교역이 급증한 16세기, 여진의 지도부는 상업의 효율성을 인식한 순간부터 긍정적이고 호의적인 태도를 취하였다. 상인의 사회적 위상도 높았으니 최고지도층 집안에서도 중국상인과 접촉하는 무역종사자가 많이 출현하였다. 대표적인 사례가 건주좌위 추장 가문이었다. 누르하치의 할아버지 교창가(覺昌安)는 명나라 기록에 따르면 '수십 명의 여진인을 이끌고 무순의 마시(馬市)에 출입하는 상인'이었다.[27] 교창가의 손자인 누르하치도 마찬가지였다. 추장 가문의 자제였지만 누르하치는 19살, 결혼과 함께 스스로 노동하며 자립생활을 시작했다. 당시 여진족 사회는 대부분 가난했고 계급 분화가 미약했기에 귀족이라고 해서 경제적인 활동에서 평민들과 큰 차이가 없었다.

25살 때까지 누르하치는 시장에서 은을 쫓아 움직이는 전형적인 상인이었다. 여진의 물산을 모아 중원 상인들과 교역하며 경제적 자립을 도모하였던 것이다. 조선과 달리 여진사회에서는 상업과 상인의 비중이 컸기에 최고 지배층의 자제가 기꺼이 무역업에 종사한 것이다. 사실 '호상(胡商)'이라고 불린 여진족 무역상 대다수는 상류층 출신이기도 하였다.(참고로 정묘호란과 병자호란이 발발하게 된 중요한 원인 가운데 하나는 무역을 둘러싼 양국 갈등이다. 만주는 식량과 의복 등 조선의 물자를 무역을 통해 확보하고자 희망하였던 반면, 조선은 교환이나 상행위 자체에 소극적이었던 것이다. 무역욕구가 채워지지 않자 뺏자고 나

---

27) 미야지마 히로시·키시모토 미오, 『조선과 명청』, 김현영·문순실 공역, 너머북스, 2014, p261.

온 것이 두 차례 전란인데, 이 점은 '책 속의 책'에서 상세히 다룬다.)

인삼은 비슷한 무게의 은과 교환됐으니 인삼전쟁은 곧 백은전쟁이다. 그런데 '중농(重農)의 조선'과 '중상(重商)의 여진'은 인삼 채취의 목적부터 달랐고 인삼전쟁에 임하는 자세도 판이하였다. 은 확보의 필요성에 상대적으로 둔감했던 조선은 인삼을 조정의 약재나 중국에 바칠 조공물품으로 생각하였지 탁월한 수출상품으로 간주하지는 않았다.(이런 사정은 조선 후기가 되면 달라진다. 17~18세기 개성의 송상들이 주도해 인삼을 밭에서 대량재배하는 기술을 개발하였고, 많은 양의 백삼과 홍삼을 청나라와 일본에 수출해 막대한 무역이익을 얻었다.) 전국 329개 군현 가운데 경상도 풍기 등 삼이 나는 113개 고을에서는 매년 일정량을 나라에 공물로 바쳐야 하는 의무가 있었다. 그랬던 만큼 조선의 심마니들은 공납량을 대기 위해, 즉 강압에 의해 인삼 채취에 나섰다. 위험을 무릅쓰고 국경을 넘은 것도 이익추구의 목적 못지않게 공납량을 채울 의도가 컸던 것으로 여겨진다. 의무량을 못 채울 경우 상당한 벌칙이 기다리고 있었던 것이다.

병자호란 이전의 조선에서는 많은 삼을 채취한다고 해서 큰 이윤이 주어지는 시스템이 아니었기에 할당량 이상의 삼을 구할 동기가 별로 없었다. 예컨대 금년에 많은 양의 삼을 바칠 경우 이듬해는 공물량이 늘어날 수 있기에 무리해서 더 캘 이유가 없었던 것이다. 자연히 조선의 산 채취 열정은 여진족에 비해 낮았다.(당시 조선에서도 몰래 삼을 캐 국내 부호에게 판매하거나 중국에 밀수출하는 경우가 적지 않았지만 공식유통망이 제대로 구축돼 있지 못했기에 여진족에 비한다면 삼 채취 열기가 상대적으로 낮았다는 뜻이다.)

반면 여진족의 인삼 채취는 조선보다 효율적이었다. 상업경제의 작동원리는 생산자에게 노동에 부합하는 보상을 제공하는 것이 기본이다. 여진사회에서는 누구든지 인삼을 확보한 자는 상당한 이득을 누릴 수가 있었다. 채취한 인삼을 권력자가 무조건 빼앗는 것이 아니라 일정한 대가를 치러주었기 때문이다.(여진의 심마니들도 지배층의 강압을 받지 않은 것은 아니다. 채취한 삼의 가격을 충분히 받았다는 뜻도 아니다. 하지만 일정한 대가를 받고 삼을 넘겼다는 점에서 공납의무에서 삼을 캤던 조선의 심마니들보다는 양호하다고 하겠다.) 그러므로 삼 채취가 은을 구할 수 있는 최선의 방도라고 여겨 산야를 헤매는 심마니가 넘쳐났고, 때로는 국경을 넘어 조선에까지 밀려들었던 것이다. 인삼의 가치를 높이기 위한 노력도 집중적으로 행해졌다. 누르하치 시대 만주에서는 쪄서 말리는 방법, 즉 홍삼제조법이 개발돼 인삼의 보관기간이 대폭 늘어나고 상품가치도 높아졌다. 덕분에 여진족은 백두산 인삼을 수출해 거만의 백은을 벌어들였고, 이 은은 족속을 통일하고 독립국가를 세우는 종자돈이 되었다.

인삼을 상품화하는 데 있어 중상(重商)의 여진사회는 억상(抑商)의 조선보다 훨씬 유리한 체제였고, 그 결과 1570~1640년대 사이 중국시장에서의 경쟁력은 만주 쪽이 우세하였다. 라이벌 조선을 물리치고 중국 인삼시장에서 승리한 만주는 인삼과 바꾼 막대한 백은으로 국가재정을 튼튼히 하고 무장력을 키움으로써 빠른 시일 내에 강력한 힘을 가질 수 있었다. 인구와 경제수준 면에서 훨씬 열악했던 만주가 불과 한세대 만에 조선을 압도할 수 있었던 중요한 배경 가운데 하나는 '은의 축복'을 십분 활용한 결과이다. 이는 곧 상업의 가치를 인

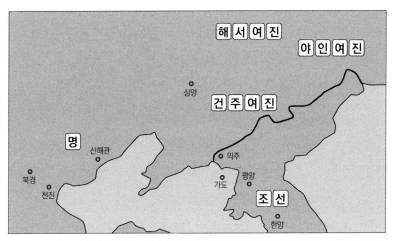

임진왜란 무렵 조선과 만주 형세도 임진왜란 이후 더욱 강성해진 여진족은 후금을 세워 중국진출을
노리고 있었다.

정하는 경제사회시스템 덕분이라고 할 수 있다.

　참고로 조선의 인삼이 중국 땅에서 다시 위력을 발휘한 것은 만주
족이 입관하여 만주 땅의 인삼 채취가 사실상 종식된 이후였다. 특히
17~18세기 개성상인들이 인삼의 인공재배에 성공하면서 조선은 대
량의 인삼을 해외에 수출할 수 있었고, 국가경제에도 막대한 자금원
천이 되었다. 영조시대 조선의 1년 예산은 1,800만 냥 정도였는데 인
삼 한 종목의 수입이 600만 냥에 이르렀다는 통계도 있다. 영·정조
시대의 번영은 인삼무역 흑자 등 상업의 발전에 힘입은 측면이 다분
하다. 조선 후기 들어 인삼이 국가의 최대 자금원이 된 것이 사실이지
만 이는 여진(만주)족이 대륙을 정복하고 인삼 채취를 포기한 이후의
일이었다.

　어쨌든 만주는 인삼전쟁에서 승리하는 등 은이 몰고 온 시대변화

에 적극 올라탄 반면, 상업을 홀대했던 조선은 이런 변화에 제대로 부응하지 못했다. 이는 국가재정의 충실도에서 양측 간 희비를 가른 요인이었고 나아가 만주의 군사력이 조선을 압도하는 결정적 배경이 되었다는 점에서 그 의미가 작지 않다.

3장

상인에서 장군으로 …
누르하치의 굴기

　16세기 후반, 중원에 넘쳐흐른 백은이 일으킨 '유동성(流動性) 혁명'은 만주 땅까지 밀어닥쳐 여진족 사회를 뒤흔들었다. 은의 힘은 만주 땅을 굳게 억누르고 있던 명의 '쇠고삐' 즉, 기미체제(羈縻體制)를 약화시키며 새로운 시대변화를 야기하였다. 격변의 시대는 영웅을 낳는 법이다. 은이 야기한 변화의 파도에 가장 성공적으로 몸을 실은 최고 행운아는 누르하치이다. 상인으로 세상에 나와 무인으로 입신한 누르하치는 '은 확보 전쟁'을 통해 수많은 경쟁자들을 제압하고 여진족 사회를 통일해 새로운 왕조, 후금(後金)을 개창하게 된다.

추장의 아들, 무역으로 입신하다
　1115~1234년까지 중국 북부를 지배한 대국 금나라가 망한 뒤 여

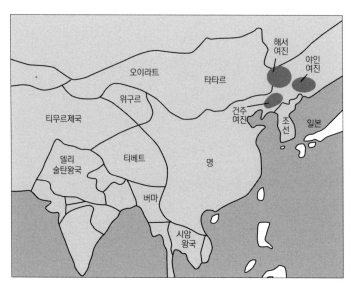

명나라 초기의 요동지도

진족 대부분은 만주 일대로 귀환해 흩어져 살았다. 원과 명나라 때는 소규모 부락단위로 지배를 받았다. 명나라 시기 여진사회는 건주(建州)와 해서(海西), 야인(野人)의 세 무리로 통합되었는데 명은 추장들에게 관직을 하사해 간접통치하는 방식을 택하였다.

세 무리 중에서 건주여진(建州女眞)은 목단강(牧丹江) 상류에서 백두산 일대, 즉 압록강과 두만강의 북안에 자리 잡았으니 명이나 조선과 인접한 만큼 가장 개화된 부류였다. 건주란 명칭은 1403년 명이 길림 인근에 건주위(建州衛)란 군사직제(衛는 연대급 군사조직)를 설치한 데서 비롯되었다. 해서여진은 몽골과 가까운 초원지대와 송화강(松花江) 주변에 살았는데 수렵과 경작을 병행하였다. 야인여진은 흑룡강 하류와 연해주 일대의 산림지대에 터를 잡았는데 야인이라는

이름처럼 농경은 거의 없이 어로와 수렵을 생업으로 삼던 낙후된 무리였다.[28]

건주위는 세월이 흐르면서 건주위와 건주좌위, 건주우위 등 3위로 분화되거니와, 건주여진은 명, 조선과의 접촉을 통해 농경문화를 적극 수용하며 빠른 발전상을 보였다. 조선의 기록을 보면 "일찍부터 함경도 경원에서의 국경무역을 통해 소금과 철, 소, 말 등을 구입하고 함경도 회령인과 함께 경작해 먹었고"[29] "조선인과 대대로 혼인하여 조선 호적에 편성된 백성과 다를 바 없이 생활하였다"[30]고 말할 정도로 수렵과 채집단계를 지나 농경사회로 발전하였다. 중국인들도 "(건주는)주거와 경작을 좋아하고 옷감짜기를 잘해서 음식과 복식이 모두 화인(華人, 한족)과 같았다."고 기록하였다.

특히 15세기 이후의 건주여진은 압록강의 만주쪽 지류인 파저강 주변의 평야에서 정착촌을 건설하고 농경과 목축, 사냥 등을 병행하며 제법 수준 있는 경제생활을 영위하였다.[31] 건주여진은 범여진족 중에서 선진부족이고 조선과는 혈연적, 문화적으로 밀접했지만 양측 간 갈등의 역사도 깊었다. 건주의 무리는 먹을 것이 부족하면 조선과 명의 변경을 약탈해 주린 배를 채웠고 그때마다 조명 양국은 대병을 동원해 강하게 응징하였다. 이런 건주좌위의 추장 가문에서 1559년 한 사내아이가 태어났으니 바로 '아이신교로 누르하치(愛新覺羅 奴

---

28) 김한규, 『요동사』, 문학과지성사, 2004, p542.
29) 『세종실록』.
30) 『세조실록』.
31) 김한규, 『요동사』, 문학과지성사, 2004, p546.

爾哈赤)'이다. 누르하치는 여진족 말로 '멧돼지 가죽'을 뜻하는데 질기
고 튼튼하게 살라는 의미에서 지은 이름으로 풀이된다.

('아이신교로(愛新覺羅)'라는 누르하치 가문의 성을 놓고 의견이 분분하
다. '아이신(愛新)'은 만주어로 황금을 뜻하고 '교로(覺羅)'는 우리의 '겨레'
와 같은 말이니 '황금씨족'으로 해석하는 것이 일반적인 정설이다. 그런데
애신각라(愛新覺羅)라는 한자에 주목해 '신라를 사랑하고 신라를 생각한다'
는 뜻으로 풀이하기도 한다. 12세기 초 금을 세운 아구타(阿骨打) 가문이 신
라 김씨의 후예란 것은 역사서 『금사(金史)』에도 나오는 사실(史實)이다. 그
렇다면 금을 계승해 대금(大金)을 국호로 삼은 누르하치 가문에도 신라 계
승의식이 전승됐을 가능성이 다분하다. 참고로 1777년 건륭제의 지시로
출간된 『만주원류고』를 보면 건륭제는 자신들의 뿌리가 삼한(三韓)과 이어
진다고 여겼음을 알 수 있다.

> "…대개 만주말과 몽골말은 모두 군장(君長)을 한(汗)이라고 한다. 한
> (韓)은 한(汗)과 음이 서로 뒤섞여 있다. 사서에 기록된 삼한(三韓)에는
> 저마다 수십여 개의 나라가 있었으니 당시 틀림없이 삼한(三汗)이 있어
> 이들을 나누어 다스렸다고 해야 의미상으로 맞다. 사가들은 한(韓)에 군
> 주라는 뜻이 있음을 몰랐을 뿐더러 용렬하고 어리석은 자들은 심지어
> 한(韓)을 족성으로까지 오해하였다…"32)

---

32) 장진근 역주, 『만주원류고』, 파워북, 2008, p92.

"금나라의 시조는 원래 신라로부터 왔고… 신라의 왕은 김씨 성인만큼 금나라는 신라의 먼 친척이다."[33]

건륭제 시대는 만주황실이 중국화되면서 뿌리의식이 퇴화된 시절인 데도 이럴 정도이니 누르하치 시대에는 신라 계승의식이 더 강했을 수 있다. 청이 망한 뒤 아이신교로씨 가운데 김(金)으로 성씨를 바꾼 사람도 적지 않다고 한다. '아이신교로의 진실'은 좀 더 추적할 만한 가치가 있어 보인다.)

누르하치의 소년기 기록은 소략한 편인데 대체로 다음과 같다.

"어려서부터 총명했고 체격이 건장해 말타기와 활쏘기 등 무예에 뛰어났다. 어려서(10살) 어머니를 여의고 계모의 학대를 받다가 19살에 결혼하면서 분가하였다. 물려받은 재산이 적어 자립하기 위해 힘든 생활을 했으니 일찍부터 산에서 버섯과 인삼, 잣, 송이 등을 채취해 시장에 내다팔며 연명하였고, 나이가 좀 들어서는 무순(撫順)의 마시(馬市, 말을 비롯한 오랑캐의 산물을 중원산 물품과 교환하던 국경시장)를 왕래하며 한인 상인들과 제법 규모 있는 무역을 행하였다. 폭넓은 사회경험을 하는 사이 시간이 날 때마다 '삼국지연의', '수호전' 등 중국 고전을 즐겨 읽어 지식을 쌓았다."[34]

---

33) 앞의 책, p241.
34) 쉬훙씽, 『천추흥망-청나라』, 정대웅 역, 따뜻한손, 2010, p25.

한마디로 결혼과 동시에 여진의 물산을 모아 중원 상인들과 교역하며 경제적 자립을 도모하였다는 말이다. 청년기까지 누르하치의 활동분야는 전장(戰場)이 아니라 시장(市場)이었고 그는 은을 쫓는 상인이었다. 사실 누르하치가 청년기였던 1570~1580년대의 여진사회는 반농반목(半農半牧)의 전통경제에서 벗어나고 있었다. 백은이 초래한 변화 덕분에 중원과의 교역을 전제로 한 상품경제가 제법 활기를 띠고 있었던 것이다. 인삼과 담비모피, 버섯 등 만주, 연해주 일대의 넓은 산야에서 채집된 동식물 상품들은 비싼 값에 중원으로 흘러들어 갔고 그 대가인 백은을 매개로 해서 중국의 각종 물품이 만주 땅으로 쏟아져 들어왔던 것이다. 여진사회가 세계적 규모의 은경제권에 깊숙이 포함돼 가던 16세기 후반, 누르하치가 자라났고 세상도 배웠다는 뜻이다.

누르하치의 기병(起兵)

누르하치가 25살이 되던 1583년은 그의 인생을 뒤바꾼 중요한 해이다. 할아버지 교창가(覺昌安)와 아버지 타쿠시(塔克世)가 명나라 장수 이성량(李成梁)에게 목숨을 잃었기 때문이다. 이성량은 고조부가 조선 출신인 장수로서 오랫동안 요동총병(遼東總兵)직을 고수하며 만주, 요동에서 왕처럼 군림하던 인물이다. 친명파였던 누르하치의 부조(父祖)는 1583년 2월, 건주우위의 부족장 아타이(阿台)가 일으킨 반란을 토벌하기 위해 이성량이 지휘하는 명군과 함께 출전하였다. 그런데 아타이의 부인은 교창가의 손녀이자 타쿠시의 조카딸이었다.

누르하치에게는 4촌 누이였다. 때문에 누르하치 집안은 애초 이 싸움에 끼어들길 꺼렸지만 건주좌위와 경쟁하던 숙수후부(蘇克蘇滸部)의 부족장 니칸와일란(尼堪外蘭)이 이성량을 부추겨 참전을 강요한 탓에 어쩔 수 없이 출전한 터였다.

교창가와 타쿠시는 이성량에게 아타이와의 특수 관계를 내세우며 성안으로 들어가 그를 설득해 투항하게 만들겠다고 말하고 잠시 공격을 중지할 것을 요청하였다. 그러나 아타이는 설득되지 않았고 성안에서 아무런 기별이 없자 이성량은 총공격을 명령했다. 결국 성안의 여진족은 모조리 살해됐고 누르하치의 할아버지와 아버지도 시체로 발견됐다. 이성량은 오살(誤殺)이라고 해명했지만 누르하치는 니칸와일란이 고의로 부조를 살해한 것으로 판단하였다.

부친과 조부가 명에 충성을 다하였지만 결국 죽임을 당한 사건을 목도하면서 누르하치는 격분하였다. 하지만 이제 25살, 힘이 약한 처지에서 어설프게 직접적인 분노를 표출하지는 않았다. 이성량은 미안한 마음에서 누르하치에게 위로연을 베풀고 칙서 30통과 말 30필을 주며 달랬다. 칙서 30통은 전체 여진족에 부여되는 1,500통의 2%에 해당되는 적잖은 양이었다. 또한 그에게 좌도독이란 칭호를 붙여주고 지휘사에 임명하였다. 이성량은 이 정도의 물질적, 정치적 배려를 했으니 누르하치가 원통한 마음을 풀고 부조의 친명노선을 답습할 것으로 예상했을 것이다.

하지만 누르하치는 이성량이 생각했던 것보다 훨씬 더 속이 깊은 인물이었다. 겉으로 드러내지는 않았지만 명나라에 대해 절치부심 복수의 칼을 갈았다. 누르하치는 부친과 조부의 억울한 죽음을 칙서

30통과 바꾸지 않고 분한 감정을 오롯이 보존하였다. 개인이건 집단이건, 나아가 국가도 분노할 때는 분노해야 한다. 값싼 흥분은 스스로를 태워 파멸로 이끌기도 하지만 적절한 분노는 투지의 원동력이 될수 있다. 33년이 흐른 뒤인 1616년 누르하치는 '칠대한(七大恨)'을 명분으로 반명(反明) 독립전쟁을 선언하는데 이성량에게 부조가 죽임을당한 이 사건을 첫 번째 원한으로 꼽았다.

이성량의 도움으로 추장에 올라 정치권력과 경제적 부를 동시에거머쥐었지만 누르하치는 안락한 삶에 만족하지 않았다. "원수를 갚지 않는다면 여진의 사내가 아니다." 누르하치는 니칸와일란에 대한복수를 공언하며 전쟁을 시작하였다. 머리 좋은 누르하치는 명 조정에 맹충성하는 과장된 제스처까지 써가며 명청한 명나라 관리들을안심시켰다. 군사를 일으키는 명분도 니칸와일란 개인에 대한 복수를 내세웠다. 명 관리들이 '오랑캐 내부의 소소한 싸움'이라고 여겨기병을 경계하지 않도록 하기 위한 눈속임이었다. 그는 부조가 남긴13벌의 갑옷과 30명의 동지, 100명의 부하들과 함께 힘차게 복수전을 벌여 나갔다.

누르하치는 부조가 죽고 석달이 흐른 1583년 5월 니칸와일란이다스리던 투룬성(圖倫城) 공격에 나섰다. 하지만 니칸와일란 역시 발빠른 여진족 추장이었던 만큼 복수는 쉽게 이뤄지지 않았다. 누르하치는 3년이 지난 1586년에야 '철천지원수'를 잡아 죽일 수 있었다.누르하치의 목표가 '부조의 원수 갚기'에 머무르는 게 아니라는 사실은 곧바로 드러났다. 니칸와일란을 잡는다는 명분으로 수십 차례 전투를 치르면서 다수의 숙련병을 확보한 누르하치는 여세를 몰아 인근 부락들을 차례로 먹어치우기 시작한다.

복수전으로 시작한 누르하치의 전쟁은 세력확대전으로 발전하며 전 만주 땅을 격동시켰다. 누르하치의 전쟁은 건주부 통합을 넘어 범 여진족 통일로 이어지거니와 그 자신이 멈추고 싶어도 멈출 수 없는 싸움이었다. 당시 전체 여진사회가 명나라 칙서라는 경제적 이권을 둘러싸고 사생결단식 종족분쟁에 휩싸여 있었기 때문이다. 내가 먹 지 않으면 먹히는 싸움, 가장 강한 자가 전부를 갖는 양보 없는 전쟁 이었다.

만주 땅의 칙서전쟁(勅書戰爭)

명나라는 초기부터 만주 땅의 여진부락들을 위소(衛所)로 편성하 고 추장들을 위소관(衛所官)으로 임명해 다스렸다. 위소제라고 불린 분할통치 방식이다. 만주일대를 관할하던 총책임자인 요동도사(遼東 都事)는 각 위소관에게 명 황제의 '칙서'를 수여하여 부락책임자로 인 정하였다. 여진의 위소관은 애당초 300명이었다.

칙서를 받은 위소관의 혜택은 만만치 않았다. 조공이나 마시(馬市) 를 통해 명나라와 교역할 수 있었기 때문이다. 당시 오랑캐가 조공을 바치면 명 조정에서는 몇 배나 많은 경제적 반대급부를 주었으니 이 를 회사(回賜)라고 하였다. '애물단지' 오랑캐들에게 많은 물산을 제공 해 살살 달래는 방식이었다. 결국 몽골이나 여진족 입장에서 볼 때 칙 서는 몇 배의 수익이 보장되는 대명 무역허가장이었다.

위소제는 세월이 흐르면서 그 모습이 바뀌어 갔다. 위소관 결정방식이 형식적이나마 명나라가 임명하던 데서 여진족 야심가들의 실력 대결에 의해 정해지기 시작하였다. 위소관 임명장인 칙서도 명의 관리가 수여하고 회수하는 것이 아니라 여진족 추장들끼리 뺏고 빼앗기는 일이 다반사가 되었다. 그 결과, 한 추장이 여러 장의 칙서를 보유하고 그에 해당하는 무역권을 장악하는 현상이 생겨났다. 소수의 위소관이 칙서를 과점한 결과 원래의 소규모 부락들이 통폐합되면서 여진사회가 점차 대규모 정치단위, 즉 부(部)로 통합되기에 이른다.

명나라 입장에서 칙서 과점현상은 다분히 위험신호였다. 여진족을 위소(부락)단위로 잘게 나누어 다스린다는 분할통치의 원칙이 흔들렸기 때문이다. 북경에서 파견한 요동도사들은 칙서 과점을 막고자 애썼지만 효과가 없자 아예 방향을 바꿔 과점을 인정한 바탕에서 여진정책을 펴기로 방침을 수정한다. 칙서를 당근으로 삼아 세력이 큰 추장들에게는 많게는 수십 통씩 칙서를 수여하기도 하였다. 이성량이 누르하치에게 30통의 칙서를 준 것이 한 사례이다.

해서여진에 1,000통, 건주여진에 500통 등으로 칙서의 총수량을 정하여 그 숫자가 더 이상 늘어나지 않도록 통제하되 칙서소유자가 정식 위소관인지 아닌지는 문제 삼지 않았다. 더 나아가 칙서를 다량 보유한 실력자로 하여금 여진족의 무역을 통제하도록 위임하였다. 골치 아픈 칙서분쟁에서 한발 비켜서기 위한 관료주의적 발상이었다. 하지만 칙서의 보유량이 경제적 이권 크기를 결정하게 되면서 여진족 내부분쟁은 통제가 불가능한 수준으로 촉발되었다.

특히 16세기 중반 이후 막대한 해외 은의 유입으로 중국에서 은본위제가 구축되고 여진사회도 은경제권에 편입되면서 상황은 더욱 가

팔라졌다. 인삼과 초피, 말, 목재와 버섯 등 각종 물산의 집산로와 교역로를 장악하는 것이 은을 구하는 지름길이 되면서 칙서의 무역상 이권은 더욱 확장되었고 칙서쟁탈전은 그만큼 격화되었다. 만주 땅에 전국시대가 열린 셈이었다. 어느 시절 어느 사회에서나 '꿀단지'가 생기면 그것을 차지하기 위한 투쟁은 정해진 이치이고 싸움을 반복하다 보면 강한 녀석이 출현하게 마련이다. 기나긴 칙서전쟁의 최종 승자는 가장 질기고 가장 독한 인물이 될 것은 당연하였다.

누르하치의 기병 배경이 된 부조의 사망 역시 칙서전쟁에 명군이 직접 개입하면서 일어난 사건이었다. 그리고 원수를 갚는다는 명분으로 시작된 누르하치의 주변 세력에 대한 공격도 바로 칙서전쟁의 연장이었다.[35]

누르하치는 칙서전쟁을 통해 정치적 통합과 경제역량 강화를 동시에 이뤄냈다. 상인 출신의 시각에서, 칙서확보는 은을 구하는 최선의 통로였고 그 어떤 물품보다 이윤 높은 상품이었다. 은을 얻으려면 칙서가 필요했고 칙서를 구하려면 정치권력이 필수였다. 힘이 곧 정의였던 만주 땅에서 정치권력은 무력에서 나왔으니 누르하치는 자동적으로 군대를 키웠고 이웃 부락을 집어삼키며 몸집을 불려나갔다.

이성량의 가장 큰 실책은 누르하치에게 칙서 30통을 주어 중원과의 무역권을 대폭 키워준 점이다. 호랑이에게 날개를 달아준 격이었다. 1580년대 당시 호황을 누리던 중국에서 만주산 인삼과 모피, 녹용, 진주 등의 수요가 급증하면서 중원의 상인들이 해당 물품을 구하

---

35) 노기식, 「만주의 흥기와 동아시아 질서의 변동」, 중국사연구 제16집(2001. 12).

고자 요동과 만주 일대로 몰려들었다. 소비처가 늘면서 만주 상품의 가격은 계속 높아갔고 무역권과 유통루트를 장악한 누르하치는 백성들을 동원해 은을 산더미처럼 긁어모으기 시작하였다. 특히 인삼을 쪄서 말리는 방식으로 장기보관하는 홍삼제조법을 고안해 많은 이득을 남겼다.

『대청 태조고황제실록(大淸 太祖高皇帝實錄)』 1588년의 기록을 보면 "동주(東珠, 만주의 강과 호수에서 나는 고급 진주)와 인삼, 담비 등 여러 진기한 물자를 생산해 물자가 풍족했고 무순과 청하 등 4개 호시(互市)에서 (중국)상인들과 교역한 이후로 나라가 부유해지고 백성은 풍족해졌다."고 적고 있다. 또 명나라 말기의 군사전문가 모원의(茅元儀)는 『무비지(武備志)』에서 "누르하치는 매년 담비모피와 인삼을 호시에 내다팔아 금전(金錢) 10여 만을 얻었다."고 기록하였다.[36]

무역으로 얻는 연간 10만 냥의 은으로는 전 만주의 정치권력을 장악하기에 부족하다고 여긴 누르하치는 1599년에는 금은 광산과 철광을 개발해 더 많은 자본금을 얻을 수 있었다. 자체적인 철광 확보의 의미는 크다. 누르하치 이전의 여진족은 철기의 제련이나 제조기술을 갖지 못하였다. 가공과 개조가 필요한 철제기구는 모두 명과 조선에서 수입해 사용했다. 명과 조선이 철기 유출에 소극적이었기에 수입 철은 농기구나 솥과 같은 당장 먹고사는 데 필요한 제품을 만드는 곳에 쓰였을 뿐이고 무기제작 수요를 충당하기는 어려웠다. 농업경제가 발전되고 군사활동이 늘면서 만주의 철 수요가 급증하자 누르

---

36) 김한규, 『요동사』, 문학과지성사, 2004, P559에서 재인용.

하치는 '제철 자립'을 다짐하였다. 1599년경부터 대대적으로 철광을 개발하는 한편, 명과 조선의 철공(鐵工)들을 유인해 철 생산과 제조기술을 전수받았다. 이후 만주국의 제철과 철기 제조업은 빠르게 성장해 농업 발전을 가속화하고 무기제조에도 충실을 기할 수 있었다.[37]

누르하치는 꿈이 컸던 인물이다. 어리석은 라이벌들처럼 은을 쌓아두거나 호화사치에 낭비한 것이 아니라 새로운 국가건설을 위한 자본금으로 활용하였다. 인삼과 담비, 진주를 팔아서 받은 은으로 곳곳에 농장을 개간함으로써 휘하의 백성을 먹이고 군사를 늘렸다. 또 우수한 철제무기와 튼튼한 마필을 확충함으로써 누르하치의 군대는 무적의 철기군(鐵騎軍)으로 성장하였고 주변의 부락들을 족족 때려눕혔다. 누르하치가 험난한 칙서전쟁의 최종승자가 될 수 있었던 원천은 경쟁자들보다 상공업의 원리를 깊숙이 이해하고 경제 역량을 신속히 키웠다는 데서 찾을 수 있다.

누르하치 휘하집단의 경제는 선순환 구조를 가지며 빠르게 성장하였고 경제력을 키운 누르하치는 1613년, 장남 추잉(胺英)과 차남 다이산(代善)에게 각각 백성 5,000호와 가축 800마리, 은 1만 냥, 칙서 80통을 내려줄 수 있는 역량을 보여주었다.[38]

---

37) 우한, 『제왕(帝王)』, 김숙향 역, 살림, 2010, pp425~426.
38) 유소맹, 『여진 부락에서 만주 국가로』, 이훈·김선민·이선애 공역, 푸른역사, 2013, p204.

욱일승천(旭日昇天) 누르하치 '여진통일' 박차

1583년, 25살에 군사를 일으킨 이후 누르하치의 행보는 거침이 없었다. 이즈음 건주여진은 과거의 3위(건주위, 건주좌위, 건주우위) 체제에서 숙수후(蘇克素滸), 후네(渾河), 완기와(完顔), 돈고(董鄂), 젠첸(哲陳)의 5부(五部)로 바뀌어 갔으니 바로 건주 5부이다. 명나라가 인위적으로 구획한 위소제가 흔들리면서 자연스럽게 5개의 부락 체제로 재편된 셈이다. 어쨌든 누르하치는 1586년 숙수후부 니칸와일란을 처단한 것을 시작으로 돈고와 젠첸 등 건주의 다섯 개 부를 하나씩 때려잡아 1589년 31살 때 일단 건주여진을 통일하였다.

누르하치는 자신이 통일한 건주여진을 '만주구룬'(구룬은 나라를 뜻하는 여진족 단어) 즉, 만주국으로 부르기 시작했다.(이 책에서는 수도를 만주에 두었던 누르하치의 건주여진과 후금, 홍타이지 시절의 청나라를 통칭하는 단어로 '만주국'이라는 용어를 쓴다. 시기적으로는 1589~1644년까지이다. 훗날 일제의 꼭두각시 국가인 만주국과는 당연히 다른 개념이다.) 이때까지 누르하치가 확보한 칙서는 500통, 건주부에 배당된 칙서 전부를 빼앗은 셈이다. 누르하치는 건주여진 통일을 앞둔 1587년에는 소자하(蘇子河) 상류에 첫 도읍지로 '퍼알라(佛阿拉, 오래된 평평한 언덕이란 뜻의 만주어)성'을 쌓고 근거지를 튼튼하게 구축하였다. 건주를 평정하고 칙서를 독점하는 등 정치경제적 통합을 강화하는 와중에도 누르하치는 명에 대해 여전히 공손하고 충성스런 태도를 잃지 않아 높은 고과를 받았다. 덕분에 누르하치는 1589년 도독첨사로 임명되었고 37살이던 1595년에는 범여진족 최고명예직인 용호장군에 올랐다. 이 과정에서 요동총병 이성량은 '쓸모 있는 바보'였다. 누르하치는 부패한 이성량에게 부지런히 뇌물을 바쳐 자신의 야심을 철저히 숨기고 명의 감시망을 망가뜨렸다.

펄펄 날던 누르하치에게 절호의 기회까지 찾아왔으니 1592년의 조일전쟁(임진왜란)이다. 조선에 원병을 보내느라 다급해진 명나라는 누르하치가 주도하는 여진족 통합 움직임에 제대로 신경을 쓰지 못하게 된다. 누르하치는 조일전쟁 기간 동안 2차례나 조선에 원병을 보내 일본군을 쓸어버리겠노라고 호언장담함으로써 명나라 조정의 점수를 톡톡히 얻었다.(다만 명과 조선의 반대로 누르하치 군대의 조일전쟁 참전은 이뤄지지 않았다.) 누르하치는 조일전쟁 특수를 이용해 엄청난 재력도 쌓아올렸다. 명의 상인들에게 만주의 특산물을 판매하는 한편 각종 물자가 다급했던 명나라 군대를 상대로도 돈벌이를 쏠쏠하게 진행했던 것이다.

1590년대 이후 은 부족의 여파로 명 조정의 변방 통제력은 갈수록 약화된 반면, 착실히 부력(富力)을 쌓은 누르하치는 정치적 파워를 빠르게 키워나갔다. 건주를 통일한 누르하치의 다음 타깃은 후룬 사부(扈倫四部)라고 불린 해서여진(海西女眞)이었다. 만주구룬의 급격한 부상에 위기감을 느낀 하다(哈達), 우라(烏喇), 예허(葉赫), 호이파(輝發) 등 해서여진 4부가 한데 뭉쳐 선제공세를 취했다. 해서 4부는 누르하치에게 영토할양을 요구하며 전쟁을 걸어왔다. 하지만 누르하치는 단번에 묵살하였다. "우리는 곧 만주이며 너희는 곧 후룬이다. 너희들 나라가 크다 해도 내 어찌 취하겠는가? 우리나라가 넓다 해도 너희가 어찌 나누어 가질 수 있겠는가?"라고 말하였다는 기록이 전해진다.

양측 간 한판 대결은 불가피하였다. 1593년, 한반도가 조일전쟁 와중일 때 만주 땅에서도 큰 전쟁이 벌어졌다. 해서여진 4부와 몽골의 코르친(科爾沁) 부족 등 '9개 부족 연합군' 3만 명이 만주구룬을 공격한 것이다. 누르하치로서는 최대 위기를 맞은 셈이었다. 그러나 누르하치는 두려워하지 않았다. 적의 숫자는 많았지만 연대가 느슨하였기 때문이다. 제각기 자신들의 군대는 뒤로 피한 채 다른 부족군대가 건주를 공격해 주기를 바라는 소극적인 모습이었다. 누르하치는 적의 약한 고리를 정확하게 타격하였다. 만주구룬의 철기군단은 집중을 유지한 채 각개격파 전술로 9개 부족을 차례로 박살냈다. 누르하치란 이름이 전 만주 땅을 뒤흔든 대사건이었다.

이후 여진의 여러 부족과 코르친 등 일부 몽골족까지 누르하치를 두려워하며 그의 리더십에 복종하게 된다. 1599년 누르하치는 해서여진의 하나인 하다부를 멸망시키는 데 성공하였다. 이즈음 누르하치는 1만 5,000명의 병사를 거느리고 있었고 개인적으로 700필의 말을 소유할 정도로 경제적 기반을 확보한 상태였다. 갓 마흔을 넘긴 연부역강(年富力强)한 시절 누르하치의 기세는 욱일승천, 아침 해가 하늘로 치솟는 것처럼 왕성하였다.

누르하치가 남보다 뛰어난 점은 조직력 강화에 있다. 그는 정치적 기반이 취약한 상태에서 전쟁을 통해 이웃부족을 잡아먹는 방식으로 힘을 키워 나갔기 때문에 복속한 세력을 장악하기 위해 강고한 통합체제를 고안하였다. 즉, 기존의 씨족-부족 체제를 해체하여 보다 효율성 높은 동원체제로 바꾼 것이다. 1601년 누르하치는 자신의 지배하에 들어온 여진집단을 과거식으로 하다부족, 우라부족 이렇게 구분하지 않고 대신 황(黃)-홍(紅)-백(白)-남(藍)의 깃발로 구분된 4개의 집단, 즉 사기(四旗)로 재편하였다. 사기제라는 민족재편을 통해 만주 구룬은 부족단위의 차별의식에서 벗어나 깃발단위로 분류된 군대식 체제로 바뀌어 나갔다.

사기의 기원은 여진족의 수렵풍습에 있다. 여진족은 사냥을 할 때 10명을 한 조로 삼고 각자 화살 1대씩 꺼내서 제비를 뽑는 방식으로 한 사람을 우두머리로 정해 그를 니루어전(牛彔額眞)이라고 불렀다.(니루란 '큰 화살'을 뜻하고 어전은 두목이란 뜻을 지닌 여진족 단어이다.) 누르하치는 1601년 니루 조직을 확대개편하였다. 즉, 성년 남자 300명을 1니루로, 5개의 니루를 1잘란(甲喇)으로, 5개의 잘란을 1구사(固山)로 편제하였다. 결국 1개 잘란은 1,500명이고 1개 구사는 7,500명인 셈인데 구사를 한자로 '기(旗)'라고 표현했다. 각 기에는 황(黃)-홍(紅)-백(白)-남(藍)색 등 4개 깃발로 상징색을 부여하였다. 사기의 책임자인 구사어전(固山額眞)은 귀족을 의미하는 여진족 단어 '버일러(貝勒)'라고 불렀다.

통치범위가 확장되고 인구와 병사가 늘어나자 1615년 누르하치는 본래 사기였던 것을 팔기로 확충했다. 황색, 홍색, 백색, 남색만으로 제작된 것을 정기(正旗)라 부르고, 황·홍·백·남색 깃발에 홍색이나 백색 테두리를 두른 것을 양기(讓旗)라고 구분해 모두 8기로 만든 것이다. 즉, 정황기, 정홍기, 정백기, 정남기, 양황기, 양홍기, 양백기, 양남기이다. 이렇게 볼 때 누르하치의 군대는 1601년 4개기 3만 명(4×7,500=30,000)에서 1616년 후금 건국 시점에는 8개기 6만 명(8×7,500=60,000) 정도로 확대된다는 것을 알 수 있다.

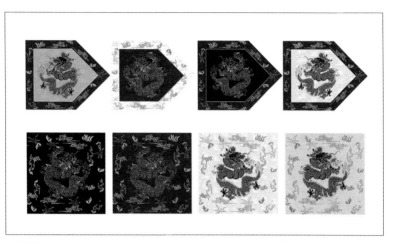

팔기제도 1601년 누르하치가 만든 청나라 군대조직의 근간이나 만주족을 위한 행정 및 과세의 단위이기도 했다. 팔기의 사령관과 행정관은 누르하치가 직접 임명했다.

팔기에는 현역병사뿐 아니라 일반 백성도 함께 조직화했으니 팔기란 군사와 행정기능은 물론이고 경제활동까지 통합된 체제이다. 팔기는 여진족이라는 소수집단을 가장 효율적으로 총동원하기 위한 제도로서 팔기제는 청나라가 300년 가까이 중국 대륙을 통치할 수 있었던 원동력으로 평가받고 있다.

1603년 4월, 누르하치는 1587년부터 17년간 거점으로 삼았던 퍼알라(佛阿拉)를 떠나 허투알라(赫圖阿拉)에 새로운 근거지를 마련하였다. '수도'를 옮기고 더욱 가속도가 붙은 누르하치는 해서여진을 거세게 두드리기 시작하였다. 이미 1599년 하다부를 병합한 데 이어 1607년 호이파, 1613년에는 우라를 삼켜 예허부를 제외한 해서여진 전역을 자신의 판도 안에 집어넣었다. 범여진족 통일, 명나라 기미체제(羈縻體制, 기미란 '말의 굴레와 소의 고삐'란 뜻을 지닌 오랑캐 통제책을 말함.)에서의 해방은 이제 눈앞으로 다가온 듯하였다.

그러나 시련도 적지 않았다. 1608년 누르하치의 뇌물을 받아먹으며 뒤를 돌봐주던 이성량이 해임된 이후 명의 태도가 돌변하였다. 요동의 새 책임자들이 보기에 누르하치의 역량은 이미 위험수위를 넘은 상황이었다. 명은 뒤늦게 누르하치의 세력 약화를 기도했다. 그 방법은 누르하치의 대명무역을 제한하고 라이벌인 예허부에 대한 지원을 강화하는 것이었다.[39] 명은 1609년부터 2년간 누르하치의 입공무역(入貢貿易)을 금지했으니, 애써 모은 10만 근의 인삼이 썩어나갔다. 명나라에 은 부족이 심화되면서 만주산물을 구입할 여력이 약해진 것도 무역중단의 중요한 배경으로 짐작된다. 어쨌건 무역금지는 누르하치의 격렬한 반발을 샀고, 결국 독립국 건설로 이어진다. 하지만 누르하치는 섣부른 정면공격은 삼갔다. 실력을 쌓으며 때가 오기를 기다린 것이다.

1615년 명의 광녕총병(廣寧總兵)이 시하(柴河), 무안(撫安), 삼차(三岔) 등지의 황무지를 개척해 살던 여진족 농민들을 내쫓고 수확을 막았다. 명은 교역중단과 경작저지로 경제기반을 무너뜨려 누르하치의 숨통을 조이려 했다. 거듭 말하지만 백은의 부족으로 명의 경제상황도 긴장된 상태였고, 오랑캐에 풍성한 자금지원을 할 여유가 없었다. 명의 무역금지는 은 부족과 새징닌에 따른 신경질적인 반응으로 볼 수도 있다.

---

39) 노기식, 「만주의 흥기와 동아시아 질서의 변동」, 중국사연구 제16집(2001. 12).

허투알라(혁도아랍)성 1616년 누르하치가 후금을 건국한 곳으로 청나라의 발원지이자 만주족의 성지이다.

그러나 힘이 커진 누르하치가 이 같은 조치를 고분고분 받아들일 리가 만무했다. 누르하치 입장에서 볼 때 30년 가까이 목숨을 걸고 전쟁을 펼쳐 여진족에 할당된 모든 칙서를 장악했더니 그 무역권이 휴지조각이 돼버린 셈이었다. 누르하치는 이 같은 부조리한 현실에, 자신을 압박하는 명의 바뀐 정책에 정면으로 반기를 들었다.

그는 살아남기 위해서라도 명의 사주를 받고 자신을 공격하는 친명파 부족을 징벌하지 않을 수 없었고, 나아가 명 조정과 한판 대결도 마다하지 않았다. 누르하치의 힘이 커진 것이 '은의 축복' 덕분이라면 누르하치의 격한 반발은 은 부족이 초래한 파급효과의 측면이 다분하였다.

이후 누르하치의 행보는 친명파 부족을 제압하며 여진족 통일, 나아가 명나라의 간섭에서 완전히 벗어난 독립국가 건설로 이어진다.

마침내 1616년 1월 1일, 누르하치는 후금 창건을 선포하기에 이른
다. 1234년 금나라가 몽골에 망한 지 382년 만의 독립이었다.

400년 만의 만주 독립 …
성과와 한계

　변화와 기회의 시대였던 16세기 말~17세기 초, 여진사회에 수많은 영웅이 출현해 경쟁을 벌였지만 최후의 승자는 누르하치였다. 누르하치의 성공비결은 조직력과 경제력이 남보다 뛰어났던 데서 찾을 수 있다. 그는 커진 힘을 배경으로 여러 라이벌을 전쟁과 협상을 통해 복속시켜 나갔고, 마침내 수백 개로 나뉘었던 여진사회를 하나로 통일하는데 성공하였다. 이어 명의 간섭을 물리치고 독립국가 '후금'을 건국하기에 이른다.

　누르하치는 군대를 키우고 족속을 통일해 독립국가를 창건하기까지는 좌절 없이 성공적인 면모를 보였지만 그 이후의 사정은 달랐다. 나라를 세운다는 것과 국가를 유지 발전시킨다는 것은 전혀 다르기 때문이다. 금나라가 망하고 400년 가까운 세월이 흘러 독립국을 세운 것은 감격스런 일이었지만 신생국의 앞길은 순탄하지 못했다. 문제는 경제였다.

한랭한 만주벌판에서 식량자립이 쉽지 않던 상황에서 요동의 한인들은 '새나라'에 협력하지 않았고, 명의 금수(禁輸)조치로 인삼과 초피 등의 수출길이 막히면서 경제적 활로가 보이지 않았던 것이다. 전쟁으로 난국을 타개하고자 하였지만 늙은 누르하치로서는 그 또한 성과가 없어 고단하였다. 결국 누르하치의 역사적 몫은 독립국가 창건에 한정됐고 한 단계 도약은 후계자의 책무로 남게 된 셈이었다.

후금 건국, 사르후 전투 승리

1616년 1월 1일은 만주인들의 8·15였다. 해방의 날이 다가왔다고 판단한 누르하치는 스스로 한(汗)의 지위에 올라 '만주독립국'을 개창하였다.(만주족의 '한'은 몽골족의 '칸'과 같은 의미이지만 발음은 약간 달랐다. 이 책에서 여진·만주의 군주는 한으로 표기하고 몽골은 칸으로 표기해 구분한다.) 국호는 12~13세기 중국 북방을 지배했던 금나라를 잇는다는 의미에서 대금(大金)으로 지었다.(다만 역사가들은 1115년 아구타가 세운 금나라와 구분하기 위해 후금으로 부른다.) 연호는 천명(天命)이라 하였으니 누르하치는 천명한(天命汗)으로 불린다. 여진족으로서는 아구타의 금나라가 1234년 몽골에 망한 지 382년 만의 쾌거였다.

후금을 건국한 순간부터 누르하치는 명과의 일전을 준비하였다. 만주 땅의 영유권을 주장하는 명나라가 순순히 여진(만주)의 독립을 허용할 리 만무했기 때문이다. 전쟁이라는 모진 시험대를 통과해야

대청수명지보(大淸受命之宝)

만 명은 만주국을 '외국'으로 인정할 것이고 자신도 당당한 군주로 대접할 것이라고 누르하치는 판단하였다. 기습의 효과를 익히 아는 누르하치는 명의 침공을 기다리기보다는 선제공격을 선택하였다. 60살이 되던 1618년 칠대한(七大恨), 즉 일곱 가지 큰 원한을 하늘에 고하고 공개적으로 선전포고하였다.(칠대한의 주요 내용은 명이 조부와 부친을 살해한 점, 예허부족을 지원해서 후금을 견제하고 여진통일을 방해한 사실 등을 비난하는 것이었다.) 대국(명)과의 일전을 앞두고 두려움에 떨고 있는 족속들에게 '분노'의 감정을 불어넣어 '공포'를 극복하려는 심리전술로 이해된다.

당시 요동에는 명나라 상인이 많았는데 누르하치는 친분이 있던 16명을 불러 칠대한의 문서를 건네주며 중원으로 돌아가 선전전에 나서 줄 것을 당부하였다. '누르하치의 독립국가 건설은 명나라가 자초한 일이며 그가 일으키는 전쟁은 정당한 복수전이다'는 여론을 불러일으킬 전략이었다.

여기서 요동·만주에서 활동하던 명나라 상인들, 특히 진상(晋商)을 주목할 필요가 있다. 산서성(山西省) 출신의 진상은 군량미를 국경의 군진(軍陣)에 납품하는 대가로 얻은 소금판매권을 기반으로 치부한 중원 최대의 상방(商幇)이었다. 이들은 누르하치가 건주좌위의 추장에서 만주독립국의 창업주로 성장하는 과정에 큰 도움을 주었던 '동지'였다. 진상 등과 오랫동안 무역하며 교분을 쌓았던 누르하치는 상인들의 적극적인 물자조달과 정보제공에 힘입어 효율적으로 전쟁을 수행할 수 있었다. 명의 상인세력이 누르하치에 협력한 이유는 국가와 민족보다는 이윤추구를 더 중시하는 상인 특유의 흥리(興利) 본능으로 풀이된다.

(조일전쟁 7년 동안에 풀린 1,000만 냥의 은자가 일으킨 경제적 효과로 재미를 보았던 요동·만주의 상인들은 종전과 함께 심한 불황에 시달리고 있었다. 게다가 은 부족에 따른 유통경제의 침체도 심각하였다. 진상(晋商)을 비롯한 상인집단은 '새로운 전선'이 열려 또다시 전쟁특수가 생기기를 갈구하였다. 그럴 때 상인들의 눈을 번쩍 뜨이게 해주는 사내가 나타났다. 조일전쟁 이전부터 만주 일대에서 쉴 새 없이 부족간 싸움을 펼치고 있던 '전쟁광(戰爭狂)' 누르하치였다. 상인집단은 경쟁부락을 족족 제거하는 누르하치의 강한 실행력과 전쟁의지에 감명 받아 군수물자와 정보 제공에 적극 협력하였다. 처음에는 대명 무역권 장악을 위한 소소한 칙서쟁탈전이었던 것이 점차 부족통일, 나아가 민주독립국 건설 전쟁으로 규모가 커져간 배경에는 전쟁물자 조달을 통해 부력(富力)을 획득하려했던 명나라 상인세력의 부추김과 조력이 있었다고 봐야 한다.

진상 등 북방의 상인세력은 후금에 대한 명의 경제봉쇄로 약간의 무역상 손실을 입었지만 명과 만주국 양측에 다량의 전쟁물자를 납품함으로써 더욱 큰 이익을 올릴 수 있었다. 승리를 위해 자신이 가진 모든 역량을 투입하는 까닭에 전쟁은 엄청난 경제적 효과를 일으키는 법이다. 명-청전쟁이 격화되고 마침내 청이 중원의 새 주인으로 되는 과정에서 진상들은 전쟁특수를 톡톡히 누렸다. 이들은 누르하치를 뒤이은 홍타이지 시대에도 식량과 소금, 화약, 철 등 전쟁물자를 외상(신용)으로 제공하는 등 만주국에 적잖은 도움을 주었다. 대신 만주국은 전쟁을 치른 후 중원에서 강탈한 은으로 가격을 후하게 치러주었다. 진상단이 만주국과의 거래를 통해 얻은 이득은 많게는 연간 1,000만 냥에 이르렀다는 기록도 있다. 입관 전부터 청 황실과 친분을 쌓았던 진상들은 청의 중원 정복 이후에는 황실·조정과의 유착을 통해 더 큰 부를 쌓을 수 있었다.)

누르하치는 칠대한 선포에 이어 2만 철기군을 이끌고 명나라 변경도시 무순을 급습하였다. 무순의 성주 이영방(李永芳)은 누르하치가 이성량 휘하에 있던 시절부터 친밀했던 사이였다. 이영방은 기다렸다는 듯이 누르하치에게 투항하였다. 이영방은 훗날 누르하치의 손녀를 아내로 맞이하는 등 만주국에 충성을 바친 최초의 한족이었다.

누르하치는 무순에 이어 청하(清河)를 빼앗는 등 요동 변경을 짓밟기 시작하였다. 화가 난 명나라는 '오랑캐의 버르장머리를 고치겠다'며 총반격에 나섰다. 1619년 3월 후금 수도 허투알라의 서쪽, 무순의 동쪽에 위치한 사르후(薩爾滸)에서 명군 8만 8,000, 조선군 1만 3,000, 예허부족군 2,000명 등 도합 10만여 명의 연합군이 6만 명의 후금군과 대회전(大會戰)을 벌였다. 명과 후금이 국운을 걸고 벌인 사르후 전투는 정보를 미리 입수하고 기다리고 있던 후금의 대승으로

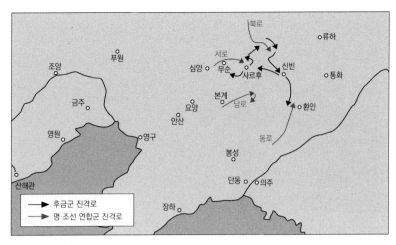

사르후 전투 전개도

끝났다. 조명 연합군은 수적으로 우세하였지만 4개 방면으로 분산돼 공격한 반면, 후금군은 빠른 기동력과 정보력에 힘입어 언제나 우월한 병력으로 '흩어진 적'을 각개격파함으로써 승리할 수 있었다.

후금의 전사자는 200명에 불과했던 반면 명은 4만 6,000명의 병력을 잃고 참패함으로써 요동지배권을 상실하고 요하 서쪽으로 물러나게 되었다. 당시의 최신무기로 무장한 조선의 조총부대와 만주 철기부대가 정면 대결한 싸움에서 구식 기병대가 승리한 점도 이채롭다.(일본에서는 1575년 나가시노 전투에서 오다 노부나가(織田信長)의 조총군단이 당대 최강이던 다케다 가쓰요리(武田勝賴)의 기마군단을 궤멸시킨 이후, 기병에 대한 평가가 하락하였지만 만주 기병대의 전투력은 조선의 조총부대를 능가하였다. 강홍립이 지휘하던 조선군은 한 번 패전 후 곧바로

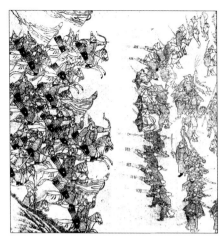

사르후 전투(薩爾滸之戰) 1619년 후금에 대항하기 위해 명나라, 조선, 여진족까지 참전 한 대전투로 이 전투에서 명나라가 크게 패해 쇠퇴했고 후금은 만주 지역을 차지했다.

항복하였다.) 누르하치는 승세를 타서 1619년 6월에 개원(開原), 7월에 철령(鐵嶺)을 무너뜨렸다. 곧이어 1619년 8월 예허부족을 멸망시켜 여진(만주)족 통일을 완수한 다음에는 일정 기간 명과의 전면전을 피하면서 상황을 주시하였다.

누르하치는 명나라를 정복하고 대륙의 주인이 될 꿈을 꾸지 않았다. 그럴 상황도 아니었다. 다만 명과의 협상을 통해 대한(大汗), 즉 '만주독립국 군주'라는 정치적 지위를 인정받고 그에 합당한 경제적 권리를 보장받겠다는 소박한 생각을 가졌을 뿐이다. 1619년 가을, 누르하치는 명이 자신을 '만주국왕'으로 책봉하고 상당량의 세폐를 제공할 것을 조건으로 평화회담을 제의하였다.

하지만 명 조정은 '하찮은 오랑캐 추장'과 협상할 생각이 없었다. 이때만 해도 명은 만주의 잠재력을 과소평가하고 있었다. 누르하치의 정치적 지위와 일정한 지배영역을 인정해 주기보다는 아예 짓밟

강홍립의 항복 사르후 전투 때 강홍립 장군이 이끈 조선군 부대는 전체 투항하여 광해군의 중립 정책을 보여주었다.

아버리겠다는 오만하고 근시안적 태도로 일관하였다. 결과론이지만 만약 명나라가 후금의 현실적인 힘을 인정하고 평화공존 방안을 모색하였더라면 왕조의 수명을 조금 더 늘릴 수 있었을 것이다. 독립을 보장받은 후금은 명의 경제적 지원을 받아가며 '덜 사나운 오랑캐'로 지냈을 수도 있기 때문이다. 나라이든 개인이든 오만하면 망하는 법이다.

명의 경제봉쇄와 후금의 요동 장악

누르하치의 만주국은 1619년 사르후 전투에서 승리한 직후가 절정이었다. 그 이후에는 국가 발전의 방향을 제대로 잡지 못한 채 한동안 시행착오를 겪어야 했다. 명과의 무역이 중단된 상황에서 경제적 독립을 이루지 못한 것이 '누르하치의 나라'가 지닌 가장 큰 약점이었다.

사실 만주와 몽골 등 생산성이 떨어지는 유목민족사회는 농경지구와 물자교환을 하지 않으면 장기적으로 존속하기 어렵다. 게다가 이런 초원지대에서 국가가 들어서면 경제적 부담은 더욱 커지게 마련이다. 경제자립을 이루지 못하면 나라 자체가 존립하기 힘들다. 수많은 초원의 영웅들이 강한 군사력에 기반해 나라를 세웠다가도 불과 1~2대에 구름처럼 사라지곤 했던 것은 경제적 활로를 찾지 못했던 탓이다.(유목민족사 연구의 대가인 바필드는 '중원과의 유익한 강탈관계를 맺는 데 실패한 유목민의 지도자는 모래 위에 정치조직을 세우는 것과 같다'는 말로 물자확보의 중요성을 지적하였다.)[40] 결국 생산성 낮은 목축과 약간의 수렵채집, 콩, 수수 위주의 빈약한 농사가 전부인 만주국이 적정수준의 경제기반을 갖추기 위해서는 남쪽의 중국이나 조선에 기댈 수밖에 없었다는 말이다.

그러나 누르하치는 물자지원을 받기는커녕 후금 건국 이전부터 명의 경제적 압박에 시달렸다. 앞서 언급했듯이 누르하치의 힘이 통제범위를 넘었다고 판단한 명은 1609년부터 2년간 조공납입을 끊고 국경시장을 폐쇄하였던 것이다. 이후 한동안 교역이 재개됐지만 1616년 후금이 건국되고 1619년 사르후 전투까지 벌이면서 명과의 공식무역은 중단되었다. 목숨을 걸고 싸워 확보한 수많은 칙서가 무역허가장으로서의 효력을 상실하였던 것이다.

명과의 교역이 끊기면서 최대시장을 잃게 된 만주의 유통경제는

---

40) 토마스 바필드, 『위태로운 변경』, 윤영인 역, 동북아역사재단, 2009, p483.

직격탄을 맞았다. 교역을 전제로 수집하던 많은 상품들이 판매처를 찾지 못하면서 수많은 채집종사자들의 일자리가 사라졌고, 만주산 상품으로 맞바꾸던 중원의 생활필수품들이 제대로 수입되지 않으면서 물가 급등과 품귀현상이 후금 전역으로 번져나갔다.

생산력이 무너지면 만주국의 힘이 약화될 것이란 명의 계산은 틀리지 않았다. 만주국과의 대결과정에서 명은 늘 바보 같은 작전을 펴다 스스로 무너졌지만 경제압박 전략만큼은 주효했다. 만주와의 무역을 금지한 경제제재는 세월이 흐르면서 무서운 힘을 발휘하였으니 자립기반이 부실했던 만주 경제는 고사 직전으로 내몰렸다. 명의 압박에 맞서 경제독립을 달성하는 일은 신생국 생존의 절대명제였다. 그러나 1626년 누르하치가 타계하기까지 만주국은 경제적 홀로서기 측면에서 뚜렷한 한계를 보이면서 고단한 나날을 보내야만 하였다.

후금의 독립을 인정하지 않는 명이 물자지원은 물론이고 공식무역마저 단절하자(진상 등이 주도한 밀무역은 끊이지 않았지만 공식무역에 비해 규모가 줄어든 것은 당연하였다.) 만주국이 살아갈 수 있는 방안은 많지 않았다. 누르하치는 우선 농업지대인 요동평야를 정복하여 그곳의 잉여물자를 차지하기로 결심한다. 요동은 한인 세계의 동북쪽 극단이었지만 개간 역사가 길었던 만큼 비옥한 농토에 많은 인구가 거주하는 경제적 요충지였다. 요동정복전은 신생국의 생존차원에서 필사적으로, 또 전격적으로 이뤄졌다. '요동을 빼앗지 못하면 굶어 죽는다'는 악착같은 투지로 명나라 군대를 두들긴 끝에 1620년 요양(遼陽)과 심양(沈陽), 요동의 중심도시를 차지하였다. 이듬해인 1621년 초까지는 요하 동쪽 70여 개 성시를 모두 점령하면서 요동 들판을 완전 장악하였다. 누르하치는 서정(西征)을 계속해 1622년에는 요하 서쪽인 광녕(廣寧)을 빼앗기에 이른다. 요동 탈취로 방향을 튼 누르하치의 전략 변경은 명나라에 치명적인 결과로 귀착된다는 점에서 '1619년의 화의'를 거부한 명의 전략실패가 두드러져 보인다.

누르하치는 요동에 진입하자마자 계정수전(計丁授田, 장정 수를 계산하여 밭을 준다는 의미)제도를 시행하여 한족이 차지해 온 토지를 빼앗아 여진(만주)족 장정들에게 분배하였다. 이는 만주국의 경제방식이 획기적으로 바뀌게 된다는 것을 의미한다. 이제까지 반농반목(半農半牧)의 빈약한 경제운용에서 벗어나 자신들의 농경지를 확대하겠다는 전략이었다. 무역으로 돈을 벌기가 힘들어진 처지에서 한족처럼 부지런히 농사를 지어 경제자립을 이뤄 보겠다는 심산이었다. 그러나 기대와는 달리 요동 진출이 당장 경제안정을 보장해 주지는 못하였다.

한족의 반발, 만주국에 켜진 '빨간불'

1621년 4월 누르하치는 수도를 허투알라에서 요동의 대도시인 요양으로 옮긴다. 세 번째 수도이다. 명나라 영역이던 요동 들판을 새 나라의 중심으로 삼겠다는 계산이었다. 그러나 상황은 후금의 뜻대로 전개되지 않았다. 요동의 한인들이 농사를 팽개치며 비협조적으로 나왔기 때문이다.

사실 요동 한족의 반발과 농사포기는 잘못된 정책의 결과였다. 누르하치는 정복한 땅에 만주족을 대거 이주시켜 한인들과 함께 살게

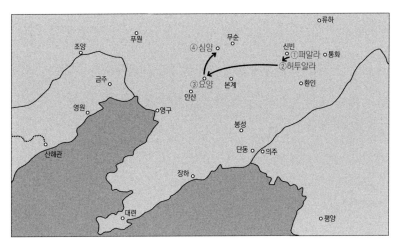

후금 수도 이전

하는 만한합주책(滿漢合住策)을 썼다. '굴러온 돌이 박힌 돌을 뺀다'는 말처럼 기세등등한 만주족은 한인들의 농토를 빼앗고 학대하였다. 계정수전이란 구호를 내걸고 만주족 장정 수에 따라 한족 마을을 재편해 만주식 농장인 톡소(tokso)를 만들더니 한인들을 농노처럼 부리자 한족들의 반항이 시작되었다.

흉년이 들었던 1623년, 한족들이 일으킨 반란의 후유증은 심각하였다. 반란은 신속히 진압됐지만 이후 한인들의 저항은 끈질겼다. 마시는 우물에 독극물을 푸는 한족, 돼지를 독살해 그 고기를 파는 사람, 눈에 잘 띄지 않는 한적한 곳에서 만주인을 살해하는 독종들도 나타났고 곳곳에서 산발적인 무장봉기도 일으켰다.

노골적인 반발은 못하더라도 농사를 포기하고 산해관 남쪽이나 명나라 장수 모문룡(毛文龍)이 포진한 평안도 앞바다 가도(椵島)로 달아나는 한인도 줄을 이었다. '여진족과 한족의 동거'는 불가능해 보였다. 뿔이 난 누르하치는 1625년 군대를 동원해 저항을 주도한 한인 유생과 퇴직관리 등을 대량으로 도살하고 남은 한인들은 톡소의 노예로 삼는 등 무자비한 탄압에 나섰다.[41] 그렇지만 한족 농민이 줄어들고 농사일에 소극적으로 임하면서 적잖은 톡소가 황폐화되었고 요동 들판의 농업생산량은 급감하였다.

안에서는 한인들의 반항과 탈주가 사라지지 않았고, 바깥에서는 명군의 반격위협이 계속되는 만큼 후금 전역은 늘 긴장한 상태였다. 특히 요동반도 남해상에서 게릴라 활동을 벌이던 모문룡의 무리가 후방을 괴롭히고 있었고, 친명 일변도인 조선과 몽골이 후금을 에워싼 형국이어서 국제적 고립도 심각하였다. 잦은 전란으로 파괴된 요동의 농경지대는 쉽게 회복되지 않았고 한인들의 도주와 농사 포기, 가뭄까지 겹치면서 경제상황은 악화일로였다. 누르하치는 물자부족을 해결하기 위해 조선·몽골과 경제교류를 모색하였지만 별다른 효과를 거두지 못하였다. 경제가 무너진 데다 한족 학살에 따른 명의 공격 가능성도 있고 해서 1625년 3월 1일 수도를 요양에서 동쪽인 심양으로 후퇴하였다. 퍼알라에서 허투알라를 거쳐 요동으로, 이어 심양으로 옮겼으니 네 번째 수도인 셈이다.

무역으로 쌓아올린 산더미 같은 은, 그 은으로 이룩한 누르하치의 파워는 경제중심지 명과의 교류가 끊기면서 껍데기만 남게 되었고 한족의 강한 반발로 요동정복의 효과도 미미하였다. 경제가 흔들리면서 만주국의 앞날에는 빨간불이 켜졌다. 이제 후금이 살아갈 수 있

---

41) 토마스 바필드, 『위태로운 변경』, 윤영인 역, 동북아역사재단, 2009, p522.

는 나머지 대안은 요서와 중원을 강탈해 경제난을 타개하는 방안이었지만 그 또한 쉬운 일이 아니었다. 요동을 잃었지만 명은 아직 건재하고 있었고 군사력이나 외교력 면에서 여전히 후금을 압도하고 있었기 때문이다. 사실 여진족이 통일되고 독립국가 후금을 건국한 시점까지만 해도 명의 국력은 결코 약하지 않았다. 명나라는 만주국보다 훨씬 많은 군대와 군비를 보유하고 있었지만 '자원'을 효율적으로 동원하지 못해 무너졌다. 누르하치를 계승한 홍타이지 시대, 만주국의 집요하고 치밀한 공격이 명을 멸망으로 이끈 결정적인 배경이 되었는데 이 점은 뒤에서 상술한다.

누르하치는 후금 건국 10년 만에 체제붕괴의 위기감마저 느끼며 절박한 심정으로 요하를 넘어 요서지방 침공에 나섰다. 요서일대를 공략해 명을 협상장으로 끌어낸 다음 대량의 세폐를 뜯어내자는 복안이었다.

원숭환의 등장 … 넘지 못한 영원성

1626년 정월, 누르하치는 요하를 건너 중국 본토로 들어가는 길목에 위치한 영원성(寧遠城)을 공격하였다. 그러나 영원성에는 지금까지 보아왔던 명나라 장수와는 전혀 다른 유형의 인물이 기다리고 있었다. 바로 원숭환(袁崇煥)이다. 원숭환은 1619년 문과에 급제했지만 늘 병서를 읽고, 퇴직한 병사들과 교유하는 등 무장이 되기를 꿈꿨던 인물이다.

원숭환이 담력과 지략이 뛰어나다는 소문이 나자 조정은 그를 병

원숭환(袁崇煥, 1584~1630년) 명나라 말기의 무장으로 요동과 요서(현재 요녕성 남부)에서 후금군에 승리해 삼국 시대의 이름난 군사인 제갈량에 비견되면서 찬사를 받았다. 군사에 대해서도 해박한 인물이었지만, 명 왕조 내부의 알력 다툼으로 처형되었다.

부의 관리로 선발하였다. 이때 병부상서(兵部尙書, 국방장관)는 천계제(天啓帝)의 스승인 태학사 출신 손승종(孫承宗)이었다. 원숭환이 산해관 일대를 답사한 뒤 자신에게 병마와 군사를 준다면 요동을 능히 지키겠다고 호언하자 손승종은 그를 영전병비검사(寧前兵備檢事)로 임명해 산해관 바깥에 위치한 영원과 전둔위(前屯衛)의 군대지휘권을 주었다.

원숭환은 관외를 지켜야만 관내 방어가 가능하다면서 산해관 동북방의 영원에 큰 성을 쌓아 군사를 주둔시키자고 주장하였다. 원숭환은 손승종의 전폭적인 지원 아래 1623년 9월부터 이듬해(1624년)에 걸쳐 영원성을 다시 쌓았다. 튼튼한 성이 들어서자 요동에서 피난한 백성들이 모여들고 관내의 상인들도 찾아오면서 영원은 상업이 번성한 요서의 중심도시로 커졌다.

영원은 산해관에서 동북으로 200리, 80㎞나 떨어져 있어 영원성의 축성은 명나라의 방위선을 그만큼 연장한 결과가 되었다. 천계 4년(1624년) 원숭환은 군사 1만 4,000명을 이끌고 한때 누르하치에게 빼앗겼던 광녕(廣寧)을 순시하였다. 원숭환의 기세에 눌린 후금군은 응전할 기미를 보이지 않았다.

영원성 유적 1626년, 누르하치는 13만 대군을 이끌고 영원성을 공격했지만 원숭환의 강한 저항 때문에 성을 점령하지 못하고 오히려 명나라군이 쏜 포탄에 중상을 입고 목숨을 잃고 말았다.

원숭환이 영원을 방비하는 동안 요하 일대의 전세는 명나라가 우세한 형국이 되었다. 1625년 여름, 원숭환은 손승종에게 건의하여 여러 장군들을 금주(錦州), 송산(松山), 행산(杏山), 우둔(右屯), 대릉하(大凌河), 소릉하(小凌河) 등의 요새로 파견하게 하였다. 그 뒤 명군은 다시 200여 리를 북진하여 요하(遼河) 서쪽의 옛날 영토를 거의 회복하였다. 상관의 신임을 얻은 원숭환은 병비부사(兵備副使), 우참정(右參政)으로 승승장구하며 동북전선을 굳게 지켰다. 그 결과 1623년 이후 2~3년 동안은 분명 후금의 기세가 한풀 꺾이고 명이 주도권을 쥐게 되었다.

누르하치로서는 명의 요하전선 정비가 불만이었으나 뾰족한 대책이 없어 수년간 발만 굴렀다. 그런데 공격의 기회가 찾아오는 듯했다. 명나라 중앙정치가 엉망이었기 때문이다. 당시 황제인 천계제(天啓帝, 재위 1620~1627년)는 조정 일엔 관심이 없고 목공(木工)에만 몰두하는 일자무식꾼이었다. 그 사이 환관 위충현(魏忠賢)이 권력을 쥐고 자신에 반대하는 인물은 모두 제거하고 있었다. 특히 뇌물을 바치지 않는 강직한 손승종을 눈엣가시로 여겼다. 위충현은 1625년 10월 손승종을 몰아내고 대신 고제(高第)란 용렬한 인물을 요동경략에 임명하였다. 고제는 요서 일대에 널리 전개돼 있던 병력을 모두 산해관으로 집중시킨다는 전략을 발표하였다. 원숭환 등의 강력한 반대에도 불구하고 금주, 송산, 행산, 우둔, 대릉하, 소릉하 등의 요새를 다시 비우고 10만 석이 넘는 양식도 산해관으로 거둬들였다. 고제의 어리석은 작전에 대해 뜻있는 장수와 백성들이 모두 분노했지만 그의 고집대로 진행되었다.

누르하치는 명 조정의 허실과 요동경략 고제의 아둔함, 정권 실세의 눈 밖에 난 원숭환의 처지 등을 종합적으로 검토한 끝에 영원성을 무너뜨릴 만하다고 판단하였다. 1626년 정월, 누르하치는 6만 명의 팔기군을 20만 대군이라고 선전하면서 얼어붙은 요하를 건너 영원성으로 진군하였다. 누르하치는 영원성에서 2.5㎞ 떨어진 곳에 진을 치고는 영원과 산해관 사이의 연결로를 차단하였다.

1월 24일 누르하치는 총공격을 명령하였다. 미리 밝힐 것은 당시 후금의 군대가 모두 기병은 아니라는 사실이다. 사실 성을 공격하는 데는 기병이 별 도움이 못 된다. 후금군의 절반 정도는 보병이었는데 이들은 장갑 처리한 방패전차, 즉 견차(堅車)를 밀고 전진하면서 활과 창, 약간의 총포로 성을 공격하는 전술을 사용하고 있었다. 특히 후금군의 선봉부대는 철갑군으로 모두가 2겹으로 된 철갑을 입고 있어 철두자(鐵頭子)라고 불렸다. 후금군은 요란한 함성을 내지르며 철갑전차를 밀고 들어와 성곽을 에워싸고는 화살을 퍼붓기 시작하였다. 화살은 성첩 위로 빗발처럼 날아들었다. 원숭환이 반격개시의 북소리를 울리자 성갈퀴 위에서 대기하고 있던 영원성의 군사와 백성들이 큰 돌을 굴리고 화약통과 불뭉치를 던져 후금군 전차를 태워버렸다. 특

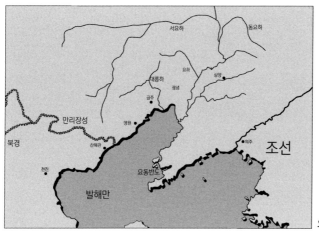

히 성벽 계단의 커다란 연석(沿石)을 파내 성 아래로 떨어뜨리자 후금의 철갑전차들이 짓눌려지면서 많은 병사들이 압살당하였다. 이처럼 후금 군대는 여러 차례 성을 공격하였지만 성공하지 못했다.

다음날인 1626년 1월 25일, 누르하치는 더욱 맹렬한 공격을 퍼부었다. 후금 병사들이 성벽 곳곳에 구멍을 뚫었지만 날씨가 추운 때라 성벽이 얼어서 무너지지 않았다. 원숭환은 상황이 무르익자 11문의 홍이포(紅夷砲, 서양식 켈버린 대포)를 쏘도록 지휘하였다. 당시 최신무기였던 홍이포의 성능과 위력을 알지 못했던 후금군은 아무런 대책이 없었다. 천지를 뒤흔드는 요란한 대포 소리가 날 때마다 집중전을 펼치던 후금군들이 한 무리씩 쓰러졌다. 용맹하기로 이름 높던 팔기군도 두려움에 떨며 진격할 엄두를 내지 못하였다.(명은 17세기 초, 네덜란드와의 군사적 접촉을 통해 홍이포를 알게 됐다. 1618년 처음으로 홍이포를 입수하였고 이어 1621년에는 자체 제작기술을 습득하였다. 명나라는 이

영원성 전투 1626년 현대의 싱 청시 일대에서 명나라와 후금 사 이에 벌어진 전투로 원숭환의 지 휘로 명나라가 승리하게 된다.

때부터 홍이포를 실전 배치하여 전장에서 사용하게 된다. 홍이포는 유효사거 리 700~800m, 최대 사거리 4㎞에 달하는 강력한 대포였다.)

애당초 칼과 창, 화살로 신식대포를 당할 수는 없었다. 포탄에 맞 아 수많은 병사들이 쓰러지자 수적 우세에도 불구하고 후금군이 밀 리기 시작하였다. 쌍방이 젖 먹던 힘까지 다해 싸우길 닷새… 마침내 홍이포 한 방이 대한(大汗)의 황룡기를 때렸고 누르하치도 파편에 상 처를 입어 철군하지 않을 수 없었다. 이 싸움이 원숭환의 이름을 높인 '영원성 대첩'이다.[42] 누르하치는 수도 심양으로 퇴각해 이렇게 한탄 하였다.

    "나는 스물다섯 살 때부터 군사를 거느리고 싸웠는데 이때까지

---

42) 천남, 『도설 대청제국(圖說 大淸帝國)』, 후베이성출판사, 2012, pp26~28.

공격하여 점령하지 못한 성과 요새가 없고 싸워서 이기지 못한
적이 없었다. 그런데 어찌하여 영원성만은 점령하지 못하는지 모
르겠다."

생애 첫 패전으로 몸과 마음에 타격을 입은 늙은 영웅은 1626년
8월 11일(양력 9월 30일), 68세로 세상을 떴다. 누르하치는 여진족을
통일하고 후금이라는 나라를 세우기까지는 성공했지만 국가의 생존
과 발전을 위한 후속 방안을 찾지 못한 채 수년을 보내다가 결국 죽음
에 이른 것이다. 후금의 중첩된 위기극복과 새로운 활로 찾기는 누르
하치 후계자의 숙제로 넘겨졌다. '누르하치의 성공방정식'은 그 기능
을 다한 셈이니 만주국의 지도부는 민족 생존과 국가 발전을 위한 새
로운 방안을 찾아야만 하였다.

皇太極

― 2 부 ―

홍타이지 내부개혁,
후금의 재탄생

창업주 누르하치가 1626년 8월 11일(양력 9월 30일) 숨진 뒤 8남 홍타이지(愛新覺羅 皇太極, 애신각라 황태극 1592~1643년)가 후금의 2대 한(汗)이 되었다. 홍타이지가 한위(汗位)를 승계했던 시점 후금의 현실은 녹록지 않았다. 경제자립 방안이 막막한 데다 정치적 리더십마저 확립되지 못한 상황이었기에 신생 만주국은 더 뻗어나가지 못하고 소멸할 수도 있는 위기에 빠져 있었다.

지도자의 실력은 평시가 아니라 난세에 드러난다. 오랑캐의 용맹에다 지략까지 겸비했던 홍타이지는 중첩된 위기, 암울한 현실을 뚫고 새로운 활로를 찾아냈다. 높은 정치력으로 급한 불을 끈 다음 대대적인 내부정비에 착수하였다. '선내수 후외양(先內修後外攘)'이란 말이 있다. '먼저 안을 닦은 뒤에 바깥을 무찌른다'는 뜻이다. 만주국 내부를 다지지 않고서는 외적을 공략할 수 없다는 이치를 홍타이지는 터득하고 있었다. 정교한 계획하에 치밀하게 진행된 내치개혁 덕분에 신생국 후금은 강력한 동원력을 갖춘 국가로 재탄생하였고 집권 10년 만에 '여진족의 나라 후금'에서 '다민족제국 대청(大淸)'으로 발전할 수 있었다.

홍타이지는 독립국을 목표로 삼았던 창업주의 노선을 답습한 것이 아니라 질적인 고양과 규모 확대를 통해 강대한 제국으로 재창조하였다. 굳건한 창업정신으로 '창업주를 능가한 2세 경영'을 이뤄냈으니 현대 기업인들에게도 시사하는 바가 있다.(홍타이지가 현대인이라면 중소기업을 물려받아 10여 년 사이 세계 최대기업으로 키워낸 2세 경영인에 비유할 수 있을 것이다.) 홍타이지 성공의 키워드는 '창업정신의 견지'이다. 창업정신이란, 인체로 말한다면 성장호르몬이다. 성장호르몬이 장기간, 원활히 분비돼야 크고 건강한 체구를 가질 수 있다. 성장호르몬은 발육기에만 필요한 것이 아니라 성년기에도 신체의 노화를 막고 건강을 유지하게 하는 핵심성분이다.

2부에서는 홍타이지가 이룩한 내수(內修)의 업적을 집중적으로 조망할 것이다. 홍타이지의 정치군사적 수완과 경제문화 방면의 역량은 부친 누르하치를 능가하는 면모를 보여주었다. '창업주를 넘어서는 창업정신'이야말로 질서 없는 신생국의 혼란상을 조기에 수습하고 단일대오를 갖춘 강국으로 만든 비결이었다.

홍타이지, 지략으로 집권 성공

신생국의 성패는 대부분 2세 때 결정된다. 수나라는 양제, 진나라는 2세 호해(胡亥) 때문에 망했다. 반면 '태종(太宗)'이라는 묘호가 붙은 탁월한 2세들이 등장한 왕조는 그 수명을 오래 누렸다. 당 태종 이세민(李世民), 조선 태종 이방원(李芳遠) 등은 창업주를 능가하는 탁월한 경영능력으로 어린 국가를 반석 위에 올려놓았다.

사실 동양역사에서 태종들의 집권과정은 대체로 순탄하지 못했다. 권력승계의 제도화가 확립되지 못한 상황에서 태조(太祖, 창업주)의 여러 아들들은 후계를 놓고 골육상쟁을 벌이기 일쑤였고 최종 승자가 2세 군주가 되어 '태종'으로 불렸던 것이다. 당 태종은 형과 동생을 죽이고 황제가 되었고, 조선 태종은 두 차례 왕자의 난을 치르면서 여러 형제를 해쳤다. 애초 후계자(태자·세자)가 아니었다가 실력으로 권좌를 차지한 만큼 집권과정의 약점을 뛰어난 정치성과로 보완하였다.

만주국의 2세 군주 홍타이지 역시 태종이란 묘호답게 강력한 개혁정치를 선보였다. 치열한 경쟁을 거쳐 권좌에 올랐다는 점에서도 예외가 아니다. 그는 장남도 아니고 궁정 내 세력도 없었지만 끝내 한(汗)의 자리를 승계하였다. 조용히 권력을 물려받은 듯 보이지만 사실은 수면 아래에서 수년간의 '작전'을 수행한 끝에 이룬 성과였다. 홍타이지는 집권을 전후하여 정변을 일으키지는 않았으나 권력을 구축하는 과정에서 가까운 경쟁자들을 핍박한 것은 사실이다. 냉혹한 권력세계의 속성 때문일 것이다.

청 태종 홍타이지… 한국인들은 이 사내를 제대로 기억하지 못한다. 하지만 결코 잊어선 안 된다. 우리 역사상 최대 치욕이라는 '삼전도의 굴욕'을 안겨준 장본인이기 때문이다. 먼저 홍타이지에 대한 간략한 소개에 이어 그가 이룩한 성공의 역사를 그려나갈 생각이다.

"천하를 훔친 도적"

"…또 너희 나라에서 오고간 문서를 입수해 보니 흔히 우리 군대를 도적(賊)이라고 적고 있다. 이는 너희 군신이 평소에 우리 군대를 도적이라 불러 왔기에 이를 깨닫지 못하고 이 지경에 이른 것이다. 남의 물건을 몰래 훔치는 자를 도적이라 한다고 들었다. 우리가 정말로 도적이라면 너는 왜 사로잡지 않고 그대로 두면서 입과 혀로만 욕을 한단 말인가…"

1637년 1월 17일, 병자호란 와중에 홍타이지가 '대청 황제'의 이름으로 조선국왕에게 보낸 국서(國書, 외교문서)의 일부이다. 홍타이지는 조선에서 만주족을 오랑캐(胡虜, 호로)라고 비하하고 자신을 도적(奴賊, 노적)이라 부르는 것을 잘 알고 있었다. 그러나 "감히 황제인 나를 보고 도적이라니, 용서할 수 없

삼전도비 부조상 인조가 홍타이지에게 항복하는 장면이 새겨진 삼전도비의 부조상. 인조는 삼전도에서 청 태종 앞에 무릎을 꿇고 치욕스런 항복을 하였고, 명나라와의 관계를 완전히 단절하여 청의 명나라 정벌을 도왔다.

다…"라며 가벼이 흥분하지 않는다. 조선의 비난과 욕설에 같은 말로 응수할 생각이 없다. 오히려 스스로를 도적에 비유하며 반박하는 여유를 부린다. "그래 내가 도적이라고 하자. 그렇다면 너, 조선 임금은 왜 도적을 체포하지 않는가?"라며 조롱할 뿐이다.

홍타이지는 1636년 12월, 12만 8,000명의 대군을 이끌고 얼어붙은 압록강을 건너 서울을 점령하고는 왕의 항복을 받아냈다. 이듬해 1월 30일 삼전도(三田渡) 들판에서 조선 인조 이종(李倧)은 홍타이지의 단하(壇下)에 무릎을 꿇고 번신(藩臣)이 되겠노라고 맹세하여 목숨과 사직을 보존하였다. 인조의 항복을 받아내면서 홍타이지는 '5천년 역사에서 한반도를 친정(親征)해 왕을 무릎 꿇린 유일한 외국군주'가 되었다. 이로써 홍타이지는 한국사에서 제외시킬 수 없는 위치를 확보하게 되었다.

삼전도비(三田渡碑) 서울특별시 송파구 삼학사로 136(잠실동 47번지)에 있는 청나라의 전승비이며 송덕비(頌德碑)이다. 병자호란 때 승리한 청나라 태종이 자신의 공덕을 알리기 위해 조선에 요구하여 1639년(인조 17년)에 세워졌다. 대청황제공덕비(大淸皇帝功德碑)라고도 부른다. 남한산성으로 피신한 인조는 만주족에 패해 머리를 땅바닥에 9번을 찧는 굴욕적인 항복 의식을 치러야 했는데, 삼전도비는 그것을 증언하는 역사적 산물이다.

홍타이지는 어떤 인물일까? 앞에서 든 도적이라는 표현은 틀리지 않다. 홍타이지는 분명 도적이었다. 그러나 시시한 도둑이 아니라 '천하(天下)를 훔친 도적'이다. 그는 사방으로 군대를 찔러 넣어 사람과 가축, 재물을 헤아릴 수 없이 빼앗았지만 약탈로 이룩한 부를 지배층의 사치스런 삶에 허비한 것이 아니라 새롭고 강한 나라를 건설하는 밑천으로 활용하였다. 덕분에 홍타이지는 '작은 도적'이 아니라 '천하의 대도(大盜)'가 될 수 있었다.

홍타이지는 천하를 훔칠 웅략을 세웠고 이를 현실로 만들기 위해 온 몸을 불살랐던 인물이다. 그에게 있어 조선 정복은 '천하 석권'이란 결승전에 앞서 치른 여러 토너먼트전 가운데 하나였을 뿐이다. '우리 만주족을 도적이니 오랑캐니 얕보는 자들, 말(言)이 아닌 실력으로 부수어 주겠다'… 이것이 홍타이지가 대군을 몰아 조선으로, 중국으로 닥친 한 배경이다.

청나라 최대 영토

　그 시절의 천하는 중원(中原), 명나라가 다스리던 넓은 대륙이다. 홍타이지는 소수의 북방 초원세력을 결집해 '천하를 내 손으로 거머쥐겠다'고 마음먹었고 그 기틀을 충분히 마련하였다. 비록 자신이 아닌 아들 대에 중원을 손아귀에 넣게 되지만, 초라했던 만주족이 대륙의 주인이 된 과정에서 가장 결정적 역할을 한 지도자이다. 그는 아버지(누르하치)로부터 물려받은 작은 나라 '후금'을 불과 10년 사이 동아시아 최강국 '청나라'로 키워냈다. 아울러 온 중원을 지배하겠다는 국가 비전을 제시하고 목표달성을 위한 치밀한 전략을 확립함으로써 후계자들이 그 길로 달려가게 만들었다. 1626년 등극해서 1643년 타계할 때까지 홍타이지의 집권 17년은 국가성장이란 측면에서 가히 '기적의 연속'이었다.

　홍타이지는 비록 '미운 적'이지만 한반도 관계사에 가두어 평가할 수 있는 인물은 아니다. 만주족의 관점에서 보면 가난하고 약체였던 만주족이 대륙의 주인으로 우뚝 설 수 있는 바탕을 마련했던 영웅이다. 현대중국은 청나라에 많은 빚을 지고 있다. 당장 960만㎢의 방대한 국토면적부터 청의 유산이다. 한족이 세운 송과 명의 영역은 400~500만㎢에 불과했던 반면, 청나라 건륭제 시대의 영토는 1,300만㎢로 커졌다. 청의 영역에서 외몽골과 연해주, 중앙아시아 일부를 상실한 것이 중국의 지금 영토인 것이다.

이런 청나라를 실질적으로 창건한 인물이 홍타이지이다. 다수의 한족과 55개 소수민족이 어울려 살아가는 다민족국가 중국… 다민족협화(多民族協和)의 사상적 기초는 한족이 아니라 만주족 홍타이지가 마련하였다. 그런 점에서 홍타이지는 '현대중국의 설계자'라고 해도 과언이 아니며 '만주족의 성공 역사'에서도 맨 윗자리에 기술해야 할 주인공이다.

궁정의 외톨이, 실력으로 중망(衆望) 얻다

홍타이지는 누르하치의 아들 16명 가운데 8번째 아들이다. 모친은 예허나라(葉赫那拉) 성씨에 멍구제제(孟古姐姐)라는 이름을 지닌 여인으로 14살에 누르하치에게 시집갔다. 멍구제제는 17살 때인 1592년에 홍타이지를 낳았고 22살 되던 1597년 정실부인이 되었지만 1603년 28살의 젊은 나이에 병으로 숨졌다. 홍타이지는 12살의 어린 나이에 생모를 잃은 셈이다.

16명이나 되는 누르하치의 여러 부인과 그녀들이 낳은 16남 8녀의 자식들은 그 자체가 '작은 궁정사회'였다. 일가족이라고 하지만 각

부인과 자식들끼리 그룹을 이뤄 경쟁하는 엄혹한 체제였다. 생모가 일찍 사망한 데다 동모(同母) 형제마저 없던 홍타이지는 궁정사회에서 철저히 고립된 존재였다. 그나마 다행이라면 생모가 3명의 정비(正妃) 가운데 한 명이었기에 서자가 아닌 적자였다는 사실이다. 혈통을 중시하는 유목민족사회도 유교문화권 못지않게 적서차별이 존재하였는데 적자는 서자에 비해 유리한 점이 많았다. 기댈 곳 없는 어린 외톨이였기에 궁정 내 다른 그룹의 견제나 질시도 덜 받았을 것이다.

고단한 삶 가운데서도 어린 홍타이지는 꿋꿋하였다. 죽을힘을 다해 무예를 익히고 열심히 글을 배워 스스로의 능력과 식견을 키웠다. 일찌감치 홀로 살아남는 방법을 터득했던 셈이다. 말수가 적고 냉정한 성격의 소유자가 된 것은 생존을 위한 불가피한 선택이었다고 하겠다. 누르하치의 여러 아들 가운데 머리가 가장 뛰어났던 홍타이지는 한문을 자유자재로 구사할 수 있는 교양을 갖췄고, 삼국지와 수호지 등 여러 중국고전을 섭렵한 결과, 지략에도 능란했다.

학습능력만이 아니라 전장에서의 공업(功業)도 탁월하였다. 신중하면서도 용맹했던 홍타이지는 10대 후반부터 참전한 각종 전투에서 늘 이겼다.(1619년 사르후 전투 당시 누르하치가 '사람들이 홍타이지에게 의지하기가 인체로 말하면 눈과 같다'고 칭찬할 정도로 전공(戰功)이 컸다.) 12살에 어미를 잃고 홀로 자랐음에도 문무를 겸전한 홍타이지를 아버지 누르하치는 총애하였다. 후금 건국 3년째인 1618년, 그를 4대 버일러 가운데 한 명으로 중용하였다. 하지만 이즈음만 해도 홍타이지가 누르하치에 이어 차기 한이 될 것으로 보는 사람은 많지 않았다.

누르하치는 정식으로 개국하기 이전부터 후계자를 세웠다. 나라의 꼴을 서서히 갖춰가던 1598년, 당시 19살된 장남 추잉(睹英)이 전투에서 큰 공을 세우자 그를 버일러로 봉하고 '홍바토르(洪巴圖魯, 위대한 용사라는 의미의 몽골어)'라는 칭호를 내렸다. 여진족은 장자계승 제도가 완비돼 있지 않았지만 누르하치는 일찌감치 후계자를 정해 정치를 안정시키고 나라의 기틀을 조기에 구축할 복안이었다. 그래서 자신이 외정(外征)할 때마다 추잉에게 내정을 맡기곤 하였다. 그러나 추잉은 아버지 생전에 권력 강화를 시도하다 다른 왕자·대신들과 큰 불화를 야기하였고 결국 1615년 부친에 의해 죽임을 당하였다. 장남의 행실에 실망한 누르하치는 이후 후계자를 지정하지 않은 채 죽음을 맞이하였다.

추잉이 사라진 후 한동안은 차남 다이산이 가장 유력한 후계자로 지목됐다. 사실상의 장남인 데다 성정이 온화하고 아량도 넓었으며 군공도 커 세력이 막강하였다. 누르하치도 평소 "내가 죽으면 어린 아들과 대비를 장남(다이산)에게 맡길 것이다."라고 말할 정도였다. 객관적으로 평가할 때 누르하치 사후 한위(汗位)는 다이산 차지였고 홍타이지에게 돌아갈 가능성은 높지 않아 보였다.

그러나 포기한다면 홍타이지가 아니다. 앞서 언급했듯이 누르하치의 여러 아들 가운데 머리 회전력이 가장 좋은 데다 삼국지와 손자병법 등 전략서를 많이 읽어 지략에 능한 인물이기 때문이다. 학식이 높고 군공이 탁월한 데다 도량이 크고 나름의 리더십도 갖춰 중망을 얻고 있었다.

강홍립의 막료로 사르후 전투에 참전했다 후금의 포로가 됐던 조선 관리 이민환은 홍타이지를 '효용절륜(驍勇絶倫, 사납고 용맹스럽기가 대단히 뛰어나다.)하다'고 평가한 바 있다. 광해군 13년(1621년) 9월 후금을 방문했다 귀국한 만포첨사 정충신(鄭忠信)은 누르하치의 아들들에 대하여 다음과 같이 보고하였다.

> "…노추(老酋, 누르하치)의 아들은 20여 명인데(실제로는 16명) 그 중에서 군사를 거느린 자는 6명이었습니다. 큰아들은 일찍 죽고 그 다음으로는 귀영가(貴盈哥, 다이산), 홍태주(洪太主, 홍타이지), 망가퇴(亡可退, 망굴타이), 탕고대(湯古台), 가문내(加文乃), 아지거(阿之叵)였습니다. 귀영가는 보잘 것 없는 보통사내(庸夫)였으며 홍태주는 '다른 사람보다 특별히 뛰어나고 용감한데'(정충신은 영용초인(英勇超人)이라고 표현하였다.) 시기심이 많아 아비의 편애를 믿고 형을 죽이려는 계책을 몰래 품고 있었습니다. 나머지 네 아들은 보잘 것이 없어 한마디로 말해 노추와는 비교가 되지 않았습니다…"[1]

이때는 홍타이지가 집권하기 전인 데도 그를 주목하고 강한 권력의지까지 파악했으니 정충신이 제대로 관찰한 셈이다.(다만 '아버지의 편애를 믿고 형을 죽이려 한다'는 대목은 검증이 안 된 소문을 옮겨 적은 것이다.) 어쨌든 외국인의 객관적인 시각에서도 홍타이지의 특출함이

---

1) 『광해군일기』, 1621년 9월 10일자.

포착됐다고 하겠다. 한이 된 이후에도 홍타이지에 대한 조선 관찰자들의 인물평은 후한 편이었다.

> "한(汗)은 사람됨이 사나운 기색이 용모에 나타나고 있었지만, 침착하고 신중하며 말이 적고 행동이 또한 무게가 있었다. 두 눈은 내리 떠서 보통 때에는 작고 가는 듯하였으나 간혹 눈을 크게 뜨고 사물을 볼 때에는 광채가 번쩍거렸다. 또 한은 무엇보다도 정실(情實)이 없이 능히 사람을 달래고 어루만졌으므로 위아래가 간격이 없었으며 위로는 하늘 섬기는 것을 삼가 한 가지 일이나 한 가지 정사도 반드시 하늘을 가리켜 증명하였다…(하략)"[2]

홍타이지는 누르하치 생전에 이미 집권을 위한 준비를 마칠 수 있었다. 최대 경쟁자인 다이산과 대비를 꺾어버린 것이다.

불타는 권력의지로 한위(汗位)에 오르다

홍타이지는 궁중의 권력관계에 주목했다. 누르하치가 60대이던 당시 대비는 '울라나라씨 아바하이(烏拉那拉氏 阿把亥)'로서 갓 30대였다. 4번째 정실부인으로서 슬하에 아지거(阿濟格)와 도르곤(多爾袞), 도도(多鐸) 등 3명의 아들을 두고 있었다. 모든 궁정에서 그러하듯이 차비(次妃) 타인차(德因澤)는 대비와 사이가 무척 나빴다. 대비를 끌어

---

2) 이긍익, 『국역 연려실기술』, 제25권 인조조 고사본말, p131.

내릴 방법을 찾아 노심초사하던 타인차에게 기회가 왔다.

아바하이는 늙은 누르하치가 숨지면 자신과 어린 아들들의 처지가 곤란할 것으로 보고 차기 한으로 유력한 다이산과 잘 지내기로 마음을 먹었다. 예로부터 유목민족들은 추장이 숨지면 후계자가 정비를 제외한 후궁이나 첩을 차지하는 풍속이 있었다. 아바하이는 이 점을 염두에 두었던 모양이지만 누르하치가 살아 있던 점을 감안하면 너무 서둘렀다. 더구나 누르하치 시대의 여진족 사회는 명과의 교류가 많았기에 이런 유목민족의 전통을 그렇게 좋게 보지 않던 상황이었다. 대비는 수시로 다이산의 집을 찾았는데 꼬리가 길면 밟히는 법이다. 어느 날 차비 타인차가 누르하치에게 고발하였다.

"대비께서 대버일러(다이산을 말함)에게 두 차례나 맛있는 음식을 내렸는데 그때마다 다이산은 음식을 죄다 먹어치웠습니다. 4버일러(홍타이지)에게도 내렸는데 그는 받기만 했을 뿐 먹지 않았습니다. 대비는 수시로 다이산의 집을 드나들었고, 두 사람이 깊은 밤에 함께 만나기도 하였습니다."

일개 후비인 타인차가 아바하이와 다이산이 접촉한다는 내밀한 정보를 입수하고 이를 한(汗)에게 고발하기는 쉽지 않았을 것이다. 그래서 그 경위를 둘러싸고 구구한 억측이 나온다. 홍타이지가 최대 수혜자가 됐다는 점에서 그의 측근들이 타인차와 손잡고 사주한 '정치 공작'으로 보는 분석이 우세하다. 홍타이지의 집권이 단순한 행운 덕분이 아니라 인위적인 작전의 결과로 보는 시각인 셈이다.

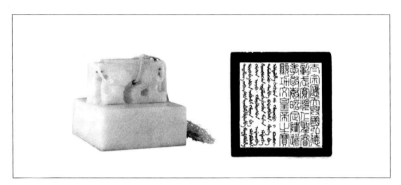

청 태종 문황제 익보(謚寶) 및 인문(印文)

　누르하치가 조사해 보니 모두가 사실이었다. 그러나 두 사람의 관계가 어느 수준까지 진전됐는지는 밝히지 못하였다. 너무 요란하게 다루면 왕실의 명예가 떨어질 수도 있었기 때문이다. 따라서 심하게 처벌하지는 못하고 대비를 궁에서 쫓아내는 정도에서 봉합하였다. 타인차는 고발한 공으로 누르하치와 같은 식탁에서 식사할 수 있는 자격을 얻게 되었다.

　젊은 대비가 곁에서 없어지자 크게 적적해 하던 누르하치는 1년 후 마음이 바뀐다. 아바하이와 다이산의 관계가 어느 정도였는지 증거도 없는 상황에서 지나치게 엄한 벌을 내렸다는 생각이 든 것이다. 그래서 대비를 용서하고 다시 복위시켜 궁으로 불렀다. 하지만 누르하치 말년에 일어난 이 사건으로 인해 대비는 물론이고 다이산은 정치적으로 치명상을 입었다.

　어쨌든 누르하치가 타계한 1626년 차기 한(汗) 후보는 4명으로 압축되었다. 1버일러 다이산을 비롯해 누르하치의 다섯째 아들 망굴타이(莽古爾泰), 여덟째 아들 홍타이지와 누르하치의 조카(동생 수르하치의 아들) 아민(阿敏) 등 '4대 버일러'였다.

누르하치가 살아 있던 시기에 이미 최대 라이벌을 정리(?)했던 만큼 이제 후계자 경쟁은 홍타이지가 단연 유리한 형국이었다. 2버일러 아민은 누르하치의 아들이 아니라 조카였고, 그의 아비 수르하치가 누르하치의 권력을 넘보다 제거된 만큼 한(汗) 위를 다툴 만한 처지가 못 되었다. 3버일러 망굴타이는 누르하치의 5남으로 용맹하긴 했지만 지략이 부족하고 성격도 거칠어 따르는 사람이 적었다. 자신의 생모가 과오를 범하자 제 손으로 어미를 죽인 용렬한 인물이었기에 군주가 될 것이라고 생각하는 사람은 아무도 없었다.

문제는 대비였다. 누르하치가 생전에 대비의 둘째 소생인 도르곤과 막내 도도를 아꼈다며 그들의 승계권을 주장하고 나선 것이었다. 만주족과 몽골족 등 유목민족은 '말자상속(末子相續) 풍습'이 있었던 만큼 대비의 주장은 나름 설득력을 갖고 있었다. 특히 도르곤은 어리지만 용맹하고 총명한 것으로 신망이 높았다. 대비와 홍타이지 간에 지지세력 결집을 위한 대결이 며칠 동안 긴박하게 이어졌다.

그러나 상황은 대비 편이 아니었다. 15살 도르곤과 13살 도도보다는 35살의 장년 홍타이지가 난세를 이끌어나갈 지도자로 적합하다는 것이 후금 조정의 중론이었기 때문이다. 더욱이 홍타이지의 불타는 권력의지를 잘 아는 사람들은 그의 반대편에 서는 것을 두려워하였다. 어느 시대, 어느 사회나 권력사슬의 맨 윗자리는 권력을 위해 목숨까지 걸겠다는 굳센 성격의 소유자가 차지할 확률이 높다. 후금의 고위층 대다수는 홍타이지와 맞서 싸우다가 실패할 경우 보복

심양의 황성 고궁(古宮) 청 태조 누르하치가 왕조의 기초를 다지면서 건축한 황성(皇城)으로 1625~1636년에 완공되었다.

을 당할 것이 분명한 만큼 차라리 같은 편에 서서 훗날을 보장받고자 하였다. 1버일러 다이산부터 그러하였다. 다이산이 장남 요토(岳託) 의 건의를 받고 홍타이지를 옹립하는 데 앞장섬으로써 대세는 결정 이 났다. 아민과 망굴타이도 나라의 앞날을 보아서나 자신들의 기득 권을 위해서나 홍타이지가 적임자라고 판단하고 '4버일러'의 손을 들 어주었다.

홍타이지와 3명의 대버일러들은 여세를 몰아 대비를 막다른 궁지 로 밀고 갔다. "선대 한(누르하치)이 대비를 순장하라는 유언을 남겼 다."고 주장해 아바하이 스스로 목숨을 끊도록 압박하였다. 대신 도 르곤 등 그녀의 세 아들은 잘 보호하겠노라고 맹세하자 대비는 자식 들의 미래를 위해서라도 자결을 피할 수가 없었다. 권력을 노렸으나 성공하지 못한 젊은 대비는 참담한 대가를 지불한 셈이다.

홍타이지는 대비와 함께 차비 타인차도 '순장의 영광'을 누리게 해줌으로써 다른 말이 나올 가능성을 봉쇄해 버렸다. 이런 식으로 정치적 반대파를 차근차근 제압한 끝에 홍타이지는 마침내 한(汗)이 되었다. 홍타이지가 설득과 위협, 계교와 모략이라는 '태종의 길'을 통해 대권을 잡은 것은 사실이지만 단지 권력욕 때문만은 아니라고 본다. 수백 년의 나라 없는 설움을 일거에 날려버린 부친의 독립국가 건설… 그러나 불과 10년 만에 망국의 위기에 빠진 신생 만주국… 홍타이지는 위태로운 나라를 구하려면 강력한 군주가 필요하고 자신이 가장 적임자라고 여겼을 것이 틀림없다. 객관적으로 보아 누르하치의 아들들 가운데 홍타이지만한 용략과 지혜, 비전을 두루 갖춘 인물은 없었다. 자신감이 남달랐던 홍타이지는 그런 사실을 잘 알고 있었을 것이다. 앞서 언급한 정충신의 보고에서도 '나머지 아들들은 보잘 것이 없다'고 하지 않았는가? 홍타이지는 실력 없는 형제에게 군주 자리를 양보하고 그에게 충성을 바칠 인물이 아니었다.

총명하다는 뜻을 지닌 '수러한'의 칭호를 받은 홍타이지는 부친 누르하치의 연호 천명(天命, 하늘의 명령)에 빗대어 천총(天聰, 하늘의 이치에 총명하다는 의미)을 연호로 삼았다. 1626년 가을에 등극했지만 천총 원년은 이듬해인 1627년이 된다.

6장

담담타타(談談打打) 전술로
최악 위기 돌파

어렵사리 '한'이 되었지만 홍타이지는 허니문을 즐길 수가 없었다. 그가 한위(汗位)에 오른 1626~1627년 즈음 후금의 경제상황은 전에 없이 다급하였기 때문이다.

"이때 국중(國中)에 큰 기근이 들어 쌀 1말(斗)의 가격이 은 8냥이었고(1623년 1냥이었던 것에 비해 4년 새 8배나 폭등한 가격이다.) 사람을 잡아먹는 일도 있었다. 나라(후금)에 비록 은이 많았지만 무역할 곳이 없었다.(명의 무역금지정책 탓이다.) 이 때문에 은의 가치는 떨어지고 모든 물가가 급등하여 말 1마리가 은 300냥, 소 1마리가 은 100냥, 비단 1필에 은 150냥, 베 1필에 은 9냥이었다. 도둑이 만연하여 사람을 죽이고 혼란스럽게 되었다."3)

1620년대는 소빙하기로 후금은 물론이고 명과 조선 등 동아시아 각국이 가뭄과 이상 저온으로 농사를 망치던 시대였다. 기근으로 힘들기는 여러 나라의 처지가 비슷했지만 나라의 기틀이 제대로 잡히지 않았던 후금의 고통이 더욱 큰 편이었다. 급격한 국가 팽창에 따른 반작용의 측면도 있었다.(참고로 이때 후금은 명나라와 반대로 은은 풍족했지만 식량과 의복 등 물자가 부족해 문제였다. 과거 수십 년간의 무역과 외교 활동을 통해 은은 많이 확보하고 있었던 반면, 독립 이후 명이 본토와 만주와의 공식무역에 제한을 가함으로써 심각한 물자부족에 시달렸던 것이다.)

식량을 비롯한 각종 생활필수품이 절대 부족해 고통을 겪고 있었지만 서남에 명, 서북에 몽골, 동남에 조선 등 사방이 적대국인 데다 이들 나라와 교역을 제대로 할 수 없으니 살아가기가 막막하였던 것이다. 게다가 영원성 패전에서 보듯 원숭환 등 유능한 장수들이 요서를 지키고 있어 대명전쟁에서도 별 성과가 없는 답답한 처지였다. 자칫하다가는 명의 강한 압박과 경제제재에 의해 신생 후금이 망할 수도 있다는 위기감마저 감돌고 있었다.

'담담타타(談談打打)'란 말이 있다. '상대가 강할 때에는 대화를 제의하고 상대가 약할 때에는 가차 없이 때린다'는 뜻이다.(여기서 상대는 하나일 수도 있고 둘, 셋일 수도 있다.) 자신이 약할 땐 '좋은 말로 하자'며 평화공세를 펴고, 강할 때는 전면공격에 나서는 전술이다. 마오

---

3) 『청태종실록』, 1627년(천총 1년).

쩌둥이 개발한 것으로 알려져 있지만 사실은 머리 좋은 고수들이 이전부터 행해왔던 오래된 전략전술이다. 만주국은 위태로운 반면 명은 아직 강하던 시절 홍타이지는 명에게는 대화를 제의해 공세를 차단하되, 약한 조선은 때리는 양면전술로 다급한 정치경제적 위기를 넘겼다. 담담타타의 전형적인 사례라 할 만하다.

대명(對明) 평화제의로 시간을 벌다

심각한 경제사회적 어려움에다 영원성 패배라는 심적 부담까지 지고 있었기에 누르하치 사후 만주국의 분위기는 무거웠다. 뭔가 돌파구가 필요하였다. 홍타이지는 나라 안팎을 꼼꼼히 따져보았다. 문제의 해답은 언제나 자신에게 있는 법이다.

당시 신생 만주국은 많이 헝클어져 있었다. 경제는 엉망이고 백성들은 굶주리고 있었다. 영원성에서 패배한 이후 군사들은 위축돼 있었다. 팔기는 공동의 전략목표를 세우지 못한 채 제각기 작은 이익에 몰두하는 형국이었다. 한(汗)의 권위는 높지 않았고 지시는 제대로 먹히지 않았다. 내부 정비가 급선무였다. 그러기 위해서는 일단 명과의 평화회담으로 시간을 벌어야 했다. 부친의 복수라는 정치적 견지에서 볼 때 영원성 재공격은 필수였지만 감정을 다스려 한동안 동병(動兵)을 자제하였다. 뾰족한 방안이 없는 상황에서의 전쟁은 무모하다고 판단했기 때문이다. 대신 이미 획득한 요동과 만주 땅을 지키면서 별개의 독립국으로 인정받고 중국과의 무역을 재개하는 것이 단기목표였다.

누르하치의 사망이 화담(和談)의 기회가 되었다. 원숭환은 사자 2명을 심양으로 파견하여 영걸의 죽음을 조문하였다. 홍타이지의 한 즉위 때도 축하사절을 보냈다. 홍타이지는 원숭환의 잇단 사절 파견에 감사를 표하며 '시한부 화평'을 제의하였다. 힘이 모자라던 시기이니 담담(談談) 작전을 구사한 것이다.

즉위한 지 얼마 지나지 않은 1627년 초 홍타이지는 원숭환에게 편지를 보내 전쟁을 하지 않을 터이니 그 대가로 예물, 즉 경제지원을 해달라고 요구하였다. '평화 비용'을 청구한 셈이다. 원숭환이 응하지 않자 몇 달 후에는 액수를 절반으로 줄이면서 또다시 예물을 재촉하였다. 당초에는 '금 10만 냥, 은 100만 냥, 비단 100만 필을 먼저 주고 화의가 성립된 뒤에 금 1만 냥, 은 10만 냥, 비단 10만 필 등을 바치라'고 했다가 나중에는 '(요구액의)절반만 줘도 된다'고 수위를 낮췄다.

심지어 요동의 관리들에게 보낸 서한에서 자신이 명의 황제보다는 아래에 있다는 뜻을 공공연히 밝혀 경계심을 풀어주었다. 즉, 자신의 이름을 언급할 때 명의 관리보다는 한 글자 위에 써야 하지만 명나라 황제보다는 한 글자 아래에 써도 좋다고 양보했던 것이다.

> "나는 뜻을 헤아려 하늘보다 명 황제를 한 글자 내리고, 명 황제보다 나(홍타이지)를 한 글자 내리고, 나보다 명의 관리들을 한 글자 내려서 썼습니다. 당신들(명 관리들)이 나와 대등하게 쓰면 그 편지를 받지 않을 것입니다."[4]

---

4) 『태종문황제실록』, 천총원년(1627) 4월 갑진조, 신불해의 이야기 중국사-병자호란의 발발에 있어

후금의 처지가 다급하였던 만큼 홍타이지는 몸을 낮췄다. 자고(自固, 스스로를 공고히 하는 정책)를 달성할 시간을 벌기 위한 목적이었다. 자신이 약할 때는 이처럼 머리를 숙였다가 강할 때는 안면을 바꿔 공격하는 것, 명분에 얽매이지 않고 실질을 추구하는 '오랑캐다운 전략'이라고 하겠다. 휴전을 원하기는 원숭환도 마찬가지였다. 휴식기를 가져 성을 수리하고 병사를 훈련시키고 둔전을 확대하는 등 전열을 정비하고자 하였다. 특히 금주, 중좌, 대릉하, 소릉하 지역의 방어선을 단단히 구축하기 위해서는 시간이 필요하였다.

문제는 명나라 중앙정치권이었다. 후금과의 평화는 명의 국내안정에도 큰 도움이 되겠지만 이런 점을 인정하지 못하는 경직된 체제였다. 당장 원숭환이 누르하치를 조문한 데 대한 정치권의 비난이 쏟아졌다. '후금은 죄를 지은 속국인데 황제 측에서 먼저 화친에 나선 것은 잘못이다'는 주장은 점잖은 편이었고, 요동경략 왕지신(王之臣)은 '원숭환의 행위는 (매국노 진회가 주도했던)송나라와 금나라의 화평처럼 어리석고 무모한 짓'이라고 탄핵할 정도였다.(1626년 말, 원숭환이 누르하치를 조문하고 홍타이지와 휴전협상을 벌인 사실은 훗날 그의 운명에 큰 부담으로 작용하였다. 1629년 10월 홍타이지의 북경 공격 때 반간계(反間計)에 넘어간 명나라 숭정제는 원숭환이 1626년경부터 후금과 손잡고 나라를 배신한 것으로 간주해 그를 처형하였다. 4부 14장에서 자세히 다룬다.)

중앙에서 이처럼 펄펄뛰고 있으니 평화비용을 바치라는 홍타이지

조선의 입장이 아닌 청나라의 입장, '부흥' 네이버 대표 역사카페, 2013년 3월 14일에서 재인용.

의 요구를 원숭환이 수용하기란 불가능한 일이었다. 재능이 뛰어난 만큼 자신감이 넘쳤던 원숭환도 영원성 전투에서 승리한 이후 후금을 약간 우습게 보고 있었으므로 '예물'을 바칠 생각이 없었다. 도리어 후금이 평화를 원한다면 먼저 요동 땅과 한인 포로들을 돌려줘야 한다고 맞받았다. 원숭환 역시 후금과의 평화체제를 구축할 수 있는 의지가 부족했던 셈이다. 홍타이지는 후금과 명은 강역이 나뉜 '다른 나라'임을 강조하며 단번에 거절하면서도 무역재개를 강력히 희망하였다. 명이 끝내 경제봉쇄를 풀지 않으면 전쟁은 피할 수 없다는 경고도 덧붙였다.

> "명이 만약 나의 말을 듣고 화의를 이루어 함께 태평을 이룬다면 우리나라의 만주, 한인, 몽골은 마땅히 인삼을 채취하고 개발하여 명과 교역할 것이다. 우리나라에 부족한 것은 다만 비단일 뿐이다. 우리가 힘써 자원이 부유해진다면 비록 비단을 얻지 못해도 무엇이 문제이겠는가. 우리가 누차 말하여도 저들이 따르지 않으니 어찌 내가 앉아서 기다리겠는가. 마땅히 군대를 가다듬어 서쪽으로 정벌을 나갈 것이다."[5]

하지만 이 글은 전쟁경고라기보다는 화의와 무역에 방점을 두고 있다. 집권 초기 홍타이지의 단기목표는 명을 멸망시키겠다는 사생

---

5) 『태종문황제실록』, 천총 3년(1629) 6월 을축조, 신불해의 이야기 중국사-병자호란의 발발에 있어 조선의 입장이 아닌 청나라의 입장, '부흥' 네이버 대표 역사카페, 2013년 3월 14일에서 재인용.

결단식 중원 정벌보다는 만주독립국을 인정받고자 하는 정도였다. 당장의 경제위기를 타개하지 않으면 나라를 유지하기조차 쉽지 않던 상황에서 중원 석권의 꿈을 꿀 처지가 되지 못했던 것이다. 어쨌든 원숭환과의 '일시 휴전'을 통해 홍타이지는 내부체제 정비에 주력할 수 있는 시간을 벌 수 있었다.(1619년 누르하치의 평화회담 제의를 거부한 데 이어 1627년 홍타이지가 희망한 '화친'마저 배척한 명 조정의 결정은 중대한 실책이었다. "평화공존이 안 된다면 전쟁뿐이다. 만주족을 무시한 자들은 용서하지 않는다"… 명과의 병존이 불가능한 것을 실감한 만주국은 국력을 회복하자마자 명을 소멸하려 들었기 때문이다. 명의 강경책에 실망한 만주국의 중국정책은 공격적일 수밖에 없었다. 만주국과의 공존을 거부한 명의 오만한 행보는 결과적으로 '오랑캐의 야수 본능'을 자극한 셈이었다.)

한인 포용 정책, 요동 농사 재개

후금은 이제 어엿한 독립국이 된 만큼 과거처럼 사냥과 목축업, 빈약한 밭농사로 국가체제를 지탱할 재정을 마련할 수 없다. 후금이 경제적으로 자립하기 위한 첫 단추는 요동 들판에서 풍성한 곡물을 생산하는 일이었다. 명의 무역금지로 중원과의 통상을 통한 부의 창출이 쉽지 않게 된 처지에서 이제 농사는 만주국에서도 주력산업이 되었다.

그런데 누르하치가 요동을 정복한 1620년 이후 현실은 기대와 딴판이었다. 한족들의 도주와 농사 포기, 그로 인한 식량 부족은 신생국 후금이 겪는 위기의 근본 원인이었다. 경제위기 극복을 위한 첫걸음은 요동의 한인들로 하여금 열심히 농사를 짓도록 회유하고 권장하는 일에서 시작돼야 했다. 홍타이지는 누르하치 시절의 한인 탄압책을 곧바로 던져버렸다. 자존심 강한 한족을 다스리기 위해서는 칼과 채찍이 능사가 아님을 절감했기 때문이다.

'수십만 명이나 되는 한족을 모두 죽일 수는 없는 일이다. 한족이 없다면 요동 들판은 황무지나 다름없다. 그렇다면 차라리 한족을 같은 백성으로 받아들여 함께 살게 하자.'

홍타이지의 생각은 대충 이런 것이었다. 한족을 때리기보다 좋은 말로 달래는 작전, 담담타타의 국내용 버전도 타타가 아니라 담담으로 정해졌다. 사실 홍타이지는 예전에 없던 '다민족협화 사상'을 지녔던 인물이다. 그는 만주족만의 나라가 아니라 몽골과 조선, 나아가 한족까지 포괄한 다민족제국을 그리고 있었다. 그런 만큼 홍타이지는 "치국의 요점은 백성을 안정시키는 데 있다"고 하면서 한인들을 '백성'의 범주에 집어넣었다. 당시 버일러들은 자신의 기(旗)에 소속된 만주족과 전쟁포로 만을 다스렸던 만큼 요동 한인 대부분은 팔기제 바깥에 놓여 있었다. 홍타이지는 이런 한인들을 '한(汗)의 백성'으로 규정함으로써 거대한 인구층을 자신의 휘하로 배속시킨 효과를 거두었다.

한인을 백성으로 거둔 홍타이지의 정책은 측근들의 동의와 지지를 받았다. 다이산의 장남이자 누르하치의 손자인 요토는 병부의 버일러가 되어 홍타이지를 보좌한 인물이다. 그는 투항한 명나라 장수들에게 사과의 뜻을 밝힌 바 있다. "요동의 (한족)백성을 도륙한 것은 선대 한(누르하치)의 죄이다. 그것은 도의를 이해하지 못한 시기의 일이다. 이 일을 생각하면 몸이 둘이라면 하나를 죽이고 싶고 머리가 둘이라면 하나를 깨부수고 싶다."[6]

법 집행에서도 민족차별을 폐지하였다. 누르하치는 비밀리에 "형량에는 만주족과 한인에게 차이가 있어야 한다."고 지시했고 같은 죄를 지어도 한인에 대한 벌이 컸다. 홍타이지는 이런 관행을 폐지하였다. "만주족과 한인은 모두 일체이며 범인 처벌이나 공무의 부담에서 차별을 두어서는 안 된다."고 강조했다. 만주족과 한족이 다툴 경우 만주족에게 유리하게 판결해서는 안 되며 법에 따라 공평하게 처리할 것을 지적했다. 만-한 민족경계가 사라진 것은 아니지만 형식상의 평등은 인정한 셈이었다.

누르하치 시절의 만한합주책(滿漢合住策)도 폐기했다. 한인의 부락을 만인과 분리해 한인 관료가 관할하게 하고 만주족이 한인 거주지역에 출입하는 것을 금하는 만한별주책(滿漢別住策)을 내세웠다. 농사는 한인의 장기인 만큼 그들이 마음 놓고 농경에 전념하도록 하는 방안이었다. 덕분에 대다수 한인들은 예전처럼 자기 마을에서 스스로의 농토를 가꾸고 나라에는 일정한 세금만 바치면 되었다.

한족 노예로 운영하는 만주식 농장 '톡소'도 대폭 축소하되, 1개 톡소에 허용하는 한인을 최대 8명으로 제한하였다. 나머지 한족은 일

---

6) 유소맹, 『여진 부락에서 만주 국가로』, 이훈 · 김선민 · 이선애 공역, 푸른역사, 2013, p430.

반 민호(民戶)로 편성하였으니 편호위민(編戶爲民) 정책이다. 이런 방책들로 인하여 만한(滿漢) 민족갈등은 완화되었고 한족들은 다시 요동 들판에서 열심히 농사를 짓게 되었다. 만주의 지배에 반발해 농토를 버리고 도주하는 한인은 이제 없어졌다. 요동에서 농업생산이 회복되면서 만주국의 식량 사정은 한층 개선되었고 경제위기도 차츰 누그러뜨릴 수 있었다.

그러나 요동의 농사만으로 경제자립을 완성하는 것은 어렵기 때문에 상공업도 장려하였다. 특히 열악한 직물업을 발전시키기 위해 직공들에게 가정을 꾸려주고 세금을 면제하는 등 우대책을 편 덕분에 1633년에는 중국 수준의 고품질 비단을 생산할 수 있었다. 홍타이지는 아울러 팔기의 버일러들로 하여금 상단을 조직해 명, 조선과 무역하도록 지시하는 등 상업에도 신경을 썼다. 그러나 명은 후금과의 교역에 소극적이어서 별 효과가 없었다. 절박했던 홍타이지는 다른 방안을 찾아야 했다. 대안은 존재하고 있었으니 바로 조선이었다.

급한 불끄기 '정묘 동정(東征)'

후금 국내의 한족 반발을 달래고 원숭환과의 일시적 휴전으로 시간을 벌어 놓은 뒤 홍타이지는 조선을 두드리기로 결심한다. 조선이 '타타'의 대상이 된 것은 순전히 힘이 약했기 때문이다. 빼앗지 않으면 굶어 죽고 얼어 죽을 판인데 원숭환이 버티고 있는 요서를 넘기 힘들어지자 방향을 동쪽으로 튼 것이다. 홍타이지 집권 넉 달 만인 1627년(정묘년) 1월에 서둘러 조선을 침공하였으니 바로 정묘호란(丁

卯胡亂)이다. 명과의 교역이 끊긴 상황에서 식량과 소금, 의복 등을 조선에서 충당하고자 하는 욕구가 개전의 최대 배경이 되었다.

홍타이지는 조선과의 활발한 교역으로 경제적 어려움을 돌파하기를 희망하였으나 인조반정으로 집권한 서인정권은 그럴 생각이 없었다. 광해군 때와 달리 친명배금 정책을 분명히 하여 후금을 자극하였다. 서인정권은 실제로는 그럴 힘도 없으면서 '오랑캐를 정벌해 (명) 황제의 근심을 덜어주는 것이 번방(藩邦)의 의무'라는 식의 철딱서니 없는 언동을 해댔으니 후금으로서는 늘 뒤가 개운하지 않았다.

평안도 철산 앞바다 가도에 명나라 장수 모문룡이 진을 치고 후금의 후방을 위협하는 점도 신경이 거슬리는 대목이었다. 1620~1621년 요양성이 후금에 무너질 때 조선 영토로 도주한 모문룡의 무리는 사실상 해적집단이었지만 외견상 보병 2만 8,000명과 마병 3,000명에 함선과 대포까지 보유한 군단이었다. 이따금씩 후금의 영역에서 소란을 피웠으므로 한번 손을 보지 않을 수 없었다. 조선 조정이 매년 10만 석 안팎의 군량미를 공급하는 등 '모병(毛兵, 모문룡 군단)'을 적극 지원하는 것도 차단할 필요가 있었다. 다만 수군이 없는 후금으로서는 해상에 떠 있는 모병을 직접 칠 수는 없고 그 숙주 노릇을 하고 있는 조선을 공격하는 길 밖에 없었다. 여기에다 1624년 1월에 일어난 '이괄의 난' 잔당들이 후금에 망명해 와서는 길잡이를 자처하며 공격을 부추긴 것도 개전의 결정적 요인이 되었다.

이괄의 난은 조선의 뼈아픈 자중지란(自中之亂)이었기에 상술할 필요가 있다. 1624년 1월 "평안병사 겸 부원수인 이괄의 아들 이전(李旃)과 구성부사 한명련(韓明璉), 정충신(鄭忠信), 기자헌(奇自獻) 등이 변란을 꾀한다"는 고변에서 반란의 싹이 잉태한다. 엄한 조사 끝에 무고임이 밝혀져 조사관들은 고변자들을 사형시키고자 하였다. 그러나 당시 집권층은 왕에게 이괄을 소환해 진상을 조사하고 부원수직에서 해임시키자는 건의를 하였다. 이괄은 인조반정 당일에 군사를 지휘한 결정적 역할을 하였지만 반정을 초기부터 모의한 핵심이 아니어서 2등공신에 그쳤는데, 반정핵심들은 이괄이 내심 불만이 없지 않다고 판단하고 있었다.

귀가 엷은 왕은 이괄은 조사할 것이 없지만 아들 이전은 한양으로 압송해 조사하라면서 금부도사를 이괄이 머물던 평안도 영변으로 보냈다. 당시의 '모반죄 조사'란 고문을 의미하였다. 이괄은 아들이 고문을 받다보면 없던 역적모의도 사실이라고 실토할 것이고 결국 죽임을 당할 것이라고 생각하였다. 외아들이 모반죄로 죽게 되면 본인도 온전할 수 없다고 판단한 이괄은 금부도사의 목을 베고 반란을 일으켰다. 이괄은 모반 혐의로 한양으로 압송 중이던 구성부사 한명련을 중간에서 구해 반란에 가담시키고는 함께 군대를 지휘하였다. 1월 22일 이괄은 항왜병(降倭兵) 130여 명을 선봉으로 삼고 휘하의 1만여 병력을 이끌고 영변을 출발하였다. 도원수 장만(張晚)이 주둔하던 평양을 피해 샛길로 한양으로 진격하였다.

황해도 황주 신교(薪橋)에서 벌어진 첫 전투에서 경군(京軍)을 대파한 이괄은 예성강 상류 마탄(馬灘)에 이르러 또다시 정부군을 박살냈다. 이괄군이 개성을 지나 임진(臨津)나루를 방비하던 군대를 도륙하자 왕과 대신들은 한양을 떠나 공주로 달아났다. 2월 11일 이괄군은 한양에 입성해 경복궁의 옛터에 주둔하였다. 이괄은 선조의 열 번째 아들 흥안군(興安君) 이제(李瑅)를 왕으로 추대하고 나름의 행정체제를 갖췄다. 또 각처에 방을 붙여 '새 조정이 들어섰으니 백성들은 각자 생업에 충실하라'며 선전전도 펼쳤다. 이괄의 군대는 이제 '정부군'으로 행세하였다.

그러나 평양에 머물던 도원수 장만이 문제였다. 장만은 평안·황해도의 병력을 모조리 긁어모아 한양으로 들이닥쳤다. 장만군은 지형상 유리한 안현(鞍峴, 서대문구 안산)을 차지하고 진을 쳤는데 이를 허용한 것은 이괄의 결정적인 실수였다. 1624년 2월 12일 낮에 벌어진 전면전의 승자는 고지를 점거하고 있던 장만의 군대였다. 이긴 장만군은 '관군'이 되었고, 이괄군은 다시 '반란군'이 되었다. 이날 밤 이괄과 한명련 등은 수백 명의 패잔병을 이끌고 한양을 빠져나가 경기도 광주로 달아났으나 관군의 추격으로 뿔뿔이 흩어졌다. 2월 15일 밤 이천에 이르렀을 때 부하 장수들의 배반으로 이괄과 한명련 등은 목이 잘리고 말았다. 이로써 이괄의 난은 평정되고 왕은 22일 환도하였다.

이괄의 난이 남긴 피해는 컸다. 이괄 자신이 씩씩한 장수였을 뿐만 아니라 부하들 또한 뛰어난 무장이었다. 그런 엘리트 장교집단이 한순간에 사라져버린 것이다. 반란에 가담한 장교에게는 사형 외 다른 처벌이 없던 것이 조선의 법도였다. 장교만이 아니라 노련한 중간 간부와 숙련병들도 수없이 죽임을 당하였다. 최신무기로 무장했던 조총병, 산악지형에 익숙한 조선의 기마병, 막강한 돌파력을 자랑하던 항왜병 모두가 날아가 버렸다. 이괄이 이끌던 1만여 군대는 조일전쟁을 치르고 1619년 만주에 1만 3,000명을 파병했다가 절반 이상을 상실한 조선이 그나마 보유하고 있던 최강의 정예병력이었다.

관군의 피해도 이괄군 못지않았다. 평안도와 황해도 일대의 수많은 군사들이 이괄군의 총칼에 죽거나 흩어졌다. 이괄에 패배했거나 도주한 관군 장졸도 수없이 처벌 받아 군문을 떠났다. 아군끼리의 자중지란으로 후금에 대응할 서북지역의 군력은 녹아내린 셈이었다.

이괄의 난 이후 조선군의 빈약한 실상을 파악한 홍타이지는 1627년 1월, 사촌형 아민에게 3만의 군사를 주며 압록강을 건너게 하였다. 조선에서 물자를 확보하는 것이 최우선 과제였기에 홍타이지는 단기전을 주문하였다. 아민은 1619년 사르후 전투에서 항복한 강홍립과 이괄의 잔당들을 향도 삼아 삽시간에 의주, 평양, 황주를 거쳐 황해도 평산을 점거하였다. 후금군을 저지할 군대는 없었고 인조는 또다시 한양을 버리고 강화도로 달아났다.

이때 후금군 수뇌부의 생각에는 편차가 있었다. 야심이 컸던 아민은 한양을 점령하고 '조선 한(汗)'이 되어 홍타이지로부터 독립하기를 바랐다. 하지만 홍타이지를 추종하는 나머지 지휘관들이 3만 병력으로는 조선 전역을 점령하기가 힘들고 명과 몽골의 배후 위협이 우려된다며 조기휴전을 요구해 아민의 꿈은 좌절되었다고 한다.[7] (당시 아민이 '조선 한'을 포기하고 서둘러 강화에 나선 것은 조선에서 천연두가 유행했기 때문이라는 풀이도 있다. 만주족과 몽골인은 천연두 면역이 없었기에 감염되면 치명적이었다고 한다. 사실이라면 질병이 조선을 구한 셈이다.)

---

7) 한국역사연구회 17세기 정치사 연구반, 『조선중기 정치와 정책』, 아카넷, 2003, p270.

후금군은 황해도 평산 일대에 머물면서 강화도 조정에 협상을 제의하였다. 조선과 교역망을 여는 한편 급한 물자를 '전쟁배상금'으로 받아 챙기는 것이 주목적이던 후금과 강화도에서 계속 버틸 수 없었던 조선의 입장이 맞아 떨어져서 강화협상은 한 달 만에 타결되었다. 양측은 후금을 형, 조선을 아우로 삼는 '형제지맹(兄弟之盟)'을 체결하되 기존의 조명(朝明) 관계는 인정하는 선에서 협상을 매듭지었다. 왕자를 인질로 달라는 후금의 요구에 따라 원창부령(原昌副令) 이구(李玖)를 왕제(王弟), 즉 임금의 동생이라고 속여 보내자 후금군은 곧바로 철군했다.

조선이 배상금으로 보내기로 약속한 '세폐' 물자를 보면 목면 1만 5천 필, 면주(綿紬) 2백 필, 백저포(白苧布) 250필, 호피(虎皮) 60장, 녹비(鹿皮) 40장, 왜도(倭刀) 8병(柄), 안구마 1필 등이었다. 피복류가 많은 게 눈에 띈다. 홍타이지가 명과의 교역재개를 요구할 때도 '우리에게 부족한 것은 비단일 뿐이다'고 했듯이 당시 후금은 복식재료가 무엇보다 간절하였다. 추운 만주 땅에서 살아남기 위해서는 옷감이 많이 필요했지만 늘 모자랐던 만큼 조선에 많은 양을 요구했던 것이다. 전쟁이 더 길어지지 않고 화의가 성립된 것은 후금의 개전 요인이 조선의 물자, 그 중에서도 목면 등 피복을 신속히 구하는 일이었기 때문으로 풀이된다.

여하튼 홍타이지는 정묘년 동정(東征)을 통해 조선으로부터 급한 물자를 확보하는 한편 장차 교역을 늘린다는 약속도 받아내는 등 중원과의 무역 단절에 따른 경제손실을 다소 벌충할 수 있었다.

홍타이지는 집권 초기의 여러 어려움을 특유의 정치력으로 극복

한 뒤 1627년 5월 금주와 영원성 공격에 나서는 등 다시 대명 공세로
전환할 수 있었다.

중국식 체제정비, 절대권력 확보

　새로운 한(汗)이 등극했을 당시, 만주국의 정치구조는 많은 문제점을 안고 있었다. 우선 한의 권력이 제한적이었기에 전국적 동원력에 차질이 빚어졌다. 이유는 있었다. 홍타이지가 집권하기 4년 전인 1622년, 누르하치는 여덟 명의 왕자를 호쇼버일러(和碩貝勒)에 임명하여 정무에 참여시켰다. 여진말로 '호쇼(和碩)'란 '크다, 위대하다'라는 뜻이다. 8명의 호쇼버일러를 팔왕(八王)이라고도 부르는데 다이산(누르하치 차남)과 아민(누르하치 조카), 망굴타이(누르하치 5남), 홍타이지(누르하치 8남) 등 4대 버일러와 아지거(누르하치 12남), 도르곤(누르하치 14남), 도도(누르하치 15남), 지르갈랑(누르하치 조카)이 포함되었다. 누르하치는 강한 군주가 절대권력을 쥘 경우 제멋대로 정사를 펼쳐 실패할 위험이 크다고 생각해 자기 생전에 집단지도체제를 구축해 놓은 것이다.

하지만 누르하치가 모르는 게 있었다. 창업주였던 그는 원초적으로 강력한 리더십을 갖고 있었기에 여러 버일러들에게 권력을 나눠주어도 한의 권위는 도전받지 않았다. 하지만 그의 후계자는 내부 경쟁자들의 견제 속에 새로운 리더십을 구축해야 하므로 사정이 다르다. 특히 권력이 자리 잡지 못한 초기에는 후계자의 독재가 위험한 것이 아니라 최고권력 공백에 따른 '왕자들의 난'이 더 우려되는 상황이었다. 이는 동서고금의 여러 역사에서 증명된 사실이다.

홍타이지가 한위(汗位)를 승계했을 때부터 이런 문제가 불거져 나왔다. 홍타이지는 결코 순진한 인물이 아니다. 절대권력 확보가 신생국 정치안정의 요체임을 단번에 간파하였으니 정치의 속성을 이해하는 데는 누르하치보다 한 수 위였다. 한이 되자마자 독재 경계론을 폐기한 채 권력강화에 주력하였고 그 결과 일사분란한 동원체제를 구축할 수 있었다. 한을 버일러와 확연히 다른 지존으로 자리매김하는 데는 중국식 제도가 최적의 카드였고, 기댈 곳 없던 한인들을 자신의 우군으로 적극 활용하였다.

팔왕공치(八王共治) 폐기, 남면독좌(南面獨坐) 관철

누르하치는 '강한 자가 한위를 계승한다면 무엇보다 권력을 중시하여 하늘에 죄를 범하는 것을 두려워하지 않을 것'이라고 말하였다. 그리하여 지도자는 강력한 자를 선택하지 말고 8명의 호쇼버일러가 함께 국정을 논의해 처리하라는 '팔왕공치의 유훈(遺訓)'을 남겼다.

누르하치가 '강한 후계자'를 경계했던 것은 가슴 아픈 경험 때문이다. 일찍이 누르하치는 후계권력을 쥐겠다는 욕심을 드러낸 동생 수르하치(舒爾哈齊)와 장남 추잉을 죽음으로 내몰았다. 혈육 간의 권력투쟁인 셈이었다. 두 번의 실패 끝에 얻은 결론은 자신의 후계구도는 '야심가 1인체제'가 아니라 '집단지도체제'가 되어야 한다는 것이었다. 그래서 1621년부터 다이산과 아민, 망굴타이, 홍타이지 등 4대 버일러들로 하여금 월별로 돌아가면서 국정을 관장하게 하는 등 분권통치를 시행하였다.

독재자가 나와선 안 된다는 누르하치의 유훈에 따르면 한의 즉위와 폐위, 군정, 재판, 관리임명과 상벌, 팔기군 간의 분쟁해결 등 모든 군국대사(軍國大事)가 팔왕의 합의대상이었다. 한이 홀로 결정할 수 있는 일은 거의 없다는 말이다. 창업주의 위상으로 다른 버일러들을 압도했던 누르하치와 달리 새로 즉위한 '수러한' 홍타이지는 팔왕공치 유훈으로 인해 권한행사가 극히 제한돼 있었고 국가자원을 총동원하는 데도 걸림돌이 많았다.

홍타이지가 즉위할 당시 후금의 왕실규범은 부족국가 시절과 별로 달라지지 않았고 한의 제도적 위상은 다른 버일러에 비해 '약간 높은' 수준이었다. 게다가 연장자를 중시하는 여진족 전통에 비춰본다면 다이산과 아민, 망굴타이 등 3명의 대버일러들은 한보다 나이가 많은 '형님들'이었다. 형님들이 '동생'을 추대한 데는 한의 권한을 억제하고 전통적인 통치체제로 돌아가려는 의도마저 없지 않았다.[8]

한(汗) 즉위식 때도 홍타이지는 3대 버일러들에게 '3번 절을 올리

---

8) 이시바시 다카오, 『대청제국 1616~1799』, 홍성구 역, 휴머니스트, 2009, p121.

는 예'를 갖췄고, 즉위 후 신료들의 하례를 받을 때도 세 형님과 나란히 앉아 함께 남면(南面)했으니 공동집권자라 할만 했다. 정월 제례 때는 형님들과 같은 줄에 섰고 앉을 때는 형님들이 상석을 차지하는 경우가 허다하였다. 홍타이지는 명목상의 한일 뿐 실제 권력 크기는 3대 버일러와 별로 다를 것이 없었다.

홍타이지 체제의 첫 도전자는 사촌형 아민이었다. 누르하치에게 대들다 죽임을 당한 수르하치의 아들로서 창업주와 그 아들들에게 유감이 없지 않았던 아민은 홍타이지를 받들 생각이 없었다. 곧바로 '양람기를 이끌고 딴살림을 차리겠다'는 야심을 드러냈다. 아민은 홍타이지를 한으로 추대할 당시부터 이렇게 말하였다. "나와 여러 버일러들이 의논하여 그대를 군주로 세울 테니 그대는 즉위한 후에 나를 외번(外藩, 자치권을 지닌 독립소국을 의미함.)으로 거(居)하게 하라."9)

아민은 1627년 정묘호란 때는 조선을 차지해 자신이 다스리겠다는 생각도 가졌다.(아민의 조선 정복 야심은 다른 버일러들의 반대에다 조선에 확산된 천연두 탓에 실행되지 못하였음을 앞에서 언급하였다.) 때문에 즉위 초기 홍타이지에게 최대 급선무는 아민을 어르고 달래서 '독립'을 저지하는 일이었다. 만약 아민이 떨어져 나간다면 다른 버일러들도 제각기 독자행보에 나설 것이고 그럴 경우 어린나라 후금은 공중분해가 될 수도 있었다. 홍타이지의 한 서신을 보면 그의 상황인식은 정확하였다.

---

9) 『청태종실록』, 권48 숭덕4년 8월 신해. / 유소맹, 『여진 부락에서 만주 국가로』, 이훈 · 김선민 · 이선애 공역, 푸른역사, 2013, p396에서 재인용.

"만일 그(아민)가 밖으로 가는 것을 허용하면 정·양홍기, 정·양백기, 정람기도 모두 국경 바깥에 거주할 수 있다. 그러면 나에게는 국가가 없고 나는 누구의 황제가 될 것인가? 만일 내가 이 제안(아민의 독립요구)을 따른다면 제국은 붕괴될 것이다."[10]

홍타이지는 국가 분열위기를 극복하고 국가동원력을 극대화하기 위해서는 맹주 정도에 불과한 한의 권력과 위상을 대폭 강화해야 한다고 결심하였다. 신생국의 경제위기와 민족갈등을 해소하고 대외 정복전에 국력을 집중하려면 사실 강력한 군주제가 시대에 부합하는 정치제도였다.(21세기가 아니고 17세기의 이야기이다. 당시 변방소국의 현실에서는 집단지도체제 보다 독재정치가 더 효율적이고 긍정적 효과가 컸다.) 신중한 홍타이지는 서두르지 않으면서도 차근차근 자신의 권력을 키워나갔다. 황제를 정점으로 잘 조직화된 중국식 관료제에서 해답을 찾았다. '나에게 도움이 된다면 적의 장점은 얼마든지 차용한다'는 오랑캐 전략의 일환이라고 하겠다.

즉위 직후인 1626년 8개 기(旗)에 총관기무대신(總管旗務大臣)이란 중국풍 직제를 설치해 각 기의 행정사무 일체를 담당하게 한 뒤 측근들을 그 직위에 임명하였다. 곧이어 불령출병주방(不令出兵駐防)의 16대신과 영출병주방(令出兵駐防) 16대신을 설치해 국정을 보좌하고 재판을 담당하게 했다. 결국 40명의 고위직을 새로 선발해 국정을 담당

---

10) 토마스 바필드, 『위태로운 변경』, 윤영인 역, 동북아역사재단, 2009, p527.

하게 한 셈이다.[11] 자리를 받은 사람은 누구나 직위에 맞는 힘을 펼치려 들고, 자리를 준 인사권자에게 충성을 바치기 마련이다. 각 기의 운영에 한의 입김이 강화된 반면 기주(旗主, 버일러)의 배타적인 권한이 축소된 것은 말할 것이 없다.

특히 8명의 총관기무대신들을 대버일러들과 함께 의정회의에 참여하게 한 데 이어 각기에 2명씩의 부(副)기무대신을 두어 이들도 비정규 의정회의에 참석할 수 있도록 함으로써 버일러의 위상을 더욱 낮추었다. 의정회의에 참석한 대신들은 한(汗)의 권한은 키우고 버일러의 권한은 줄이는 제도를 앞다퉈 발의하고 통과시켰다. 다이산과 아민, 망굴타이 등은 '수십 명의 적'들에게 둘러싸여 힘도 써보지 못한 채 권력을 잃어 갔고 마침내 한과는 감히 비교할 수 없을 정도로 초라해졌다.

탁월한 전략가였던 홍타이지는 수족이 된 수하들을 이용해 독단적이라는 비판을 피하면서도 자신의 의지를 모두 관철시켜 나갔다. 1629년 1월에는 한과 3명의 대버일러들이 월별로 돌아가면서 국정을 관장하던 관행을 폐지하고 여러 명의 소버일러들이 대신하도록 했다. '업무가 번거로워서 형님들이 불편하다'는 논리를 내세웠다.

전통시대 동아시아의 위계(位階)는 군주가 북에서 남으로 향하여 앉고 신하들은 남에서 북향하거나 동서방향으로 자리 잡는다. 홍타이지는 등극 6년 만인 1632년 정월 초하루, 신하들을 대할 때 3대 버

11) 유소맹, 『여진 부락에서 만주 국가로』, 이훈 · 김선민 · 이선애 공역, 푸른역사, 2013, pp397~398.

일러와 함께 남면하던 것을 폐지하고 한(汗) 혼자 남쪽을 보고 앉는다는 남면독좌(南面獨坐)를 관철시켰다. 팔왕공치라는 누르하치의 유훈을 완전히 폐기한 이 규정은 한이 다른 버일러의 상위 존재임을 명확히 한 조치였다. 이로써 홍타이지는 명실상부한 '지존'이 될 수 있었다. 홍타이지가 팔왕공치를 폐지하고 남면독좌를 관철하기까지는 유교적 의례에 밝은 한인들을 국정의 중심에 앉혀 적극 활용한 것이 결정적인 도움이 되었다.

1632년 홍타이지의 남면독좌 시행은 집단지도체제를 1인체제로 바꾼 2018년 시진핑의 '헌법 개정'과 외견상 유사점이 있다. 그런 점에서 시진핑에게 홍타이지야말로 정치적 스승이나 마찬가지이다. 하지만 시진핑의 정치실험이 홍타이지의 결단과 같은 긍정적 효과를 거둘지는 미지수이다. 홍타이지 시대와 시진핑 집권기 사이에는 400년이라는 간극뿐 아니라 국가규모, 반대세력의 결집력 등에서도 적잖은 차이점이 존재하기 때문이다. 시진핑의 정치적 도박이 성공할지 여부는 좀 더 시일이 지난 후 판단할 수 있을 것 같다.

팔기 개조, 군사력 장악

전통시대 권력의 핵심은 군사력이고 만주국의 군력은 팔기군이었다. 팔기는 무력의 기능뿐만 아니라 행정조직의 성격도 함께 지녔던 만큼 정치적 비중은 지대하였다. 군과 관료조직을 장악하고 있는 현재의 중국공산당에 비유할 수 있다.(실제로 중공의 역할과 위상은 만주의 팔기제도를 승계한 측면이 다분하다.) 그런 만큼 만주국의 정치 지도

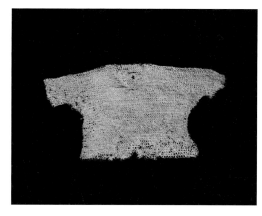

삭자갑(索子甲) 철간견(鐵坎肩)이라고도 한다. 작은 쇠고리들을 연결시켜 만든 갑옷으로 탄성이 있고 창칼을 막을 수 있어 팔기군 장병들의 중요한 호신구로 사용되었다.

는 팔기군의 편제와 동전의 앞뒷면처럼 밀접하였다. 그런데 즉위 초기 팔기체제에서 홍타이지의 힘은 매우 제한돼 있었다. 누르하치 말년, 팔기의 기주(旗主)는 다음과 같았다. 정황과 양황 2기는 누르하치가 직할하되 어린 도르곤(14남)과 도도(15남)의 몫으로 공언한 상태였다. 정홍기와 양홍기는 다이산(2남)이 맡았고, 정람기는 망굴타이(5남)가, 양람기는 아민(조카)이 지휘하였다. 홍타이지(8남)는 정백기만을 가졌고, 양백기는 아지거(12남) 차지였다. 결국 누르하치가 숨지고 한으로 등극했을 당시 홍타이지의 형식상 군력은 8분의 1에 불과했고, 다이산의 절반에 그쳤다는 말이다. 현대기업에 비유하면 대표이사직을 승계했지만 자신의 지분은 12%에 불과하고 경쟁자들의 지분이 훨씬 많은 상황이라고 하겠다.

홍타이지는 한(汗)에 오른 직후부터 팔기체제에 손을 댔다. 자신에게 불리한 '권력의 원천'을 재편하기 위함이었다. 가장 먼저 두 황기와 두 백기의 이름을 맞바꿔 기존의 정백기(홍타이지 직할기였음.)-양

누르하치 팔기군이 사용했던 칼과 투구

백기를 정황기-양황기로, 예전의 정황기-양황기를 정백기-양백기로 조정했다. 황색은 군주를 상징하기에 홍타이지 자신의 정백기를 정황기로 바꾼 것이다. 그 다음 아지거가 실책을 범했다는 이유로 양황기 기주에서 내쫓고 자신의 장남 호거(豪格)에게 양황기를 넘겼다. 어린 이복동생 도르곤과 도도를 중용해 친위세력으로 삼은 뒤 정백기는 도도, 양백기는 도르곤에게 맡겼다. 이로써 홍타이지는 정황기와 양황기에 이어 정백기와 양백기까지 실질적으로 확보함으로써 군권의 절반을 확보하였다. 1635년에는 사망한 정람기 기주 망굴타이가 생전에 반역을 시도했다는 이유로 정람기를 한(汗) 직속으로 돌려 자신의 권력을 더욱 키웠다. 이로써 홍타이지의 군력은 5/8, 63%로 확장되었고 권력 크기도 그만큼 커졌다. 1626년 집권한 지 9년 만의 변화였다.

아울러 매부인 양구리(揚古利)로 하여금 자신에게 직속된 정황기를 이끌도록 하였다. 홍타이지의 부하 양구리가 다이산, 아민, 망굴타이 등과 대등한 위상임을 각인시키기 위한 의미 있는 조치였다. 기선을 잡은 홍타이지는 여세를 몰아 1629년 아민이 점령지였던 하북성 영평(永平)의 한인을 대대적으로 약탈·도살한 데 이어 이듬해 명군의 반격으로 크게 패한 점을 문제 삼아 처벌하였다.(조선을 정복해 조선한(朝鮮汗)으로 독립하기를 희망했던 아민은 이후 10년간 연금되었다가 병으로 죽는다.) 1631년에는 이복형 망굴타이가 한의 면전에서 의견차이로 얼굴을 붉히다 칼날을 보였다는 이유로 대버일러에서 일반 버일러로 강등시켜 버렸다. 세 명의 대버일러 가운데 두 명이 거꾸러지자 한이 뭘 노리는지가 분명해졌다. 위협을 느낀 다이산이 스스로를 '신(臣)'이라 칭하며 한에 대한 충성을 맹세함으로써 홍타이지와 어깨를 견주던 삼대 버일러는 모두 무너지고 '1인 독재'가 확립되었다.

전투에서 획득한 전리품을 팔기에 공평하게 나눠주던 제도, 즉 팔가균분제(八家均分制)도 바꿨다. 팔가균분은 사유재산 제도가 미약했던 수렵경제 시절부터 형성된 여진족의 전통관념에 바탕을 두고 있다. 특히 누르하치는 한이라고 해도 다른 버일러보다 더 많이 소유해서는 안 된다며 팔가균분을 늘 강조하였다. 그래서 외국에서 보내온 예물도 여덟 몫으로 나눈 다음, 남는 부분은 조각조각 분할할 정도로 절대평등을 추구하였다. 그러나 홍타이지가 권력 강화를 추진할 즈음 팔가균분제는 적잖은 걸림돌이 되고 있었다.

홍타이지의 고민을 눈치 빠른 한족이 풀어주었다. 1632년 한인 호공명(胡貢明)은 "후대하고 홀대하고 주고 빼앗는 것을 장악할 수 있으면 사람의 마음도 반드시 한 곳으로 귀결된다."며 팔가균분을 폐지하고 분배권을 한이 독점할 것을 진언하였다. 1634년 새로 노획한 동해여진 와르카(瓦爾喀)부의 장정을 분배하기로 했을 때 홍타이지는 포로를 이전처럼 팔등분할 것이 아니라 장정이 부족한 기에 보충해야 한다는 의견을 제시해 자신의 직속기인 정황기와 양황기에 집중적으로 배치하였다.[12] 이후 모든 전리품은 일단 한(汗)에게 바친 뒤, 한이 각 기의 형편을 감안해 적절히 분배하도록 하였다. 정치권력의 핵심은 경제적 이익을 분배하는 권한이다. 전리품 분배권을 독점함으로써 한의 권력은 제도적으로 강화되었다.

1631년 7월에 반포한 '이주조례(離主條例)' 역시 버일러들에게 큰 타격이 되었다. 이 조례에 따르면 팔기에 소속된 노복은 버일러의 비리를 한에게 보고함으로써 자유를 획득할 수 있었다.(아랫사람이 윗사람을 고발 하도록 허용한 것은 중국 역사상 유례가 없는 만주족 만의 특성이었지만 1644년 입관 후에는 폐지된다.) 7개 항의 이주조례는 버일러가 저지르기 쉬운 사적인 수렵, 전리품 숨기기, 살인, 부녀자 겁탈, 기인에 대한 숙청과 탄압 등 다양한 비리를 부하들이 마음대로 고발할 수 있게 되었다. 그 결과 버일러들은 수많은 눈에 의해 감시당하는 처지가 되었다.[13]

유교식 관료제 도입, 한인(漢人) 지식층 포섭

앞서 언급했듯이 홍타이지는 집권 초부터 요동의 한인들에게 포

---

12) 유소맹, 『여진 부락에서 만주 국가로』, 이훈 · 김선민 · 이선애 공역, 푸른역사, 2013, pp442~443.
13) 임계순, 『청사(淸史)-만주족이 통치한 중국』, 신서원, 2000, p52.

용정책을 폈다. 누르하치 시대에 한인들을 차별하고 탄압 일변도로 나간 결과 국내가 불안하고 소란스러워진 탓도 있었지만, 기댈 곳 없는 한인들을 자신에 충성하는 우군으로 포섭하려는 심모원려였다. 상당한 인구에 지식수준까지 높은 한인들을 장악함으로써 잠재적 경쟁상대인 여타 버일러에 비해 유리한 위치를 점할 의도였다는 말이다.

홍타이지는 항복한 한인 관료와 지식층에 대해 명나라의 관직을 유지시키는 우대책을 실시해 한족의 투항을 장려하였다. 일반 한인이 관료를 죽이고 투항할 경우에는 그 공과에 따라 벼슬도 주었다. 또 무리를 이끌고 투항할 경우엔 인원수에 따라 더 높은 유인책을 주자 명을 버리고 후금으로 귀화하는 한인이 줄을 잇게 되었다.

1629년, 만주국에선 처음으로 유학실력으로 합격자를 가리는 과거(科擧)를 실시하였고, 1634년에는 228명의 한족 출신을 급제자로 선발했다는 기록이 있다. 한족 지식인 그룹에게 과거합격은 인생의 최우선적인 목표나 다름없다. 이들에게 과거 시행은 삶의 의미를 찾게 해주는 반가운 정책이었고 급제자 그룹은 자신들을 우대하는 홍타이지의 확실한 지지층이 되었다. 과거급제자와 과거를 겨냥한 관료예비군들은 후금의 국가체제 정비에 도움을 준 것은 물론이고 중원의 한족들로 하여금 후금에 대한 인식을 제고하는 배경이 되었다. 홍타이지의 한인에 대한 우대는 만주인들의 불만을 야기할 정도였다고 한다.[14]

---

14) 노기식, 「만주의 흥기와 동아시아 질서의 변동」, 중국사연구 제16집(2001. 12).

중국식 관료제도 적극 도입하였다. 이는 국가운영 체제를 선진화하는 것은 물론이고 한족을 포섭하는 데도 효과적인 정책이었다. 실제로 홍타이지 시대에 명의 유능한 관료들이 적극 투항하였으니, 장차 한족을 중원 장악의 선봉으로 삼으려는 큰 그림의 일환이었던 셈이다.

1629년 문관(文館, 애초에는 서방(書房)이었지만 명칭이 초라하다는 이유로 뒤에 문관으로 개칭함.)을 설치하여 한의 비서업무를 담당하게 하는 한편 정부문서 작성에 필요한 만문(滿文)과 한문(漢文)의 번역작업도 시켰다. '박시'(巴克什, 한자어 박사(博士)에서 기원한 만주 단어)라고 불린 문관의 관료와 비서들은 유교적 논리에 기반하여 각종 문건과 행사에서 군주를 다른 버일러와 구별되는 지존(至尊)으로 부각시켜나갔고 이는 한의 위상을 굳히는데 도움이 되었다.

1631년에는 이(吏), 호(戶), 예(禮), 병(兵), 형(刑), 공(工)의 육부(六部)를 설립하였다. 6부의 버일러들은 서형(庶兄) 아바타이 외에는 모두 한의 동생과 조카들로서 홍타이지의 신하였지 대등한 관계가 아니었다. 6부의 버일러 아래에는 만주족 승정(丞政) 2명과 몽골 승정 1명, 한인 승정 1명, 참정(參政) 14명, 계심랑(啓心郞) 4명 등 각종 관료조직을 두어 한의 명령대로 국정을 집행하였다. 육부의 관리들은 팔기 조직에서 벗어나 한에게 복무하였다. 육부의 설립으로 팔기기주들의 행정권이 대폭 제약됐으니 후금의 중앙집권적 행정조직이 비로소 완성된 셈이었다.

육부 중에서도 병부 설치의 의미는 지대하였다. 병부는 한의 명령을 받아서 전체 팔기의 군사업무를 총괄하였는데, 특히 전시에는 주장(主將)을 세워 팔기병 모두를 지휘하도록 하였다. 이는 팔기의 각 버일러들이 나눠 갖고 있던 군지휘권을 한으로 집중하는 데 결정적인 역할을 하였다.

1636년 황제국 대청으로 바꾸면서는 문관을 폐지하고 내삼원(內三院)을 설립하였다. 내삼원은 황제의 명령을 기록하고 상주문을 관장하는 내국사원(內國史院), 외교문서와 칙유, 제문을 관장하는 내비서원(內祕書院), 사서와 경서를 황제와 황자, 친왕들에게 해설하고 정책을 자문하는 내홍문원(內弘文院)으로 조직되었다. 각 원의 장관에는 대학사(大學士)를 임명하고 그 아래 학사(學士)와 주사(主事) 등 관원을 두어 국가정책결정에 참여하게 하였다.(만주국에 중국식 제도를 적극 이식하면서도 홍타이지는 언관(言官)은 설치하지 않았다.[15] 언관의 일부 장점에도 불구하고 그 역할에 따른 국론분열. 당파성 심화 등의 문제점을 인식하고 있었기 때문이다. 사실 조선과 명의 당파싸움은 언관제도의 부작용 때문에 심화된 측면이 다분하다.)

만주족과 몽골족은 물론이고 한인이 다수 참여한 관료조직은 황제에 대한 충성을 최우선시하는 조직으로 기능하였다. 그 결과 팔기가 지녔던 민사(民事)기능은 점차 황제를 정점으로 한 관료조직이 담당하게 되었고 황제의 권능은 더욱 강화되었다. 또 1636년에는 감찰기관인 도찰원(都察院), 1638년에는 몽골 업무를 관장하는 이번원(理藩院)을 설치하여 만주족의 전통을 유지하면서도 중국식 통치를 할 수 있는 기반을 구축하였다.

---

15) 유소맹, 『여진 부락에서 만주 국가로』, 이훈·김선민·이선애 공역, 푸른역사, 2013, p404.

범문정(1597~1666년 8월 31일) 중국의 유명한 가문의 자손으로 태어나 홍타이지의 충실한 조언자가 되었으며, 유능한 한족을 등용하고 지식인이 사회에 진출하도록 동기를 부여하는 데 일조했다. 1644년 명의 수도 베이징이 이자성에게 함락되자 중국 정복을 부추겼고, 1654년 공직에서 물러날 때까지 황제 4명의 조언자로 활약했다.

범문정 유제비문

홍타이지가 명의 제도를 참고하여 구축한 독자적인 통치제도는 제법 찬란하였다. 중국식 체제정비에 팔기 버일러 등 만주족 권력엘리트들의 반발이 없지 않았지만 홍타이지는 흔들림 없이 밀고나갔다. 만약 이 시절, 후금이 선진제도를 도입하지 않은 채 전통시스템에 안주했다면 명나라를 대체할 만한 대제국으로 발전하지 못하고 귀족연맹체인 '소박한 오랑캐 국가'로 머물렀을 가능성이 높다. 국가든 기업이든 그 어떤 조직도 운영시스템의 도약 없이는 질적 성장이 힘들기 때문이다.

어쨌건 만주국은 개방된 자세로 '앞선 적(敵)'의 제도를 과감히 수용함으로써 국가발전을 가속화하였고, 나아가 중원의 패자(覇者)가 될 수 있는 제국 경영능력도 확보하였다. 홍타이지 시대의 기적적인 발전은 '국가운영 체제의 선진화'에서 그 비결을 찾을 수 있다는 말이다. 같은 맥락에서 명청 교체는 만주국의 정치조직력과 문화수준이 홍타이지 시대에 이미 명과 대등한 수준에 도달했기에 가능했다고 말할 수 있다.[16)]

중국식 관료제 도입과 운용과정에는 탁월한 한인 책사, 범문정(范文程)의 공이 컸다. 1597년생으로 홍타이지보다 5살이 적은 범문정은 19살 때(1615년) 누르하치에게 귀순하였지만, 한족을 미워하던 시절이어서 중용되지 못하다가 홍타이지 집권 후 빛을 보기 시작하였다. 『청사고(靑史考)』에 따르면 "태종이 즉위하면서 (범문정을) 불러 좌우(左右)로 삼았다"고 한다. '좌우'란 심복을 의미한다. 홍타이지는 한위(汗位)에 오르자마자 만한(滿漢) 관계를 재정립하여 민족갈등을 완화하고 한족을 자신에게 충성하는 세력으로 바꾸겠다는 생각을 갖고 있었던 만큼 한족의 문화전통에 정통한 한인(漢人) 참모가 필요하였다. 범문정은 이런 배경에서 홍타이지의 측근으로 발탁된다.

한족 문화의 힘을 인정한 홍타이지와 오랑캐의 나라에 한족 전통을 심고자 했던 범문정의 생각은 맞아떨어졌으니 범문정은 자신과 자기민족의 전통을 알아주는 주군을 위하여 최고의 충성심을 보여주었다. 장관에 해당되는 '장긴(章京)'에 오른 범문정은 1629년 내각의 원형인 문관(文館) 설치를 시작으로 중원의 앞선 제도를 만주국에 부지런히 이식하였다. 아울러 명 정벌을 위한 군략과 귀순한 한족관리의 활용, 몽골과 조선 제압책 등 각종 군국대사에 참여해 중대한 역할

---

16) 조병학, 「입관 전 후금의 몽골 및 만주족 통합에 관한 연구」, 중앙대 사학과 박사학위 논문, 2002.

을 수행하였다. 홍타이지는 대신들과 국사를 논의할 때마다 수시로 '범 장긴은 이를 아는가?'라고 묻고 범문정이 동의했다고 하면 비로소 최종결재를 내릴 정도로 전폭적으로 신임했다고 한다.

홍타이지는 '만주족 독립국'이 아니라 한족과 몽골족을 포용하는 다민족국가를 건설하고자 하였고 범문정으로 대표되는 한인 지식층이 이에 적극 호응함으로써 청은 중원을 정복해 다수 한족을 지배하는 대제국으로 성장할 수 있었다.

한군기(漢軍旗) 신설 … '요동한인(遼東漢人)'의 등장

만한 민족모순이 완화되면서 한인들의 만주국에 대한 시각은 점차 개선되었고 더 나아가 열렬한 충성분자도 생겨났다. 그 과정에서 주목할 만한 변화가 생겼으니 바로 '요동한인(遼東漢人)' 개념의 성립이다. 만주 땅의 서남부인 요동평야로 이주한 한족들은 농경과 상업에 종사하였지만 오랜 세월 여진(만주), 몽골족과의 교류접촉으로 초원문화에 대한 이해의 폭이 넓었다. 특히 일정 부분 북방 오랑캐와 혼혈이 이뤄지기도 하면서 중원의 한족과는 혈연적, 지역적, 문화언어적으로 구분되는 특성을 지녔다. 여진족들은 예로부터 요동의 한족들을 '니칸'(尼堪)이라 부르며 산해관 이남의 한인들과 구분하고 있었다. 그러나 기본적으로는 한족이었기에 누르하치 시절에는 '국정에 비협조적인 집단'으로 치부돼 대량학살을 당하는 등 고난의 세월을 겪기도 하였다.

그러다가 홍타이지 집권 이후 만한공존(滿漢共存) 정책이 빛을 발하면서 점차 만주국의 한 기둥으로 자리매김하였다. 요동한인 가운데서도 투항한 명군(明軍)장교와 병사 등 체제순응적인 사람들은 한군(漢軍)이라는 이름으로 만주국 무력의 한 축을 담당하였다. 명을 배신하였거나 명군과 싸운 한인들은 이제 만주국에 충성하지 않을 수 없는 처지였다. 이처럼 요동한인이 주축이 된 한군의 정치적 비중은 갈수록 높아갔다. 누르하치 집권기인 1621년의 경우 전쟁이 발발하면 요동의 한인 20명 가운데 1명 만이 징집됐지만 1630년엔 한군 10명 가운데 1명이 출전하였다. 1636년 병자호란 때도 한군 2만 명이 홍타이지와 함께 압록강을 건넜다.

한군도 믿을 만하다고 판단한 홍타이지는 1633년 귀순한 명나라 군사와 요동한인 등을 동원해 한군기(漢軍旗) 1기를 편제하였다. 한군기는 1637년 2개, 1639년 4개, 1642년 8개로 늘어나면서 '한군팔기(漢軍八旗)'가 되었다.

한군팔기는 이한제한(以漢制漢), 즉 한족으로 중원 지역을 정복하는 데 선봉역할을 담당하였다. 만주팔기와 몽골팔기가 활과 창 등 전통무기로 무장했던 반면 한군팔기는 대포와 총 등 선진화된 화기(火器)를 다량으로 갖춰 전투력이 뛰어났다고 한다. 특히 1641년에는 한군팔기병의 참전비율이 '3명 가운데 1명 징집'으로 늘어나 만주팔기, 몽골팔기와의 차별도 사실상 사라졌다.[17]

한군팔기에 편제된 요동출신 한인들은 스스로를 (중원의 한족과 구분되는) 만주국 전사로 자부하는 독특한 정체성을 갖게 되었다. 한군

---

17) 임계순, 『청사(淸史)−만주족이 통치한 중국』, 신서원, 2000, p57.

기가 편제되면서 한족관리들도 만주국 내에서 말을 탈 수가 있게 되었다. 팔기에 편성된 한족은 한어와 만주어를 동시에 구사하였다고 한다. 스스로를 밍이 아닌 '청나라 신민(臣民)'으로 규정한 한족이 바로 요동한인이었던 것이다. 요동한인들은 훗날 중원 정복전쟁에서 적극적인 활약상을 보여주며 상당수가 관직을 받았고 청이 대륙의 주인이 된 이후에도 '만주대인(滿洲大人)의 일원'으로 분류되면서 만주족 최고 지배층과 일반 한족을 잇는 중개자 역할을 충실히 수행하였던 것이다.

참고로 청나라가 중원을 차지한 후 표준어가 된 북경 관화(官話), 만다린(mandarin)은 요동한인들의 말을 기반으로 했다는 것이 정설이다. '요동한어(遼東漢語)'는 만주족과의 오랜 접촉과정에서 만주족 단어와 억양이 상당 부분 가미됐고 만주족도 쉽게 구사할 수 있어 표준 한어로 채택됐다고 풀이된다. 소수의 만주족이 100배나 되는 한족을 다스리기 위해서는 충직한 한인 지지층을 확보하는 것이 필수였으니, 요동한인들을 우대함으로써 만주족의 대변자, 대리인 역할을 하게 한 홍타이지의 전략은 성공적으로 집행된 셈이다.

만주 제일주의 구축

홍타이지는 정치경제와 군사 분야에서의 체제정비뿐만 아니라 백성의 마음을 하나로 통합하는 일도 소홀하지 않았다. 오랜 세월 부락 단위로 살아온 데 따른 부족주의 감정을 일소하고 새로운 국가에 대한 귀속감을 형성함으로써 국민적 일체감을 조성하기 위한 '심리 정비'인 셈이다. 아버지 누르하치 시대부터 진행해 온 만주족 통일사업이 한 단계 높은 차원으로 완성된다는 의미도 있다.

아울러 문자개량과 종교개혁, 전통계승 등 문화 방면에서도 비범한 역량을 보여주었다. 홍타이지는 자신의 나라 만주국을 명과 조선에 뒤지지 않는 문화선진국으로 발전시키고자 희망하였다. 오랑캐, 야만족의 이미지를 갖고서는 중원의 주인자격이 없다고 여겼던 것 같다.

사실 군사력, 경제력만 강하다고 강국이 되는 것은 아니다. 진정한 강자는 상대방을 문화로 감화시키는 역량을 갖춘 자이다. 문화로 복속시키는 수준에 이르지는 못하더라도 문화적 소양을 갖추지 못해 조소의 대상이 되어서는 곤란하다. 홍타이지는 본인 스스로가 한문학과 송(宋), 요(遼), 금(金), 원(元)의 역사에 조예를 갖춘 교양인이었기에 만주족의 '민족적 자부심'을 구축하고 족속의 문화·교양 수준을 제고하는 일을 중요하고도 시급한 과제로 삼았던 것이다.

'여진'을 버려 '만주'를 얻다

여진족의 족명 여진(女眞)은 자신들이 만든 것이 아니다. 스스로는 '주르신(한자로는 諸申(제신)으로 썼다.)'으로 지칭했지만 중국인들이 '계집 녀(女)'를 붙여 만든 멸칭(蔑稱)이 여진이다. 중국은 북방 유목민족들에게 당한 피해를 분풀이하듯 멸칭을 만들어 붙였으니 흉악한 노예라는 뜻을 담은 흉노(匈奴), 몽매하고 고루하다는 의미인 몽고(蒙古) 등이 유사사례이다. 그랬던 만큼 여진족 스스로는 여진이라는 한자 민족명을 좋아하지 않았다.

특히 여진족 남자에게 최대 모욕은 '아녀자 같다'는 말이었으니 '진짜 계집(女眞)'이란 의미를 담은 중국식 민족명에 심한 거부감마저 갖고 있었다. 누르하치가 힘을 키워가던 1590년대부터 '건주여진'을 '만주'라고 부르기 시작한 것은 이런 이유에서였다. 만주라는 명칭의 기원은 티벳불교의 만주사리(曼珠師利), 즉 문수사리보살(文殊師利菩薩)에서 나왔다고 『만주원류고』는 밝히고 있다.[18]

---

18) 장진근 역주, 『만주원류고』, 파워북, 2008, p62.

그러나 인위적으로 만든 민족명 만주는 널리 통용되지 못하고 있었다. 홍타이지는 1632년 무렵부터 만주의 지칭범위를 건주만이 아니라 전(全)여진으로 넓히고는 주르신(여진)이란 글자를 금지하고 만주라는 말만 쓰도록 강제하였다. 여진족이 아니라 만주족으로 확실히 바꾸기 위한 조치였다.

"우리나라에는 예전부터 만주, 하다, 우라, 예허, 호이파 등의 이름이 있었다. 무지한 사람들이 때때로 주르신(여진)이라고 부른다. 주르신은 우리나라와는 관계가 없다. 앞으로 모든 사람에게 오로지 우리나라를 만주라는 원래 이름(사실은 40년 밖에 안 된 명칭이다.)으로 부르는 것만을 허용한다."

'만주 땅에 흩어져 사는 여러 부족의 집합체'를 지칭하던 단어 여진을 버리는 대신 '통일된 새로운 민족'을 의미하는 만주를 취한 셈이다. 누르하치가 건주여진과 해서여진을 통합했다면 홍타이지는 흑룡강 유역과 연해주, 사할린섬 일대에 살던 동해여진(東海女眞=야인여진)의 여러 부락까지 모조리 정벌하여 판도를 더욱 넓혔다. 와르카(瓦爾喀)부, 쿠르카(虎爾哈)부는 물론이고 허저(赫哲)족, 소룬(索倫)족, 다고르(達斡爾)족, 어윈키(鄂溫克)족 등 동해여진과 연해주 일대의 소수민족들이 홍타이지 치세에 후금(청)의 판도 내로 통합되었다.

홍타이지가 동해여진 통합에 주력한 것은 중원 정복에 앞서 '뒤'를 말끔히 하려는 의도도 있었지만, 같은 언어를 쓰는 족속을 모조리 통합해 '만주족'의 몸집을 최대한 키우려는 목적이 더 컸다고 여겨진다. 홍타이지는 동해여진 전체를 집어먹기 위해 6차례나 군사원정을 감행하였다. 1631년 7월, 와르카부 정복전에 나서는 멍아투(蒙阿圖)에게 "군대를 움직임에 있어 군기를 엄정히 할 것이며 특히 함부로 죽이지 말고 약탈도 하지 말라"는 지시를 내리기도 하였다.

1634년 12월 쿠르카부 정벌을 위해 출정하는 군대에게는 "포로를 잡으면 반드시 좋은 말로 위로하고, 음식은 좋든 나쁘든 그들과 함께 먹어야 한다. 그렇게 하면 그들은 복종하여 반란의 마음이 없을 것이다. 또 그곳 사람은 우리와 언어가 같다. 공략을 할 때에는 너희 조상은 본래 우리나라와 같은 사람들이고 문서 기록에도 나온다는 점을 분명히 하라."고 세세히 유시하였다.[19]

포로 설득을 위한 지침까지 내린 것을 보면 홍타이지는 동해여진을 마음으로 복속시켜 자신의 민호(民戸)로 편입시키고자 생각하였고, 이를 위해 치밀한 사전연구를 하였음을 알 수 있다.

홍타이지는 동해여진과 허저족, 어원키족 등의 피정복민을 모두 팔기의 인원으로 재편성하면서 기존 여진족들과의 차별성을 없애버렸다. 홍타이지가 주르신이라는 옛 족명을 버리고 만주라는 새로운 명칭을 보급한 것은 전(全) 만주 땅의 백성들이 부족단위로 귀속했던 데서 벗어나 '크고 새로운 만주국'에 충성하기를 바라는 마음에서라고 하겠다.

만주라는 단어의 규정범위는 시간이 흐르면서 범여진족 수준을 벗어났다. 당시 후금국 판도 내에는 기존 여진족과 흑룡강, 연해주

---

19) 조병학, 「입관 전 후금의 몽골 및 만주족 통합에 관한 연구」, 중앙대 사학과 박사학위 논문, 2002.

일대의 피정복 소수민족 외에도 조선인과 몽골족, 만주어를 구사할
수 있는 요동한인 등 다양한 인간집단이 살고 있었다. 예컨대 병력
3,000명의 조선영(朝鮮營)이 만주팔기에 소속돼 있었고, 『만주팔기씨
족통보(滿洲八旗氏族通譜)』는 조선인 72개 성씨가 팔기에 편입돼 있었
다고 기록하고 있다. 홍타이지는 후금국 판도 내에 거주하는 모든 사
람들을 만주인으로 규정하고자 하였다. 뿌리는 각기 다르지만 '만주
땅에 살고 있는 후금국의 백성은 모두가 만주인'이라는 열린 생각이
다. 이런 바탕에서 '새로운 큰 민족'을 건설하겠다는 야심의 결과물이
만주라는 개념이다.

　다시 말해 홍타이지는 '같은 언어(만주어)를 배워서 구사할 수 있는
사람은 모두 만주족'이라는 개념을 통해 기존의 여진족을 넘어서는
더 큰 규모의 만주족과 만주민족주의를 형성하고자 하였던 것이다.

만주문자(滿洲文字) 개량

　민족을 규정하는 요소 가운데 핵심은 언어이다. 부족의 방언을 민
족어로 통일하고 역사와 문화를 담는 그릇으로 발전시키려면 문자
가 필요하다. 만주문자, 즉 만문(滿文)은 누르하치 시대에 창제되었다.
1599년 2월 누르하치는 학자인 어르더니(額爾德尼)와 가까이(噶蓋)에
게 몽골문자를 참고해 만주어를 표기할 수 있는 글자를 만들 것을 지
시하였다. 어르더니와 가까이가 몽골글자를 바꿔 만주 말을 표기하
는 방법을 모르겠다며 난색을 표하자 누르하치는 이렇게 말하였다.

"아(a) 다음에 마(ma)를 놓으면 아마(ama, 아버지)가 아닌가? 어(e) 다음에 머(me)를 놓으면 어머(eme, 어머니)가 아닌가? 내 마음은 이미 정해졌다. 너희가 만들어 보라."[20]

어르더니와 가까이가 누르하치의 지시에 따라 새로 만든 표음문자를 노만문(老滿文) 또는 무권점문자(無圈點文字)라고 부른다. 이 글자를 가지고 후금의 역사적 활동을 기록한 문서를 만문노당(滿文老檔)이라 한다. 그러나 노만문의 문제점은 한두 가지가 아니었다. 만주어는 몽골어와 발음이 적잖이 다른 데도 몽골문자를 상당 부분 차용한 탓이었다. 뜻이 다른 데도 같은 글자로 표기하는 경우가 있고 중국어 등 차용어를 표기하는 데도 자음이 모자라 불편이 컸다.

이에 홍타이지는 1632년 만주족 학자인 다르가이(達海) 등에게 문자개량을 명하였다. 홍타이지는 글자에 권점(圈點), 즉 동그라미와 점을 추가하면 좋을 것이라는 아이디어까지 내놓았다. 만주문자 창제와 개량 과정을 보면 누르하치와 홍타이지가 단순히 전투에만 능한 장수형 군주가 아니라 조선의 세종대왕 못지않게 학습량이 많고 사고가 깊은 인물임을 거듭 실감할 수 있다. 당대 조선의 사대부들은 만주국 지도자를 '짐승 같은 오랑캐'라고 여겼지만 실상은 세상을 보는 넓은 눈에다 문화적 소양과 교양까지 갖춘 비범한 인물들로서 배울 점이 많았다.

다르가이 등은 홍타이지의 지시와 아이디어를 기초로 노만문을

---

20) 피터 C 퍼듀, 『중국의 서진』, 공원국 역, 도서출판 길, 2012, pp174~175.

융은전 현판 선양 북릉공원(홍타이지 무덤)의 융은전 현판은 만주글자를 가운데에 두고 좌우로 한자와 몽고글자를 사용했다. 현판의 글자 배열을 우선순위로 보면 만주족, 몽고족, 한족 순이다.

개량하였다. 일부 모음과 자음 옆에 권(圈, 동그라미)과 점(點)을 더하여 한 글자가 두 가지 음으로 발음되는 현상을 없앤 것이다. 이에 따라 아(a)와 어(e), 오(o), 우(u)의 구분이 가능해졌고, 드(d)와 트(t), 그(g)와 크(k), 흐(h)를 달리 적을 수 있게 되었다. 또 자음 부족문제를 해결하기 위해 특수자모도 만들어 한자를 만주어로 정확히 표현할 수 있게 하였다.

이렇게 만든 것이 신만문(新滿文) 즉, 유권점문자(有圈點文字)이다. 신만문은 노만문에 비해 만주어 표기에 유리하였고 그만큼 몽골문자와는 다른 글자가 되었다. 신만문의 등장으로 만주족의 문자생활은 한층 더 강화되고 문맹률 저하에도 도움이 되었다. 홍타이지가 만주문자 개량에 적극적이었던 이유를 읽을 수 있는 단서가 있다. 후금에서 중국식 직제를 한창 도입하던 1634년, 만주족 엘리트 일부가 모든 관직명을 중국식으로 채택할 것을 건의하자 홍타이지는 다음과 같은 경고를 내렸다.

"내가 듣건대 하늘의 보우(保佑)를 입어 창업한 나라(중국을 통치한 여러 오랑캐 왕조를 말함.) 가운데 자신의 모국어를 버리고 타국어를 대신 사용한 경우는 없었다. 국어를 버리고 타국의 말을 쓰는 나라는 번성하지 못했다."21)

홍타이지는 자신의 나라가 중원을 통치할 것이란 확신을 갖고 있었다. 모국어 유지가 무엇보다 중요하다는 인식하에 중국식으로 돼 있는 상당수 지역명과 관직명을 만주 고유어로 되돌릴 것을 명하였다.22) 장관에 해당되는 '장긴(章京)'이나 고급 귀족을 말하는 '버일러(貝勒)' 등이 대표적인 사례이다. 이처럼 만주어를 유지하기 위해서라도 만주문자 개량은 필수였던 것이다.

한자에 대응하는 독자적인 문자가 있다는 것은 만주족 후예들에게 자긍심을 심어주고 한족들에게는 만주족이 문화민족임을 과시하는 방안이 될 수 있다. 훗날 대륙을 정복했을 때 청나라는 모든 서식에 한문과 만문을 병용함으로써 독자문화를 계승하는 한편, 한족문화에 상당 기간 압도당하지 않는 저력을 보여줬던 것이다.

21) 마크 C. 엘리엇, 『만주족의 청제국』, 이훈 · 김선민 공역, 푸른역사, 2009, p44.
22) 조병학, 「입관 전 후금의 몽골 및 만주족 통합에 관한 연구」, 중앙대 사학과 박사학위 논문, 2002.

건청궁(乾淸宮) 현판 베이징의 자금성에 있는 건청궁 현판은 왼쪽에 한자, 오른쪽에 만주문자가 적혀 있다.

복식·두발 '민족 정체성' 강조

거칠고도 섬세한 사나이 홍타이지… 사소해 보이는 복식 문제까지 뚜렷한 주관을 피력하며 제도화를 시도하였다. 그가 원대한 청사진을 갖고 있었음을 거듭 시사받을 수 있는 대목이다.

홍타이지가 제도정비 차원에서 중국의 정치, 경제, 사회제도를 대폭 수용하자 두발과 복식도 한족의 것을 취하자는 의견이 많이 올라왔다. 중국식 문화와 제도를 높이 평가하던 홍타이지였지만 이런 건의에는 단호히 반대하였다. 소매가 넓고 품이 헐렁한 한족의 옷을 입는 것은 '스스로 고기를 잘라먹지 못하고 다른 사람이 잘라주기를 기다려 먹는 것과 다르지 않다'며 수하들의 제의를 일축하였다.

홍타이지는 과거 금나라의 역사서를 보니 한족의 풍속을 따르게 되면서부터 강건한 기풍을 잃고 나라가 멸망하게 됐다면서 신하들에게도 역사서를 읽을 것을 지시하였다. 한족의 제도를 받아들이더라도 만주족 고유의 풍습과 정체성은 잃지 않겠다는 자부심이 읽혀진다.

> "만약 기사(騎射, 말타기와 활쏘기)를 폐하고 관의대수(官衣大袖, 중국의 벼슬아치가 입던 품이 넓고 소매가 큰 옷)를 입는다면, 다른 사람이 고기를 잘라주어야만 먹을 수 있다면 왼손을 쓰는 사람처럼 부끄러운 일이 아니겠는가? 짐의 의관에 관한 이 말은 실제로 자손만대를 위한 생각이다. 짐의 대에서야 어찌 바뀌겠냐마는 후세의 자손들이 활쏘는 것을 폐기하고 한인(漢人)의 풍속을 본받음으로써 옛 제도를 잃을까 두렵다. 그러므로 이런 걱정이 항상 절실할 따름이다."(홍타이지의 이 같은 우려는 만주족의 중원 정복 이후 점차 현실이 된다. 이 대목에 비춰볼 때 홍타이지는 자신의 민족이 대륙의 주인이 될 것을 확신하고 있었으며, 다만 지나치게 한화(漢化)될까 염려하고 있었음을 알 수 있다. 이 글의 원전은 『청태종실록』인데 필자는 장진근 역주, 『만주원류고』, 파워북, 2008, pp482~483을 참고하였다.)

사자성어에 '호복기사(胡服騎射)'라는 말이 있다. 춘추시대 조나라의 무령왕(武靈王, BC 326~299년)이 북방 흉노족과 싸우기 위해 '오랑캐식의 가볍고 편한 옷, 호복(胡服)을 입고서 말을 탄 채 활을 쏘는 기사(騎射)의 전쟁기술'을 채택한 데서 비롯된 말이다. 오랑캐 출신이라는 자부심이 강했던 홍타이지는 한족마저 국력을 키우기 위해 호복기사를 채택했던 마당에 스스로가 이를 버릴 이유는 없다고 보았다.

즉, 자신들의 후예가 중원을 지배하기 위해서는 호복기사의 풍습을 버려서는 안 되며 의관과 복장은 기마와 활쏘기에 적합해야 한다는 주관을 갖고 있었던 것이다. 그랬기에 헐렁한 중국식 복식을 경계했던 것이다.

홍타이지는 만주족과 몽골족, 티벳, 한족 등을 아우르는 대제국 건설을 꿈꾸고 있었지만 자기 민족의 정체성이 사라지는 것을 원하지는 않았다. 만약 소수의 만주족이 두발과 복식 등 문화방면에서 정체성을 잃어버린다면 이는 곧 한족에 동화돼 민족이 소멸된다는 것을 의미한다. 홍타이지는 여러 민족이 함께 살아가는 개방적인 제국을 꿈꾸고 있었지만 만주족이 한족에 동화된 나라가 아니라 '만주족이 중심이 된 대제국'을 그리고 있었던 것이다.

치파오(旗袍)라는 중국 전통의상도 홍타이지의 '고집' 덕분에 생겨날 수 있었다. 청나라에서 기인(旗人)으로 불렸던 만주족의 의복은 헐렁한 중국 전통복장과 달리 몸에 착 달라붙어 활동하기 편한 것이 특징이었다. 이런 옷을 본 한족들이 '기인들의 옷'이란 뜻에서 기포(旗袍), 즉 치파오라고 이름 지었다. 몸에 잘 맞아 움직이기에 편하고 보기에도 좋은 만주식 복장은 한족들에게도 인기를 끌었고 한족들이 모방해 대거 착용하면서 '중국 전통의상'으로 자리매김하게 된다. 원래의 치파오는 남녀 의상이 모두 있었지만 훗날 원피스 형태의 여성복을 지칭하는 말로 바뀌었다.

만약 만주족이 자신들의 복식을 포기하고 명의 복장을 받아들였다면 치파오는 생겨나지 않았을 것이다. 독자적인 복식을 유지한 결과 오히려 한족들로부터 '멋진 옷차림을 한 집단'으로 인정받을 수 있었던 것이다.

복식이나 두발제도를 민족 정체성 문제로 인식한 홍타이지는 1632년 12월, 만주국복식법제(滿洲國服式法制)를 반포하였다. 전통문화를 유지하는 수준을 넘어 더욱 체계화하겠다는 복안인 셈이다. 한 가지를 보면 열 가지를 알 수 있다는 말처럼 복식 문제, 두발 문제, 언어 문제에 대한 홍타이지의 관심과 언급은 만주족을 중심으로 다민족연합을 추구한 그의 문화정책이 주도면밀하게 집행됐음을 보여주는 중요한 단서가 된다.

만주족 고유의 의관을 버릴 수 없다는 홍타이지의 확고한 생각은 훗날 청이 대륙을 정복할 당시 한족에게까지 만주식 변발과 만주복장 착용을 강요한 것으로 이어진다. 소수의 만주족이 대륙을 지배하기 위해서는 자신들의 정체성을 유지하는 것이 최우선적인 과제라는 홍타이지의 선언은 훗날 강건성세까지 성공적으로 이어지지만 결국은 한화(漢化)의 대세를 꺾지는 못하였다. 다만 만주족의 강건한 기풍을 150년 이상 유지하며 100배나 많은 한족을 성공적으로 지배한 데서 나름의 의의를 찾을 수 있겠다.

그렇다고 민족 정체성만 강조한 게 아니다. 형사취수제(兄死娶嫂制)와 같은 낙후된 풍습은 과감히 던져버렸다. 중원 정복을 노리는 입장에서 오랑캐의 수계혼(收繼婚)이 선진적 문화를 지닌 한족들에게 조롱당하고 배척당할 것이라고 판단했기 때문이다.

홍타이지는 1632년 3월, 이른바 '윤리를 어지럽히는 혼인'을 불허하는 법규를 발표하였다. 서모(庶母, 아버지의 후처)와 문중의 백모, 숙모, 형수, 며느리 등과 혼인하는 것이 이에 해당되었다.

"한인과 고려인(조선인)은 도리를 잘 이해해 문중의 부녀를 아내로 취하지 않는다. 무릇 사람은 사람답게 살아야 하는 법이다. 만약 문중의 부녀를 취한다면 금수와 다를 것이 무엇이겠는가? 내 생각이 이에 미쳐 이 법을 세우게 된 것이다."[23]

만주국이 문화국가로 거듭나기 위해서는 오랑캐 시절의 후진적인 폐습은 타파하고 한족 수준의 윤리제도를 구축해야 한다고 홍타이지는 결심하였고, 이를 법제화한 것이다.

라마불교로 범(汎)북방 사상통일

홍타이지는 종교, 특히 라마불교를 만주족들에게 포교하는 일에도 열심이었다. 불교가 본격 보급되기 이전 만주족의 종교는 원시 샤머니즘에 머물러 있었다. 샤머니즘은 한반도의 무당과 유사한 주술적 종교현상을 말한다. 그러나 원시 샤머니즘으로 만주국민의 '마음'을 통일하고 새로운 통합사상을 제공하는 일은 사실상 불가능에 가까웠다.

홍타이지는 국가 통치체제를 정비하는 차원에서 종교의 고급화, 종교개혁에 나섰다. 특히 윤회사상이 뒷받침되어 죽음과 사후세계에 대한 두려움을 덜어주는 라마불교는 전쟁이 잦은 만주인들의 처지와

---

23) 유소맹, 『여진 부락에서 만주 국가로』, 이훈 · 김선민 · 이선애 공역, 푸른역사, 2013, p444에서 재인용.

심성에 잘 부합한다고 보아 포교를 장려하였다. 새 종교는 만주국에 급속히 전파되며 신라의 호국불교처럼 백성들 마음을 하나로 묶는데 기여하였다.

여진족이 진출하기에 앞서 이미 요동의 한족사회에는 불교가 널리 보급됐으니 곳곳에 사찰과 탑이 건축돼 있었다. 그런 요동을 장악하면서 여진사회도 불교문화와 접촉이 늘어났고, 불교의 영향력이 커졌다. 부한(父汗) 누르하치도 불자였다. 1619년 사르후 전투 때 강홍립의 휘하로 참전했다가 포로가 되어 누르하치를 만났던 조선의 관리 이민환은 『건주문견록』에서 이렇게 묘사하였다.

> "(누르하치는)앉아 있을 때에는 항상 손에 염주를 쥐고 이를 세고 있었다."

불교는 홍타이지 시대에 더욱 우대되었고 어용적 색채도 짙어졌다. 홍타이지는 이전 불교와 성격이 다른 티벳의 라마불교를 주목하였다. 라마불교는 몽골제국 시절 세력을 키웠고 14세기 총카파(1357~1419년)에 의해 개창된 겔룩파(Gelugpa, 라마교의 주류 종파)라는 교단이 뜨면서 급속도로 확산되었다. 누런 모자를 쓴다고 하여 황모파(黃帽派)라고도 알려진 겔룩파 교단은 사원과 승려의 규율을 강조한 개혁교단으로 이름 높았고 교세가 급팽창하였다. 1578년 몽골을 장악한 알탄(俺答)칸이 청해(靑海)에서 소남갸초라는 겔룩파 수장을 만난 이후 몽골 사회에는 라마불교가 빠른 속도로 파고들었다.

라마불교가 만주 땅에 처음으로 전해진 것은 누르하치 집권기였다. 1621년 5월 누르하치는 라마불교를 신봉하던 몽골 코르친 부족과 연맹을 맺기 위해 라마승려 한 명을 요양으로 초청해 극진히 접대하였다. 이 라마승이 다음해 사망하자 성례한 장례를 치러주었다.

누르하치를 계승한 홍타이지는 라마불교가 정치적인 도구로 쓸 만하다고 여겨 대대적으로 지원하고 장려하였다. 1632년 몽고의 차하르(察哈爾)부를 정복할 때에는 그곳의 라마사찰을 철저하게 보존하도록 엄명을 내렸고 투항한 라마승이 금불상을 바치자 대형 라마사원을 축조하기도 하였다.

홍타이지는 1639년 사절단을 티벳으로 보내 달라이라마를 초청하였다. 달라이라마 5세는 만주 땅을 방문하지 않았지만 3년 후에 많은 라마승단이 만주를 찾아 호의에 부응하였다.

홍타이지가 라마불교에 호의적이었던 것은 특유의 윤회사상관이 죽음의 공포를 안고 살아가는 전사들에게 심적 안정을 제공한다는 점을 감안했을 수 있다. 그러나 더 큰 이유는 라마불교가 몽골, 티벳과 긴밀하게 연결돼 있었던 점에서 찾을 수 있다. 만주-몽골-티벳 간의 연대강화에 라마불교는 무엇보다 유용한 장치였다.

종교는 기복과 민중구원을 목표로 삼는 만큼 기본적으로 반(反)체제적, 반(反)권력적 기질이 있다. 하지만 집권자가 앞장서서 전도에 힘쓰게 되면 적어도 한동안은 해당 종교의 승려 조직과 신봉자들을 어용적, 체제순응적으로 만들 수 있고 종교의 힘을 정치권력 강화에 활용할 수도 있다. 역사공부 학습량이 많았던 홍타이지가 이를 몰랐을 리 없다.

어쨌건 홍타이지는 라마불교의 수호자적 이미지를 통해 만몽(滿

蒙) 간의 종교통일을 이루었고 나아가 티벳까지 연대할 수 있는 이념적 기초를 다질 수 있었다. 덕분에 홍타이지는 만주·몽골의 '한(汗)=칸'이자 한족의 '황제(皇帝)'라는 정치적 위상을 확보하는 것과 동시에 라마불교를 보호하는 세속군주인 차크라바르틴(Chakravartin), 즉 '전륜성왕(轉輪聖王)'의 입지도 구축할 수 있었다.

만주국은 교세를 확장하며 진보적인 종교로 부상하고 있던 라마불교를 적극 수용하고 그 힘을 활용함으로써 전(全)만주족과 몽골, 티벳과 요동한인 등 광활한 북방영역에서의 사상적, 정서적 일체감을 강화하고 타민족 간 이질감을 완화하는 일석다조(一石多鳥)의 풍성한 성과를 거뒀다.

皇太極

홍라이지

— 3 부 —

전쟁으로 국가발전 …
오랑캐 전략 시동

내부정비를 통해 절대 권력자의 입지를 다지고 민족적 자부심을 강화한 홍타이지는 다음 단계로 만주국의 위상을 높이고 국력을 외부로 투사(投射)하는 일에 착수하였다. 아버지 누르하치의 목표가 독립국가를 건설하고 유지하는 수준이었다면 홍타이지는 만주국을 동아시아의 패권자로 만들겠다는 비전을 갖고 있었다. 홍타이지는 큰 그림을 준비하고 있었던 것이다.

적은 인구의 만주국이 군사강국으로 발전하고 마침내 중원 정벌의 대계를 세울 수 있었던 원동력은 무엇일까? 무엇보다 자신들이 비교우위를 지닌 '전쟁기술'을 국가 성장동력으로 삼았다는 데 있다. 전쟁을 소모전이 아닌 최대이윤을 남기는 생산전으로 만드는 시스템을 갖춰 국가재정의 건강성을 유지하면서도 대외 파괴력을 극대화한 것이 전쟁산업 육성전략이다.(만주국이 '전쟁산업 육성'을 공표한 적은 물론 없다. 그들이 걸어간 정책노선을 필자가 개념화한 용어이다.) '전쟁이 곧 건설'이라는 오랑캐다운 생존전략이다. 나의 강점을 키워 적을 이기는 전략, 우리가 잘하는 분야에서 승부를 보자는 거국적 결단인데 이 같은 오랑캐 전략이야말로 만주국 급성장의 핵심 비결이다.

만주국은 전쟁에서 번 돈의 대부분을 철기군을 확대하고 홍이포 등 신무기를 확보하는 데 투입하였고, 덕분에 다음 싸움에서도 반드시 승리할 수 있었다. 그 결과 군사강국 몽골과 문화선진국 조선을 정복한 데 이어 명나라까지 압도하는 힘을 갖게 됨으로써 '새로운 역사'를 쓸 수 있게 되었다. 오랑캐의 용기에 실질적인 군력이 결합됨으로써 만주국은 단시일 내에 동아시아의 최대강국으로 솟아올랐고 강력한 힘을 사방으로 발산하였다.

철기(鐵騎)에 홍이포,
수군 더하니 천하무적

홍타이지의 만주국이 조선과 몽골은 물론이고 명나라에 대해서도 군사적 우위를 확보한 결정적 배경은 '철기'라는 극강의 기마군단에 덧붙여 홍이포라는 신식화기를 확보한 것에서 찾을 수 있다. 그런데 철기와 홍이포는 거저 주어진 것이 아니다. 철기군대를 만들고 그 숫자를 늘리는 일, 홍이포 제작기법을 입수한 다음 대포 숫자와 운용 병력을 확대하는 일은 결코 용이한 작업이 아니었다. 이번 장에서는 그 과정을 살펴보기로 한다.

10만 철기군단 구축

예로부터 여진족은 몽골족과 함께 말을 많이 키웠고, 덕분에 기마술이 뛰어난 민족이다. 증기기관이나 디젤기관이 등장한 산업혁명

이전, 인간이 구사할 수 있는 가장 빠른 기동력은 말이었다. 때문에 말을 잘 다루는 기마유목민족은 숫자는 적었지만 늘 다수의 농경민족을 지배할 수 있었다. 철기, 즉 여진 중기병(重騎兵)의 파괴력은 과거부터 이름이 높았다. 12세기 초, 금이 요를 멸망시키고 송까지 공략해 남쪽으로 몰아가던 시절, 송 측이 남긴 기록을 보자.

"금(金)과 남송(南宋)이 합의하여 양국이 화해를 한 뒤 금나라 무장사신단이 남송 황제의 국서를 갖고 북쪽으로 가고 있었다. 금군(金軍) 17명이 북으로 향하는 도중 화북평원의 자주(磁州)에서 옛 북송(北宋)의 장군 이간이 이끈 2,000명의 보병대를 만났다. 17명의 금 중기병(重騎兵)은 자초지종을 설명하며 양국이 이미 화해를 했고 남송 황제의 국서를 받고 귀국길에 올랐으니 길을 비켜 달라 하였다. 그러나 북송군 잔당은 그들을 죽이려 하였다. 그러자 17명의 금군은 잠시 뒤로 물러나 좌(5명), 중간(7명), 우(5명) 5:7:5의 대열로 북송군에게 돌격하였다. 갑작스런 공격을 받은 북송군 2,000명은 처참하게 죽어갔다. 금군은 북송군 2,000여 명 가운데 절반 이상을 도륙한 뒤 다시 북으로 향하였다. 반면 17명의 금군 중 단 한명의 전사자도 없었다."

17명이 2,000명을 박살냈다?… 선뜻 믿기 힘들지만 『송사(宋史)』 정강 원년(靖康 元年=1126년) 2월 조에 나오므로 사실로 봐야 한다. 송나라가 자신들에게 별로 자랑스럽지 않은 얘기를 굳이 날조하거나 과장할 이유가 없기 때문이다. 어쨌든 이런 경험과 기록들로 해서 한

후면 기사(騎射)

족들은 "여진인 1만 명이 모이면 천하가 이를 감당할 수 없다.(女眞一萬 卽天下不堪當)"는 말을 하며 두려워하였다.

철기군의 최대 강점은 기사(騎射), 즉 말을 달리면서 활을 쏘는 능력이었다. 그들은 활시위를 당긴 채 말을 몰다가 말의 네 발이 공중에 떠 있는 짧은 순간에 화살을 놓았다. 진동이 없는 찰나를 이용해 정확한 발사를 하는 것이다. 활과 고삐를 한손에 쥔 채 다른 손으로 시위를 당기는 기술은 가히 예술의 경지에 가까웠다. 철기군이 날리는 활의 방향은 예측할 수가 없다. 정면과 좌우 측면은 물론이고 몸을 뒤로 돌려 후면으로까지 활을 쏘는 고도의 기술(후면 기사법을 '파르티안 기사법(parthian shot)'이라고 한다.)까지 갖춘 자가 많았다. 엄청난 기동력과, 생활 그 자체에서 배양된 기사능력의 결합을 통해 여진의 철기는 대적이 불가능한 공포의 군단으로 부상했고 오랜 세월 동아시아 세계에서 군림하였다.

이렇게 철기의 전투력은 중원 전체에 널리 알려져 있었거니와 누르하치가 여진사회를 통일하고 팔기제로 조직화하면서 그 파괴력은 가공할 수준으로 제고됐다. 여진 철기의 힘을 만천하에 떨친 결정적인 계기는 1619년 사르후 전투 때였다. 명군과 후금군 사이의 복잡한 전투 양상은 일일이 거론하지 않더라도 강홍립이 이끈 조선군과 후금군의 대결기록만 봐도 철기의 위력을 실감할 수 있다. 이민환의

『건주문견록』을 보자.

> "갑자기 회오리바람이 일어나자 강홍립이 즉시 군대를 준비했
> 다. 그때 명나라 군대가 민가를 태운 연기가 몰려왔고 연기와 먼
> 지 속에서 적 기병이 갑자기 튀어나와 두 날개를 이루면서 아군
> 을 공격했다. 아군은 간신히 열을 맞춰 달려드는 적군을 향해 조
> 총을 쏘았다. 그런데 첫 발을 쏘고 다시 한 번 쏘려고 장전을 하
> 기도 전에 철기가 벌써 진영 내로 달려들었다. 아군은 철기의 창
> 칼 앞에 궤멸당했다."

조일전쟁을 계기로 당시로선 최신무기였던 조총으로 무장했던 조
선군이지만 한 발을 쏘고 두 번째 탄환을 장전하던 짧은 시간을 파고
든 후금 철기군의 빠른 공격을 당해 내지 못했다는 말이다.

사르후 전투의 양상을 살펴보면, 병력은 명군이 10만 명 이상으로
6만 명 정도이던 후금군보다 2배가량 많았지만 거의 모든 싸움마다
후금군이 수적 우위를 점하였다. 보병 위주의 명군은 전체 병력은 많
았지만 여러 방면으로 분산돼 산발적으로 대응한 반면, 후금의 철기
는 집중을 유지한 채 빠르게 이동하여 언제나 수적 우위를 확보한 다
음 '소수의 명군'을 각개격파하는 전술을 썼다. 결국 철기의 앞선 기
동력이 명군을 패배로 몰아갔던 셈이다.

어쨌든 사르후 전투에서 크게 당한 명군들로부터 시작된 소문, 즉
"여진 철기군은 바람처럼 빠르게 날아다닌다."는 말이 중원 전체에
번졌고, 이후 명나라 군대는 철기군과 마주치면 지레 오금이 저려 싸

움을 포기하고 달아나기 바빴다. 철기는 팔기제 시행 이후 조직력이 강화되고 그 위력도 배가되었다. 개별 전투현장에서 각 기(旗)는 추적조와 포위조, 타격조 등으로 신속하게 임무를 분담해 효율적으로 대적할 수 있었던 것이다. 그 결과 적어도 평원전투에서는 명나라의 어떤 군대도 철기에 맞서지 못하였다.

홍타이지는 집권기간 내내 철기군을 꾸준히 키워나갔다. 철기를 포함한 만주군대의 확장은 두 방면에서 이뤄졌다. 하나는 각 팔기의 니루(牛彔)를 늘리는 것이었다. 누르하치가 처음 팔기제를 시행할 때는 300명의 장정을 1개 니루로 해서 5개 니루가 1개 잘란(甲喇)을 세우고 5개 잘란이 1개 구사(固山), 즉 기(旗)를 형성하였다. 결국 1개 기에는 25개 니루, 7,500명이 소속되었다. 홍타이지 시대에 들어 동해여진 등의 정복으로 인구가 늘어나자 각 기의 니루를 30개로, 입관 직전에는 40개까지로 늘렸다. 각 기는 평균적으로 '40×300명=1만 2,000명'을 거느린 셈이었다.

군대확장의 또 다른 방식은 몽골과 한군팔기 신설이었다. 1642년에 완성된 한군팔기가 포병과 보병 비중이 높았다면 1635년에 완비된 몽골팔기는 대부분 기병이었을 것으로 여겨진다. 이런 노력 덕분에 만주국은 100만 명 안팎의 적은 인구였지만 홍타이지 시대 꾸준히 병력을 늘려 10만의 철기군단을 유지할 수 있었다. 그런데 철기의 확대와 운용에는 산더미 같은 재원이 필요하다. 조선보다 가난했던 만주국이 그 많은 재원을 어떻게 조달했을까? 뒤에서 다루지만 약탈… 즉, 남의 것을 빼앗는 방법이었다.

그러나 만주국이 자랑하던 무적의 철기도 요서회랑에 원숭환이란 꾀 많은 지휘관이 등장하면서 그 위력이 제한적임이 드러났다. 요서 일대의 방비 전권을 부여받은 원숭환은 철기의 장단점을 충분히 파악하고 있었다. "명의 보병은 물론 기병도 들판에 나가 철기와 맞붙는 것은 어리석은 일이다. 말 등에서 자란 후금의 병사들에게 결코 상대가 되지 못한다. 다만 성을 굳게 쌓아 지킨다면 저들의 장점은 무용지물이다." 대략 이런 작전이었다.

원숭환의 전략은 적중하였다. 산해관 바깥에 영원성과 금주성, 송산성, 행산성, 탑산성 등 각종 성채를 건설해 조밀한 방어체계를 구축한 뒤 홍이포라는 신식화기로 대응하자 10만 철기군도 쉽게 뛰어넘지 못하였다. 1626년 정월에 있었던 누르하치의 첫 패배, 영원성 전투는 만주군이 철기만으로는 중원을 정복하기 어렵다는 것을 보여준 상징적인 사례였다. 대체 무력이 필요하였다.

홍이포(紅夷砲) 입수

1626년 이후 영원성 인근의 명나라 군진은 대거 홍이포로 무장하기 시작하였다. 명나라는 16세기 말, 몸에 붉은 털을 지녔다는 뜻으

로 '홍모이(紅毛夷)' 또는 '홍이(紅夷)'로 불렸던 네덜란드인들과의 접촉을 통해 그들이 보유한 켈버린포, 즉 홍이포의 위력을 알게 되었다. 명나라가 홍이포를 제작하고 활용하는

아담 샬　　　　**서광계**

홍이포(紅夷砲) 명은 1618년 홍이포를 입수하고, 1621년에는 자체 제작기술을 습득하여 실전 배치하였다.

데 큰 도움을 준 사람은 독일 출신의 신부 '아담 샬'(Adam schall von bell)이다. 아담 샬과 친밀했던 예부상서 서광계(徐光啓) 등의 노력으로 홍이포를 수입해 제작에 들어갈 수 있었던 것이다.

1618년 홍이포를 수입해서 1621년에 복제품을 자체 제작할 수 있게 된 명군은 홍이포를 실전 배치하여 전쟁에서 사용하게 된다. 특히 1626년 영원성 전투에서 재미를 본 이후 대대적으로 홍이포를 자체 생산하였다. 1629년 북경의 병부(兵部)에서 아담 샬의 기술자문을 받아 서광계 감독 하에 홍이포 400문을 제작하였고 양광총독 왕존덕도 500문을 제작해 그 가운데 175문을 중앙정부로 보내기도 하였다.

홍이포는 앞서 보급된 '불랑기(佛狼機)'란 유럽식 대포에 비해서도 성능이 월등해 주목을 받았다.(불랑기는 프랑크(Franks)의 음역으로 유럽을 지칭하는 용어였는데 문제의 대포가 유럽에서 전래됐기에 이런 이름이 붙었다. 불랑기는 1523년 나포된 포르투갈 선박에 의해 중국에 도입됐고 1529년부터 중국에서도 자체 제작되었다. 명 조정은 1537년 한해에만 불랑기 3,800문을 제작해 전군에 보급할 정도로 포병술에 애착을 나타냈다. 실제로 숭정제 시대(1628~1644년)에 관군과 이자성 반군의 전투 시에 포수들이 목표를 관측할 때 망원경을 사용하였다고 한다. 이는 유럽보다 앞선 것으로 불랑기 도입 이후 명나라가 포병대 운용에 적극적이었음을 알 수 있다.[1] 불랑기는 임진왜란이 한창이던 1593년 1월 이여송이 이끈 평양성 탈환 전투에서도 그 위력을 보여주었다.) 근 100년간 유럽식 대포를 운용한 바탕 위에 홍이포가 도입되자 명군의 기대는 클 수밖에 없었다. 사거리와 파괴력 면에서 불랑기를 훨씬 능가했기 때문이다. 홍이포는 구경 100mm에 유효사거리 700~800m, 최대 사거리 4km에 달하는 강력한 대포로서 무게도 2~3톤에 이르렀다. 불랑기가 평양성에서 일본군을 울렸다면 홍이포는 만주군을 괴롭힌 무기였다.

높다란 성벽 위에 여러 홍이포를 설치한 채 농성전을 벌이는 명의 전략은 만주군에게 재앙이나 다름없었다. 성을 함락시키자면 접근이 불가피한데 성벽으로 다가가는 철기군의 머리 위로 쏟아지는 홍이포의 집중포화는 피할 길이 없었다. 불꽃이 하늘로 치솟을 때마다 지축을 뒤흔드는 포성이 뒤따랐고 병사와 말들은 공포에 질려 전투의지를 상실하였다. 당시의 홍이포는 지금의 핵무기에 비견할 수 있는 '절대무기'였다. 명이 독점한 '비대칭 전력'에 맞설 무력이 없어 후금의 처지는 한동안 따분하였다. 나중에 다루겠지만 1627년 홍타이지의 '영금(寧錦, 영원성과 금주성) 싸움' 실패도 홍이포 대책이 없었던 것과 무관하지 않다. 대포에는 같은 대포로 맞서야 하겠는데 손에 넣을 방도가 없어 발만 동동거렸다.

그러나 머지않아 기회가 찾아왔다. 명-청 관계에서 늘 그랬듯이 이번 행운 역시 명나라가 넘겨주었다. 1629년 10월의 기사전역(己巳戰役), 즉 제1차 입관 공격 때 하북성 영평(永平)에서 유럽인으로부터

---

1) 크리스 피어스, 『전쟁으로 보는 중국사』, 황보종우 역, 수막새, 2005, p244.

훈련받은 홍이포 장인들을 찾아낸 것이다.2) 명의 입장에선 홍이포 기술은 무슨 일이 있어도 후금에 넘겨주지 말았어야 할 최고의 군사 기밀이었지만 어리석게도 지키지 못하였다.

홍이포 주조의 총책으로 한인 포병대를 이끌었던 동양성(佟養性)은 여진족이지만 무순에서 살면서 한화(漢化)된 인물이다. 또 홍이포 주조를 감독했던 정계명(丁啓明)은 명군 장교였고 제작 실무자들은 모두 한족 장인들이었다. 이들은 기술자를 우대하는 홍타이지의 정책에 감명 받아 자신들의 실력을 마음껏 발휘하였다. 홍타이지는 화포 주조의 공을 인정하여 한족 장인 모두를 노예에서 해방시키고 많은 상을 내렸다. 신무기 획득을 위한 적극적 투자와 신기술에 대한 놀라운 개방성은 홍타이지가 지닌 여러 장점 가운데 하나였다. 만주국에서 처음으로 홍이포를 주조하기는 1631년 6월의 일이다.(오랑캐였던 만주국은 '홍이포(紅夷砲)'에서 '오랑캐 이(夷)'자를 싫어해 '옷 의(衣)'자로 바꿔 '홍의포(紅衣砲)'라고 이름 지었다.)

홍타이지의 관심과 격려, 귀순 한인들의 적극적인 협조 덕분에 후금군은 1631년 8월 대릉하(大凌河) 공격 때는 방어군보다 더 많은 대형 화포들을 보유할 수 있었다. 홍타이지는 귀순한 장인들이 만든 6문의 홍이포와 54문의 대장군포로 '난공불락' 대릉하의 성벽을 부수는데 성공하였다. 이후 만주군은 명과 조선의 높은 성벽들을 거침없이 무너뜨렸다. 병자호란 때 남한산성으로 달아난 조선 조정이 끝까지 버티지 못했던 이유도 군량미 부족과 함께 홍이포의 가공할 파괴력 때

---

2) 앞의 책, p253.

문이라고 할 수 있다.

수군(水軍) 확보

원숭환은 1629년, 조선의 섬 가도에서 7년간이나 '장난'을 치고 있던 모문룡을 요동으로 소환한 뒤 목을 베어 버렸다. 후금에 대한 견제보다는 해적질에 더 관심 많았던 모문룡을 제거한 원숭환의 행위는 타당한 결단으로 보였다. 하지만 문관 출신인 그가 잘 모르는 게 있었다. 세상사는 계획한 대로 돌아가지 않는다는 사실이다.

원숭환은 '천하의 사기꾼' 한 명을 잡아 죽였다고 생각했지만 공유덕(孔有德)과 경중명(耿仲明) 등 모문룡의 부하들은 대장이 죽자 크게 실망하고 제 살길을 찾느라 바빴다. 자칫하다가는 원숭환에게 잡혀 죽을 수 있다고 여겼기 때문이다. 원숭환의 모문룡 처단은 훗날 중대한 후유증을 수반하게 된다.[3]

모문룡이 죽임을 당한 뒤 오갈 데 없는 그의 부하들을 받아준 사람은 산동반도의 등래순무 손원화(孫元化)였다. 손원화는 당시 손꼽히는 화포 전문가였다. 그는 일찍부터 포르투갈 기술자들에게 홍이포 조작 기술을 배워 1626년 영원 싸움 당시 포병들을 지휘한 인물이다. 평소 요동 출신 장졸들의 능력을 높이 평가했던 손원화는 공유덕과 경중명을 데려다가 고급장교인 '유격(遊擊)'으로 임명했다.

1631년 8월 후금군이 요서지방의 대릉하성(大凌河城)을 포위하

---

3) 김희영, 『이야기 중국사』, 청아출판사, 1998, p194.

자 조대수(祖大壽)는 손원화에게 구원을 요청하며 산동의 수군을 이끌고 후금군의 배후를 견제해 달라고 주문하였다. 대릉하성은 바다에서 멀지 않았기에 산동성의 수군이 배를 타고 접근해 상륙한다면 후금군에게 적잖은 부담이 될 수 있었다. 손원화는 공유덕 등에게 병력 1,000여 명을 주어 해로를 이용하여 대릉하성을 구원하도록 지시하였다.

하지만 요동에서 힘깨나 쓰는 왈패로 지내다 군대에 들어간 일자무식꾼 공유덕 등에게서 애국심을 기대하기란 애초에 그른 일이었다. 후금과의 위험한 싸움터에 재빨리 달려갈 생각이 없던 공유덕 일당은 손원화를 속였다. 역풍이 불고 바다가 사납다는 핑계로 배를 띄우지 않고 육로로 쉬엄쉬엄 이동할 계획을 세웠던 것이다.

공유덕 일행은 느릿느릿 행군한 끝에 1631년 11월 북경 인근 직예성(直隸省) 오교현(吳橋縣)이라는 곳에 이르렀다. 그런데 피로와 굶주림에 지친 병사들이 먹을 것을 구하느라 민가를 털기 시작하였다. 민원이 일자 공유덕이 백성을 해친 병사를 처벌했지만 부하들의 불만은 더욱 높아져 정부창고를 약탈하고 현지 관리를 살해하기에 이르렀다.

병사들이 흥분해 통제가 불가능한 지경에 이르자 공유덕은 아예 반란을 결심하였다. 공유덕과 경중명의 무리는 내친 김에 창을 거꾸로 잡고 산동성으로 되돌아가 여러 고을을 공격하기 시작했다. 당시 명나라 백성들은 살아가기가 힘들어 이판사판의 심사가 다분하였다. 닥치는 대로 약탈하는 과정에서 공유덕을 따르는 무리는 수천 명으로 불어났고, 산동성의 여러 고을이 반란군의 수중에 떨어졌다.

거칠 것이 없던 공유덕의 반란군은 1632년 1월에는 등주성을 공격해 함락시켰다. 등주성에 있던 요동 출신 병사 3,000명도 반란군 차지가 되었다. 공유덕이 등주를 장악했다는 소식이 전해지자 여순구와 요동반도 남쪽의 여러 섬에 숨어 지내던 모문룡의 잔당들이 반란군에 합류하면서 그 세가 더욱 불어났다.

등주성을 확보함으로써 공유덕은 등주의 육군과 수군병력을 장악한 것은 물론이고, 등래순무 손원화가 비축해 놓았던 홍이포 등 엄청난 물량의 화기들도 차지하게 되었다. 등주 함락 직후 인근 내주도 반란군에게 떨어졌다.

명 조정에선 토벌군을 모으는 동안 공유덕 등에게 면사패(免死牌)를 보내 귀순을 종용했지만 반란군은 '등주·내주를 먹었으니 이제는 북경을 칠 차례'라며 기세를 올렸다. 겁을 상실한 반란군은 공유덕을 왕으로까지 추대했다. 공유덕은 사양하는 척하다가 도원수라는 계급장을 스스로 달았다. 후금의 공격을 받은 상황에서 곳곳에서 농민반란까지 일어난 탓에 명 조정은 쉽게 관군을 보낼 수 없었다. 덕분에 공유덕은 8개월 넘게 등주에서 사실상 왕 노릇을 하며 즐거운 나날을 보냈다.

하지만 북경에서 가까운 산동의 군사반란을 언제까지나 지켜볼 수는 없는 일, 명 조정은 마침내 7만 대군을 동원해 진압에 나섰다. 채 2만 명이 못 되는 반란군으로서는 감당하기 힘든 상대였다. 도주를 택한 공유덕은 1632년 9월 몇 번의 실패 끝에 포위를 뚫고 황해바다로 나가는 데 성공하지만 목적지가 따로 없으니 어디로 갈지 막막했다. 31살 공유덕(1602년 생)과 29살 경중명(1604년 생)이 이끄는 반

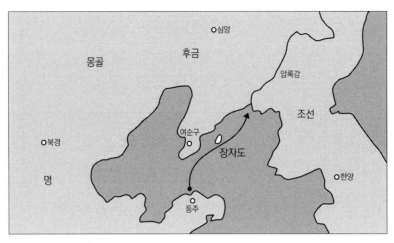

공유덕·경중명 수군의 도주로

란군은 한동안 요동반도 남쪽 바다를 전전하며 지냈다.

　당시 후금은 공유덕의 반란을 주의 깊게 관찰하고 있었다. 홍타이지는 한 무리의 군대가 해상에서 표류 중이라는 보고를 받은 뒤 한족 책사 범문정을 파견하였다. '설득의 달인' 범문정의 화술에 넘어간 공유덕 등은 후금으로 귀순하기로 결심을 굳힌다. 다른 대안이 없었기 때문이다. 공유덕과 경중명이 이끄는 반란군이 후금으로 도주하려 하자 명에서는 비상이 걸렸다. 후금이 수군까지 얻게 된다면 천하무적이 될 것을 염려했기 때문이다.

　명 조정은 수군대도독 주문욱(周文郁)에게 일당을 저지하도록 지시하였다. 주문욱은 1633년 1월부터 반란군을 추격해 수차례 해전에서 이기는 등 분투했지만 완전히 제압하기에는 역부족이었다. 요동반도 인근의 여러 섬에 모문룡의 잔당들이 은거하며 공유덕 일당을 돕고 있었기 때문이다. 상가희(尙嘉喜)가 대표적인 인물이다. 본래 모문룡의 부하였던 상가희(1604년 생)는 모문룡이 죽은 뒤 요동반도 인근 섬을 전전하며 장사나 해적질을 하는 등 목표 없이 살던 중이었다. 상가희는 공유덕을 공격하라는 주문욱의 지시와는 반대로 공-경 일당과 함께 후금에 귀순하기로 마음을 굳혔다.

3월 30일 주문욱이 이끄는 명 수군이 공유덕 무리를 뒤쫓아 요동반도 남해상의 장자도에 이르렀다. 대략 요동반도 서쪽 끝 여순구에서 압록강 하구에 이르는 해역의 중간쯤에 위치한 섬이다. 주문욱이 서쪽에서 압박해 오고 있는 만큼 공유덕 일당은 동쪽으로 향하였다. 반란군 무리는 압록강을 통해 후금으로 들어가기로 방침을 정했다. 결국 1633년 4월 4일, 공유덕의 반란군은 압록강 하구(河口)로 진입하는 데 성공했다. 조선이 명의 요청을 받고 조총부대를 보내 공유덕 일당의 후금행 저지를 시도하였지만 실패하였다. 후금은 압록강 북안에 철기대를 보내 공유덕 일당을 무사히 귀순시켰다.

약간의 손실이 있었지만 공경(孔耿)이 몰고 간 전선 185척과 1만 4,000명의 수군은 후금 차지가 되었다. 홍타이지는 공경이 가져간 함대를 '하늘이 내린 선물'이라며 극찬하였다. 만주국 예법에 신하는 한(汗)에게 삼궤구고두(三跪九叩頭)의 예를 표해야 했지만 홍타이지는 공유덕 일행과 얼싸안는 '포견(抱見)의 특전'을 베풀었다.

공경의 전선에는 수많은 홍이포가 장착돼 있었고, 홍이포를 제작하는 철장(鐵匠)도 다수 승선해 있었다. 물론 홍이포 운용 부대와 제조 기술은 후금이 이미 확보한 상태였지만 공유덕 일당이 또 다른 기술 인력을 제공함으로써 그 생산능력을 더욱 높일 수 있었다.

공유덕과 경중명의 귀순으로 불안하게 유지되어 왔던 명과 후금의 군사적 균형은 깨졌다. 후금은 기존 철기의 돌파력에 홍이포와 수군까지 확보함으로써 군사 역량이 훨씬 배가되었던 것이다.

공경의 망명 효과는 곧바로 실증됐다. 1633년 6월 홍타이지는 조카인 요토 등에게 병력 1만을 주어 그때까지 명군의 수중에 있던 요동반도 서남단의 여순구를 공략하도록 했다. 공유덕과 경중명도 병력을 이끌고 원정에 동행했다. 공경의 안내를 받은 후금군에 의해 여순은 힘없이 떨어졌고 후금은 5,300명의 포로와 2만 냥의 은을 노획하는 전과를 올렸다.

요동반도와 부근 해상에서 후금을 견제하던 명군전력은 완전히 소멸됐고 후금은 편안한 마음으로 요서를 공략할 수 있었다. 후금 입장에선 산해관을 넘지 않고서도 북경의 관문 천진이나 산동반도 등을 바로 공격할 수 있는 대안카드가 생긴 셈이었다. 반면 명은 '만주 수군'의 공격 가능성에 대비해 산해관의 방어태세를 일정 부분 허물어 긴 해안선을 방비해야 하는 부담을 갖게 되었다. 조선의 평안도 가도에 머물던 모문룡의 잔당들도 언제든지 후금 수군의 공격을 받을 수 있게 되면서 전략적 가치가 줄었다.

자체 수군을 확보한 덕분에 후금이 요서나 내몽골 방면으로 군대를 보낼 경우에도 명의 수군에게 뒤를 찔릴 위험이 없어졌다. 이 점 역시 중원 정복전에 결정적 도움이 되었다. 3년 후인 1636년(병자년) 겨울, 홍타이지가 압록강을 넘어 조선을 도모하기로 결심한 데는 조선 왕이 강화도로 달아나더라도 공유덕의 수군을 통해 제압할 수 있다는 자신감이 큰 배경이 되었다. 사실 병자호란 당시 강화도가 함락

된 것은 공유덕의 수군이 적극 활동한 결과이다. 강화도가 적에게 떨어져 왕실과 대신의 가족들이 포로가 되면서 왕은 남한산성 농성전을 포기할 수밖에 없었다. 결론적으로 수군을 거느린 공유덕의 후금 귀순은 조선의 운명에도 커다란 영향을 미친 사건이 된 셈이다.

무적의 철기군단에다 홍이포와 수군까지 갖춘 만큼 홍타이지는 중원 정복을 더욱 자신하게 되었다. 홍이포와 불랑기 등 각종 화포를 구사하는 포병대와 철기가 결합하면서부터 원숭환이 세웠던 명의 '수성(守城) 전략'은 무용지물이 되었다. 강력한 홍이포로 성벽을 깨뜨린 다음 철기가 진입하는 순간 명군은 저항력을 상실했던 것이다.

후금의 숙제는 이제 천하를 도모하기 위한 대포와 군대를 대량으로 확보하는 일이었다. 그러기 위해서는 대규모 자본이 필요하였다. 재정을 총력 경주해 군비를 늘리는 일이 가장 시급한 국가대사였던 것이다. 가난한 신생국가에서 거액의 자본금을 확보하기 위한 가장 빠른 길은 전쟁을 통한 강탈이다. 나중에 상술하겠지만 5차례에 걸친 홍타이지의 입관(入關) 전쟁과 수차례 요서 공략, 그리고 조선을 공격한 병자호란은 '은을 확보하기 위한 경제활동'에 다름 아니었다.

10장

'돈을 버는 전쟁' …
약탈로 경제부흥

　초원세계의 강점은 병사들의 기마술이 뛰어나 전투에 능하다는 점이었던 반면, 최대 약점은 자급능력이 부족하다는 사실이었다. 만주와 몽골 등 생산성이 떨어지는 북방 초원지대는 남쪽 농경지구로부터의 경제적 지원이 없다면 독자생존이 어려웠다. 그 때문에 유목민족들은 농경지구와 교역하거나, 교역이 여의치 않으면 농경지구를 강탈해 부족한 물자를 충당하는 방식으로 수천 년을 살아왔다. 농경국 입장에선 날강도가 따로 없으니, 그래서 오랑캐인 것이다. 1633년 8월 홍타이지는 조선에 보낸 서신에서 "만주와 몽골은 다른 나라에서 물자를 취하여 생활한다(滿洲, 蒙古向以取資他國之物爲生)"고 하였는데 여기서 취한다는 것은 사실상 빼앗는다는 뜻이니 유목국가의 현실을 정확히 실토한 셈이다.[4]

---

4) 조병학, 「입관 전 후금의 몽골 및 만주족 통합에 관한 연구」, 중앙대 사학과 박사학위 논문, 2002.

이런 초원지대에 국가가 세워지면 이야기가 또 달라진다. 국가체제를 유지하려면 막대한 비용이 드는 만큼 튼튼한 경제력을 갖추는 일이 필수적이다. 가난한 유목사회에서 국가운영 수준의 경제기반을 마련하는 길은 두 가지이다. 하나는 동서무역로를 장악해 중계무역을 행하거나 무역상들에게 통과세를 걷는 방안이고(흉노와 돌궐, 위구르, 몽골 등은 실크로드를 통제하는 전략으로 성공하였다.) 두 번째는 농경지구를 철저히 통제하는 방안이다. 그러나 무역로 장악은 중앙아시아나 몽골 등 중국과 유럽을 잇는 통상로 중간에 위치해야 가능하지 유라시아의 동쪽 끝 만주에서는 사실상 불가능하다. 결국 만주국은 두 번째 방안을 선택할 수밖에 없었다.

후금은 건국 직후부터 농업지대인 요동을 정복하여 그곳의 농산물로 부족한 경제력을 보충하고자 하였다. 그러나 농경은 만주족의 장기가 아니었기에 큰 성과를 거두지는 못하였다. 요동의 농사만으로 나라의 곳간을 채울 수 없는 상황에서 만주국은 농경국을 강탈해 부족한 재원을 보충한다는 '오랑캐다운 국가전략'을 자동적으로 채택하였고, 그 결과는 성공적이었다.

전체 인구의 10%가 군대였던 나라

1644년 입관 당시 전체 팔기군은 18만 6,000명 정도였으니 홍타이지 시절의 군대 규모도 이와 비슷했을 것이다. 팔기군 전체의 좌령(佐領), 즉 니루어전(牛彔額眞)은 622명… 좌령 1명이 300명 정도의 졸병을 거느렸으므로 대략 18만 6,000의 숫자가 나온 것이다. 참고로 만주팔기가 320명의 좌령 하에 9만 6,000명, 몽골팔기가 131명의 좌령에 3만 9,300명, 한군팔기가 171명의 좌령에 5만 1,300명으로 추정된다.[5]

　18만 6,000명이라면 대륙을 석권하기엔 충분하지 않은 군대지만 200만 명에 못 미쳤던 만주국의 인구(여기서 '만주국의 인구'란 만주족에 내몽골과 요동한인까지 포괄한 숫자이다.)를 감안하면 엄청난 규모이다. 남녀노소 합친 전체 인구의 10%를 군사로 운용했다는 것은 예사로 넘길 일이 아니다.(참고로 팔기병이 곧 팔기는 아니다. 팔기는 병사와 그 가족을 모두 포괄하는 군정조직이다. 18만 6,000명은 전체 팔기인 가운데 현역군인만 해당된다.) 명이나 조선 같으면 그만한 병사를 징발하기도 어렵지만 무엇보다 재정 측면에서 꿈도 꿀 수 없다. 명 말의 인구가 1억 5,000만 정도였다니 만주국 비율을 적용한다면 1,500만 명의 상비군을 보유해야 한다. 그러나 명나라는 건국 이후 단 한순간도 그만한 군대를 유지할 재정역량을 갖춰보지 못하였다. 군적(軍籍) 세습자(명나라는 호적을 민적과 군적으로 나눴는데 군적은 세습되었다.)는 200~300만 명에 이르렀지만 실병력은 그 절반에도 미치지 못하였다. 여기서 두 가지 의문이 제기된다. 첫째 만주국은 왜 군대를 (비합리적으로)과도하게 키웠을까? 둘째 국가규모에 비해 지나치게 많은 군대를 유지할 재정능력은 어디서 나온 것일까?

　두 번째 질문, 만주국이 대규모 군대를 유지할 수 있었던 능력에 대한 해답부터 구해보자. 우선 군사징발이 수월했다는 점을 들 수 있

5) 임계순, 『청사(淸史)-만주족이 통치한 중국』, 신서원, 2000, p152.

을 것이다. 중원으로 입관하기 전까지 여진(만주)족은 과거 흉노, 선비, 거란, 몽골 등과 마찬가지로 전 족속이 사실상 군사집단이었다. 평시에는 생업에 종사하다가 전시에는 병사가 되는 병민일체(兵民一體) 시스템이었다. 수렵과 목축의 전통이 길었던 탓에 만주족 남자들은 모두가 활과 칼 등 무기를 휴대한 채 살아가고 있었다.

또 기마에 익숙한 민족이었던 만큼 성인남성은 언제라도 기병전사로 차출할 수 있었다. 부락단위, 부족단위의 소규모 전투가 끊이지 않았던 까닭에 사회전체가 곧 군대였고, 평시와 전시는 뚜렷이 구분되지도 않았다. 전쟁과 전쟁 사이의 휴식기, 준비기가 평시였을 뿐이다. 중국 출신 미국 역사학자 레이 황은 북방유목민족의 군사적 효율성을 이렇게 설명하였다.

> "…(거란, 탕구트, 여진은)촌락조직에서 병사와 말(馬)을 공급하고 각지에서 양식을 마련했다. 내적 구성요소가 간단할수록 병력과 보급을 일원화하기 쉽고 평시체제와 전시체제가 비슷할수록 보급선이 단순하고 동원이 쉬워 병력을 효과적으로 이용할 수 있다…"6)

군대를 유지하는 시스템도 중국이나 조선 등 농업국에 비해 월등한 강점을 지니고 있었다. 유목민족의 삶 자체가 군사문화에 익숙하였기에 필요할 때마다 순식간에 군대를 조직할 수 있었고 전마(戰馬)

---

6) 레이 황, 『자본주의 역사와 중국의 21세기』, 이재정 역, 이산, 2001, p495.

와 무기 등 군수물자도 전투원 각자가 준비하는 방식이었다. 군량만 해도 국가가 제공하는 것보다 말린 고기 등 병사들 개개인이 마련한 부식의 비중이 높았고, 적의 보급품을 빼앗아 먹는 데 익숙한 체제였다. 1619년 사르후 전투에 참전했다가 후금의 포로가 된 조선 관리 이민환의 『건주문견록』엔 이런 기록이 나온다.

> "전투를 하러 나갈 때는 절대로 군량과 병기를 수송하는 법이 없고 군졸들이 모두 스스로 준비하여 갔다."[7]

중국의 군대는 예로부터 '치중대(輜重隊)'라는 느려터진 물자수송 부대를 이끌고 전장에 나섰다가 적의 표적이 되어 망하기 일쑤였으나 만주국은 그런 부담이 없었던 것이다. 말이 나온 김에 명과 조선의 군대 시스템을 살펴보자. 농업은 생산주기가 1년 단위로 유목이나 수렵에 비해 길기 때문에 농경국가는 대다수 백성을 토지에 묶어두는 대신, 생산에서 분리된 전업군대를 유지하는 전략을 택하였다. 그 결과 농업국의 전체인구는 유목국에 비해 훨씬 많았지만 군대 규모는 압도적이지 못하였다. 우선 징병이 순조롭지 못했다. 잉여가 많지 않던 시절, 농사꾼의 가족 가운데 노동력이 센 성인남성을 군사로 징발할 경우 나머지 가족들은 가난해지거나 굶어 죽을 수도 있었으니 병사 차출에 저항이 큰 시스템이었다. 징발한 농군에게는 무기와 말, 피복 등 모든 군수물자를 국가가 제공해야 하니 이 또한 재정의 부담으

---

7) 김한규, 『요동사』, 문학과지성사, 2004, p560 재인용.

로 작용하였다.

가장 큰 문제는 역시 식량이었다. 조선 영조 때의 실학자 이익의 『성호사설』에는 이런 설명이 나온다.

"…우리나라 사람은 하루에 쌀 2되를 먹지 않으면 굶주린다. 병사가 10만 명이면 하루에 2만 말(20만 되)을 먹는다. 우리나라 관례에 15말을 1석(石)이라 하니, 하루에 1,330여 석(20,000÷15=1,333)을 소비해야 한다. 한 달 동안 훈련을 한다면 4만 석을 소비하게 된다. 그 가운데 기병(騎兵)이 끼여 있으니 말먹이는 이 수량에 포함되어 있지 않다. 또 행군할 적에 소나 말 1필에 쌀 20말을 운반하는 것으로 표준을 삼는다면 1,000필이 있어야 하루의 식량을 운반할 수 있다. 1,000필의 소나 말이 동원되면 이를 모는 자도 1,000명이 있어야 하는데, 그들의 식량은 여기에 들어 있지 않다. 만약 10일 동안 행군을 한다면 사람과 말을 먹이는 곡식과 먹이가 이루 헤아릴 수 없을 것이다. 게다가 기계(무기)를 구입하고 이리저리 쓰이는 비용은 이 수효에 들어 있지 않으니 어떻게 견딜 수 있겠는가?…(하략)"[8]

이익의 말처럼 병사 10만 명이 한 달에 4만 석을 먹는다면 1년에는 48만 석을 소비하는 셈이다. 참고로 쌀 1석의 무게는 현대식으로 따져 140kg을 약간 상회한다. 그렇다면 쌀 48만 석은 6,720만

---

8) 이익, 『성호사설』, 최석기 역, 한길사, 1999, pp271~272.

kg(480,000×140kg=67,200,000kg), 즉 6만 7,200톤에 달한다. 10만 명의 군대를 유지하려면 연간 48만석, 6만 7,200톤의 쌀이 필요하다는 말이다. 굶주림이 심하던 시절에 매년 이 정도의 군량미를 안정적으로 공급하기란 결코 쉬운 일이 아니었다. 여기에 전마(戰馬)를 위한 사료 부담도 만만치 않았고, 군량미를 전선(戰線)으로 운반하는 일도 쉬운 일이 아니었다. 또 밑반찬과 장류(醬類) 등 부식품을 충당하는 일도 쌀 공급 못지않게 힘든 과제였다.

군량과 무기, 피복 등에 소요되는 막대한 비용을 제대로 충당하지 못하다 보니 농업국의 군대는 늘 가난했고 굶주린 병사들이 창을 거꾸로 잡고 반란을 일으키는 일이 허다하였다. 한마디로 잘 먹이고 잘 입힐 자신이 없으면서 군사만 늘리는 것은 호랑이를 키우는 격, 이런 이유로 농업국가들은 예로부터 상비군의 규모를 늘리는 데 소극적이었다. 농업국가에선 군대를 동원하기도, 유지하기도 힘든 구조였다는 말이다. 인구가 월등히 많은 농업국가가 인구가 적은 유목민족에게 늘 얻어터졌던 이유도 여기에 있다.

군대를 유지하고 전쟁을 수행하는 데 드는 물자를 명과 조선 등 농업국은 국가재정으로 충당한 반면, 만주국은 참전군사 스스로가 마련하는 결정적 차이가 있었던 것이다.[9] 만주국이 과도한 규모의 군대를 유지할 수 있는 능력은 전쟁에 적합한 체제의 강점에서 비롯됐다고 하겠다.

이제 첫 번째 질문으로 돌아가 보자. 만주국에서 과도하게 많은

---

9) 김종원, 『근세동아시아관계사연구』, 혜안, 1999, p163.

군대를 유지한 것은 올바른 정책일까? 인구의 10%를 군대로 유지했으니, 만주국은 노인을 제외한 성인남성 대다수를 병사로 부렸다는 의미이다. 일반적인 사회라면 비경제적인 군사부문을 이 정도로 비대하게 키우지 않는다. 노동력이 높은 성인남성을 가장 경제적인 분야에 종사하게 하는 것이 합리적인 선택이기 때문이다. 그렇다면 만주국은 왜 상식과 배치되는 정책을 취했을까?

참고로 누르하치 시절이던 1619년 사르후 전투 당시 만주국이 동원한 전 병력은 6만 명 정도였다. 그런데 불과 20년 동안에 병력이 3배 이상 늘어난 셈이다. 사르후 패전 이후 명의 대(對) 만주국 전략은 소극적인 방어위주였을 뿐 만주국을 소멸하기 위한 공세는 단 한 차례도 펴지 못하였다. 만주국은 명군의 공격에 의한 체제붕괴 위험을 별로 느끼지 않고 있었다는 말이다. 그런 만큼 만주국의 군대강화는 적의 공격 위험에 대응하기 위한 방어차원은 분명 아니었다. 그런데도 만주국이 성인남성 대다수를 병사로 운용한 이유는 뭘까? 이는 홍타이지의 국정 목표와 관련이 있다.

전쟁은 취업, 약탈은 봉급

여진(만주)족 사람들은 전쟁이 일어나 참전하는 것을 두려워하지 않았다. 두려워 않는 정도가 아니라 오히려 출전을 학수고대하였다. 삶과 죽음이 수시로 교차하는 엄혹한 환경에서 자란 탓에 죽음을 크게 두려워하지 않는 탓도 있었지만 무엇보다 전쟁에 참가하는 것이 살아남는 최선의 방안이었기 때문이다. 그들에게 참전은 곧 '일자리를 얻어 돈을 버는 것'과 다름없었다. 때문에 집안에서 누군가가 병사로 차출돼 출전하게 되면 온 일가족이 반겼던 것이다. 역시 조선 관리 이민환의 『건주문견록』을 보자.

> "…군졸은 출병하여 나갈 때에 기뻐하여 뛰며 좋아하지 않는 자가 없었고, 아내와 자식들도 역시 즐거워하며 오로지 재물을 많이 얻을 것만을 바란다. 군공(軍功)이 있는 자는 적이라도 반드시 상을 주었기 때문에 병(兵) 쓰는 것이 귀신과 같이 되었고, 암반(귀족장교)이나 병사가 모두 공명(功名)을 얻고자 하여 정벌하는 군대에 편성된다고 하면 기뻐했으며 성곽을 공격할 때 먼저 나가겠다고 서로 다투었다."

만주국 사람들이 떠올리는 전쟁의 이미지는 조선이나 명나라 사람이 생각하는 것과 차원이 달랐다. 농업국가에서 생각하는 전쟁은 '무서운 적이 우리의 생명과 재산을 노리고 침공할 때 생겨나는 비극'이었을 것이다. 반면 만주국 병사들에게 전쟁은 '우리보다 잘사는 부유한 나라(지방)를 공격해 재물과 식량을 확보하는 호기'로 여겨졌다. 사실 전쟁에 참가하면 재물이나 인축(人畜)을 약탈할 기회를 얻게 되는데 일정량을 상부에 바치고 남은 부분은 모두 개인 차지가 되었다. 가난한 사람들로서는 전쟁에 참전하는 것은 일자리를 얻는 것과 다를 바 없고 전투에 이겨 적의 물자를 뺏는 것은 '노동의 대가'를 받는 셈이었다. 입관 이전까지 만주족 사내들은 전쟁이 벌어지면 '은을 구할 기회가 왔다'고 반기며 무기와 마필을 스스로 준비해 참전하였다. 현역군인과 일반백성을 같은 조직으로 묶은 팔기체제 덕분에 전쟁준비는 신속하게 진행되었다. 사실 팔기제는 '나라의 전 자원을 군대로 투입하기 위한 거국적 결단'에 다름 아니었다.

비무장 민간인에 대한 약탈은 문명사회에서는 용납할 수 없는 범죄행위이다. 중국과 조선에서는 형식적이지만 약탈을 군령으로 금지하였다. 하지만 과거 전쟁에서 약탈이 없는 경우는 오히려 드물었다. 특히 물자가 부족해 자칫하면 얼어 죽거나 굶어 죽을 위험이 다분한 북방의 초원, 법치가 통하지 않는 야성의 땅에서는 예로부터 힘센 자가 약한 자의 모든 것을 빼앗는 약육강식이 끊임없이 이어져왔다. 오랑캐 땅에서 약탈은 '오래된 풍속'이었다. 초원에서 늘 발생한 부락단위, 부족단위의 소소한 전투는 상대의 것을 빼앗기 위한 약탈전에 다름 아니었다. 약한 자의 재물과 식량, 여자와 포로를 차지한 강자는 더욱 강해진 반면 빼앗겨 약해진 쪽은 강자에 흡수되거나 소멸되기 일쑤였다.

험한 환경에서 일어난 만주국은 약탈전의 습성을 잘 보존하고 있었다. 누르하치 시대를 넘어 홍타이지 시대에도 마찬가지였다. 스스로 생산한 물자로 살아가기가 불가능했기 때문이다. 중원과의 교환(무역)이 성행하던 16세기 중후반 한때는 약탈전보다 상품생산에 더 열을 올렸던 것이 사실이다. 인삼과 초피 등을 수집해 중국에 넘기고 받은 은으로 살아가던 시절에는 굳이 중원을 약탈할 이유가 없었다. 단지 더 많은 무역상의 이익을 차지하기 위한 여진족 내부의 투쟁, 즉 칙서전쟁만 심화됐을 뿐이었다.

그러나 만주국 독립 이후 거대시장인 명과의 교역이 단절되면서 만주국 경제는 급전직하로 위축되었다. 인삼과 초피, 버섯과 진주가 산야에 널려 있었지만 은으로 바꿀 수가 없었고, 식량과 옷감은 늘 모자랐다. 소빙하기, 추운 만주 땅은 농업생산성이 떨어지는 지역이었다. 더욱이 농사는 만주족의 장기가 아니었기에 식량과 옷감을 자급자족할 수 없었다. '빼앗지 않으면 굶어 죽고 얼어 죽을 상황'에서 만주국의 국가전략은 잔인하고 포악해질 수밖에 없었다. 가진 것 없는 오랑캐, 가난한 신생국으로서는 군대를 키워 명과 조선의 산물을 빼앗는 것이 유일한 생존 방책이었다.

만주국의 국정노선이 '농경지구의 강탈'로 굳어진 데는 명의 전략 착오도 한몫했다고 생각된다. 굶주리는 만주국에 상생의 문호를 열어주기보다는 옥죄어 말살하려는 의도에서 교역을 중단한 결과 '늑대'의 공격 본능을 더욱 자극해 버린 셈이었다.

만주국은 1644년 입관 이전까지는 관리들의 정기봉록이 따로 없었다. 국가의 재정수입이 일정하지 않았기 때문이다. 관리들은 자신의 장원에서 생산되는 곡물과 함께 한(汗)이 수시로 하사하는 '선물'을 수입원으로 삼았다. 선물의 원천은 전시에 적으로부터 빼앗은 약탈물이었다. 전쟁이 정기적이지 않았기에 한의 선물도 부정기적일 수밖에 없었다. 그런 점에서 군대를 동원한 대규모 약탈은 만주국의 '국가재정 확보사업'이나 마찬가지였다. 강탈이 국가를 유지할 수 있는 근본동력이 된만큼 만주국은 전쟁에서의 약탈을 죄악시하지 않았다. 선언적 의미에서 누르하치 시절부터 약탈금지 군령이 있었지만 전장의 현실에서 약탈은 장려되었다. 약탈에 능한 병사는 부대단위에서 칭송받고 영예와 대가를 얻었다. 민간의 곡식과 소, 양 같은 가

축은 물론이고 대야와 그릇까지 약탈의 대상이었다.[10] (다만 1636년 병자호란 시기쯤 되면 청군의 약탈은 개인차원이 아니라 부대단위로, 일종의 군정 행위로 그 성격이 바뀐 것으로 여겨진다. 즉, 전쟁 초기엔 전쟁목표에 충실하기 위해 개별 병사들의 노략질을 일절 금지하였다가 승리가 확정적인 전쟁 말기에 점령지에서 공출하는 방식으로 재물과 포로를 확보하였다는 말이다. 이는 전쟁의 효율성을 제고함과 동시에 약탈의 효과도 높이는 방법이 됐을 것이다.)

약탈산업(?)이 가장 돈벌이가 잘되는 분야였던 만큼 만주국 입장에서는 생산성이 높은 성인남성 다수를 병사로 부리는 것, 즉 군대의 규모를 키우는 것은 합리적인 선택이었다. 다행히 만주 땅에는 말 잘타고 활 잘 쏘는 호전적인 인적자원이 넘쳐나고 있어 군대를 키우는 일이 그리 어렵지도 않았다.

홍타이지는 중국식 제도를 대폭 수용해 만주국을 이전과는 다른 문명국으로 바꿔나가면서도 '약탈 능력'이라는 전통적인 비교우위를 훼손할 생각은 전혀 없었다. 오히려 '오랑캐의 강점을 극대화하는 국가전략'을 선택한 셈이니 만주식 선군정치(先軍政治)라고 할 수 있겠다. 모든 사내를 병사로 만들어 타국의 것을 빼앗겠다는 병영국가 전략은 만주족 전통에도 맞았고 만주국이 처한 상황에도 부합되는, 나름 합리적인 생존 · 발전전략이었다.

---

10) 유소맹, 『여진 부락에서 만주 국가로』, 이훈 · 김선민 · 이선애 공역, 푸른역사, 2013, p340.

이윤 높은 전쟁산업 … 강해지는 만주국

원래 목축과 수렵, 채집 위주였던 만주의 경제구조는 15세기 이후 명·조선과의 접촉을 통해 농사를 배우기 시작하면서 큰 변화를 겪게 된다. 농경의 비중이 갈수록 커져갔던 것이다. 16세기 말 누르하치 집권기에 이르면 '빈 땅이 없을 정도로 개간하는' 수준에 이르렀다. 만주 땅의 농사로 완전자립을 이룰 형편은 되지 못하였지만 은화를 매개로 중원과의 교역이 활성화되면서 만주의 경제사정은 과거에 비해 개선된 것이 사실이었다. 그러나 17세기 접어들어 후금이 성립될 즈음부터 만주의 처지는 나빠지기 시작하였다. 거듭 말하지만 명과의 교역단절이 가장 큰 이유였다.

사실 17세기 초 동아시아 전역이 그리 녹록지 못하였다. 해마다 가뭄이 들거나 한해(寒害)가 닥쳐 중국과 조선, 만주의 농사를 망치기 일쑤였다. 가뭄과 한해는 초원에도 예외가 아니었으니 풀이 말라붙는 바람에 말과 소, 양 등 가축이 죽거나 제대로 성장·번식하지 못하였다. 자기 먹을 것도 모자란 형편에다 정치적 입장 차이로 중국과 조선은 만주와의 교역에 점점 소극적이었다. 농사는 물론이고 목축도 피해를 겪은 데다 농경사회와의 교역도 지지부진하니 만주로서는 2중, 3중의 경제위기를 맞이한 셈이었다.

만주국은 요동 들판을 확보하고 있었지만 국가를 유지할 정도의 재원은 생산하지 못하고 있었다. 명과의 교역이 끊긴 상황에서 만주 경제의 홀로서기는 요원한 일이었다. 홍타이지와 만주 지도부는 생존의 방책을 깊이 고민했을 것이다. '우리가 잘하는 것이 무엇인가?' 무역 단절로 인삼 채취도, 상업도 어려운데 농사는 사실 만주족의 장기는 아니다. 아무리 생각해도 자신들이 지닌 비교우위는 전쟁기술 뿐이었다. '춥고 배고픈 늑대'였던 만주국으로선 부족한 재화를 외부 강탈로 벌충한다는 '오랑캐 전략' 외에 다른 대안이 없었다. 이는 곧 전쟁의 일상화를 의미하였다.

전쟁의 패자는 승자에게 모든 것을 빼앗긴다. 재산은 물론 사랑하는 가족을 잃기 쉽고 자신의 생명과 존엄마저도 유린되기 일쑤이다. 그러므로 전쟁이 벌어지면 당사자들은 자신이 지닌 모든 것을 바쳐서라도 반드시 이기려 든다. 따라서 인류 역사에서 거의 모든 전쟁은 극심한 소모전이었다.

그러나 만주국의 전쟁은 소모전이 아니었다. 거듭 말하지만 만주국에서 전쟁은 돈을 버는 생산 활동이었다. 끊긴 무역을 대신할 정도로 이윤이 높았으니 농사나 수렵채집보다 생산성이 훨씬 높은 '고수익 산업'이었다. 만주국은 앉아서 적을 맞이해 보지 않았다. 누르하치 시기 통일전쟁 과정 때를 제외하고는 선제공격을 당한 경우는 없었다. 전쟁은 언제나 자신들이 원하는 시기에 미리 준비한 방식으로 치렀다. 대부분의 경우 기습으로 전쟁을 시작하였다. 전쟁의 성과가 만족스럽지 않은 적은 있었지만 패한 적은 없었고 보복을 당할 위험도 사실상 없었다.

홍타이지 시대, 넓은 땅에 많은 인구가 살던 중원은 무한한 약탈거리를 제공해 주고 있었고, 대륙을 다스리던 명나라는 (총체적인 국력은 컸지만) 군사적으로 늙은 짐승처럼 활력을 잃고 무능해져 있었다. 만주국으로서는 적의 식량으로 전쟁을 치르니 전비부담은 적었고 빼앗은 재물은 전비보다 수십 배 많았다. 전쟁은 '무조건 남는 장사'였다.(현대사회에서 만주국과 외견상 유사한 나라를 든다면 북한이다. 군대를 중시한다는 점, 국가규모에 비해 과도한 병력을 유지하고 있다는 점에서 공통적이다. 하지만 군대의 생산성은 만주국이 훨씬 높다. 북한의 군대는 마음대로 전쟁을 일으키기가 어렵고 그 재원 대부분을 국가재정에 기대야 하는 소비집단인 반면, 만주국 군대는 수시로 전쟁을 일으켜 재원을 스스로 확보하는 고수익 생산집단이라는 결정적인 차이가 있다. 만주국의 과도한 무장은 현재의 북한과 비슷하지만, 군대가 국가재정에 부담을 주는 존재가 아니라 경제발전을 뒷받침한다는 점에서 근본적으로 다르다.)

홍타이지 집권기에 만주국이 치른 전쟁은 크게 보아 2종류였다. 하나는 나라의 영역을 확대하기 위한 싸움으로, 만주와 연해주 일대 야인여진과 몽골 여러 부족에 대한 정복전이 그것이다. 이 전쟁을 통해 홍타이지는 만주와 연해주, 내몽골에 이르는 광대한 땅을 만주국 영토로 만들고 그 땅의 주민들을 '백성'으로 확보할 수 있었다.

또 다른 전쟁은 명나라와 조선을 상대로 한 약탈전이니, 땅보다는 재물과 포로 확보가 주목적이었다. 만리장성을 넘어 중원을 공략한 5차례의 입관 전투와 조선에 대한 두 차례 출병(정묘호란, 병자호란)은 모두 사람과 가축, 재물을 얻기 위한 경제전이었다. 2종류의 전쟁 가운데서 더 선호하고 더 중시한 것은 후자, 약탈전이었다.

약탈전이 거듭되면서 인간 사냥, 즉 포로 확보가 가장 중시되었다. 포로는 그 자체가 비싼 상품일 뿐 아니라 만주국 농업경제에 절대적으로 필요한 존재였기 때문이다.

누르하치 시대를 지나 홍타이지 집권기가 됐을 때 만주국은 기존의 유목·수렵 비중이 대폭 축소된 대신 농업경제의 비중이 크게 높아진 상태였다. 덕분에 만주의 인구부양 능력은 제고됐지만 농경화의 그늘도 작지 않았다. 당장 전시에 대규모 군사를 징발할 경우 농사에 방해가 된다는 부담이 커진 것이다. 군대 동원이란 측면에서는 유목국가의 강점이 퇴화되고 농업국가가 지닌 약점이 부각됐다는 말이다.

홍타이지는 우선 팔기장정을 3등분하여 문제를 해결하고자 하였다. 즉, 평소 팔기군 가운데 3분의 1만 군사훈련을 받게 하고 3분의 2는 윤번제로 농사를 짓게 한 것이다. 예비병력인 여정(餘丁)으로 하여금 경작에 종사하게 함으로써 군량과 군수품 조달능력을 키워보려는 방책이었다. 여정은 징집된 병사 가운데 사망자나 중상자가 생길 때 현역으로 충원되어야 했으니 평소 농경과 군사훈련을 병행하였다. 그러나 농경화의 진전과 징병능력은 반비례 관계에 있었던 만큼 전쟁이 잦았던 만주국으로서는 근본적인 해결책이 필요하였다. 농사인력이 많은 명과 조선을 주목한 것은 정해진 결론이었다. 취약한 만주의 농업을 발전시키기 위해선 명과 조선의 농민포로 확보가 필수였던 것이다.

후금(청)군이 끌고 간 명과 조선 사람은 줄잡아 100만 명, 당시 만주족의 인구도 100만 명 내외로 추산되는 데 전체 인구만큼 많은 포로가 만주 땅에 넘쳐났던 것이다. 만주국은 포로사냥을 통해 두 가지 경제효과를 달성했다. 하나는 몸값을 확보하는 것이고, 다른 하나는 부족한 농업종사자를 벌충하는 일이었다.

몸값을 치르고 되돌아간 포로는 만주국에 거액의 현금자산을 안겨주었고, 그렇지 않은 포로들도 만주의 인구부족 문제를 해결하고 농업경제를 발전시키는 자산이 되었다. 포로들에게 농사일을 맡기면서 만주족 전사들을 더 많이 전투에 투입시킬 수 있었다. 포로로 유입된 사람도 세월이 흐른 뒤 평민이 되는 경우가 적지 않았다. 참고로 만주국은 압도적 다수인 한족을 견제하기 위해 몽골족을 동족처럼 대우하는 한편 조선인도 한족보다는 우대하였다고 한다.11)

만주군의 포로 확보는 개인단위의 무절제한 강탈이 아니라 부대단위로 치밀한 계획하에 이뤄졌다. 각 병사들이 밧줄을 목에 던져 한 명씩 잡아가는 거친 방식(이는 몽골병이나 한족병사들이 했던 방식이다.)이 아니라 대부분 점령지에서 군정을 행하는 방식으로 이뤄졌다는 말이다. 예컨대 "이 촌락에서 40살 이하 건강한 남녀는 모두 북으로 데려간다." 이런 식이었다. 물론 저항하거나 도주하는 경우에는 목을 베었다. 만주국은 노동력이 없는 노약자는 꺼리는 대신 어린이를 잡아다가 '전사'로 키우기를 좋아했으니 어린아이를 둔 부부는 가족 모두 잡아가는 방식을 썼을 것이다.

포로를 잡아가더라도 인간적으로 멸시하거나 해치는 행동은 엄격히 금지하였다. 포로는 현금자산이거나 농사를 맡길 노동력이자 훗날의 백성이었기에 일부러 적대감을 키울 이유가 없었다. "포로의 옷을 벗기지 말라, 부부나 가족을 떼어놓지 말라"는 등의 군령을 수시로 내렸다. 특히 포로나 정복지의 민심을 위무하는 차원에서 부녀자에 대한 겁탈은 강하게 제재하였다. 강간을 저지른 병사는 대부분 사형에 처해졌다.(오랑캐 이미지와 달리 만주국에선 부녀자를 강제로 범하는 것을 비열한 행위로 보아 철저히 단속하였다. 실제로 강간죄는 살인죄

11) 진순신, 『중국의 역사 10』, 한길사, 1995, p198.

다음으로 형량이 무거웠다. 최고위층인 팔기의 버일러조차 소속 기의 부녀자를 범했을 경우 엄격한 벌칙을 가했다. 강간을 저지른 버일러에게는 은 600량의 무거운 벌금을 물리는 한편 피해자의 남편이나 형제들로 하여금 주인을 떠나도록 조치하였다.)[12]

1629년 10월, 명을 공격할 때 반포한 군령은 다음과 같았다. "만약 군령을 어기고 항복한 자를 죽이거나 부녀를 범한 경우는 참수한다. 가옥과 묘당을 훼손하거나 과실나무를 베거나 의복을 약탈하거나 소속 기를 이탈하여 촌락에 들어가 노략질한 경우 엄중히 처벌해 편형(가죽으로 때리는 형벌)에 처하라."[13] 여기서 '소속 기를 이탈하여 노략질한 경우' 처벌한다는 군령을 유의할 필요가 있다. 만주군의 약탈이 개별적으로 무절제하게 이뤄진 것이 아니라 부대단위로 질서 있게 행해졌음을 거듭 시사받을 수 있는 대목이다.

어떻게 확보하였든지 모든 포로를 만주국에 남겨둘 생각은 아니었다. 몸값 확보도 훌륭한 축재 수단이었기 때문이다. 특히 조선인들은 비싼 값을 치르고 포로를 속환해 갔으니 경제효과가 작지 않았다. 병자호란 당시 조선인 포로 한 사람의 속환 비용은 적게는 30냥에서 많게는 200냥에 이르렀으며, 가장 비싼 고관 집 가족은 1,500냥을 내고 찾아갔다고 한다. 평균 잡아 100냥이라고 치면 당시 쌀 1섬의 가격이 5냥 정도였으니 포로 1명의 속환비용은 대략 쌀 20섬인 셈이다. 포로의 경제적 가치가 얼마나 비싼지 알 수 있다. 이 때문에 홍타

---

12) 유소맹, 『여진 부락에서 만주 국가로』, 이훈·김선민·이선애 공역, 푸른역사, 2013, p466.
13) 앞의 책, p430.

이지는 '조선인들은 인정이 많아 포로로 잡힌 가족을 반드시 속환해 가는 반면 명나라 사람들은 그러지 않으니 문제가 있다'고 비교평가를 하기도 하였다.

홍타이지는 전후 여덟 차례, 입관 전투만 다섯 차례나 벌여 명나라를 약탈했지만 그 땅은 크게 욕심내지 않았다. 대릉하성 전투와 금주, 송산성 전투를 통해 요서 땅을 일부 차지하였지만 국경을 20~30㎞ 서남쪽으로 밀고나간 데 불과하였다. 만리장성을 넘은 입관 공격 때도 명군의 의미 있는 저항이 없었기에, 마음만 먹는다면 하북성과 산동성 일대의 넓은 토지를 확보할 수도 있었다. 더 나아가 전군(全軍)을 동원해 북경성을 포위한다면 함락시키는 것도 불가능한 것이 아니었다. 그런데도 홍타이지는 북경 점령이나 중원 땅 확보에 연연하지 않았다. 홍타이지 집권기의 명나라 침공 목적은 땅이 아니라 인축과 재물 확보였기 때문이다. "땅은 당장 필요 없다. 사람과 가축, 은과 재물만 챙기자"는 지론이었다. 당장 돈이 되지 않는 땅은 제쳐두고 은으로 바꿀 수 있는 것들만 차지하자는 실리적 판단이 컸다. 사실 강탈을 통해 확보한 가축과 금은보석은 화약과 총포 등 무기를 마련하고 군대를 키우는 재원을 확보하는 결정적 기반이 되었다. 약탈로 부국강병을 이뤄낸 셈이다.(만주국은 약탈한 재물과 포로 속환 수입을 어떻게 활용했을까? 당연히 모자라는 식량을 구입하고 화약과 철 등 전쟁물자와 교환하는 대가로 지급하였다. 식량과 군수물자는 대부분 중국에서, 밀무역을 통해 조달하였다. 밀무역의 주인공은 중원 최대상단 진상(晉商)이었다. 부친 누르하치가 그랬던 것처럼 홍타이지도 산서성 출신인 진상들과 돈독한 관계를 유지하였다. 1637년(숭덕3년)에 홍타이지는 만주귀족들에게 100명의 진상과 함께 내몽골 귀화성(후허하오터)으로 가서 무역을 할 것을 지시하기도 하였다. 진상은 식량과 소금, 화약, 철 등 중원산 물자를 비밀리에, 신용으로 선(先)공급해 주었다. 대신 만주국은 전쟁이나 세폐로 확보한 금은보석, 직물 등을 진상단에 후하게 제공하였으니 진상은 만주국과의 교환을 통해 엄청난 차익을 챙겼다. 1642년 1년 동안 진상단이 만주국과의 거래에서 벌어들인 은이 1,000만 냥이 넘었다고 한다. 진상에게 지불된 은의 출처를 따져보면 중원에서 강탈한 것이 대부분이었을 것이다.)

군대를 유지하고 전쟁을 수행하는 데 국가의 재정부담이 적었을 뿐 아니라 한발 더 나아가 '전쟁이란 포로와 재물 약탈을 통해 나라 경제를 키우고 백성을 부유하게 만드는 산업'으로 기능하였다는 말이다. 이 점이 명과 조선 등 완전 농업국가와는 다른 만주국의 결정적인 강점이었고, 만주 지도부는 이런 점을 충분히 감안하여 군국대사를 결정하였다. 사실 만주군(몽골군도 마찬가지이다.)의 본질적인 강점은 뛰어난 기마전술에 있는 것이 아니라 전비(戰費) 부담이 거의 없고 강한 약탈능력 덕분에 전쟁이 늘 '남는 장사'였다는 데 있었다.

홍타이지가 활동하던 시기 동아시아 전역은 소빙하기의 경기침체에 허덕이고 있었지만 만주국은 빼앗은 포로와 금은, 물자 덕분에 국가 재정의 안정과 신속한 경제성장을 이룩하며 점점 강해질 수 있었다.

참고로 국가나 기업, 단체 등 어떤 조직도 재정(財政)이 피요 생명이니, 재정이 튼튼하면 강성해질 수 있는 반면 재정이 마르면 결국 소멸하게 된다. 미리 말한다면 명나라가 망한 근본원인도 재정악화 탓이다.

경제적으로 어려운 시대, 홍타이지의 국가경영 전략은 만주국을 육식동물처럼 빼앗아 먹는 체제로 만드는 것이었고, 강하게 단련된 만주국은 부지불식간에 '대륙정복의 기지'로 변모해 갔다. '농사보다 전쟁'… 자신들의 강점이던 전쟁을 재정확보와 국가발전의 기본노선 으로 삼았기에 만주국의 힘은 하루가 다르게 커졌고, 군사력은 물론 이고 국가재정 충실도 측면에서도 동아시아 최강국으로 성장하게 되 었다.

몽골 장악 …
활로 찾은 중원 공략

명나라가 그 힘을 잃고 중원의 패자(覇者) 지위가 흔들리던 시절, 누군가가 차기 대륙의 주인을 떠올렸다면 몽골족이 가장 유력한 후보였을 것이다. 사실 주원장이 대원(大元)을 몰아내고 중원에 명나라를 세웠지만 제국이 유지된 270년 동안 단 한 시기도 몽골 세력을 완전히 복속시키지는 못하였다. 3대 영락제 사후 명의 통치력이 약화되면서 몽골은 오히려 명을 위협하는 수준에까지 이르렀고 결국 국력 약화로 이어지는 결정적 요인이 되었다.

명을 대신하여 새로운 중원의 패자를 꿈꾸던 만주족의 입장에서 몽골은 가장 강력한 경쟁자였던 만큼 몽골의 제압과 복속 여부야말로 제국의 성패를 가르는 가장 중요한 과업이었다.

동물에 비유한다면 중원의 한족은 초식동물이고 몽골족은 육식동물이다. 들소 떼를 사냥하는 늑대처럼, 육식동물은 숫자도 적고 덩치가 작더라도 잘 훈련된 조직 활동을 통해 언제나 초식동물을 잡아먹는다. 다만 육식동물은 초식동물이 없으면 스스로 살아갈 수 없는 약점이 있다. 이에 비해 만주족은 잡식동물이라고 할 수 있다. 몽골족처럼 한족을 끊임없이 공격해 잡아먹는 한편, 스스로 농사를 지어 일정한 양식을 충당했으니 초식동물(중원)에 대한 의존도가 몽골족보다는 낮은 편이었다. 다른 말로 중원에 대한 공격역량은 만주족이 몽골에 비해 높지 못할 수 있다 해도 경제적 자립역량은 몽골족보다 우세했다는 말이다.

참고로 누르하치 이전 시기까지 만주족과 몽골족의 역대 전적은 1승1무1패였다. 여진(만주)족이 세운 금나라가 몽골족을 간접적으로 지배하였으나(1승) 칭기즈칸의 몽골제국이 금을 멸망시키고 여진족을 직접 지배(1패)하였다. 명나라가 들어선 이후 몽골족은 몽골고원으로 달아났고, 여진족은 만주일대에 흩어져 살았으니 양측은 초원의 동과 서에서 대등한 관계(1무)로 지낸 셈이다.(다만 누르하치가 등장하기 전 대부분의 시기 동안 몽골의 위상이 여진보다 높았던 것이 사실이다.) 그러다가 누르하치가 나타나 새로운 나라를 세우고 급성장하면서 만몽(滿蒙) 간 힘의 균형이 깨어질 조짐을 보였다.

여진족이 중원에 세운 첫 나라 금(金)이 망한 것은 몽골의 발흥 때문이다. 후금(청)은 금나라 패망의 교훈을 마음속에 새겨 몽골 제압을 위해 부단한 노력을 기울였다. 결국 후금은 채찍과 당근을 적절히 구사해 몽골을 복속시켜 충실한 동맹자로 만들었다. 몽골과의 '오랑캐 연대'를 성공시킴으로써 만주국은 대륙정복을 위한 결정적 고비를 넘을 수 있었다. 만주-몽골 간의 '준결승전'이 대륙의 주인을 결정하는 사실상의 결승전이었기 때문이다. 홍타이지는 자신의 용략을 모두 쏟아 라이벌 몽골을 제압함으로써 동아시아 챔피언으로 우뚝 설 수 있었다.

명을 능가한 군사강국 북원(北元)

칭기즈칸의 손자 쿠빌라이가 세운 대원(大元)은 흔히 90년 만에 망한 것으로 알려져 있지만 사실은 이와 다르다. 1368년 여름, 명나라 주원장의 군대에 밀려 고려 여인 기(奇)황후의 남편인 순제(順帝) 토곤테무르(妥懽帖睦爾)는 대도(大都, 북경)를 포기하고 여름수도인 북쪽 상도(上都)로 피하였다. 칭기즈칸의 후손들은 상도를 수도로 몽골고원에서 명나라와 병존하며 원나라, 즉 몽골제국을 계속 유지해 나갔다. 다만 중원에서 쫓겨 간 몽골제국을 북원(北元)이라고 불러 앞 시기와 구분한다. 참고로 토곤테무르와 기황후 사이에서 태어난 황태자 아유시리다라(愛猷識理達臘)가 북원의 2대 황제(칸)가 되었으니 묘호는 소종(昭宗)이었다.

명나라 시기에도 몽골인들은 북경과 중원을 빼앗긴 탓에 국토가 축소되긴 했지만 원나라는 계속되고 있다고 여겼다. 나라가 망하고 황통이 끊어진 것이 아니란 말이다. 북원의 역사는 그 자체가 책 한 권을 쓰고도 남을 정도로 방대하므로 여기서 본격적으로 다룰 필요는 없다. 다만 명나라 치세 동안 중원을 회복하지는 못했지만 군사적 측면에서는 북원이 대부분의 기간 동안 우위에 있었다는 사실만을 기억하자.

그러나 북원의 황제 권위는 점차 약화되었고, 그 틈을 타 실력을 갖춘 부족집단의 추장들이 '타이시(tayisi, 태사(太師)라는 중국어에서 유래된 직명.)'라는 실권자 자리를 놓고 대결을 벌이면서 몽골제국은 동서로 분열되었다. 서몽골은 오이라트(瓦剌, 와랄)라고 불렸고 동몽골은 타타르(韃靼, 달단)라는 험악한 이름을 얻었다.('황금씨족'으로 불린 칭기즈칸의 후예들이 명목상 '칸'이 되어 북원이란 국호를 유지하기는 했지만 춘추전국시대 주나라 왕실과 비슷한 상징적인 위상에 그쳤고 정치적 실권은 경쟁에서 승리한 타이시들이 차지하였다.)

세월이 흐르면서 동몽골 타타르는 다시 고비사막을 경계로 막남(漠南)과 막북(漠北)으로 나뉜다. 이후 범몽골족은 이들 3종으로 구분하니 막서(漠西)몽골, 막남몽골(현재 중국의 내몽골자치구), 막북몽골(외몽골, 현재의 몽골공화국) 등이다.(이 가운데 막서몽골은 훗날 강희, 건륭제 시절 '준가르'란 이름으로 청의 지배에 대항해 궐기했다가 건륭제에 의해 민족이 말살되는 비운을 겪어 사라지고 현재는 내외몽골 2종만 남게 된다.)

명나라 초기, 3종의 몽골 가운데 최강자는 서몽골 오이라트였다. '에센타이시(也先太師)'라는 지도자가 오이라트의 수령이 되어 북방을 위협하자 1449년 7월 명나라 6대 황제인 정통제(正統帝) 주기진(朱祁鎭)이 친히 '북로(北虜) 진압'에 나섰다. 군사지식이 없던 환관 왕진(王振)의 꼬임에 순진한 황제가 넘어간 탓이었다. 정통제는 '오랑캐를 혼내주겠다'며 50만 대군을 이끌고 출정하였지만 실제로는 훈련이 안 된 오합지졸에 불과했던 만큼 날쌘 몽골군에게 전멸적인 패배를 겪었다. 허겁지겁 북경으로 귀환하던 황제는 하북성 토목보(土木堡)에서 몽골군의 포로로 잡히는 수모를 겪기도 하였다.(토목의 변(土木之變)으로 불린다.)

15세기 말, 동몽골 타타르에서 '바투몽케'라는 영웅이 나타나 '다얀칸(大元汗)'을 자칭하였다. 칭기즈칸 가문 출신이었으니 다얀칸 이후 동몽골의 정치권력은 다시 '황금씨족'이 차지하게 된다. 다얀칸은 오이라트를 격파하여 힘을 쓰지 못하게 묶는 한편 명나라의 요동과 감숙성을 정복하였고, 1510년에는 화북지방을 점령하고 막대한 은을 빼앗았다. 그는 몽골고원을 대부분 통일한 뒤 휘하의 여러 부족을 6개의 부(部)로 재편성하였다. 준가르라고 부른 좌익(동부)은 차하르, 칼카, 우랑카이의 3개 부로 다얀칸이 직접 통치하였고, 바룬가르라 불린 우익(서부)은 자식 가운데서 뽑은 지농(2인자 칸)이 지휘하도록 하였는데 오르도스, 투메트, 코르친의 3개 부가 속하였다.(여기서 '준'은 우리말의 '왼'에 해당되고 '바룬'은 '바른=오른'에 해당된다. 우리말과 약간 닮았다.) 1543년 다얀칸이 죽은 뒤 아들과 손자들이 40여 개 부락들을 나눠 가졌는데 맏손자인 '보디(卜赤)칸'이 가장 큰 차하르(察哈爾)부를 차지하였고 이후 몽골의 대칸은 차하르부에서 배출되었다.

다얀칸의 손자로 투메트(土默特)부의 지배자였던 '알탄(俺答)칸'도 명과의 관계에서 이름을 떨쳤다. 현재의 내몽골자치구 수도인 후허하오터(呼和浩特)에 근거지를 두고 1543년부터 1583년까지 40년 동안 수십 차례나 명나라 북부를 침공해 약탈하였다. 특히 1550년에는 북경의 성문까지 진격하고 북경 외곽을 불태워 명나라에 북로(北虜)의 공포를 충분히 느끼도록 하였다. 그러나 알탄은 나이가 들면서 점차 명을 약탈하는데 부담을 느껴 평화적인 교역에 관심을 두기 시작하였다. 그는 마시(馬市)를 열어 초원의 물품과 중원의 물산을 교환할 것을 해마다 요구하였다. 밀려드는 해외 은 덕분에 당시 명나라는 경제적 여유가 있었다. 명 조정은 1570년 알탄을 순의왕(順義王)에 봉하고 산서성 대동(大同)에 마시를 열어 '오랑캐'를 달랬다.

이때까지만 해도 차하르부의 수장은 칭기즈칸의 정통 후예로서 형식상 '몽골칸'으로 자칭하였지만 점차 권위와 영향력을 상실해 갔다. 1604년 칭기즈칸의 22세손 '릭단(林丹)칸'이 13살의 어린 나이로 즉위하였을 때 차하르부는 안팎으로 어려운 처지에 놓여 있었다.

몽골족의 흥망성쇠는 이웃한 만주의 사정과도 적잖은 관련이 있다. 몽골족의 한 일파인 우랑카이(兀良哈, '오랑캐'의 어원이 된 부족이다.)의 경우 만주로 이동한 뒤 여진족으로 분류될 정도로 밀접한 관계를 맺었다. 누르하치가 후룬4부(해서여진), 즉 하다, 우라, 예허, 호이파부를 정복하는 과정에서 이들의 이웃으로 이주해 살던 몽골의 코르친 부족과 교류관계가 발생하였다. 후룬4부 역시 여진족으로 분류됐지만, 그 선조는 몽골족과 혈연적으로 섞여 있었기에 코르친 등 동부 몽골족들에게 있어 누르하치의 여진 통일전쟁은 '남의 일'이 아니었다. 실제로 1593년, 누르하치의 라이벌인 예허부의 수령 부차이(布寨)는 후룬4부의 병력 2만 명에다 코르친 등 몽골병 만 명을 합친 총 3만의 병력으로 9부연합군을 형성해 누르하치의 건주부를 공격했다가 패배하기도 하였다.

누르하치가 여진(만주)사회를 통일해 나간 운동력은 동몽골 여러 부족에 파장을 미쳤고, 범몽골 세력도 만주의 정치형세에 직간접적으로 관여하기 시작하였다. 특히 홍타이지 시대에 들어서는 몽골 여러 부족들을 복속하는 일이 만주국의 급선무로 부상하였다.

왕족간 결혼 장려 … 만몽 연대 강화

1593년, 여진·몽골의 9개 부족 연합군이 건주여진에 패배하자 상황은 급변했다. 여러 부락으로 분열되어 있던 몽골족 가운데서 누르하치에게 귀부(歸附)하는 부족이 나타났다. 거친 초원에서 부족이 살아남기 위해서는 스스로가 강해지는 것이 최선이지만, 그나마 강한 쪽에 붙는 것이 차선책은 되기 때문이다. 9부연합군에 가담했던 코르친 부족과 또 다른 몽골부족 칼카(喀爾喀)부가 누르하치에게 사신을 보내 복종을 다짐했다. 코르친과 칼카몽골의 건주여진 귀부는 중요한 의미를 지닌다. 몽골족이 만주족의 동반자가 된다는 신호탄이기 때문이다. 이후 건주여진이 더욱 성장하여 후금(後金), 청(淸)으로 변신하고 중원으로 진출하는 과정에서 몽골과의 제휴는 커다란 힘이 되었다.

몽골족의 기마실력과 군사 역량은 익히 알려져 있었으므로 누르하치 집권시절부터 몽골과 적을 지는 것은 곤란하다고 여겼다. 그래서 몽골족과의 우호증진은 만주국의 급선무로 부각되었다. 이민족(異民族) 간의 관계를 개선하는 데는 피를 섞는 것이 최선이다.

누르하치는 몽골 각 부에 대량의 은을 제공해 환심을 사는 한편 만몽간 결혼을 장려하였다. 장려라기보다는 만주 귀족들은 몽골족과의 정략결혼을 강요받았고, 따르지 않는 자들은 처벌을 받았다. 만몽간 정략결혼은 후금, 나아가 청의 국가대사(國家大事)가 되었다. 결혼을 통한 두 민족 연대로 한족에 대항하자는 전략적 고려에서였다. 만주족과 몽골족은 같은 유목민족으로서 풍속과 생활방식이 유사한 데다 인종적, 문화적으로도 친연성이 높은 만큼 결혼장려에 반발이 적었던 것은 그나마 다행이었다.

누르하치 자신이 먼저 몽골족과 혼인하였으니 54살이던 1612년 몽골 코르친 부족장 밍안(明安)의 딸 '보르지기트(博爾濟吉特)씨'를 측비(側妃)로 맞았다. 이것이 만몽 왕족 간 첫 결혼이다. 밍안의 동생 콩궈얼(孔果爾)도 1614년 딸을 누르하치에게 시집보내니 '수강태비(壽康太妃) 보르지기트씨'이다. 밍안과 콩궈얼의 큰 형인 망구스(莽古思)는 딸과 두 손녀를 누르하치의 아들 홍타이지에게 시집보내는데 훗날 두 명이 정식 황후가 된다. 망구스는 사람 보는 눈이 있었던 것 같다. 딸과 두 손녀를 유독 홍타이지에게 출가시킨 것은 누르하치의 아들 가운데 가장 뛰어났던 홍타이지의 '장래성'을 확신했기 때문으로 여겨진다.

홍타이지 본인도 몽골족과의 결혼에 적극적이었다. 그는 만주족과 몽골족의 친선과 연대를 위해서는 왕족간 결혼이 가장 확실하고 효과적인 방안이라고 인식해 몽골여인과의 결합에 누구보다도 열심이었다. 홍타이지가 누르하치 사후에 한(汗)의 지위를 획득하는 과정에는 '몽골족의 지지를 가장 많이 받고 있다'는 그의 처가 쪽 배경도 적지 않게 작용했을 것으로 추정된다.

홍타이지에게는 정식 명호를 받은 황후와 후궁만도 15명인데 이 가운데 7명이 몽골족이다. 이미 두 명의 만주족 부인을 두고 있던 홍타이지는 1614년 23살의 나이에 망구스의 딸을 정실부인으로 맞으니 훗날 효단문황후(孝端文皇后)가 되는 '보르지기트 저저(哲哲)'이다. 1625년에는 망구스의 아들 자이상(塞桑)의 둘째 딸 부무부타이(布木布泰)가 홍타이지에게 시집을 오니 훗날 순치제의 생모인 효장문황후(孝莊文皇后), 즉 장비(莊妃)이다. 결국 효단문황후는 고모, 효장문황후는 친조카인 것이다. 1634년에는 자이상의 맏딸이자 효장문황후의 친언니 하이란주(海蘭珠)가 홍타이지와 결혼하고는 신비(宸妃)로 봉해졌다.(하이란주는 당시로서는 혼기가 지난 26살에 홍타이지에게 시집을 오는데 개가한 것으로 추정된다. 당시 만주와 몽골족 사회에는 자매가 한 남자귀족에게 결혼하는 풍습이 있었는데 하이란주가 43살의 홍타이지와 결혼한 배경에는 여동생인 효장문황후의 적극적인 요청이 있었을 것으로 여겨진다.) 한마디로 망구스의 딸과 두 손녀, 즉 고모와 조카 등 세 여인이 홍타이지와 부부의 연을 맺은 것이다.

나중에 다루겠지만 차하르부 릭단칸의 정비인 나무종(那木鍾)과 후비 더우투먼(竇土門)도 릭단칸이 죽은 뒤 홍타이지의 후비가 되었다. 홍타이지가 릭단칸의 여인들을 배필로 삼은 것은 강압의 결과가 아니다. 남편을 잃고 오갈 데 없는 여인들은 초원의 풍습에 따라 승자의 비가 되기를 희망했는데, 홍타이지가 여인들을 거둬들이자 차하르부 사람들은 진심으로 기뻐하며 '만주한(汗)'에게 귀순하였다.

망구스 집안의 세 여인과 릭단칸의 미망인 두 명 등 다섯 명이 '숭덕오궁후비(崇德五宮后妃)'로 불리며 홍타이지의 처첩 가운데 지위가 가장 높았는데 모두가 몽골족이라는 게 예사롭지 않다. 만주족과 몽골족 왕실간의 결혼은 이후에도 활발하게 이어지는데 예컨대 홍타이지의 아들 순치제 푸린(福臨)의 경우 부인 가운데 6명이 몽골족이었다.

몽골 여자를 만주로 받아들이기만 한 것이 아니라 만주 여자들을 몽골 귀족들에게 보내는 데도 열심이었다. 홍타이지는 자신의 둘째 공주를 릭단의 아들 에제이(額哲)에게 시집보낸 것을 비롯해 모두 12명의 딸을 내몽골의 부족장들에게 출가시켜 몽골과의 피의 결합을 배가시켰다.

국가정책으로까지 격상된 만몽간 정략결혼 덕분에 만주족은 중원 정복과 대륙경영에 있어 막강한 물리력을 지닌 몽골족을 확실한 동반자, 우군으로 삼을 수 있었다. 만주와 몽골은 홍타이지 시대에 사실상 하나의 민족으로 통합된 셈이다. 만주와 몽골의 통합은 전쟁을 통한 복속이라는 '채찍' 만으로 강요된 것이 아니라 '피의 결합'을 더 중시했다는 점에서 접착력이 크게 높아졌다고 하겠다.

막남몽골 정복과 중원 공격 새 루트 확보

1627년 5월 금주와 영원성을 공격했다가 '독종' 원숭환에 밀려 성과 없이 물러나면서 홍타이지의 처지는 심히 고약해졌다. 원숭환이 버티고 있는 한 금주와 영원을 넘어 산해관을 뚫기란 요원한 일이었고, 그렇다면 후금의 앞날은 기약하기 힘들었다. 당시 후금은 명과의 교역이 중단되면서 심한 물자부족과 경기침체를 겪고 있었거니와 조선에서 받아낸 세폐 만으로는 살아가기가 막막했던 것이다. 중원을 약탈해 그곳의 풍부한 물자와 인력을 뜯어먹지 않고서는 신생국에게 활로가 없었다. 자칫하다가는 부한(父汗) 누르하치의 말년 전철을 밟을 가능성도 농후하였다.

절실한 심정으로 새로운 돌파구를 찾아 헤매던 홍타이지에게 서광이 비쳤으니 바로 '몽골루트'의 발견이었다. 끝없는 초원이 이어지는 만주와 몽골 사이에는 사실상 국경이 없었다. 짧은 여름철 우기엔 하천이 범람해 동서 교통을 방해하기도 하지만 대부분의 기간에는 물이 얕거나 말라붙어 인마(人馬)의 통행에 지장이 없었기 때문이다.

이때 후금과 국경을 맞대고 있던 막남몽골(내몽골)의 정치 환경을 살펴보자. 당시 막남몽골의 중심은 차하르부였고, 차하르의 동쪽에는 코르친과 내칼카(內喀爾喀) 5부(흔히 칼카라면 막북몽골=외몽골을 말하지만 남쪽 내몽골에 자리 잡고 있던 별종의 5개 부를 내칼카라고 불러 구분하였다.)가 위치하고 있었다. 코르친과 내칼카 5부는 차하르부 릭단칸의 압박과 착취에 시달리고 있었다. 내몽골의 재통일을 기도하며 강압일변도 정책을 편 릭단칸에 실망한 코르친 부족은 이미 누르하치 집권기에 친(親)후금으로 돌아선 상태였다. 릭단칸의 폭정과 공격을 견디지 못해 후금에 의존하던 코르친은 1629년 9월 후금에 완전 합병된다.

내칼카 5부도 일찌감치 만주국에 복속되었다. 내칼카는 누르하치 시절 명나라로부터 막대한 은을 받고서는 후금에 적대시했다가, 누르하치가 강공으로 나가면 화친을 제의하는 등 종잡을 수 없는 행보를 보였다. 강적 차하르부에 대항하기 위해서는 내칼카와의 연대가 필수였던 누르하치는 내칼카의 오락가락 행보를 보고도 한동안 인내하였다. 하지만 1626년 내칼카가 후금과의 연맹 약속을 깨고 후금 척후병의 목을 베어 명에 넘기고 은을 챙기자 누르하치는 채찍을 들었다. 1626년 4월 누르하치가 홍타이지와 다이산, 아민, 아지거 등 주

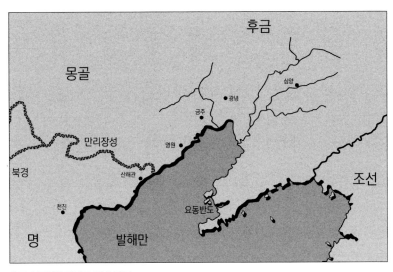

후금과 국경을 맞대고 있던 몽골

요 버일러들과 함께 대군을 지휘하여 내칼카의 바린(巴林) 부락을 공격하였다. 바린의 어린 추장 낭누크(囊奴克)는 역부족으로 달아나다 말에서 떨어져 죽고, 그 부하들은 흩어져 격파되었다. 이 전쟁으로 내칼카는 후금에 저항할 힘을 상실하였다.

뒤를 이은 홍타이지는 내칼카인 가운데 귀부하고 항복하는 자를 우대하는 반면 저항하는 자는 무자비하게 응징하는 양면정책을 펴 코르친에 이어 내칼카 5부까지 사실상 복속시켰다.

만주족을 능가하는 기마전 능력을 갖춘 몽골족을 정복한 것은 만주국의 인구와 영토만 키운 것이 아니라 더 큰 축복이 되었다. 영원-산해관으로 이어지는 명의 철통방어선을 우회하여 '허'를 찌를 수 있는 '몽골루트'를 얻었다는 점이다. 만리장성 북방을 동서로 잇는 몽골루트를 개척한 이후 홍타이지는 요서 공격에만 머무르지 않고 중원을 본격적으로 두드리기 시작한다. 만주국은 몽골루트를 획득함으로써 군사적으로 명을 확실하게 압도할 수 있었다. 만약 홍타이지가 몽골루트를 얻지 못했다면 명의 '요서 철벽'을 넘기는 쉽지 않았을 것이고, 만주국은 결국 요동 들판에 의존하는 작은 나라에 머물렀을 것이다. 그런 점에서 코르친과 내칼카 등의 내몽골을 제압한 일이야말로 홍타이지의 만주국이 대제국으로 굴기한 결정적 기반이라고 말할 수 있다.

릭단칸 제압, 전세국새(傳世國璽) 획득

누르하치가 여진족을 통일하고 후금을 세우면서 몽골의 각 부족들은 고민에 빠졌다. 원나라 시대 이후 몽골족은 여진족을 시시하게 보는 경향이 있었지만 만주에 통일된 국가가 등장하면서 사정이 급변하였다. 후금의 강한 군사력을 분산된 몽골부족들이 개별적으로 대항할 수 없었던 것이다. 코르친과 자르투(扎魯特), 카라친(喀喇沁) 등 후금에 가깝거나 세력이 작은 부족은 후금의 실력을 인정하고 그에 복속되는 길을 택한 반면 칭기즈칸의 정통 후예로서 명목상 범몽골의 연맹장을 자처했던 차하르는 후금과의 전쟁을 선택하였다.

차하르의 릭단칸은 후금에 맞서기 위해 안으로는 몽골 통일을 시도하는 한편 밖으로는 명나라와 연합하는 전략을 취하였다. 명나라는 후금을 견제하기 위해 1619년 릭단칸에게 은 4,000냥을 지원하였고 이듬해에는 4만 냥으로 늘렸다.(훗날 8만 1,000냥까지 늘어났다.) 그

릭단칸(林丹汗, 1592~1634년, 재위 1604~1634년) 몽골 북원의 보르지긴 대칸이다.

러나 포악한 반면 정치력이 모자랐던 릭단은 명이 주는 보조금을 독식하면서도 다른 부족들에게는 강압 일변도로 대하였다. 그 결과 범몽골 연대나 통일은 요원해졌고, 코르친 등의 후금 투항만 심화되었다. 릭단은 후금을 '몽골통일 방해꾼' '용납할 수 없는 적'으로 간주하였고 명의 보조금을 얻기 위해서도 후금을 공격하지 않을 수 없었다. 드넓은 막남몽골(내몽골)의 패권을 놓고 차하르부와 후금의 한판 대결은 피할 수 없었다.

1619년 10월 누르하치가 명나라 요서의 광녕성(廣寧城)을 공격하려 할 때 릭단은 후금에 사절을 보내 광녕은 자신의 세력범위에 포함되는 만큼 공격하거나 점령해서는 안 된다고 경고하였다. 그러면서 릭단칸 자신은 '통사십만중몽고국주(統四十萬衆蒙古國主)'로 표현한 반면 누르하치는 '수변삼만인만주국주(水邊三萬人滿洲國主)'로 기술해 심기를 긁었다. 자신은 '40만 백성을 통솔하는 몽골국의 왕'인 반면 누르하치는 '강변에 기댄 불과 3만 인구의 만주국왕'이라고 조롱한 셈이다.[14] 1619년 당시, 1559년생인 누르하치가 환갑노인이었던 반면

---

14) 조병학, 「입관 전 후금의 몽골 및 만주족 통합에 관한 연구」, 중앙대 사학과 박사학위 논문, 2002.

1592년생인 릭단은 28살의 '애송이'로 8남 홍타이지와 동갑내기였다. 작은 부락의 추장으로 몸을 일으켜 전 여진족을 통일한 누르하치가 볼 때 릭단은 아비를 잘 만나 부족장이 된 한심한 친구였을 뿐인데도 어설픈 편지로 모욕한 셈이었다.

후금은 건방진 릭단을 응징하기로 결심했다. 1625년 차하르가 코르친부를 포위공격하자 누르하치는 홍타이지와 망굴타이에게 정예기병 5천을 주며 코르친을 구원하게 하였다. 후금의 간섭으로 인해 릭단은 다 삼켰던 코르친을 뱉어낼 수밖에 없었다.

신경전을 벌이던 양측 관계는 홍타이지의 집권 이후 직접 충돌로 이어진다. 1628년 9월 홍타이지는 아오칸(敖漢)과 나이만(奈曼), 코르친, 자르투, 카라친 부족 등과 연합군을 조직해 차하르 공격에 나서 대승을 거뒀다. 이 승리 이후 코르친은 후금의 제도를 따르라는 칙명을 받고 이듬해(1629년) 완전히 복속된다.

홍타이지는 집요한 사람이다. 그에게 포기란 없다. 이런 인물과 적이 된 자는 정말 불운하다. 홍타이지는 전쟁을 시작한 이상 릭단칸 세력을 완전히 뿌리 뽑겠다고 결심하고는 최종 5차전까지 숨 쉴 틈도 없이 몰아부쳤다. 릭단을 넘어 몽골을 장악한다면 이후 중원을 정복하기란 정해진 수순이나 다름없다. 릭단이야말로 홍타이지가 천하제패를 앞두고 만난 준결승전 상대이자 최후의 라이벌이었다.

몽골 기병대와 만주 철기의 기동력은 막상막하였다고 하겠지만 통일을 이룬 만주군이 수적으로 우세하니 차하르군은 상대가 되지 못하였다. 특히 만주군이 명과의 전투과정에서 대포 등 화기(火器)를 확보해 운용한 것도 릭단의 군대를 압도한 요인으로 짐작된다.

1631년 11월 2차 공격 때부터 차하르 경내를 깊숙이 공격한 데 이어 1632년 4월 3차 원정 때는 만몽연합군 10만 명을 편성해 릭단의 새로운 근거지인 귀화성(歸化城, 현재의 내몽골 후허하오터(呼和浩特)시)을 점령하고는 릭단 체포작전을 펼쳤다. 놀란 릭단은 10만 명의 부족민을 이끌고 머나먼 서쪽 땅 청해로 달아났다. 이젠 홍타이지의 맞수가 될 능력을 상실한 것이다.

릭단은 재기를 바라며 티벳 원정을 시도하기도 했으나 1634년 감숙성 시라탈라에서 천연두에 걸려 43살로 눈을 감았다. 칭기즈칸 이후 제37대 몽골대칸이 타계함으로써 북원(北元)이란 이름으로 지속되어 온 몽골제국은 소멸되었다. 강자를 중시하는 몽골 전통에서 승자는 패자의 모든 것을 가지게 된다. 릭단이 지녔던 '몽골대칸(大汗)'의 자리는 이제 '만주한(汗)' 홍타이지의 차지가 될 것이다.

릭단이 청해로 달아난 이후에도 홍타이지의 차하르 공격은 계속되었다. 차하르 잔여세력을 완전히 복속시키기 위해서였다. 1634년 1월에는 홍타이지가 직접 군사를 거느리고 서정(西征)에 나서 4개월 동안 수만 명을 포로로 잡고 귀환하였다.

1635년의 2월의 '차하르 5차 원정'은 홍타이지의 이복동생 도르곤과 맏아들 호거, 조카 요토 등이 정예기병 1만 명을 이끌고 출전하였다. 원정군은 황하를 건너 서쪽을 샅샅이 조사하며 릭단의 잔당을 소탕하고 포로를 잡는 작전을 펼쳤다. 릭단이 이미 숨진 뒤에 이뤄진 이 5차 원정은 홍타이지에게 '대원 전국옥새(大元 傳國玉璽)'라는 큰 선물을 안겨준 역사적 사건이 되었다.

동으로 동해여진과 흑룡강 지역을 복속한 데 이어 서쪽으로 릭단의 차하르부를 완전히 정복하고 내몽골 전역을 손에 넣은 만주국은 이제 명나라 못지않은 광대한 영역을 포괄하였고, 대륙을 정복할 수 있는 인적·물적자원도 충분히 확보하였다. 특히 '몽골대칸'이라는 정치적 지위까지 갖춤으로써 홍타이지는 더 높은 비상을 과감히 시도할 수 있었다.

조선 정벌 …
대명체제(大明體制) 끝장내기

1635년까지 서쪽(몽골)을 말끔히 정리한 만주국은 여세를 몰아 이 듬해에는 동쪽(조선) 공략에 나섰다. 1636년 12월 압록강을 건넌 12만 8,000명의 만주 대군은 채 열흘도 되지 않아 조선의 수도를 장악하고 조정을 좁은 남한산성 안으로 가두었다. 그런 다음 명과의 싸움에서 익힌 공성전술을 십분 활용해 한 달 보름 만에 조선 왕의 항복을 끌어내었다. 잘 정비된 군력과 치밀한 정보획득의 결과였음이 물론이다.(병자호란의 시작과 끝에 대해서는 책 말미의 '책 속의 책'에서 상세히 언급한다.)

병자호란 이야기는 조선의 시각과 만주국의 입장에서 볼 때 그 모습이 달라진다. 조선의 시각에선 참혹한 국난이었지만 만주로서는 대륙정벌을 위한 사전정비의 성격이 컸다. 전쟁의 본질적 의미는 '당한 쪽'보다 '일으킨 쪽'의 입장에서 볼 때 잘 드러난다. 따라서 병자호란이 지닌 국제정치적 의미 역시 만주국의 시각에서 분석해 보면 더 선명해진다. 홍타이지가 조선 정벌에 나선 것은 명나라 체제를 끝장 내고 청나라 시대를 여는 상징적 사건으로 기획한 측면이 다분하기 때문이다.

대명체제 종식 알린 국제 이벤트

1636년 12월에서 이듬해 1월까지의 제2차 조만전쟁(朝滿戰爭), 조선식 표현으로 병자호란은 만주국이 '명나라 중심의 동아시아 국제 질서' 이른바 대명체제를 근본적으로 전복시킨 결정타였다. 대명체 제란 무엇인가?

1368년 대원(大元)을 고비사막 이북으로 몰아내고 중원을 차지한 명나라는 한나라와 당나라의 정책을 발전적으로 계승하여 '중국이 중심이 된 동아시아 국제정치시스템'을 구축한다. 명이 주도하는 조공책봉체제가 바로 대명체제인 것이다. 중국의 주변국, 즉 번국(藩國, 중심국을 에워싼 '울타리 나라'라는 뜻)들은 명 황제의 책봉을 받아 자국 내에서의 정치적 정당성을 확보하는 대신 내정의 자주성을 보장받았다. 번국의 왕이나 집권자들은 조공을 바쳐 사대(事大), 즉 큰 나라를 섬기는 의무를 행하였고 중국은 조공품의 몇 배에 이르는 사여(賜與)를 통해 중심국 역할을 수행하는 외교방식이었다.

대명체제는 2백여 년의 세월이 흐르는 동안 적잖은 변화를 겪었고, 일본의 반발 등 많은 도전도 받았지만 대체적으로 굳건히 지탱되어 왔다. 대명 조공책봉체제가 오랫동안 유지될 수 있었던 것은 명의 국력이 강했던 탓만이 아니라 번국들의 적극적인 참여와 지지가 있었기에 가능하였다. 여러 번국 중에서도 조선은 가장 열렬한 대명체제 추종자였다. 스스로를 중화와 문화수준이 대등한 '동방예의지국'으로 자부했던 조선은 대명체제의 존속을 외교목표로까지 삼을 정도였다.

조선은 1392년 건국 이후 동아시아의 여러 민족·국가 가운데 당당한 체모를 지닌 중견대국으로 인정받았지만 조일전쟁의 참화를 겪은 뒤 옛 국격을 회복하지 못하고 있었다. 명의 지원군 파병을 계기로 국익을 무시하는 친명 일변도의 외교노선을 걷고 있었다. 자주성이 약화되고 외교역량마저 퇴화된 상태에서 '오랑캐의 굴기'를 노골적으로 거부하고 있었던 것이다. 자국 중심의 새로운 동아시아 국제질서를 꿈꾸던 만주국으로선 '대명체제의 완고한 팔로어(follower)' 조선을 먼저 제압할 필요성이 다분하였다. 바로 큰 나무를 베기 전에 방해가 되는 주변의 작은 나무부터 잘라내는 전략이었다.

1635년까지 서쪽의 내몽골 정비를 끝낸 홍타이지는 이제 동으로 눈을 돌렸다. 1627년 정묘호란으로 만주국은 조선을 아우로 삼는 데 성공했지만, 양측 관계는 늘 불안정한 상태였다. 기골이 센 동생은 여전히 뻣뻣하여 만주를 오랑캐로 배척할 뿐, 높아진 위상을 인정하려 들지 않았다.

홍이포마저 홍의포로 바꿔 부를 정도로 오랑캐(夷)라고 불리기를 꺼려하였기에 만주국은 조선을 아우로 만든 것에 석잖이 만족하였다. 명 못지않은 유학자의 나라와 '형제'가 되었으니 자신들도 야만족이 아닌 문명국으로 인정받을 것으로 기대하였다. 그런 만큼 홍타이지는 한동안 '고집 센 문화국'의 환심을 사고자 노력하였다. 사실 조선에 대한 만주국의 호의는 짝사랑에 가까웠다. 형제국이 되었으니 조선도 과거와 달리 자신들의 지원세력이 될 것으로 기대하였지만 현실은 정반대였다. 조선은 만주의 접근을 극도로 경계하고 경멸하였을 뿐만 아니라 교류에도 소극적이었다. 사랑이 받아들여지지 않으면 심한 배신감을 느끼게 된다. 만주국 지도부는 10년의 경험을 통해 조선의 냉랭한 대응에 실망하였다.

1636년 4월 홍타이지가 황제로 등극한 이후, 상황은 더욱 경화되었다.(조선이 홍타이지를 황제로 대접하지 않은 소상한 사정은 '책 속의 책'에서 상세히 다룬다.) 극단적인 친명배청(親明排淸) 이념으로 뭉친 조선의 사대부와 신료들이 '오랑캐가 황제를 참칭했다'며 청과의 결전을 촉구한 점은 만주국을 결정적으로 자극하였다. 당시 청과 가까운 평안도 앞바다 가도에는 명군 수만 명이 주둔하고 있었다. 뒤가 말끔해야 앞으로 나아갈 수 있는 법이다. 조선과 가도의 명군을 그냥 둔 채 중원 공격에 나섰다가는 등 뒤(背後)에서 칼을 받을 위험이 크다고 홍타이지는 판단하였다. 내몽골을 먹어치운 만주국이 대륙으로 거침없이 달려가기 위해선 조선 정벌이 선결조건이었다. 조선을 제압해 우군으로 만들고, 그 경제력과 군사력을 벌명전(伐明戰)에 투입한다면 후고(後顧, 뒤를 의식하고 돌아보는 일)의 위험도 줄이고 대륙정벌군의 힘도 배가하는 이중의 효과가 기대되었다.

그뿐만이 아니었다. 홍타이지에게 있어 조선 전역(戰役)은 대청제국의 가공할 군력을 과시하고 새 황제의 덕을 만천하에 보여줄 절호의 정치 선전장이기도 하였다. 명나라의 최대 추종국 조선으로부터 순조롭게 항복을 받아낸다면 그 효과는 곧바로 중원으로 확산될 터였다. 명의 시대가 끝나고 청의 천하가 열렸다는 상징이 될 것이었다. 홍타이지는 '명나라 천하의 충직한 추종자' 조선을 제압해 청의 신속국(臣屬國)으로 바꿈으로써 진정한 중원의 주인, 수명천자(受命天子)가 누구인지 입증하고자 하였다.

1636년 12월 8일부터 압록강을 건넌 만주군은 곧바로 한양을 함락하고 조선 조정을 남한산성으로 몰아넣었으며, 채 2개월이 지나지 않은 이듬해 1월 30일 조선 왕의 무릎을 꿇리는 데 성공하였다. 수많은 성곽 포위전을 치르면서 성안에 갇힌 사람들의 심리변화를 읽어낼 수 있었던 만주국은 처음부터 끝까지 자신들의 구도대로 전쟁을 치뤘고 원하던 결과를 획득하였다.

조선을 정벌해 군신의 관계를 맺고 번방(藩邦)으로 격하시킴으로써 만주국은 동아시아 최강국임을 입증하였고 명을 대신하는 새로운 국제질서, 즉 대청체제를 강요할 수 있었다. 조선 입장에서 병자호란은 '개국 이후의 최대 치욕'이었던 반면, 만주국 입장에서는 다분히 중원에 미칠 파장을 감안한 국제 이벤트였다. 대국굴기(大國崛起)의 결정판이자 대명체제의 종식-대청체제의 개막을 선언한 사건이 바로 '병자년 동정(東征)'이었던 것이다.

친정(親征) 승부수로 황제권위 회복

조선을 굴복시킨다는 것은 커다란 의미가 있지만 황제가 직접 대군을 이끌고 동정에 나선 이유를 다 설명하지는 못한다. 홍타이지에게는 조선 전역의 또 다른 목표가 있었다고 봐야 한다. 그것이 과연 뭘까?

뒤에서 다루지만 병자년(1636년) 12월이면 홍타이지가 이미 황제 위에 올라 대륙획득을 국가목표로 천명했던 시기이다. 그러므로 조선이라는 작은 나라의 소멸이나 영토 탈취에는 큰 흥미가 없었다. 그것은 인조의 항복을 받은 뒤 왕 자리를 보장해 주고 곧바로 철군한 데서 알 수 있다.

사실 우리는 침공을 당한 쪽인 만큼 지금껏 병자호란을 막지 못한 자책과 그 피해에 집중했을 뿐 홍타이지의 입장에서 전쟁목표를 분석하는데 소홀한 편이었다. 그저 '강한 군대로 약한 나라를 짓밟은' 흔해 빠진 전쟁의 하나로 기억하였다. 당연히 전쟁을 일으킨 홍타이지는 호전적인 인물로 간주되었다. 본격적인 중원 정복에 앞서 등 뒤의 근심을 없애고 포로와 재물을 확보하기 위해 조선을 공격하였다고 풀이하였다. 즉, 홍타이지의 조선 침공은 호승심(好勝心)의 발로이며 개전을 놓고 별다른 고민이나 걱정은 없었을 것으로 보는 시각이 우세하였다.

그러나 홍타이지가 조선을 도모하기로 결심한 것은 결코 쉬운 선택이 아니었다. 군사적 위험과 정치적 부담이 만만치 않았기 때문이다. 먼저 군사적 리스크를 보자. 비록 조선의 전쟁준비가 허술하다고 하지만 수천 리 강역에 만주국보다 몇 배 많은 인구를 지닌 데다 독자적인 문화전통을 지닌 자존감 높은 나라이다. "단기전이라면 조선 군대를 충분히 때려잡겠지만 장기전이 된다면 승패는 알 수 없다." 홍타이지 고민의 실체는 바로 이점이었다. 1592년 일본이 15만 대군을 이끌고 바다를 건넜을 때도 20일 만에 한양을 점령하며 승세를 올렸지만 전쟁이 길어지면서 수많은 의병에 시달리지 않았던가? 산이 많고 하천이 즐비한 조선 땅은 기병전에 유리한 지형이 아니었다.

과거 수, 당과 거란, 몽골이 한반도 정복을 시도하였다가 철저히 실패하거나 수십 년의 전쟁을 치른 끝에 간신히 입조를 받은 역사도 잘 알고 있었다. 더욱이 전쟁이 발발하면 조선 조정은 해도(海島)로 달아날 것인데, 그럴 경우 공유덕의 수군으로 제압한다는 보장도 없었다. 청군이 조선을 침공하는 동안 명군이 심양을 공격하지 않는다는 확신도 없었다.

정치적 리스크도 만만치 않았다. 조선 조정을 적당히 어르고 달래서 항복을 받는 것이 목표인데 어떤 일이든지 최선의 결과를 얻기란 쉬운 일이 아니다. 조선을 어설프게 건드렸다가 성과를 얻지 못하고 물러난다면 '새로운 천자(天子)'의 권위는 심각하게 훼손될 것이 분명하였다. 그럴 경우 조선과 명나라에 웃음거리가 되고 그들의 자신감만 높여줄 것이다. 뿐만 아니라 만주-몽골 연합국인 청나라 내부에서도 도전세력이 형성될 수 있다.

반대로 조선을 너무 심하게 몰아쳐서 왕이 목숨을 버리는 지경에 이른다면 홍타이지는 '무자비한 오랑캐의 두목'이 될 뿐 '덕이 높은 황제'로 인정받지는 못할 것이었다. 조선과 명나라 등 국제사회의 비난이 거세지고, 조선의 많은 백성들이 옥쇄를 각오하고 덤벼들 수도 있을 것이다. 청에 대한 명나라 관리들의 실망과 공포, 반감이 증폭돼 중원 정복의 꿈은 한층 멀어질 수도 있다.

한마디로 홍타이지 입장에서 조선 공략은 군사적으로나 정치적으로 성공확률이 그리 높지 않은 '위험한 도박'이었다. 그럼에도 불구하고 새 황제가 만사 제쳐놓고 친정이란 승부수를 던진 이유는 무엇일까? 왜 정묘호란 때처럼 뛰어난 장수에게 조선정복을 맡기지 않고 스스로 지휘봉을 잡고 나섰을까? 청의 전쟁목표를 제대로 파악하기 위해서는 홍타이지의 입장에서 그가 처한 시대상황을 면밀히 분석할 필요가 있다.

아무리 오랑캐라고 하더라도 황제국을 선포한 상황에서 무턱대고 타국을 공격할 수는 없다. 더욱이 조선 같은 선진국을 치기 위해서는 나름의 침공명분이 필요하였다. 만주국으로서는 다행히도 공격의 구실은 조선이 스스로 제공하고 있었다. 1636년 4월 황제로 등극한 홍타이지를 조선이 인정하지 않고 자극적인 언사로 조롱한 것이 가장 큰 개전 명분이 되었다.

가까운 이웃이자 '형제국'이 멸시하는 상황에서 멀리 사는 족속이 그를 천하의 패권자로 인정해줄 리 없다. 자신을 황제는커녕 도적으로 부르는 조선을 제압하지 않는다면 사해천자(四海天子)의 리더십을 세우기란 요원한 일이다. 추락한 황제의 권위를 방치한다는 것은 만주국 내부는 물론이고 몽골과 명나라에게 보이기도 민망한 일이었다. 정치가 뭔지 잘 알았던 홍타이지는 조선을 확실히 굴복시킬 필요를 느끼고 있었다. '천명이 내린 황제를 모욕한 조선'… 자존심에 상처 입은 홍타이지는 그만큼 다급했던 것이다.

이렇게 볼 때 홍타이지가 친정에 나선 목적이 드러난다. 당대 동아시아에서 명나라 다음 가는 격식을 갖춘 문화국가 조선, 홍타이지는 자신의 면전에 무릎 꿇은 조선 왕을 보고 싶었다. 명을 하늘처럼

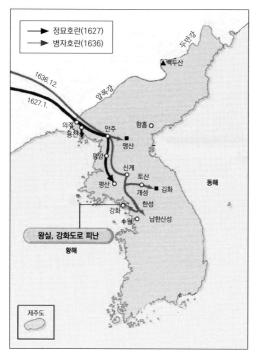

정묘호란(1627)
병자호란(1636)

1636.12.
1627.1.

두만강
백두산
압록강
의주
용천
안주
함흥
맹산
평양
신계
토산
평산
개성
김화
강화
한성
수원
남한산성
동해

왕실, 강화도로 피난

황해

제주도

정묘호란·병자호란 당시 후금·청군 침입로

받들던 조선 왕을 눈앞에서 번신(藩臣)으로 바꾼다면 중원 공략에 큰 근심을 덜 수 있다. 대명체제의 한 축인 조선의 입조(入朝)를 받는 순간부터 홍타이지의 위상은 '만주한(汗)'에서 '대청황제(皇帝)'로 실질적으로 상승할 것이었다. 상상만 해도 흐뭇한 이 장면을 실현하기 위해 홍타이지는 엄동설한에 몸소 전장에 나섰다고 하겠다.

항복을 받아내는 방식 또한 중요하였다. 동아시아 전역에서 '보는 눈'이 많았던 만큼 무자비한 공격으로 짓밟아버려서는 곤란하였다. 그런 점에서 청군의 조선 공격은 고난도의 문제풀이였다. 대군을 동원해 조선을 밟아 주되 지나치게 부수는 것은 곤란하였다. 조선을 군

력으로 압도해야 하는 한편 '덕치(德治) 황제'의 온화한 면모를 만천하
에 보여줘야 하는 모순된 숙제를 안고 홍타이지는 압록강을 넘었던 것
이다. 다만 만몽한(滿蒙漢)의 12만 대군을 동원한 데 따른 전쟁비용을
회수하기 위해서라도 상당수의 조선인 포로는 확보할 심산이었다.

皇太極

― 4부 ―

천명(天命) 내걸고
중국 정복

전통시대 동아시아 조공책봉체제의 중심은 중국 황제이다. 중국 황제는 하늘을 대신해 힘과 덕으로 세상을 통치하는 지존이었다. 하늘에 두 개의 태양이 있을 수 없듯이 지상의 황제는 한 명일뿐 결코 둘 이상이 될 수 없다. 잠시 두 명 이상의 황제가 병존할 수도 있지만 실력대결을 거쳐 결국 한 명만 진성황제(眞性皇帝)가 된다.(남북조 시대나 금과 남송시대에 두 명 이상의 황제가 존재하였던 것이 사실이다. 그러나 이는 상대를 완전히 소멸시키지 못해 한시적으로 인정했을 뿐 원칙적으로는 용납이 되지 않았다. 여러 황제들 간에도 전쟁을 피하려는 목적에서 형제, 숙질, 부자 관계 등으로 서열을 두었던 바, 가장 강력한 진성황제는 한 명이었던 셈이다.)

황제국도 중국 1개국만 존재하고 나머지는 모두 제후국이 될 뿐이다.

황제는 천하질서의 수호자이자 정의의 화신이었기에 언제든지 반대세력을 타멸할 수 있는 명분과 권리가 있다. 하늘의 선택을 받은 존재인 만큼 황제의 공격명령은 그 자체로 '천명(天命)의 구현'으로 간주되었기 때문이다. 그래서 동아시아 세계의 패권을 쥐려는 자는 반드시 스스로를 황제로 선언하였다. 결국 누군가가 황제를 표방한다는 것은 기왕의 질서를 뒤엎겠다는 도전의 표현이므로 기존 황제는 결코 용납할 수 없다. 반드시 없애려 든다. 그러므로 새로운 황제가 되기 위해서는 '현상(現狀)'을 전복시킬 수 있는 실력(實力)이 있어야 한다. 실력은 군사력이 핵심이지만 군대가 전부는 아니다. 집권을 정당화하는 논리도 필요하다. '하늘의 선택을 받았다'는 명분은 그래서 필수적이다.

홍타이지는 한(汗) 재위 10년 만인 1636년, 하늘의 부름을 받았다는 '증거'를 제시하며 황제 위에 올랐다. 오랑캐도 천명을 얻으면 황제가 될 수 있다는 자신감의 발로였다. 내부정비와 외부정벌을 통해 최강국으로 성장한 만큼 이제는 '천하패권 장악'이라는 더 높은 도약에 나선 것이다.

국호도 '불의 나라 명(明)'을 집어삼킬 '물의 제국 청(淸)'으로 정함으로써 명과의 공존은 없다는 점을 만천하에 고하였다. 천명이 바뀌었으니 이제는 청이 천하의 중심이요, 정의이다. 이는 곧 하늘의 버림을 받은 명나라는 소멸돼야 마땅하다는 논리로 귀결된다. 한마디로 명을 멸하고 그 자리를 대신하겠다는 만주국의 새로운 국가 비전을 제시한 셈이다.

홍타이지는 아울러 중원 정복을 위한 로드맵을 구체화하였다. 상승세의 만주군은 '하늘의 명령, 정의 구현'이란 명분하에 상대가 준비할 틈도 없이 공격을 퍼부었고 연속적인 강타를 맞은 명은 그로기 상태에 빠져 정밀한 대응력을 상실하였다. 홍타이지는 명의 내부에서 도적떼가 창궐하노록 분위기를 조성한 다음, 도석떼가 전 대륙을 삶아먹는 날 천하를 도모한다는 고도의 전략으로 큰 싸움을 이끌어 나갔다.

13장

황제국 대청(大淸) 창건,
시대교체 선포

　　황제국 명의 입장에서 볼 때 한(汗)이 다스리는 후금은 '버르장머
리 없는 불량배' 정도로서 제국의 위엄에 순종하도록 교도할 대상이
다. 따끔하게 혼내줘야 하겠지만 당장 죽여야 할 중죄인은 아니란 뜻
이다. 반면 '황제국 대청'은 단 하루도 같은 하늘을 이고 살 수 없는
타도의 대상이 된다. 명나라가 힘이 있다면 한시도 지체 없이 청나라
를 말살시켜버려야 한다. 홍타이지는 이런 차이를 분명히 인식한 상
태에서 1636년 봄, 황제국을 선언하며 명에 건곤일척(乾坤一擲)의 싸
움을 걸었다. 홍타이지가 만주국 안팎에 밝힌 메시지는 대략 이런 것
이었다.

　　"이제 새로운 시대가 왔다. 우리 만주족은 천하의 주인이 될 능력
　　과 자격을 충분히 갖추고 있으므로 황제국을 선포한다. 나는 늙

고 병든 명나라를 때려눕혀 이 점을 입증하겠노라. 대신 성공하지 못한다면 우리 족속은 지상에서 소멸될 것임을 명심하라."

황제국을 선언한 순간 만주국의 국가목표는 이전과 판이하게 달라졌다. 만주를 중심으로 한 '북방의 독립국'은 이제 기대할 수 없게 되었다. 명과의 공존은 불가능해졌다. 비록 늙고 약해졌다 해도 명은 1억이 넘는 인구에 군사력과 경제력도 만주와는 비교할 수 없는 강대국이다. 정면으로 부딪친다면 여전히 벅찬 상대이다. '명나라가 아니면 우리가 죽는 싸움'… 만주국의 문무관료와 백성들은 중국과 싸워 이기지 못한다면 민족이 멸절될 수도 있다는 팽팽한 긴장감 속에 천하의 주인 자리를 차지하기 위한 대장정에 동참하였다. 홍타이지는 수하들에게 대륙정복을 위한 구체적인 비전을 제시하며 벌명전(伐明戰)을 힘차게 벌여나갔다.

대원옥새 입수 '하늘의 뜻' 선전

'황제는 하늘이 정한다'… 이는 동아시아 세계의 상식이었다. 그런데 하늘이 결정하는 황제 자리는 은연중에 한족의 독점물처럼 여겨져 왔다. 실제로 천년이 넘는 기간 동안 중국 황제는 한족이 독차지해 왔다. 변방 오랑캐가 감히 천명을 거론하는 것은 주제 넘는 일이었다. 그런 점에서 홍타이지가 천명을 주장하고 황제 위에 오른 것은 상당한 파격이라고 할 수 있다.

그러나 홍타이지의 생각은 달랐다. 이미 12세기, 여진족의 신조들이 세운 금나라가 황제국을 표방한 적이 있고, 몽골족의 원나라 역시 천하의 주인노릇을 한 사실이 있으므로 자신도 못할 이유가 없다고 보았다. 역사에 밝았던 홍타이지는 이 점을 간파하고 황제국을 선포한 것이다.

홍타이지가 황제가 되기로 결심한 배경은 내부정비를 통해 국력을 다진 데 이어 조선·명과의 싸움에서 상당한 전과를 올린 점도 작용했다. 하지만 무엇보다 결정적인 계기는 내몽골 전역을 무릎 꿇리고 대원(大元) 황제의 옥쇄를 손에 넣은 사건이었다. 1635년 4월의 일이다.

그해 2월 수러한(汗)의 명령을 받고 출정한 후금의 '차하르 잔당 원정군'은 대를 쪼개는 기세로 명나라 북부와 몽골 남부 고비사막을 휩쓸었다. 원정군 대장 도르곤은 북경 서북방에 위치한 하북성 선부(宣府)의 수천구(水泉口)란 곳에서 릭단의 부인 가운데 한 명인 낭낭(囊囊)과 그 아들 아부나이(阿布奈)의 항복을 받았다. 이에 차하르부 12개 부족의 수령들은 1,404호를 거느리고 후금의 수도 성경(盛京)을 찾아 홍타이지 면전에서 투항하였다.

도르곤의 군대는 1635년 4월에는 릭단의 또다른 아들인 에제이(額哲)가 주둔하는 자리투(札里圖)로 진격해 들어갔다. 에제이는 릭단의 계승자로 자처하고 있었다. 대세가 끝났음을 느낀 에제이의 생모 쑤타이태후(蘇泰太后)가 어린 아들을 대동한 채 후금군에 항복하였다.(홍타이지는 훗날 에제이에게 둘째 딸을 주어 사위로 삼는다.) 차하르 잔당 가운데 핵심이 무너지는 순간이었다. 릭단칸의 사망과 후계자 에제이의 항복에 따라서 1206년 칭기즈칸의 등극에서 시작된 몽골 대칸(蒙古大汗)의 계승은 끊어지고 광활한 막남몽골(내몽골)은 후금의 판도로 들어가게 되었다. 이때 도르곤은 원나라 때부터 몽골제국의 직계후손에게 전해져 온 국새를 쑤타이태후가 보관하고 있다는 말을 듣고 수색하여 확보하였다.

문제의 옥새는 대원의 마지막 황제인 순제(順帝), 즉 토곤테무르가 주원장의 군대에 쫓겨 대도(大都, 북경)를 포기하고 북으로 피하던 와중에 분실하였다고 한다. 그러다가 200년이 흐른 뒤 한 양치기에 의해 우연히 발견돼 릭단칸의 차지가 되었다는 전설이 있었다. 어쨌든 그 귀한 옥새가 후금의 군대에 넘겨진 것이다.

도르곤은 제고지보(制誥之寶, 제고란 '황제의 명령'을 말한다. 제고지보는 고관들의 임명장에 찍는 옥새이다.)라는 글자가 새겨진 '대원 전국 옥새'를 심양으로 보냈다. 원나라의 국새를 손에 넣은 홍타이지는 이를 예사로 넘기지 않았다. '대원제국의 역대 황제들이 사용하던 옥새를 하늘이 내게 보낸 것은 우연이 아니다'라며 감격의 눈물을 보였다. 옥새를 '천명의 증거'로 간주하여 새로운 도약의 계기로 활용할 심산이었다. 사실 대원 옥새를 확보했다는 것은 몽골제국의 세계통치의 전통과 상징을 물려받은 것을 의미하였다. 적어도 당시 동아시아인들의 사고방식으로는 그러하였다.

옥새를 입수한 홍타이지는 하늘에 경건한 제사를 올렸다. 하늘이 자신을 '지상의 대리인'으로 점지하였음을 대대적으로 선전하는 이벤트였다. 아울러 스스로도 강한 천명의식(天命意識)을 지니게 되었다. 천명을 받았다고 굳게 믿은 홍타이지는 이후 틈날 때마다 '하늘의 뜻'을 거론하는 버릇을 갖게 되었고, 수하들도 이에 감화돼 큰 자신감을 갖게 되었다. 지도자의 강한 자기확신은 시대변화를 이끄는 힘이 되기도 한다.

홍타이지는 옥새를 얻었을 때 가장 먼저 형제국 조선을 떠올렸다. 정묘호란 이후 아우가 됐지만 늘 투덜대던 조선도 이젠 달라질 것으로 기대하였다. 조선에 통보하면 중국에도 알려질 것이고 그 파급효과가 클 것으로 예상하지 않았나 싶다. 어쨌든 홍타이지는 '이런 희소식은 동생의 나라도 알아야 한다'며 사람을 조선에 보내 대원옥새를 입수한 경위를 소상히 설명하였다. 홍타이지는 같은 해인 1635년 요양의 옛 절터에서 출토된 금불상도 획득하였다. 원나라 초대 황제 쿠빌라이칸 시절에 제작된 불상의 출현은 '새로운 세상의 도래'를 상징하는 정치적 의미가 있었다. 금불상을 얻은 직후에도 홍타이지는 조선에 사절을 파견해 굳이 소식을 전하였다. 홍타이지는 '천명의 증거'인 옥새와 금불상 입수를 알게 되면 조선의 뻣뻣한 태도가 바뀔 것으로 예상하였던 것이다. 하지만 조선은 심드렁한 반응을 보이며 홍타이지의 들뜬 기분에 호응해 주지 않았다.

옥새와 금불상 입수 뉴스가 조선에는 별 효과가 없었지만 만주와 몽골에서는 커다란 파장을 일으켰다. 대규모 이벤트와 반복적인 선전의 힘은 강력하다. 어느 순간부터 오랑캐인 홍타이지가 천명을 거론할 수 있는 권리와 자격이 있는 것처럼 세상에 비춰지기 시작하였다. '황제 홍타이지'가 어색하지 않고 자연스러운 그림으로 연상될 시점에 새로운 역사가 시작되었다.

홍타이지가 막강한 차하르부를 멸하고 하늘의 선택까지 받았다는 소문이 퍼져나가자 수천 리 떨어진 몽골 오르도스(顎爾多斯)부의 여러 부족까지 잇따라 성경(盛京)을 찾아 복속을 다짐하였다. 자신감이 커진 홍타이지는 후금, 즉 만주 독립국을 반석 위에 올려놓겠다는 기왕의 '소박한 꿈'을 버리고 대원의 영광을 재현하는 새로운 제국을 창건할 웅략을 그리게 된 것이다.

몽골대칸(大汗) 승계

몽골과의 10년 전쟁을 승리로 장식한 홍타이지는 몽골을 후금의 충실한 조력자로 만드는 작업에 나섰다. 홍타이지는 먼저 정복한 몽골지역에서부터 후금의 법률제도를 시행하기 시작하였다. 1629년 홍타이지는 이미 복속된 코르친과 아오칸, 나이만, 칼카, 카라친의 5부에 대해 '지금부터 우리 왕조(후금)의 제도를 준수할 것'을 명령하였다. 이때부터 후금은 명나라나 차하르부와의 작전을 펼 때 5개 부에 대해 병력제공을 의무화하였다.

더 나아가 1635년, 최강의 차하르부까지 정복하자 홍타이지는 막남몽골(내몽골)의 전(全) 부족들에게 후금의 법제를 준수할 것과 명과의 전쟁에 병력을 제공할 것을 강제하였다. 특히 몽골팔기제를 완비함으로써 대명전선(對明戰線)에 몽골기마대를 효율적으로 투입하였다.

몽골초원의 지배자가 된 홍타이지는 새로운 통치술로 몽골족을 단단히 묶어나갔다. 부한(父汗) 누르하치는 '몽골족은 구름과 같으니, 뭉치면 반드시 비가 내리지만 흩어지면 아무것도 아니다'는 논리를 설파한 적이 있다. 홍타이지 역시 누르하치가 언급했던 몽골족의 강약을 충분히 알고 있었다. "거친 몽골족은 뭉치지 못하게 막아야 한다. 부락단위로 잘게 나눠 통치해야 안전하다."

홍타이지는 막남몽골 맹주의 자격으로 몽골초원의 목초지를 나누고 유목민 호구조사도 시행하였다. 금계정책(禁界政策)이라고 불린 이 제도는 '초원의 목지를 잘게 나누고(分割牧地, 분할목지)' '각 지방의 호구 숫자를 나눠 정하는(分定地方戶口之數, 분정지방호구지수)' 방식이었다. 즉, 몽골 각 부락의 추장들은 정해진 경계가 있어 상대방의 땅 경계를 침범하지 못하도록 하였다. 또 추장의 봉지와 휘하의 호구수를 고정해 규모를 키울 수 없도록 하였고 소속 유목민의 자유로운 이주도 금지하였다. 이는 안정적인 초원질서 유지와 통치의 효과를 높이기 위한 분할정책이었다. 이 같은 세밀한 분할통치의 결과 막남몽골은 소규모 추장들이 수없이 할거하는 지역이 되었고, 청나라가 멸망하기까지 300년 가까운 긴 세월 동안 강력한 힘을 갖춘 지도자는 끝내 출현하지 못하였다.(청은 몽골족 추장들을 왕공(王公)이라고 부르며 정치적 이권을 보장해 주면서도 몽골족 우민화를 철저히 추진하였다. 몽골족과 한족의 왕래를 막고 한문공부를 허락하지 않았던 것이다. 몽골족은 한인학교에 들어가지 못하게 했고, 한족 선생을 모시지도 못하게 하였다. 몽골인들을 유목과 사냥에만 종사하도록 함으로써 지혜를 갖춘 걸출한 녀석의 출현을 막아버린 정책이었다.)

어쨌든 만주 출신의 홍타이지가 몽골을 지배하게 되면서 만주족과 몽골족 힘의 관계는 역전되었고 두 민족 간 적극적인 혼인정책 덕분에 민족갈등은 완화되고 범초원의 통합작업은 성공적으로 진행되었다. 그 결과 명나라 중심의 동아시아 체제와 대립되는 북방 유목민족의 연합세력이 태동하였다. 북방세력은 인구와 생산력 면에서는 중원에 훨씬 못 미쳤지만 기마군단의 강한 파괴력을 기반으로 대명 전쟁에서 시종일관 승리하며 갈수록 강해져 갔다.

홍타이지는 막남몽골 완전합병을 계기로 왕국체제에서 제국으로의 전환을 시도하였다. 이미 중국식 체제정비를 통해 '만주한(汗)'의 절대적 위상을 굳혔고 요동의 한인 지배구조를 안정화했으니 '한인 정복군주'의 위상도 창출한 셈이다. 여기에다 릭단칸을 몰아내고 몽골연맹의 맹주가 됨으로써 '대원제국의 대칸'이라는 위엄까지 확보하였다. 만주한이자 몽골대칸, 한인군주라는 위상을 두루 갖춘 홍타이지의 다음 수순은 황제 위(位)에 올라 '새로운 천명'을 천하에 주지시키는 일이었다.

만주국의 군사력에 압도된 데다 만몽 혼인정책과 목지분할이라는 효과적인 통치술에 저항할 수 없게 된 몽골족 지도자들이 먼저 결론을 내렸다. 1635년 말, 막남몽골 16부의 추장 49명은 연명으로 홍타이지에 '복드 세첸 칸(Bogda Sechen Khagan)'이라는 존호를 바치며 칭기즈칸의 정통을 승계하는 '몽골대칸'으로 공식인정하였다. '성스럽고 현명하고 인자한 칸'을 의미하는 복드 세첸 칸은 한자로는 관온인성황제(寬溫仁聖皇帝)로 번역되었다. 홍타이지는 이로써 스스로를 만주와 몽골 초원은 물론이고 중원 대륙까지 지배하는 황제로 자리매김하기로 결심하였다.

대청제국(大淸帝國) 출범

1636년 2월 후금의 여러 버일러들은 홍타이지에게 황제의 자리에 오르라고 상주하기로 의결했다. 그들은 '차하르 릭단칸의 아들이 투항하고 대원의 국새를 얻은 것은 하늘의 뜻이 정해진 것'이라며 속히 황제가 되어 신민들의 여망에 부응하라고 촉구했다. 하지만 홍타이지는 '아직 대업을 완수하지 못한 상황에서 먼저 황제가 되는 것은 하늘의 뜻에 순응하지 않는 것이라'며 고사하였다.

홍타이지는 슬쩍 한발을 빼면서 부하들의 반응을 떠본 셈이다. 후금의 신료들이 바보는 아니다. 이럴 때 적극적인 충성심을 보여주는 것은 나라를 위해서나 자신을 위해서나 나쁠 것이 없다. 홍타이지가 황제 등극을 거부하자 여러 버일러들을 비롯하여 만몽한 출신의 신료들이 모두 나서서 '속히 대호(大號, 황제 칭호)를 정하여 하늘의 뜻을 따르라'고 애걸하였다. 신료들의 간청은 이틀 동안 이어졌고 마지막에는 홍타이지의 친형인 대버일러 다이산까지 나섰다. 다이산은 여러 버일러들을 대동한 채 '죽을 때까지 충성을 바치겠다'고 맹세하며 황제 위에 오르라고 촉구하였다. 이렇게 하여 홍타이지의 황제 즉위는 반대 여론 없이 일사천리로 진행되었다.

1636년 3월 후금의 수도 성경에서 '쿠릴타이'가 열렸다. 쿠릴타이는 원래 몽골에서 대칸을 추대할 때 개최하는 '부족장 연석회의'를 뜻하는데 13세기 초, 테무친도 쿠릴타이를 통해 칭기즈칸(成吉思汗)이 되었다. 후금의 수도에서 쿠릴타이가 소집됐다는 것은 만주족 역시 몽골식 정치제도를 상당 부분 수용하고 있었다는 증거이다. 이때 모인 만주족과 몽골족, 요동의 한족 귀족들은 홍타이지를 대한(大汗)이자 황제로 추대하기로 결정하였다. 만주족 버일러들의 충성맹세와 몽골16부 추장들의 즉위 권유, 공유덕 등 한인 귀순자들의 요청을 받아들이는 형식으로 45살의 홍타이지는 1636년 4월 11일에 마침내 황제 위(位)에 올랐다.

홍타이지는 4월 11일 아침 일찍 문무백관들을 거느리고 심양의 천단(天壇)으로 행차하여 자신이 제위에 오른다는 사실을 천지에 고하였다. 홍타이지가 올린 축문은 다음과 같았다.

"만주국의 신(臣) 홍타이지가 감히 하늘과 땅에 고합니다. 저와 같은 하찮은 존재가 한(汗)의 자리를 계승한 이래 대도(大道)를 위하여 항상 생각을 궁리하고 시시각각으로 얇은 얼음을 밟듯이 근심하며 밤이 깊어서야 자리에 눕고 새벽이 되기 전에 일어나 힘쓰기를 10년이 되었습니다. 하늘은 자비로워 부조(父祖)의 도(道)를 일으키시어 조선국을 항복하게 했습니다. 몽골국을 하나로 통합하고 옥새와 강토를 얻었습니다. 안팎의 대신들과 백성들이 모두 나에게 공이 있다고 하며 존호를 선양하여 하늘의 뜻에 부합하고자 한다고 하여 나는 '대명과 아직 대적하고 있다. 존호를 받아들일 수 없다'고 말했지만 몇 번씩이나 거절할 수는 없었습니다. 뭇사람들의 뜻에 따라서 황제 위를 받아들이고 국호를 고쳐서 대청(大淸), 연호를 개원하여 숭덕(崇德) 원년으로 하였습니다."

홍타이지는 황제 즉위를 수용한 조건으로 만주와 몽골의 지배, 조선 평정, 대원 옥새 획득을 들고 있으며 부족한 조건으로는 대적 중인 명나라의 존재를 들고 있다.[1] 명나라 정복이 황제의 미래 과제임을 분명히 천명한 셈이다.

이어 즉위식장으로 향한 홍타이지는 단상의 황금의자에 앉아 홀로 남면하였고 여러 버일러와 대신들은 동쪽과 서편에 좌우로 도열하였다. 버일러와 대신들은 최고의 존경과 복종을 표하는 삼궤구고두례를 일제히 행하였다. 한(汗) 즉위 초기의 팔왕공치, 공동남면은 아득한 전설이 됐고 홍타이지는 이제 하늘의 아들로 격상된 것이다.

곧이어 만주, 몽골, 한인 대표자들이 각각 만주어, 몽골어, 한문으로 된 표문(表文, 신하가 임금에게 올리는 글)을 받들고 단의 동쪽에 섰다. 3개 민족 대표들은 홍타이지에게 천명이 내렸다면서 몽골식으로는 '성스럽고 현명하고 인자한 칸'이라는 뜻의 '복드 세첸 칸', 중국식으로는 관온인성황제(寬溫仁聖皇帝)라는 존호를 바쳤다.

홍타이지가 3개 민족 대표들의 주청을 수락하면서 황제 즉위식은 끝이 났다. 그런데 제국의 국호로 금(金)을 버리고 청(淸)을 쓰게 된 이유는 뭘까? '금'은 한족들이 치를 떨 정도로 싫어하는 국호였던 만큼 만주독립국이 아니라 중원 획득을 지향하는 입장에서 폐기했다는 것이 정설이다. 일각에서는 명(明)이 불(火)을 의미하는 만큼, 불에 녹는 쇠(金)를 버리고 불에 이기는 물(水)을 채택해 '물수변(氵)'이 들어간 글자 '청(淸)'을 썼다고 분석하기도 한다. 만주국이 음양오행설에 따라 물수변(氵)이 들어간 글자를 선호했다는 풀이는 나름 일리가 있다. 여진이란 족명을 버리고 채택한 만주(滿洲)도 '찰 만(滿)' '물가 주(洲)',

1) 이시바시 다카오, 『대청제국 1616~1799』, 홍성구 역, 휴머니스트, 2009, pp127~128.

모두 물수변이 들어간 글자이다. 하지만 물수변이 들어간 글자는 수 없이 많은데, 이를테면 '대만(大滿)'을 국호로 하지 않고 유독 청(淸)을 택한 이유를 설명하기에는 뭔가 부족하다. 그 이유는 아직도 밝혀진 바 없다.

이에 대해 나는 청명(淸明), '맑고 밝다'는 뜻을 지닌 좋은 단어에서 '밝을 명(明)'보다 앞에 쓰인 글자 '맑을 청(淸)'을 떠올리지 않았을까 상상해 본다. 특히 청명(淸明)은 양력 4월 5일 경에 도래하는, 24절기 가운데 5번째 절기로서 '하늘이 점차 맑아진다'는 좋은 뜻을 갖고 있다. 홍타이지가 황제 위에 오르고 국호를 바꾸기로 하던 시기가 '청명'을 즈음한 시절이란 점도 감안됐을 수 있다. '명(明)'의 앞에 쓰이는 글자 '청(淸)'을 국호로 정함으로써 명나라를 능가하고 명보다 더 위대한 국가를 건설하겠다는 웅지를 담은 것으로 풀이해 보는 것이다.

어쨌든 홍타이지가 황제 위에 오르고 국호를 대청으로 변경함으로써 '만주족 중심의 중간급 국가' 후금은 그 역할을 다했고 이제는 만·몽·한 여러 민족을 아우르는 '다민족 세계제국'이 등장한 셈이다.

대청제국의 출범은 홍타이지의 나라가 만주 일원에서 벗어나 요동과 내몽골 지배를 기반으로 명나라와 대등한 국가체제를 수립하였음을 뜻한다. 나아가 명을 멸하고 새로운 대청체제를 출범시키겠다는 의지를 표현한 셈이었다. 한족이 세운 명나라 중심의 동아시아 체제는 이제 북방연합세력의 도전을 받고 크게 변화될 운명에 처하게 되었다.

그런데 황제 즉위식 때 축하사절로 참석한 조선의 사신 나덕헌(羅德憲)과 이확(李廓) 등은 만, 몽, 한의 귀족들이 일제히 존호를 올릴 때 함께 절하기를 거부하였다. 조선은 명을 종주국으로 삼는 만큼 또 다른 황제는 인정할 수 없다는 논리에서였다. 열 받은 만주국 관리들이 조선사신단을 집단구타한 뒤 목을 베려하자 홍타이지는 "하찮은 분노 때문에 사신을 죽여 정묘년 맹약을 위반했다는 구실을 (조선에) 주지 않겠다"며 수하들을 달랬다.

이 일화에서 보듯이 홍타이지는 쉽게 흥분하지 않는 신중한 성품의 소유자이니 한마디로 대인의 풍모를 지녔다고 하겠다. 하지만 황제 즉위식이라는 축제를 망치게 한 것에 대해서는 유감이 적지 않았다. 귀국하는 조선 사신단에게 보낸 국서에서 조선 왕을 책망하는 한편 인질을 보내고 사과할 것을 요구하였다. 이 또한 잘 계산된 행마(行馬)이니, 장차 조선을 치기 위한 명분 축적용이었다. 그러나 조선은 국서를 묵살한 채 공식회답조차 보내지 않았다. 훼손된 황제의 권위를 살리기 위해서라도 청은 조선을 손보지 않을 수 없게 되었다.

병자호란이라는 조선의 대재앙은 홍타이지가 내몽골 전역을 통합하고 새로운 천하체제를 설계할 당시 이미 태동하고 있었다. 홍타이지는 내몽골을 복속시키고 황제 위에 오른 1636년이 저물기 전, 명나라의 최측근인 조선 정벌에 나섬으로써 기존의 동아시아 체제를 근본적으로 부정하고 새로운 판짜기에 나섰던 것이다.

끝없는 '벌(罰)' 골병든 명나라

영원-산해관으로 이어지는 요서회랑의 북방에 새로이 몽골루트가 열린 것은 홍타이지라는 호랑이에게 날개를 달아준 격이었다. 당시 명나라는 만리장성이라는 명성에만 의존한 채 북방 경비는 군비 부족으로 사실상 비워두고 있었던 바, 만몽연합군 기마대는 수시로 장성을 넘어 중원을 유린할 수 있었다.

홍타이지의 명나라 공격이 황제 등극 이후에 시작된 것은 아니다. 한(汗) 위에 오른 직후부터 숨질 때까지 쉴 새 없이 침공했으니 대규모 사례만 해도 8차례나 이어졌고, 만리장성을 넘어 중원을 직접 공략한 경우도 5차례나 됐다. 다만 황제국이 된 이후에는 공격의 명분이나 타격 정도가 강해진 측면은 있다. 상대가 강할 때는 말로 하지만 약할 때는 가차 없이 때린다. 담담타타의 달인답게 홍타이지는 '싸움의 정석'을 제대로 실천하였다. 즉위 초 짧은 혼란기에 담을 구사했을 뿐 거의 모든 시기를 타타로 일관하며 상대가 정신 차릴 수 없이 몰아부쳤다. 홍타이지의 연타작전은 책사 범문정의 전략과도 일치하였다. 범문정은 1635년 '4대 치국방침'을 건의하였는데 그 첫 번째가 '침범', 즉 명을 쉴 새 없이 공격해 지치게 함으로써 승리를 이끌어낸다는 전략이었다.(범문정은 1635년 4가지 치국의 방침을 건의하였다. 첫째는 '침범'이니 명나라를 쉴 새 없이 침공하여 지치게 함으로써 승리를 이끌어낸다는 전략이었다. 둘째는 '기다림'이니 명나라 내부에서 농민반란이 일어나기를 기다려 '어부지리'를 얻는 전략이다. 셋째는 '호칭'이니 홍타이지로 하여금 '황제'를 칭하게 하여 정권의 정통성을 세우는 것이었고 넷째는 '체제건립' 즉 역대 정치체제와 제도를 참고하여 새로운 대청체제(大淸體制)를 세움으로써 훗날에 대비하는 것이었다.[2] 가히 한 시대의 종지부를 찍고 새로운 하늘을 열만한 대계였다. 이 전략은 홍타이지에게 전적으로 수용돼 성공적으로 실행되었다.)

　홍타이지는 중원을 잇달아 공격하면서 언제나 명분을 중시하였다. 자신들은 평화로운 관계를 유지하고자 하였지만 명나라가 화담(和談)에 응하지 않고 보상금도 주지 않아 어쩔 수 없이 그 '죄'를 묻지 않을 수 없다는 등의 논리를 내세웠다.(사실 만주국은 전투이든 외교이든 주도권을 잃지 않았다. 군대 싸움은 기습이나 선제공격으로 주도권을 쥐었고, 외교에서는 명분론으로 정치적 고지를 장악하였다. 싸움에서 주도권을 확보한다는 것은 승리의 보증수표이니 만주국 성공의 비결은 주도권 장

2) 열국연의, 「만청제국의 개국공신 범문정」, http://www.yangco.net/new0822/?doc=bbs/ gnuboard.php&bo_table=1china_9&page=2&wr_id=29(2015.05.10).

악에서도 찾을 수 있다.) 어쨌건 만주국의 쉴 새 없는 '벌주기'에 상대는 평정심을 잃고 무너지기 시작하였다. 무방비 상황에서 연속 강타를 맞은 명나라는 극심한 재정난에다 정신적 충격까지 겹치면서 전략 부재의 그로기 상태에 빠지게 된다. 홍타이지의 북방연합군과 싸우면서 재정이 고갈된 명은 체제를 유지할 역량까지 소진하게 되었고, 견디다 못한 농민들이 도처에서 반란을 일으키면서 멸망으로 치달았다.

외곽을 때려 중심을 허문다

국가체제 정비와 막남몽골 제압에서 일정한 성과를 내면서부터 홍타이지는 '최종 목적지' 중원으로 눈을 돌리기 시작하였다. 명나라는 대국이면서도 늙은 공룡마냥 스스로의 몸무게를 이기지 못한 채 깊은 신음을 하고 있었다. 젊은 늑대에게 늙은 공룡의 푸짐한 살점은 생존을 위해서라도 포기할 수 없는 먹이였다. 중원과의 교역이 끊긴 상태에서 신생 만주국이 살아남기 위해서는 약탈 외에는 다른 대안이 없었던 것 또한 사실이다.

앞에서 언급했듯이 홍타이지는 중원을 침공하고 약탈하면서도 명분을 포기하지 않았다. 그는 과중한 세폐를 요구하는 등 상대가 들어주기 힘든 조건을 내걸긴 했지만, 공격에 앞서 명과의 협상과 화친을 수시로 내걸었다. 그럴 때마다 명 조정은 의견이 갈려 결론을 내리지 못하고 시간을 끌었다. 어떤 사안이든 두 패로 나뉘어 싸우던 명나라 조정은 '전쟁을 막기 위해 요구를 들어주자'는 측과 '오랑캐와는 협상할 수 없다'는 주장이 팽팽히 맞서곤 하였다.

명이 결론을 내리지 못할 때 홍타이지는 비로소 개전(開戰)에 나섰다. "우리는 무자비한 침략자가 아니다. 명과의 화친을 희망했는데 명이 들어주지 않아 답답해서 공격한다."는 논리를 내세웠다. 불법적인 침공이 아니라 오히려 잘못을 범한 명을 벌한다는 주장이었다. 전쟁의 책임을 언제나 피해자인 명에게 떠넘기는 영리한 수법 탓에 만주국은 명분에서도 결코 밀리지 않았다.

홍타이지의 중원 공략에서 보이는 특징은 적의 중심, 북경성(北京城)을 곧장 노린 전면전보다는 '수시로 외곽을 부수는' 중간 규모의 전쟁을 선호하였다는 점이다. 한꺼번에 수십만의 전군을 동원해 공격하려면 병사와 군수물자 확보 면에서 쉬운 일이 아니다. 공격력은 높아지겠지만 공격의 빈도는 뜸해질 수밖에 없다. 그러므로 홍타이지는 많아야 10만, 적을 땐 2~3만 명의 병력을 수시로 투입해 아군의 희생은 최소화하는 대신 적의 피로도를 극대화하는 전술을 썼다. 한마디로 소규모 투자를 자주 시도해 많은 이득을 올리는 방안이었다. '외곽을 때려 중심을 허무는 작전'과 관련해 홍타이지는 이런 얘기를 남겼다.

> "연경(燕京, 북경)을 취하는 것은 마치 큰 나무를 벌목하는 것과 같다. 양쪽에서 도끼질을 계속하다 보면 (힘들게 밀어 넘기지 않아도) 스스로 넘어갈 것이다."[3]

---

3) 난빙원, 『명사(明史) 하권』, 상하이인민출판사, 2001, p1026에서 재인용.

'큰 나무를 베려면 먼저 잔가지들을 정리한 다음 줄기를 자른다'는 방책인 것이다. 홍타이지가 북경성을 직접 노린 적은 꼭 한 번 있었으니 1629년 10월의 제1차 중원 공격 때의 일이다. 몽골루트를 이용한 기상천외의 작전이었지만 원숭환군의 강한 저항에다 높은 성벽에 막혀 북경성 내부로 진입하지는 못하였다.(다만 반간계로 원숭환을 제거한 것과 홍이포를 입수한 것은 뜻밖의 횡재였다.) 명의 국토방어 체계는 허술한 것으로 유명했지만 황제가 거주하는 북경성 만큼은 나름대로 요새화되어 있었다. 따라서 황성을 직접 노릴 경우 공격군도 상당한 피해를 감수할 수밖에 없었고 무너뜨리기도 쉽지 않았다. 높고 튼튼한 담장이 겹겹이 층을 이룬 북경성은 만주기마병이 작전하기에 용이하지 않은 장벽이기도 하였다.

이런 이유로 홍타이지는 명의 심장인 북경성을 직공(直攻)하기보다는 금주성(錦州城) 등 요서 기지를 공격하거나 멀리 만리장성을 돌아 넘어 북경 주변을 짓밟는 전술을 선호하였다. 특히 하북성과 산서성, 산동성이 주 공략지였다. 이곳은 북경에서 비교적 가까워 무슨 일이 생기면 수도(首都)가 공황상태에 빠지게 된다. 반면 방어벽은 상대적으로 허약한 데다 지형도 평원지대여서 철기군이 기동하기에 편리하였다.

홍타이지는 요서 일대에서 끊임없는 긴장을 일으켜 명의 정예군을 요서회랑에 묶어두는 한편, 전후 5차례나 몽골루트로 만리장성을 넘어 북경 주변부를 공격함으로써 명의 방어체계를 뿌리부터 흔들어버렸다. 만주군의 잇단 공격을 막기에 급급하다 보니 명나라는 황제로부터 말단 관료까지 평정심을 잃게 되었고 위기 대응력도 약화되었다. 사람에 비유하면 명은 잇단 강타를 맞고 뼛속까지 상하는 '골병(骨病)'에 걸린 셈이었다. 1620년대까지만 해도 명은 그런대로 멀쩡했고 총체적인 국력도 만주국을 훨씬 능가했지만, 만주의 중원 침략이 본격화된 1629년부터 불과 몇 년 사이에 '중환자(重患者)'로 바뀌어 버렸다.

홍타이지가 중원 정복전을 만주족만이 아니라 범북방세력 연대로 수행했다는 점도 의미가 크다. 비록 약화됐다 해도 중원 전역을 지배하는 명나라인 만큼 만주족 홀로 상대하기가 벅찬 데다 만주에서 중원을 잇는 최단선이 명의 정예군이 두텁게 포진한 산해관(山海關)을 넘는 외길이었기 때문이다. 결국 홍타이지는 만주족과 몽골족, 요동 한인, 투항조선인까지 아우른 북방연합군(北方聯合軍)을 동원하되 몽골 땅을 관통하는 루트로 명나라 핵심부를 공격하였다. 명과 싸우는 동안 북방연합군 사이에는 종족적 차별의식은 약화되고 공동의 목표가 커져갔으니, 이는 '신생 만주국'의 내부통합에도 적잖은 도움이 되었다.

여러 북방 오랑캐의 연대로 중원을 정복한 다음 수십 개 민족을 아우르는 대제국을 건설한다는 홍타이지의 심모웅략(深謀雄略)은 그의 손자대인 강희제 치세가 되면 현실로 등장한다. 또한 강희, 옹정, 건륭으로 이어지는 강건성세(康乾盛世) 때 이룩한 청의 영토와 수십개 민족을 포용한 제국의 틀은 고스란히 현대 중국으로까지 이어지고 있다. 이런 점에서 홍타이지는 현대 중국의 설계자라고 해도 과언이 아니다.

홍타이지는 또 출전하는 병사들에게는 "포로들의 가족은 분리시키지 말 것이며 그들의 옷은 빼앗지 말라"고 세세히 지시하는 등 심리전과 선전전도 중시하였다. 이제는 홍타이지의 중원 정복 과정을 시간 순으로 따라가 보자.

1627년 영금(寧遠·錦州)전투 실패, 벌명(伐明)작전 변경

홍타이지는 한(汗) 등극 이듬해인 1627년(丁卯年) 정월 조선을 공격하여(정묘호란) 형제지맹(兄弟之盟)을 체결하고 세폐를 받기로 하면서 군략을 갖춘 지도자임을 내외에 과시하였다. 후금은 기세를 몰아 1627년 5월에는 요서의 명나라 전방기지인 영원성과 금주를 공격하였다. 홍타이지가 제의한 평화회담과 예물 요구를 명이 거부한 데 대한 응징의 의미와 함께 1년여 전, 부친 누르하치가 영원성을 공격하다 패배한 데 대한 복수전의 성격도 띠고 있었다.

홍타이지는 5월 6일 직접 대군을 몰고 심양을 출발해 대·소릉하(大·小凌河)와 우둔위(右屯衛) 등의 성보(城堡)를 점령하고는 금주성을 완전 포위하였다. 당시 금주성은 총병 조솔교(趙率敎)가 3만의 군사로 지키고 있었는데 방어체제가 씩씩하게 정비돼 있었다. 원숭환이 버티고 있던 시절 요서의 방어시스템은 나무랄 데가 없었다. 후금군은 14일이나 강공을 퍼부었지만 조솔교는 화포를 적절히 활용해 공격군을 격퇴하였다.

금주성을 깨뜨리지 못한 홍타이지는 다급한 김에 원숭환이 직할하고 있던 이웃의 영원성을 공격하였다. 홍타이지는 다이산과 아민, 망굴타이 등 대버일러들과 함께 총력전을 폈지만 단단한 영원성은 끄떡도 하지 않았다. 영원성에서 발사한 홍이포가 터질 때마다 병사들이 수십 명씩 죽거나 다쳤다. 홍타이지는 난공불락 영원성을 포기하고 또다시 금주성을 때려 보았지만 역시 자신의 병사들만 상할 뿐 소득은 없었다. 이때 만주군은 홍이포를 입수하지 못하고 있었기에 영원과 금주의 높고 튼튼한 성벽을 뛰어넘기 힘들었다. 결국 한으로 등극한 지 8개월 만에 시도했던 홍타이지의 영원·금주 공격은 원숭환의 견고한 수성전략에 밀려 빈손으로 귀환하였다. 명나라는 이를 '영금대첩(寧錦大捷)'이라 부르며 홍타이지를 조롱하였다.

1626년 아버지 누르하치의 영원성 패배에 이어 1년 후 자신이 주도한 영금전투도 원숭환이란 '덫'에 걸려 성공을 거두지 못하자 홍타이지는 실패를 종합적으로 분석해 새로운 결론을 도출하였다. 금주-영원-산해관으로 이어지는 원숭환의 철통 방어선을 정면으로 뚫는다는 것은 바람직한 전략이 아니라고 판단한 것이다. 방법이 틀렸으면 신속하게 시정하는 것이 오랑캐의 강점이다. 홍타이지는 전혀 새로운 대명 공격루트를 개척해 영금전투의 패배를 만회하게 된다.

제1차 중원 공격(1629년 10월~1630년 2월)과 원숭환의 몰락

천총 3년(1629년) 기사년(己巳年) 가을, 홍타이지는 사촌동생 지르갈랑으로 하여금 금주와 영원 인근을 공격하도록 하여 원숭환의 주의력을 요동·요서 일대로 묶어 두었다. 그런 다음 10월에 홍타이지가 친히 주력군과 몽골의 각부에서 징발한 군사 등 10만 명을 이끌고 영원과 금주의 북쪽 길을 타고 서진해 내몽골 방면으로 행군하는 기상천외한 작전을 펼쳤다. 지리를 잘 아는 몽골 코르친 부족을 향도로 삼았다. 상대의 허를 찌르는 종잡을 수 없는 묘수, 오랑캐 전략의 일환이다.

후금군은 북경 북방에 이르렀을 즈음 세 방면으로 나뉘어 각각 남으로 방향을 틀어 하북성 용정관(龍井關)과 홍산구(洪山口), 대안구(大安口)를 통해 만리장성을 넘어 '관내로 진입(入關)'하였다. 파죽지세의 후금군은 준화(遵化)를 점령한 다음 경사(京師, 북경)에까지 접근하였다. 이른바 기사전역(己巳戰役)이다.

나는 기사전역이야말로 만주국이 명을 군사적으로 압도하는 변곡점이 되는 한편 홍타이지가 대륙정복의 꿈을 갖게 된 결정적인 계기였다고 평가한다. 침공 루트가 특이하고 전투양상도 치열했지만 무엇보다 명청 교체의 분수령이 된 '역사적 싸움'이었다.

어쨌든 수도인 북경에 출현한 후금군을 본 명나라 조정은 경악하였다. 명과 후금 사이의 전쟁은 오래됐지만 어디까지나 천 리 밖 요동의 일이었다. 그런데 이젠 사정이 달라진 것이다. 비상이 걸린 명 조정은 도성계엄(都城戒嚴)을 선포하고 사방의 군대에게 동원령을 내려 수도방어를 위해 상경하도록 독촉하였다.

이때 원숭환은 하북·요동지구 총사령관 격인 계요독사(薊遼督師)로 승진해 있었는데 적의 침공 소식을 듣고 밤낮으로 군사를 몰아 북경성에 도착했다. 인마(人馬)가 모두 지쳤지만 피로를 풀 새도 없이 광거문(廣渠門)과 좌안문(左安門) 일대에서 후금군과 싸워 몰아냈다. 시가전에선 만주 철기가 별다른 위력을 발휘하지 못했지만 북경을 공황상태로 몰아넣은 이 작전은 명나라의 최대 버팀목 원숭환을 제거

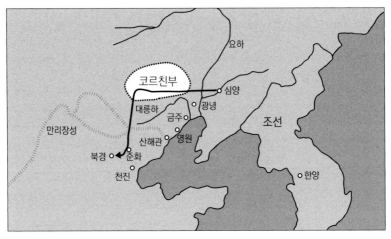

기사전역 후금군 침공도 코르친부의 안내를 받아 내몽골 초원을 타고 서진한 뒤, 북경 북쪽에서 남쪽으로 방향을 틀어 만리장성을 넘어 북경성을 공략하였다.

하는 뜻밖의 성과를 거두게 된다. 당시 명나라 조정과 백성들은 후금군이 몽골루트를 타고 북경으로 접근했을 것이라고는 생각하지도 못하고 당연히 요서회랑을 통해 진입했을 것으로 짐작하였다. 그렇다면 요서를 지키는 원숭환과 공모했을 수 있다는 의심이 생길 수밖에 없는데, 홍타이지의 반간계(反間計)에 걸려들어 결국 훌륭한 장수를 죽이기에 이른다.

원숭환은 워낙 비중이 큰 인물이므로 그의 몰락과정을 자세히 살펴볼 필요가 있다. 원숭환은 북경이 포위됐다는 소식을 듣자마자 쉴새 없이 말을 몰아 이틀 만에 300여 리를 돌파하였는데 워낙 빠르게 달려왔던 탓에 북경에 도착한 군사는 9,000여 명밖에 되지 않았을 정도였다. 원숭환은 북경 광거문 앞에 진을 치고는 병사들이 너무 지쳤으니 북경에 들어가 쉬게 해달라고 황제에게 요청했지만 의심병이

도진 숭정제는 서둘러 적을 물리칠 것만 요구하였다.

이때 북경에서는 흉흉한 소문이 떠돌고 있었다. 만주군이 북경성까지 침공한 것은 원숭환이 내통하여 적군을 끌어들였기 때문이라는 내용이었다. 당시 후금군은 이듬해인 1630년 2월까지 장장 117일 간이나 수도 인근지방을 휩쓸면서 엄청난 인명과 보물, 물자를 약탈하였는데 이에 대한 불안과 공포, 분노가 어이없게도 원숭환에게 옮겨간 셈이었다.

도둑을 지키지 못한 개는 매를 맞기 쉬운 법이다. 후금군을 방어할 책임자는 계요독사 원숭환인데, 이유야 어쨌든 제대로 지키지 못하고 수도를 위태롭게 만들었으니 입지가 흔들릴 것은 정한 이치였다.

이때 원숭환은 몇 가지 약점을 갖고 있었다. 우선 1628년 4월 숭정제로부터 '계(薊, 하북성)'와 '요(遼, 요동·요서)'의 군정을 총괄하는 계요독사라는 요직을 받고 황제와 면담한 자리에서 "어림잡아 5년이면 요동 땅을 모두 회복할 것"이라고 큰소리를 친 일이다. 그랬던 장수가 불과 1년 만에 적을 수도로 보냈으니 황제의 배신감과 실망감이 컸다. 사람은 자신감이 있어야 하지만 지나쳐도 문제가 된다.

또 후금군이 입관하기 넉 달 전인 1629년 6월, 조정의 허락도 받지 않은 상태에서 가도의 모문룡을 체포해 목을 벤 사건도 충격파가 컸다. 모문룡이 '해상천자(海上天子)'를 자처하며 전공을 과장하고 군자금을 횡령하는 등 장난을 친 죄가 컸지만 총병(總兵)의 직위를 지닌 고급장교를 죽이려면 황제의 재가가 있어야 했다. 하지만 다급한 원숭환이 이런 절차를 생략한 채 여순 앞바다 쌍도(雙島)란 섬으로 불러들여 즉결처분했던 것이다. 물론 원숭환은 숭정제로부터 가이편의(可

以便宜, 편의에 따른 군법시행을 허락한다는 의미)를 인정받았고 모문룡의 죄상도 널리 알려져 있었기에 당시엔 큰 문제가 되지 않았지만 어쨌든 권력남용이란 비판을 살만 했다. 황제와 대신들이 상당한 의구심을 갖고 원숭환을 보게 된 것도 사실이었다. '원숭환이 많이 컸구나' 하는 생각들을 하였던 것이다.

원숭환이 몰리고 있음을 간파한 홍타이지는 북경 외곽의 남해자 (南海子, 지금의 베이징 남부지역)로 군사를 물린 뒤 휴전을 청하는 동시에 원숭환 제거를 위한 반간계를 구사하였다. 홍타이지의 한족 수하인 범문정이 건의했다는 설이 많다. 당시 후금군에 명나라 황궁의 태감(환관)이 포로로 잡혀 있었다. 홍타이지는 태감을 감시하는 자들에게 '후금과 원숭환이 내통하고 있다고 여기도록 거짓 기밀을 슬쩍 흘릴 것'을 지시하였다. 감시 군졸들이 "우리 한(汗)과 원숭환이 북경을 함께 치기로 약속했다. 그래서 우리 군대가 북경까지 진격할 수 있었다"는 내용의 대화를 태감이 들을 수 있도록 나누었다. 그런 다음 감시를 느슨하게 하는 방법으로 태감이 달아나게 조치하였다. 살아서 황궁으로 귀환한 태감은 이를 상부에 보고하였고, 결국 숭정제에게까지 전해졌다.

원숭환을 제거하기 위한 이 작전은 사실 졸렬한 수법이니 상대가 정상적인 상태라면 결코 통하지 않을, 수준 낮은 이간책이다. 그러나 당시 공황상태에 빠져 있던 명나라는 '체제의 치매 현상'을 겪고 있었기에 즉시 효험을 나타내었다.

태감의 보고를 듣자마자 19살의 숭정제는 흥분한 나머지 앞뒤 따져보지도 않은 채 원숭환을 불러들여 '죽일 역적 놈' 운운하며 죄를 묻기 시작하였다. 영문을 모르고 붙들려 간 원숭환은 어이없는 질문에 당황하여 제대로 답변을 못하다가 결국 황제 호위군에 체포돼 투옥되었다. 황제는 원숭환이 적과 내통했기에 그의 죄를 묻지 않을 수 없다는 성지(聖旨)를 내렸다. 물론 원숭환을 살리려는 시도가 적지 않았다. 원숭환을 기용한 손승종은 "적이 성 아래 와 있는 상황에서 스스로 장성(長城)을 허물 수는 없다"며 구명을 위한 시문까지 지어 바쳤다. 하지만 의심 많은 숭정제의 생각은 바뀌지 않았다. 명나라가 안팎으로 몰리던 시절, 숭정제의 의심병은 거의 정신병 수준이어서 누구의 호소나 해명도 통하지 않았다.

결국 원숭환은 이듬해인 1630년 9월 22일 북경 서시 거리에서 온몸의 살점을 잘라내어 죽이는 처참한 책형(磔刑)을 당했다. 명나라 말기의 최대 버팀목이던 원숭환… 후금에서 극히 꺼려하던 명나라의 기둥은 홍타이지의 반간계에 걸려 어이없이 뽑혀나갔다.

'의인물용 용인물의(疑人勿用 用人勿疑), 의심스런 사람은 쓰지 말고 일단 쓴 사람은 의심하지 말라'는 것이 용인술의 기본이다. 하지만 나이 어린 최고지도자가 부하를 믿지 못하고 의심해 죽이니 명의 문무 관료사회에는 보신주의, 눈치풍조만 횡행할 뿐 나라를 위해 몸을 던지겠다는 '바보'는 모두 사라져버렸다. 명의 멸망은 숭정제가 자초했다고 해도 과언이 아니다.

원숭환의 억울한 죽음과 함께 명나라 문무 관료들의 애국심과 황제에 대한 충성심은 결딴이 났다. 명은 이때 절반쯤 망한 셈이었다. 실제로 원숭환이 투옥된 이후 요동을 방어하던 장졸들의 사기는 급격히 저하되었고 명군 장수들이 잇따라 후금에 투항하는 배경이 되었다.

결론적으로 홍타이지는 전투에서는 한 번도 제압하지 못했던 최대 적수 원숭환을 모략을 통해 힘들이지 않고 제거하였다. 몽골루트를 이용한 기습이 명의 조야에 커다란 공포와 충격을 안긴 데다, 명의 마지막 보루 원숭환이 어이없이 제거됨으로써 1629년의 기사전역은 만주국이 명나라를 압도하는 '터닝 포인트'가 되었다는 것이 필자의 분석이다. 실제로 기사전역 이후의 모든 싸움에서 힘의 균형이 만주 쪽으로 급격히 기울어진 양상을 나타낸다.

만주군은 기사전역에서 준화(遵化)와 난주(灤州), 영평(永平), 천안(遷安) 등 북경 인근의 주요 도시들을 점령하였다. 특히 영평에서는 유럽인들로부터 훈련받은 일군의 홍이포 장인들을 장악함으로써 '17세기의 핵무기'를 가질 수 있는 성과도 거두었다. 홍타이지는 원숭환이 감옥에 갇혀 있던 상황에서 점령지들을 군사들로 하여금 지키게 하고, 주력군과 함께 개선가를 힘차게 부르며 심양으로 귀환하였다.

대릉하성 포위전 성공(1631년 8월~10월)

숭정제는 원숭환을 죽인 뒤 손승종(孫承宗)을 병부상서로 임명하여 관내외 군사업무를 총관장하게 하였다. 손승종은 준하와 영평, 난주, 천안 등 북경 주변의 4성을 곧바로 수복하고는 군대를 관외로 보내어 대릉하성을 수축하는 등 방어태세를 강화하였다. 손승종이 요서에 뿌리를 내리면 곤란하다고 판단한 홍타이지는 천총 5년(1631년) 8월 5일 밤 4만 명의 군대를 이끌고 대릉하성을 포위하였다. 원숭환의 측근 조대수(祖大壽)가 대장으로 있던 대릉하성의 군사는 1만 5,000명 정도였고, 성벽 공사를 하던 인부와 상인 등 민간인도 5,000명 남짓 있었다.

홍타이지는 1627년 영금(寧錦) 전투의 실패를 교훈 삼아 그 이후에는 성벽을 향해 돌격하는 전통적인 만주식 공격법을 가능한 자제하였다. 명군이 보유하고 있는 홍이포와 불랑기 등 화포의 위력을 잘 알았기 때문이다. 홍타이지는 홍이포의 사정거리에서 벗어난 3리(1.2㎞) 바깥에 참호를 파라고 지시하고 참호의 바깥에는 담을 쌓았다.

대릉하성 공격 당시 후금군은 방어군보다 화력이 더 우세했을 뿐 아니라 명군의 화포 위력을 속속들이 알고 있었다. 만주군은 1629년 기사전역 때 귀순한 장인들이 만든 6문의 홍이포와 54문의 대장군포로 대릉하의 성벽을 차근차근 부수었다. 동시에 대릉하성에서 금주로 이어지는 길에 군사들을 배치하여 지원군의 접근을 철저히 차단하였다. 성을 고립시킨 상태로 장기전을 펼쳐 고사시키겠다는 작전이었다. 참고로 홍타이지의 대릉하성 고립작전은 병자호란 당시 남한산성 포위 때도 반복된다.

조대수는 수시로 기마병을 보내 포위망을 뚫고자 시도했지만 모두 실패하였다. 대릉하성을 구원하기 위하여 인근 송산성과 금주성에서 몇 차례 지원군을 보냈지만 후금군에게 패해 소용이 없었다. 명군은 급기야 산해관에 있던 4만 대군을 대릉하로 보내 홍타이지와의 일전을 시도하였다.

9월 27일 소릉하 인근에서 벌어진 전투는 애초 후금군 쪽으로 불던 바람이 역풍으로 바뀌면서 명군이 대패하였다. 명군 사령관 장춘(張春)을 비롯한 33명의 지휘관이 후금의 포로가 될 정도였고, 전투를 감독하던 손승종은 산해관으로 도망쳤다.

구원군이 족족 패주했던 데다 외부 지원마저 끊긴 상황에서 식량과 땔감, 마초(馬草)가 고갈되고 있었다. 9월 19일 포로로 잡힌 명군 병사는 "성안에 남은 곡식이 불과 100석뿐이고 탈 수 있는 말은 70마리밖에 없습니다. 인부들의 절반이 굶어 죽었고 살아남은 병사들은 말고기로 버티고 있으며 말안장을 쪼개 불을 피우고 있습니다."고 진술하였다. 10월 10일 후금에 투항한 왕세룡(王世龍)은 "성안의 양식은 다 떨어졌고 인부와 상인들은 모두 죽었으며 남아 있는 병사들은 서로를 잡아먹고 있습니다."라는 충격적인 진술을 하였다.

장기 포위로 목줄을 죄어가는 동시에 홍타이지는 회유작전을 병행하였다. 조대수에게 여러 차례 사람과 편지를 보내 투항을 권고했지만 성과를 얻지 못하자 후금군은 10월 20일 편지가 묶인 화살들을 성안으로 날렸다. 홍타이지는 편지에서 명 지휘관들이 자신의 명예를 위해 부하들에게 참혹한 고통을 강요하고 있다고 비난하면서 병사들에게 '너희는 죽어봤자 이름도 남기지 못하는데 왜 다른 사람의 고기가 되느냐'며 '상관을 죽이고 귀순하는 자에게는 벼슬을 주겠다'고 심리전을 폈다.

양식이 떨어진 데다 '다른 사람의 고기' 운운하는 고도의 심리전에 군심이 흔들리자 견디지 못한 조대수는 1631년 10월 28일 스스로 성문을 열었다. 홍타이지는 부하들을 1리 밖까지 보내 조대수를 환영하였다. 조대수가 무릎을 꿇고 신하의 예를 올리겠다고 하자 홍타이지는 만류하면서 그를 끌어안았다. 홍타이지가 삼궤구고의 항복의식 대신 만주식 포견례(抱見禮)를 행한 것은 '거물'의 투항에 대한 기쁨과 배려였던 셈이다. 홍타이지는 대릉하성에서 1만 1,000명의 명군 장졸과 3,500문에 이르는 화기들을 챙겨 심양으로 개선하였다.

중원 3연전(1634년, 1636년, 1638년)에 중국 '그로기'

1634년과 1636년, 1638년 등 2년 간격으로 3차례 연속된 만주국의 입관(入關) 공격은 중국에 결정적인 타격을 입혔다. 먼저 1634년 5월 홍타이지는 군사를 이끌고 심양을 떠나 내몽골 길을 에돌아서 7월에 만리장성을 넘었다. 1629년 기사전역 이후 두 번째 입관 공격이었다. 즉, 서쪽으로 내몽골 깊숙한 지경으로 진군한 뒤 하북성의 상방보(上方堡)와 덕승보(德勝堡), 독석구(獨石口), 용문관(龍門關)을 통해 만리장성을 넘어 하북성 선부와 산서성 대동 지역을 50일이나 유린하고 약탈해 수많은 인축과 재물을 획득한 뒤 8월 초 별다른 저지를 받지 않은 채 심양으로 귀환하였다.

앞의 3부 10장 '돈을 버는 전쟁, 약탈로 경제부흥'에서 언급했지만 홍타이지의 중원 공격은 땅을 점령할 목적이 아니라 철저히 포로와 가축, 금은보화를 획득하는 경제전이었다. 때문에 특정 성시(城市)를 공격할 때 방어가 튼튼해 시일을 끌 것 같으면 곧바로 포기하고 인근의 다른 성곽이나 도시를 공략해 포로와 재물을 획득하였다. 예컨대 대동성(大同城)이 닷새 동안의 공격에도 무너지지 않자 후금군은 인근의 서안보(西安堡)로 옮겨가 함락시켰다. 후금군의 약탈에 대해

숭정제(崇禎帝, 1611년 2월 6일~ 1644년 4월 25일) 명나라 제16대 황제(재위 1628~1644년)로 이름은 주유검(朱由檢)이다. 즉위 직후부터 여러 차례 신하를 죽였고, 특히 1630년 산해관에서 만주족으로부터의 방어를 혼자서 맡고 있던 명장 원숭환(袁崇煥)을 죽인 일은 치명적이었던 것으로 평가된다.

명의 반격은 미미하였다. 명의 정예군이 요서를 지키느라 급급하는 사이 후방의 방어태세가 그만큼 허약했진 탓이다. 홍타이지는 명나라 여러 장군들에게 서신을 보내 "짐이 두 달에 걸쳐 농토를 유린하고 성지(城池)를 공략하였지만 일찍이 대적하는 자 한 명도 없고 화살 한 발을 쏘는 사람도 없었다."고 조롱하였다.4)

천총 10년(1636년) 4월, 국호를 금에서 대청으로 바꾸고 황제 위에 오른 홍타이지는 6월에 이복동생 아지거(阿濟格)와 아바타이(阿巴泰)에게 8만 군사를 맡겨 세 번째로 내몽골 길을 에돌아 입관 공격을 지시하였다. 명나라를 대신할 '새로운 황제국'의 출범을 중원에 경고하기 위한 목적도 컸다고 여겨진다. 후금군에서 '청군(淸軍)'으로 바뀐 홍타이지의 군대는 6월 27일에 하북성 독석구(獨石口)를 통해 만리장성을 넘은 뒤 연경을 거쳐 거용관으로 진입하여 순의, 창평 등 북경 인근 성들을 깨뜨리기 시작하였다. 아지거 등이 이끈 군대는 북경을 둘러싼 하북성 일대 12개 성을 격파하고 인축(人畜) 18만을 획득하

---

4) 난빙원, 『명사(明史) 하권』, 상하이인민출판사, 2001, p1019.

였다.

　당시 청군의 공격은 '편유기내(遍踩畿內)'라는 말로 함축됐으니(『청태종실록』의 표현이다.) '기내(북경을 둘러싼 하북성)를 모조리 유린했다'는 무서운 의미이다. '새 제국'의 힘을 과시하고 인축재물을 약탈하는 한편 북경주변 명군의 실력을 테스트할 목적에서 시작한 3차 중원 공격도 청군의 일방적인 승전이었다.[5] 큰 전과를 올린 청군은 개선가를 부르며 적지를 유유히 행군한 끝에 9월 초 국경을 넘어 귀환하였다.

　참고로 이즈음 만주군의 전과(戰果) 기록을 보면 '인축 몇 만'이라는 표현이 자주 나오는데 이는 사람(포로)과 가축을 같은 맥락으로 파악했다는 의미이다. 즉, 포로와 가축을 따로 구분하지 않고 순전히 경제적인 잣대로 파악했다는 말이다. 만주군의 중원 공격이 경제적 목적이 컸음을 말해주는 유력한 증거이다.(명나라 하북성 일대를 쑥대밭으로 만들었던 군사들이 9월에 귀국하고 불과 석 달 뒤인 1636년 12월에 홍타이지는 조선을 친다. 병자호란이다. 당시 중원에서 확보한 산더미 같은 강탈물 덕분에 청의 재정은 나쁘지 않았기에 굳이 조선을 약탈해야 할 이유는 별로 없었다. 그런데도 서둘러 전단을 연 것은 '새 황제의 권위 회복'을 위한 정치적 목적이 컸다고 하겠다. 이는 '책 속의 책-병자호란, 피할 수 있었던 어리석은 전쟁'에서 상세히 다룬다.)

　숭덕 3년(1638년) 9월 청군은 네 번째로 내몽골 땅을 거쳐 입관하였다. 주력군을 이끌고 영원성 방면으로 진군해 명군의 눈을 속인 홍

5) 앞의 책, pp1020~1021.

타이지는 이복동생 도르곤과 조카 요토로 하여금 만리장성을 넘게 하였다. 도르곤은 청산관(淸山關), 요토는 장자령(墻子嶺)을 넘어 관내로 진입한 다음 북경 주변 하북성은 물론이고 산동성 제남(濟南)에 이르기까지 넓은 지역을 도륙하였다.

홍타이지 자신은 금주와 영원 일대에서 군사력을 시위함으로써 명나라의 정예군을 요서 국경선에 묶어두었다. 청군은 이번 공격에서 명군과 57차례의 접전을 모두 이겼으니 명군 장수 노상승(盧象昇)을 죽이고 2,000리 땅에 70여 개 성을 함락시켰다. 비록 요토를 잃었으나 제남에서 황족인 덕왕(德王) 주유추(朱由樞)를 사로잡아 성경으로 압송하였고 포로 46만 명에 백금 100여만 냥을 노획하는 등 수확이 풍성하였다. 이번 4차 공격의 경제적 성과는 이전 3차례 약탈을 모두 합친 것보다 컸으니 명이 입은 타격도 그만큼 심각하였다.

명나라에 심대한 경제심리적 타격을 입힌 도르곤 등은 이듬해인 1639년 2월 산동성에서 천진(天津)을 거쳐 청산구(靑山口)를 넘는 길로 귀환하였다. 청군이 천진의 운하를 건너 철수할 때 도하작업이 며칠간 계속되었고 방비대책도 허술한 편이었지만 명나라 장수 왕박(王樸)과 유광조(劉光祚) 등은 서로 얼굴만 쳐다볼 뿐 군대를 움직이지 않아 빈축을 사기도 하였다.[6] 이때쯤 명나라 군대는 철기군과 맞싸울 용기를 완전히 상실한 상태였다.

어쨌든 만주국은 2년 간격의 계속된 약탈전을 통해 산더미 같은 물력을 확보하였으니, 전쟁을 통해 재정을 튼튼히 하고 신생국가의

---

6) 김희영, 「이야기 중국사」, 청아출판사, 1998, p196.

국력을 다질 수 있었던 셈이다. 반면 명나라는 홍타이지의 전격전에 제대로 대응하지 못하고 국력이 빠르게 소진돼 버렸고, 천하 사방에서 도적떼가 들끓게 되면서 망국으로 치닫게 된다.

송금(松山·錦州)전투 승리(1640년 3월~1642년 4월)

숭덕 5년(1640년)이 되면서부터 홍타이지는 송산과 금주 등 요서회랑(遼西回廊) 일대의 명나라 전방기지를 완전히 함락하기로 결심하고는 적극 공세에 나섰다. 요서회랑을 무너뜨린다면 험준한 내몽골을 경유하지 않고서도 산해관을 직공해 관내로 신속히 진입할 수 있게 된다. 이미 1631년 대릉하성이 후금에 함락됨에 따라 금주는 청나라 쪽으로 돌출한 명의 최전선이 돼 있었다. 금주의 주변에는 송산(松山)과 행산(杏山), 탑산(塔山) 등 3성이 강고한 후방기지로 버티고 있었다.

1640년 3월 홍타이지는 사촌동생 지르갈랑과 이복동생 도도를 각각 좌·우익군의 대장으로 임명해 군사를 이끌어 금주 인근 의주에 주둔하게 하면서 성곽을 수축하고 주변 농민들을 모아 공격거점을 구축하였다.

이듬해 1641년이 되자 홍타이지는 금주성 공략작전을 본격적으로 펼쳤다. 청군은 먼저 금주성과 외부를 연결하는 길목에 목책을 세워 고립무원으로 만들었다. 이때 금주성을 지킨 총병은 조대수(祖大壽)였다. 그는 1631년 대릉하성 전투 때 패해 홍타이지에 항복하였는데, 그럴듯한 거짓말로 청 진영에서 벗어난 뒤 다시 명에 귀순해 금주성의 수장이 돼 있었다. 1641년 3월 금주성의 외성을 지키던 몽골인 장수 라무치(諾木齊)와 우바스(吳巴什) 등이 군기가 엄정한 청군에 놀라 6,000여 명의 주민과 함께 투항하면서 외성이 무너지자 조대수는 조정에 급히 지원군을 요청했다.

명나라는 13만 대군을 금주의 서남쪽 영원성에 소집해 놓고 계요총독 홍승주(洪承疇)의 지휘 하에 금주성을 도우도록 하였다. 병부상서(국방장관) 출신인 홍승주 휘하에는 순무(巡撫) 구민앙(丘民仰)과 오삼계(吳三桂)를 비롯한 8명의 총병(總兵)이 포진할 정도로 만만치 않은 조직력을 갖추고 있었다.

이때 홍승주는 군량과 군수품을 충분히 확보한 다음 성을 굳게 지키며 청군이 피로하기를 기다리는 작전을 세웠다. 청의 성 포위전술을 역이용한 적절한 전략이었다. 그러나 홍승주는 운이 좋지 못했으니 그의 정치적 라이벌이 멍청한 인물이었다는 데 있다. 홍승주를 이어 병부상서에 오른 진신갑(陳新甲)은 지구전에 따른 전비(戰備) 급증을 우려해 장기전을 포기하고 속전속결할 것을 독려하였다. 숭정황제 역시 밀지를 내려 속히 군대를 몰고 가 금주의 포위를 풀도록 할 것을 압박하였다. 반쯤 미쳐 날뛰는 숭정제의 명을 듣지 않았다가는 싸움도 못해보고 역적으로 몰릴 판이었다.(정유재란 당시 이순신으로 하여금 억지로 부산포로 가서 싸울 것을 독촉한 선조가 생각난다.)

조정의 재촉에 밀려 홍승주는 본의 아니게 청군과의 전면전을 벌이지 않을 수 없었다. 1641년 7월 홍승주를 비롯한 13만 명의 명나라 대군은 금주성 인근 송산성에 집결하였다. 8월에 양측 간 첫 전투가 벌어졌는데 처음엔 명군이 이겨 청군은 상당한 타격을 받았다.

패전 소식이 심양으로 전해지자 홍타이지는 친히 3,000명의 정예 기병을 이끌고 엿새 밤낮으로 250㎞를 달려 8월 19일 송산에 도착하였다. 당시 청나라 기록에는 "황제께서는 다급히 채비를 하고 행군에 나섰는데 흐르는 코피가 멈추지 않아 그릇으로 받아냈다."고 적었다. 황제의 참전으로 사기가 오른 청군은 명군의 후방을 찔러 퇴로를 차단하고 군량미와 건초의 공급루트마저 끊어버렸다. 포위된 명군은 군심이 동요하였고 오삼계 등이 야밤을 틈타 군사를 이끌고 후방거점인 영원성으로 달아나려다 도중에 청군의 매복에 걸려 대패하였다.

『청태종실록』은 "이번 (송산)전투에서 명군 5만 3,783명을 베고, 군마 7,440필, 낙타 66마리와 갑옷 9,346벌을 노획하였다. 행산에서 남쪽의 탑산으로 이어지는 지역에서 다급한 나머지 바다로 뛰어들다가 목숨을 잃은 명군이 헤아릴 수도 없었다. 그들이 팽개친 갑옷과 군마는 수없이 많았고 해수면에 떠있는 시신은 기러기나 오리 떼처럼 보였다"고 기록하였다.

이때 홍승주는 만 명의 패잔병을 이끌고 다시 송산성으로 들어가 농성전을 시작하였다. 느긋한 홍타이지는 송산성을 포위한 채 공격은 하지 않고 시간을 끄는 작전을 폈다. 홍승주는 포위망을 뚫기 위해 다섯 차례나 시도하였지만 모두 실패하였다. 해가 또다시 바뀌어 1642년 2월, 청군은 야간에 성안으로 진입해 홍승주를 사로잡는 데 성공하였다.

홍승주는 입관 전 청나라에 투항한 명나라의 최대 거물이었다. 병부상서, 즉 국방장관 출신으로서 하북성과 요서지방을 관장하는 계요총독을 맡아 명나라의 대청(對淸) 전선을 책임지는 총사령관이었기 때문이다. 당시 명 조정에서는 그가 순국한 것으로 여겨 북경 성내에 단을 쌓아 16번이나 위령제를 올렸고, 숭정황제까지 위령제에 참석하였으니 홍승주의 비중이 어느 정도였는지 알 수 있다. 홍승주는 한동안 버티다가 홍타이지 면전에서 무릎을 꿇었다. 명나라의 버팀목이자 주춧돌 같던 인물이 청나라에 투항한 것은 명의 시대가 끝나고 청의 세상이 열린다는 메시지를 주기에 충분하였고, 이후 명의 장교나 관리들 행보에 적잖은 충격파를 던졌다.

어쨌든 송산이 함락되고 홍승주가 잡혔다는 소식이 전해지면서 금주성의 군심이 흔들린 데다 식량까지 떨어져 '사람들이 서로 잡아먹는 지경'에 이르자 조대수(祖大壽)는 1631년에 이어 두 번째로 1642년 2월 청나라에 투항하였다.(조대수가 항복하자 청군의 장수들은 하나같이 죽여야 한다고 목청을 높였다. 10년 전 대릉하성 함락 당시 항복했다가 금주성을 설득해 바치겠다고 속여 탈출한 죄를 물어야 한다는 주장이었다. 그러나 배포가 컸던 홍타이지는 이번에도 대인의 풍모를 보이며 조대수의 두 번째 항복을 받아주었다. 이때부터 조대수는 진심으로 홍타이지를 따르며 자신의 모든 역량을 명나라 공격에 쏟아붓게 된다.)

기세가 오른 청군은 4월 9일 탑산을 함락시켰고, 4월 21일에는 행산성 명군의 항복을 받았다. 이에 따라 명나라의 관외 주요거점 가운데 영원성을 제외한 금주와 송산, 행산, 탑산 등 4개 성이 고스란히 청나라 수중으로 들어가게 되었다.

송금전투는 1619년 사르후 전투와 함께 명-청 교체기에 일어났던 최대 전투로 꼽힌다. 송금전투 결과 명나라는 산해관 외곽 200리지역의 군사적 거점을 상실하고 크게 위축되었다. 반대로 청은 적의 수비핵심인 산해관을 직공(直攻)할 수 있게 됨으로써 장차 중원의 패권을 장악할 수 있는 기초를 마련하였다. 송금전투의 전술대로 산해관을 공격한다면, 적잖은 희생은 치르겠지만 결국은 깨뜨릴 수 있다는 승리의 방정식과 자신감도 갖게 되었다.

명의 요서방어선도 이젠 금성철벽(金城鐵壁)이 아니라는 사실을 확인하면서 청은 마음만 먹는다면 언제든지 대륙을 삼킬 수 있는 전략적 우위를 점하게 되었다. 송금전투는 명-청 간의 대치국면이 사라지고 군사충돌이 청의 승리로 사실상 종식됐음을 보여주는 결정적 싸움이었다고 하겠다.

'일방적 약탈' 제5차 중원 공격(1642년 10월~1643년 7월)

숭덕 7년(1642년) 10월 홍타이지는 아바타이(阿巴泰) 등에게 10만여 명의 군사를 주어 다섯 번째로 입관(入關)전쟁을 열었다. 하북성의 계령구와 황애구를 통해 장성을 부수고 들어간 청군은 북경 외곽을 거쳐 남쪽 산동성까지 거침없이 대륙을 누비며 노략질을 벌였다. 송금전투 패전 이후 기가 꺾인 명군은 청군에 대항할 엄두도 내지 못하였다. 청군은 이듬해 7월 전군이 성경(심양)으로 귀환할 때까지 장장 8개월간 하북성과 산동성 일대를 무인지경처럼 휩쓸고 다녔다. 청군은 적군의 저항으로 인한 손실 때문에 귀환한 것이 아니라 8개월 동안의 빠른 이동으로 군사들이 피로하여 스스로 물러났을 뿐이다. 그동안 크고 작은 성곽 88개를 점령하고 37만의 인축을 획득하고 대량의 금은보석을 노획하였다. 전쟁이라기보다는 일방적 약탈에 가까웠다.

홍타이지는 '연경(燕京)이라는 큰 나무는 양쪽에서 도끼질을 계속해 스스로 넘어가게 만들어야 한다'는 자신의 말처럼 '주변을 부수어 중심을 무너뜨리는 전술'을 쉴 새 없이 구사하였다.

5차례 입관침공을 비롯해 대규모 공격만 해도 8차례에 이를 정도로 집요했던 홍타이지의 연타(連打)작전의 결과, 명나라는 청군에 맞설 군사 역량과 정신적 자신감을 상실하였다. 뿐만 아니라 하북성과 산서성, 산동성 등 북중국의 경제기반이 심각하게 파괴됨으로써 국가를 유지할 수 있는 기초체력마저 잃어버릴 지경에 이르렀다. 방어체계가 무너진 중원의 넓은 빈공간은 도적떼가 차지하게 된다. 명은 훗날 도적이 세운 반란군에 의해 멸망하게 되는데, 결국 만주국이 원인을 제공한 셈이다.

반면 청나라는 중원에서 빼앗은 막대한 포로와 재물을 기반으로 재정의 충실을 기하고 경제를 발전시켜 군사력을 강화할 수 있는 기반을 튼튼히 갖출 수 있었다. 사실 만주군의 잇단 명나라 공격은 광기의 살육전이 아니었다. 매 2년 정도의 휴식기를 가진 뒤 이뤄진 잘 절제된 약탈전으로서, 신생국가의 재부(財富)를 늘리기 위한 '경제활동'의 일환이었던 것이다.

15장

도적떼를 키워 천하를 뒤흔들다

대국의 약점은 언제나 내부에 있다. 이질적인 세력과 다양한 집단, 여러 민족을 뭉뚱그려 거대제국으로 통합한 결과 국내에 서로 다른 이해관계를 가진 수많은 군집이 형성돼 갈등하게 된다. 국력이 충실한 건국 초기에는 내부갈등이 별문제가 되지 않지만 '체제의 노화'가 진행되면 문제가 곪아터지기 마련이다. 그런데 나라가 크고 둔중하다 보니 내부모순에 발 빠르게 대처하는 능력이 소국에 비해 떨어져, 작은 문제가 불치병이 되는 약점이 있다. 대국왕조의 존속기간이 소국에 비해 짧은 것도 이런 이유에서이다.(중국은 100~200년 단위로 왕조가 교체된 반면 한국은 400~500년 단위로 바뀌었다.)

'내부의 병(病)'은 역설적으로 극성기에 발생해 커지는 특성이 있다. 명 말기의 여러 문제들도 상품화폐경제 발달로 경제적 풍요를 누렸던 1560~1590년대에 주로 생겨났다. 도시와 농촌 간의 지나친 빈

부격차가 가장 큰 문제였다. 당시 도시에서는 백은 덕분에 상공업과 서비스업을 중심으로 극도의 경기호황을 누렸던 반면 농촌에서는 세금 낼 은자를 구하지 못해 생산물을 헐값에 내놓았으니 농민들의 체제에 대한 반감이 커졌다. 참고로 현대중국도 외견상 빠른 경제성장세를 구가하는 듯하지만 빈부격차와 대량실업, 소수민족과 농민층 불만 등의 내부모순이 임계점으로 치닫고 있어 마냥 낙관할 수 없는 상황이다.

명나라 말기 농민층의 몰락은 농민반란, 도적떼의 출현으로 이어졌다. 그런데 도적이 생겨난 원인은 다양하지만 도적떼가 크게 확산된 결정적인 배경은 만주국의 잇단 압박 때문이다. 첫째는 만주군의 연이은 침공으로 북중국의 농민들이 편안히 농사를 짓지 못하면서 농업이 피폐하고 다수의 농민이 토지를 떠나 유리걸식하기 시작하였다는 점이고, 둘째는 만주국의 계속된 침공으로 군비를 소진하면서 명나라의 재정이 말라붙었다는 사실이다. 재정난은 세율 인상, 농민 반발, 행정력 약화로 이어지며 도적 세상을 만든 바탕이 되었다. 셋째는 만주 군대와의 전투에서 패한 탈영병들이 도적으로 변신하였다는 점이다. 명 말기의 도적들은 그 출신이 다양하지만 만주와의 전투에서 패한 도망병이 도적떼의 간부진을 형성한 것이 사실이다. 위 세 가지를 종합해 볼 때 만주국의 잇단 침공이야말로 중원에서 도적떼가 확산된 외부요인이었음이 분명히 드러난다.

한번 발생한 도적떼는 명의 행정·치안기능을 마비시키면서 마른 들판의 불길처럼 넓게 번져나갔다. 홍타이지 등 만주국 지도부는 확산되는 도적떼를 보면서 대륙 정벌의 '해법'을 발견하였다. 차도살인

지계(借刀殺人之計), 남의 칼을 빌려 적을 죽이는 계략이다. 만주국은 도적의 칼로 명나라의 목을 베는 전술을 세웠다. 만주족이 천하의 주인이 되는 과정에 도적떼는 충분한 이용가치가 있었던 것이다.

1635년 범문정이 건의한 '4대 치국 방침'의 제2항, 기다림의 전략에서 보듯이 홍타이지는 분명 '도적떼가 확산되기를 기다려' 어부지리를 취하고자 구상하였다. 즉, 도적떼를 키워 중원을 뒤흔들고, 그 도적이 명나라를 종식시키도록 만든 다음 도적을 물리쳐서 천하의 패권을 잡는 3단계의 고난도 작전이다. 홍타이지와 후계자들은 이 같은 전략을 성공적으로 실천하였다.

북중국의 대기근과 도적떼 출현

최근의 과학 발전으로 1450년에서 1850년경까지 약 400년간 아시아와 유럽 등 북반부의 기후가 상당히 추웠다는 것이 확인되었다. 기후학자들은 중세 온난기(600~1000년) 이후 급격하게 한랭했던 이 기간을 소빙하기(Little Ice Age)라고 부른다. 그 중에서도 17세기, 1600년대는 최근 1만 년 사이에 가장 추웠던 시기라고 할 정도로 극히 한랭했다.[7] 만주족 등 유목민족의 대대적인 남하이주를 소빙하기 탓으로 보는 시각도 있다.

소빙하기의 중간인 17세기는 세계적으로 기근과 역병, 폭동, 반란, 전쟁과 정권교체 등 격변이 끊이지 않았다. 17세기 들어 중국 대

---

7) 김문기, 「김문기의 널뛰는 기후 춤추는 역사 3」, 국제신문, 2011년 4월 27일.

륙은 극심한 가뭄과 한해(寒害)로 농사를 망치기 일쑤였다. 호남성 동
정호(洞庭湖) 등 남부지역의 강과 호수마저 꽁꽁 얼어붙고 감귤 등 아
열대 과일이 얼어 죽는 일이 잇따랐다. 남중국이 이럴 정도이니 북중
국의 사정은 더욱 열악하였다.

도적떼 발생의 중심지는 중국 북서부 섬서성이었다. 중세 온난기
였던 수당시대의 섬서성은 삼림이 우거지고 하천에 물이 가득한 곡
창지대였지만 소빙하기의 도래로 기후가 변화되고 생태계가 바뀌면
서 땅이 척박해져 갔다. 특히 명나라 말기에는 잇단 가뭄에다 메뚜기
떼의 창궐로 거의 한해도 거르지 않고 흉년이 거듭되면서 사람이 살
수 없는 반(半)사막 지역으로 전락하였다.

섬서성 출신의 관리 마무재(馬懋才)가 1629년 고향을 찾았다가 목
격한 참상을 숭정황제에게 올린 '비진재변소(備陳災變疏)'라는 이름의
상소문은 지금 읽어도 끔찍한 내용이다.

"신의 고향 (섬서성)연안부는 작년(1628년) 1년 동안 비가 내리지
않아 초목이 말라 타들었습니다. 8, 9월에는 굶주린 백성들이 앞
다퉈 산간에서 쑥부쟁이를 캐어서 양식으로 삼았으며 떫고 씁쓰
름한 그 씨를 먹고 죽지 않을 수 있었습니다. 10월에는 그나마 쑥
부쟁이도 다하여 나무껍질을 벗겨 허기를 채웠습니다. 나무 중에
는 느릅나무 껍질이 조금 낫지만 구하기가 어려워서 다른 나무껍
질과 섞어서 먹었는데 나무껍질이라도 있으면 그나마 목숨을 조
금 연장할 수 있었습니다. 연말에 나무껍질마저 다하자 사람들
은 할 수 없이 산속의 돌덩이를 먹었습니다. 청엽(靑葉)이라는 이

름의 돌멩이는 기름기가 돌고 비린내가 나서 조금만 먹어도 배가 부르지만 며칠이 지나지 않아 배가 부어올라 아래로 처져서 죽습니다… (중략) …어른조차도 자기 몸을 보호하지 못하는데, 포대기 속의 영아의 운명은 가히 짐작할 수 있을 것입니다. 성 밖의 변소는 영아를 버리는 장소가 되었습니다. 부모의 울음소리가 가슴이 찢어지듯 슬펐습니다… (중략) …돌을 먹고 고통스럽게 죽고 싶지 않은 백성들은 서로 모여서 '굶어 죽는 것과 도적이 되어 죽는 길 두 가지 밖에 없다. 앉아서 굶어 죽느니 차라리 도적이 되어 배부르게 죽는 편이 낫다'며 도적이 되기를 다짐하였습니다."[8]

다른 지역도 섬서성 못지않게 흉년이 이어지고 굶주림이 확산되었다. 특히 산동성에서는 사람을 먹는 식인풍조마저 번지는 등 온 천하가 뒤숭숭하였다. 대기근 속에서 조금이라도 근력이 남은 사내들은 기꺼이 도적이 되었다. 굶어 죽느니 부잣집 곳간을 털어 자기 목숨도 연명하고 가족도 살리겠다는 생각이었던 것이다.

중국 역사상 도적떼가 없었던 적이 없는데, 자세히 살펴보면 일정한 패턴이 있다. 왕조 초기엔 행정적, 군사적 대응력이 굳건한 만큼 크게 문제가 되지 않다가 기강이 느슨해지는 왕조 말기에 기세가 커지는 양상을 보인다. 명나라도 마찬가지여서 왕조가 망하는 1644년에서 15~20년쯤 거슬러 올라간 1620년대 후반부터 도적 떼가 본격

---

8) 백양, 『맨얼굴의 중국사 5』, 김영수 역, 창해, 2005, pp45~46 참고.

적으로 기승을 부리기 시작하였다.

해마다 계속된 흉년으로 굶주린 백성들이 농토를 떠나 도적 소굴로 몰려들고 있었지만 1620년대 느슨해진 명나라 행정체제는 아무런 처방을 내놓지 못하고 있었다. 사정이 조금 나은 남방의 곡식을 북방으로 실어 보내는 일이 시급했지만 당시 전국을 관장하는 행정기능은 거의 마비상태였다. 일선 관청들도 구휼미를 푸는 한편 조세를 경감하거나 면제해 백성들이 살 길을 열어주는 게 마땅했지만 현실은 정반대였다. 창고를 열기는 고사하고 살길이 막막한 백성들에게 세금을 더 매겼던 것이다. 국고가 텅 빈 상태에서 만주국과의 전쟁을 치르려다 보니 세금을 내리거나 면제해 줄 형편이 되지 못했다.

자연스럽게 세금 납부를 둘러싸고 굶주린 농민들과 말단 관리들 간에 시비가 빈번하였다. 1627년 3월 섬서성 징성현(澄城縣)에서 굶주린 농민들이 현청을 급습해 현령을 죽이고 관청의 창고를 터는 일이 생겼다. 이 작은 반란의 수괴는 왕이(王二)라는 사람이었다. 왕이란 특정인의 정식 이름이 아니라 '왕서방네 둘째 아들'을 말하는 보통명사이다. 제대로 된 이름도 없는 무지렁이 농민들이 견디다 못해 일으킨 자연발생적 민란임을 보여준다.

'왕서방네 둘째 아들'이 현령을 죽이고 봉기했다는 소문의 파장은 컸다. 백성들이 '관청을 습격해 창고를 털기만 하면 살 길이 있다'는 생각들을 하며 침을 꼴깍꼴깍 삼키기 시작한 것이다. 왕이는 바짝 마른 대지에 불을 지른 격이었다. 이듬해인 1628년부터 농민도적떼가 천하를 뒤흔들기 시작했으니 왕가윤(王嘉胤)과 왕자용(王自用), 왕좌괘(王左卦), 왕대량(王大梁), 고영상(高迎祥), 장존맹(張存孟), 왕화상(王和

商), 한조재(韓朝宰), 주대왕(朱大旺) 등이 섬서와 감숙성 일대에서 차례로 봉기하였다.

1629년 10월 홍타이지의 입관 공격 당시, 북경을 구하라는 황명을 받고 상경해 계엄임무를 수행했던 산서(山西), 섬서, 감숙성(甘肅省)의 변방군들이 보상금이 적다며 병변(兵變)을 일으켰다. 이들은 산서와 섬서로 돌아가 봉기군에 참가했다. 뒤따라 장헌충(張獻忠)이 연안 부시(膚施)에서, 이자성(李自成)도 연안 미지(米脂)에서 반란을 일으켰다. 1630년 2월에는 연수(廷綏)의 군인 신일원(神一元)과 신일괴(神一魁) 등이 병변을 일으켜 도적떼의 행렬에 참가했다. 군에서는 형편없었던 병졸들도 도적이 되면 눈이 뒤집히는지 용감한 싸움꾼으로 바뀌었다. 도적의 무리는 규모가 커지고 관군과 잇단 전투를 치르면서 점차 '반란군대'로 대오를 갖춰갔다. 1627년부터 1630년까지 3년 만에 크고 작은 도적군대가 100여 개 부대로 늘었고 특히 섬서성은 50여 개 현성(縣城) 모두가 반란군 세상으로 바뀌었다.

대기근이 오랫동안 지속되면서 도적이 되고자 하는 농민들이 줄을 이었고, 중원 북부는 사실상 도적들의 차지가 되었다. 들불처럼 번지는 도적떼에 놀란 명 조정에서는 수시로 관군을 파견해 토벌전을 벌였지만 역부족을 실감할 수밖에 없었다. 정규군의 무장력이나 작전능력은 도적집단에 비해 우세했지만 수시로 솟아나 곳곳으로 옮기는 도적떼를 소탕하기란 쉬운 일이 아니었다.

만주의 잇단 침공과 도적떼 확산

중원 전역을 '도적 세상'으로 바꾼 대기근은 하늘 탓만이 아니었다. 오히려 만주국과의 끝없는 전쟁으로 북중국의 농민들이 제대로 농사를 지을 수 없었던 점을 더 큰 원인으로 꼽아야 한다.

세력을 키워가던 누르하치가 1616년 명에 적대적인 나라를 건국하면서 재앙은 시작되었다. 명은 애초엔 공세적으로 누르하치를 압박하며 후금국 소멸을 시도하였다. 1619년 사르후 패전 이후 영원과 금주 등지를 굳게 지키는 전략으로 바뀌었지만 후금과의 잇단 전쟁에 많은 병졸과 은자를 소비하기는 변함이 없었다. 1626년 홍타이지가 집권한 이후 대명 공세는 더욱 거세졌고 그에 따라 명의 군비는 무한대로 급증하였다. 명나라에서 농민반란이 일어나고 도적떼가 기승을 부리는 시점이 1620년대 말부터라는 사실은 예사롭지 않다. 도적떼 확산의 배경에 만주국 변수가 결정임을 보여주는 대목이기 때문이다.

만주와의 싸움에서 명군은 늘 밀렸다. 이긴 경우는 1626년 원숭환이 누르하치의 영원성 공격을 격퇴한 싸움과 1627년 홍타이지의 송산·금주 공격을 물리친 정도이고 나머지는 줄곧 패배하였다. 승전 사례도 만주국을 공세적으로 압박해서 거둔 성과가 아니라 '방어에 성공'한 수준이다. 명의 계속된 패배는 만주 팔기의 전투력이 뛰어났던 데다 명군 지도부의 형편없는 작전과 일관성 없는 전략 탓이라고 하겠다. 어쨌든 요동과 북중국 일대에 줄기차게 퍼부은 군비 때문에 명의 국가재정은 비어만 갔고 세금은 갈수록 올라갔다.

명의 재정이 결딴난 것은 정치가 엉망이었던 탓도 있지만 만주국의 계속된 압박이 더 큰 원인이다. 특히 만주족 정토비(征討費) 명목으로 요향(遼餉, 요동 군사를 먹이기 위한 군량미용 세금)이라는 부가세를 징수함으로써 백성들의 불만이 커졌다. 요향은 곧 전답세이니 1차로 전국의 전답세를 3리 5모(0.35%) 올려 200만 냥을 마련했고, 이어 두 차례 더 올려 총 9리(0.9%) 인상됐는데 그 결과 520만 냥을 확보할 수 있었다. 숭정 초기에도 추가 요향 140만 냥을 걷었다.

세금만 높아진 것이 아니었다. 만주군의 연속된 침공으로 하북, 산서, 섬서, 산동 일대의 농토가 전장터로 바뀌면서 농민들이 차분히 농사를 지을 수가 없었다. 농사 소홀, 농사 포기는 곧바로 '천하의 대기근'으로 이어졌다. 농사는 짓지 못하는데 세금은 높아가고… 굶주린 농민들이 살 길은 남의 식량을 훔치고 빼앗는 도적질뿐이었다.

농민들만 배고픈 것이 아니었다. 모자라는 군비를 만주국과의 전쟁에 쏟아붓다 보니 병사들에 대한 처우는 갈수록 나빠졌다. 병사들의 급료지급이 늦어지는 것은 물론이고 밥도 제대로 먹지 못할 처지가 된 것이다. 굶주린 병사들에게서 충성심이 나올 리 없다. 명나라 곳곳에서 병변이 속출하였다. 병변을 일으켜 군영을 이탈한 병사들은 자연스럽게 도적떼에 합류하면서 창끝을 거꾸로 관군에게 향하게 되었다. 후금과의 전투에서 낙오된 탈영병들도 문제였다. 한 예로 1628년 북경 동북쪽 유하(柳河)라는 강가에서 명군이 후금군에 패했을 때, 12만 명의 군사 중 전사자는 400명인데 남은 병사는 5만 8,000명 뿐이었다. 6만 명 이상이 도망쳤다는 말이다.[9] 패배한 데 따

9) 타카시마 토시오, 『중국, 도적 황제의 역사』, 신준수 역, 역사넷, 2007, p134.

른 처벌도 두렵고 팔기군에 대한 공포심도 군사들의 도망을 부추겼다. 탈영병 대다수는 직업을 바꿔 도적떼가 되었다.

1620년대 말에 도적떼가 급증한 배경에는 역졸 문제도 있었다. 명나라 전역을 소통하게 만든 통신·교통·운수 체제가 역참제도(驛站制度)인데 이곳의 노동자, 즉 역졸의 숫자도 만만치 않았다. 역졸 대부분은 농촌에서 빈둥거리던 무뢰배 출신으로 역참 주변에서 자질구레한 심부름 정도만 해주고 조정에서 주는 급료로 생계를 이어가던 무리였다. 역졸들의 생산성은 형편없이 낮았지만 사회의 애물단지들을 제어하는 역할을 했던 만큼 그들을 고용하는 것은 체제유지 측면에서 일정한 긍정효과가 있었다.

그런데 나라의 재정이 말라붙어 이들에게 더 이상 급료를 줄 형편이 되지 못하자 숭정 1년(1628년)에 역참의 숫자를 3분의 1로 축소했다. 이듬해(1629년)에는 역졸 가운데 6할 이상이 구조조정 대상이 되어 '정리해고' 되었다. 역참을 줄여서 아낄 수 있는 예산은 역전은(驛傳銀) 60만 냥에 불과했지만 한 푼이 아쉬웠던 명 조정으로서는 다른 방도가 없었다. 그러나 일자리를 잃은 역졸 대부분이 조정의 처사에 눈을 흘기며 서슴없이 도적이 되었으니 현명한 정책이 아니었다.

결론적으로 명의 농민들이 농토에서 유리되고 병사와 역졸들이 앞다퉈 도적으로 바뀐 데는 소빙하기 기후 탓보다 만주의 공격이 더 결정적인 요인이라고 말할 수 있다. 조금 더 비약한다면 명의 농민반란, 도적떼 창궐은 후금(청)이 조성한 결과라고 해도 과언이 아니다.

명나라 입장에선 만주의 공격도 부담이지만 내부의 적, 도적떼의 확산도 용납할 수 없는 암덩어리였다. 어느 쪽도 포기할 수 없었지만 안팎에서 문제가 동시에 터지니 허둥대며 대책을 세우지 못하고 있었다. 홍타이지는 이런 점을 간파하고 '도적을 이용한 명 쓰러뜨리기' 작전을 구사하였다.

나는 홍타이지가 명의 숨통을 자기 손으로 끊기보다는 도적떼를 활용하는 차도살인(借刀殺人)의 계책을 썼다고 본다. 만주국이 정통 한족왕조를 직접 타멸한다면 한족의 반발이 클 터였다. 그런 만큼 홍타이지는 도적 군대로 하여금 명을 쓰러뜨리게 한 뒤 도적떼를 몰아내고 중원을 삼킨다는 2단계 작전을 추진했다고 판단한다. 홍타이지가 수시로 입관전쟁을 벌인 것은 막대한 재물을 취하는 한편, 천하를 뒤흔들어 도적떼를 부식시키기 위한 일석이조의 전략이었다고 하겠다.

1630년대 이뤄진 명 관군의 대대적인 토벌작전으로 와해위기에 빠졌던 농민반란군이 다시 재기할 수 있었던 것은 만주국의 거센 압박 때문이다. 명 조정과 농민군은 눈치채지 못했지만 홍타이지는 이 모든 것을 위에서 조망하며 대륙의 주인이 되기 위한 작전을 빈틈없이 펴나갔던 것이다. 만주의 철기군이 중원 한가운데로 뛰어들어 인축과 재물을 모으면서도 명의 토지 획득에는 관심이 없었다는 사실… 분명 홍타이지는 영토를 조금씩 넓혀나가기보다는 천하를 한꺼번에 삼켜버릴 웅심(雄心)을 지녔다고 여겨진다.

유적(流賊)의 창궐

대기근 속에 자연발생적으로 생겨난 작은 도적떼는 전장에서 도망친 병사와 일자리를 잃은 역졸 등이 합류하면서 대규모 도적떼로 급팽창하였다. 도적떼는 규모가 커지면 진압군에 쉽게 제압당하지 않을 수 있고 대도시의 큰 식량창고를 털 수 있는 힘도 생기게 된다. 그러므로 생존본능에서 작은 도적떼들이 한 데 뭉쳐 큰 도적떼로 발전해 나갔다.

전통적으로 중국의 도적은 2종류가 있으니 토적(土賊)과 유적(流賊)이다. 토비(土匪)라고도 불리는 토적이 소규모 정착형 도적떼를 말한다면 유구(流寇)라고 하는 유적은 이곳저곳 이동하며 약탈하는 대규모 도적떼를 지칭한다. 더 무서운 쪽은 당연히 유적이다. 토적은 규모도 작고 그 지방에서 계속 뜯어먹고 살아가야 하기에 강탈을 하면서도 초토화시키지는 않는다. 반면 유적은 관군을 피해 일정한 근거지가 없이 떠돌아다니는 대형 도적떼이다. 한 고을을 약탈한 뒤 다른 도시로 옮겨가면 그만이므로 한번 덮친 지역은 쌀 한 톨 남기지 않고 싹쓸이해 버린다. 처음에는 토적질을 하던 무리들도 유적떼가 덮치면 그 무리에 저항하지 못하고 흡수되기 일쑤여서 결국은 유적들의 세상으로 바뀌게 된다. 유적군에 잡혀 포로생활을 하기도 했던 명말청초의 지식인 정렴(鄭廉)은 『예변기략(豫變紀略)』 서문에서 유적의 특성과 강점을 이렇게 정리하였다.

① 유적은 만나는 사람을 모조리 병사로 삼기에 징병에 어려움이 없다.
② 유적은 발견한 저장물을 모조리 식량으로 삼기에 보급품 운송에 힘쓸 필요가 없다.(보급품 운송이 전혀 없다는 것이 아니라 별로 없다는 의미로 해석하자. 유적 무리 가운데는 보급품 운송담당이

있었다.)

③ 도망치다가 적에 비해 우세하다고 생각되면 성을 격파한다. 그래서 점점 더 강해져 진압할 길이 없어진다.

④ 적에 비해 열세하다고 판단하면 달아나는데, 병력과 보급을 잃더라도 도주하면서 약탈해 다시 보충한다.

⑤ 토벌을 맡은 장수는 자신의 존재가치를 높이기 위해 유적을 존속시키고 모두 죽이는 경우가 없다. 또한 명나라 특성상 군대를 감독, 지휘하는 이가 서생(書生)이기에 부하장수들은 그를 가벼이 여겨 명령을 제대로 따르지 않는다.(필자는 『예변기략』을 실제 읽지는 못하였고 인터넷에서 위 내용을 입수하였다.)

　일반적으로 한 유적떼의 규모는 수만 명 수준인데 실제 전투참가자는 전체의 10% 정도이다. 나머지 90%는 잡역부와 여자, 아동 등으로 다양하다. 잡역부란 음식과 의복 조달, 무기 관리나 수레를 운송하는 등의 비전투 업무를 맡은 남자들을 말한다. 나이가 많거나 전투 와중에 부상을 당한 자, 영양실조로 쇠약해진 자 등이 잡역부 일을 맡았다.

　유적 집단에는 여자 비중이 생각보다 높다. 도적의 목표는 '자녀옥백(子女玉帛)'으로 정의되었다. 자녀(子女)는 거꾸로 읽어 여자를 말하고 옥백(玉帛)은 재물을 말한다. 즉, 식량과 재물을 탈취하고 여자를 빼앗는 것이 도적들의 목표라는 말이다. 마을을 덮쳐서 한 번 차지한 여자들은 풀어주지 않고 도적들이 '파트너'로 삼는다. 만약 달아나거나 저항할 경우 죽여 버리기에 체념하고 도적을 따라다니는 여자들이 적지 않았다. 먹을 것이 없던 시절, 도적의 일원이 되는 것이 생존의 방편이기도 하였다. 고위 간부는 보통 3~5명의 여자를 파트너로 거느렸고 일반 졸개도 경력이 쌓이면 여자 1명 정도는 얻을 수 있었다고 한다. 물론 인물이 반반한 여자는 간부들이 차지했을 것이다. 그렇지만 여자는 공유하는 것이 아니라 정해진 임자가 있었기에 결혼생활과 별로 다르지 않았다.

유적 집단에는 아동도 넘쳐났다. 도적의 친자식도 있었고, 부모 잃은 고아나 가난한 부모가 버린 아이들도 데려와 양자처럼 길렀다. 아동은 관군의 의심을 받지 않았기에 길잡이나 척후 노릇을 시키는 등 쓸모가 적지 않았다. 나이가 들어 뼈대가 굵어지면 점차 전투에 참가하는 병사로 충당한다.

명나라 말기의 유적들은 군사와 잡역부, 여자, 아동을 모두 포함한 거대한 생활집단이었다. '움직이는 도시'라고 할 정도이다. 숭정 14년(1641년) 하남성 개봉(開封)의 관리인 이광전은 이자성이 이끄는 유적 집단의 공격을 받고 그 과정을 적은 『수변일지(守汴日誌)』(汴은 개봉의 다른 이름. 『수변일지』란 '개봉을 지킨 나날의 기록'이란 뜻이다.)를 남겼다.

『수변일지』에 의하면 1641년 첫 습격 당시는 "도적의 정예병이 약 3,000, 협종(脅從, 도적에게 위협당하여 복종하는 잡역부와 여자, 아동)이 약 3만"이라고 기록되어 있으며, 그해 12월 이자성 무리가 두 번째로 개봉을 공격했을 당시에는 "정예병이 약 3만, 협종이 약 40만"에 달했다고 되어 있다. 다음해인 1642년 4월의 3차 공격 때는 "도적 중 보병이 약 10만, 기병이 3만, 협종이 약 100만"에 달하는 것으로 나타난다. 시간이 지날수록 이자성의 유적떼 규모가 눈덩이처럼 불

어나고 있지만 전투원과 비전투원의 비율은 대략 10:90을 유지하고 있음을 알 수 있다.[10]

유적들은 무리가 커지면서 자연히 조직력을 갖추게 되고, 관군의 진압에 저항하는 과정에서 군대의 면모를 서서히 갖춰가게 된다. 명 태조 주원장의 예에서 보듯이 젊고 힘깨나 쓰는 친구들이 오랜 전투를 겪으면서 유적군(流賊軍)의 간부로 성장하는 경우도 있지만 아무래도 전장에서 도망친 탈영병이나 역졸 등 단체경험이 있는 작자들이 유적군의 리더가 되기에 유리하였다.

대기근이 오랫동안 지속되면서 도적단에 몸을 던지는 농민들이 줄을 이었고 중원 북부는 사실상 유적들의 차지가 되었다. 들불처럼 번지는 유적떼에 놀란 명 조정에서는 수시로 정규군을 파견해 토벌전을 벌였지만 별 성과가 없었다. 토네이도 바람처럼 수시로 옮겨 다니는 유적떼를 완전히 뿌리뽑기란 애초에 가능한 일이 아니었다.

게다가 명의 군대 수준이 형편없었다. 중국의 옛 속담에 '호철불타정 호남부당병(好鐵不打釘 好男不當兵)'이 있다. '좋은 쇠로는 못을 만들지 않고 좋은 사내는 군인이 되지 않는다'는 뜻이다. 전통시대 중국의 병사 상당수는 왈패나 건달, 죄수, 도망자 등 사회 부적응자들로 채웠기에 이런 말이 나왔다. 병졸의 녹봉이 낮은데다 그나마 장교들이 착복하기 일쑤였기에 늘 배를 주렸다. 이 같은 병사들로 이뤄진 군대가 사명감을 갖고 도적을 치기란 기대하기 어려웠다. 실제로 관군이 백성의 머리를 베어 전공을 부풀리고 민간의 재물을 빼앗는 데는

10) 타카시마 토시오, 『중국, 도적 황제의 역사』, 신준수 역, 역사넷, 2007, p139.

오히려 유적보다 더했지만 도적과 싸우는 데는 별 흥미가 없었다.

1634년 오감래(吳甘來)라는 관리가 올린 탄핵안을 보면 "산서총병 장응창(張應昌)의 군대가 죽인 사람은 반 이상이 난을 피해 도망친 주민인데 그들의 목을 가지고 논공행상을 벌였습니다. 하남성 백성들이 조변교(曹變蛟)의 군대에 갖는 공포감은 유적보다 더합니다. 군인들은 거리낌 없이 백성들을 도살합니다."라고 기술하였다. 그 때문에 민간에서는 "(백성을 약탈하는데 있어) 도적은 (느슨한)얼레빗 같고 군관은 (촘촘한)참빗 같고 병사들은 (완전히 밀어버리는)면도칼 같다."는 노래가 유행하였다.[11]

근대 이전 중국에서 국방과 치안은 따로 구분이 없었으니 모두 군대가 담당하던 업무였다. 만주군이 수시로 장성을 넘나드는 상황에서 명 조정으로선 외적(外敵) 격퇴에 군대를 치중할 수밖에 없었고 그만큼 국내의 유적 진압에는 전력을 기울이기 힘들었다. '국방' 수요가 높아지다 보니 후방의 '치안'은 허술해지기 마련이었고 치안 공백은 도적떼의 급성장으로 귀결되었다.

여러 유적 가운데 처음 두각을 나타낸 두령은 왕가윤(王嘉胤)이다. 숭정 원년(1628년) 왕가윤이 섬서성 황룡산이란 곳에서 농민 반란을 일으키자 군량미를 받지 못한 병사와 역졸들까지 가담하면서 곧바로 산서와 하남으로까지 세력이 확대되었다. 명 조정이 만주와의 전쟁 탓에 제대로 대응하지 못하는 틈을 이용해 왕가윤은 북경 인근 하북성까지 위협할 정도였다.

---

11) 백양, 『맨얼굴의 중국사 5』, 김영수 역, 창해, 2005, p50.

참다못한 명 조정은 1630년 홍승주를 삼변총독(三邊總督)으로 삼아 정예군을 동원해 유적군 진압에 나섰다. 왕가윤은 1631년 4월 관군과 전투를 벌이다 전사하였고, 왕자용(王自用)이 반란군의 새로운 지도자가 되었으나 1633년 병으로 죽었다. 왕가윤-왕자용이 사망해도 유적 집단은 전혀 약화되지 않았다. 고영상(高迎祥)과 나여재(羅汝才), 장헌충(張獻忠), 이자성(李自成) 등이 섬서를 비롯한 북중국은 물론이고 사천과 호남, 강서 등 남방에까지 독자적인 세력을 형성한 채 명나라를 파먹고 있었던 것이다.

여러 유적떼 리더 가운데 최후의 양대 스타는 이자성과 장헌충이다. 최강의 유적군단을 형성해 북경을 점령하고 황제를 자칭했던 이자성은 1606년 섬서성 북부 미지(米脂)라는 곳에서 태어났다. 미지는 연안의 동북쪽 고을로 조금만 북상하면 고비사막에 이르는 명의 극변(極邊)이었다. 사나운 풍토에서 자란 이자성은 어려서부터 공부엔 관심이 없었고 목동 일을 하며 말타기와 활쏘기, 곤봉술 등을 즐겼다고 전해진다.

큰 키에 체격이 좋았던 이자성은 원래는 역졸로 일했다. 그가 도적이 된 경위는 여러 설이 분분해 진상을 알기 어렵다. 유력한 설에 따르면 어느 해 집안이 망해 빚을 지게 되었는데 채권자가 관리를 매수해 이자성을 저잣거리에 묶어 세워 모욕을 주면서 채무상환을 요구했다. 의리가 깊었던 동료 역졸들의 도움으로 이자성은 탈출했지만 결국 아내를 관리에게 빼앗겨 버린다. 한이 맺힌 이자성은 1629년 채권자를 죽이고 감숙성으로 달아나 군인이 된다. 마술과 궁술이 뛰어나 주목을 받았지만 군대에서도 병사들의 급료와 식량을 가로채는 등 횡포가 심해 배를 곯게 되자 상관을 죽이는 병란(兵亂)을 일으키고 마침내 도적떼에 합류하였다고 한다.

이자성은 처음에는 왕좌괘(王佐挂)의 무리에 가담했으나 1630년 그가 관군에 투항하자 '불첨니'(不沾泥)라는 별명을 지닌 장존맹(張存孟)의 유적단에 붙었다. 불첨니의 도적단은 여러 개의 부대로 나뉘어져 있었는데 기운이 세고 머리회전도 빨랐던 이자성은 잇단 전투에서 두각을 나타내었고 얼마 안 되어 제8대의 대장이 되었다. 2년 뒤 불첨니가 관군과 싸우다 붙잡혀 죽게 되자 이자성이 그 집단의 두목이 되었다. 이자성은 스스로를 틈장(闖將)이라고 밝혔는데 조정에서는 그 무리를 틈적(闖賊)이라고 부르며 몹시 꺼려하였다. 틈이란 '사나운 말이 문을 박차고 나와 돌진하는 것'을 뜻하는 글자인데 매우 난폭하다는 의미도 갖고 있다.(참고로 이자성에 앞서 4만 명을 이끌던 고영상(高迎祥)이 먼저 틈왕(闖王)을 자처했으며 이자성은 그 휘하에서 지내다가 고영상이 죽은 뒤 틈왕을 승계했다는 설도 있는데 사실이 아니다.)

1632년경 자신의 집단을 갖게 된 이자성은 1637년까지 약 5년간 섬서, 감숙, 사천 등지를 돌아다니며 약탈로 지새웠을 것으로 추정된다. 그동안 관군과 수십 차례 싸움을 벌여 때로는 이기고 때로는 패하며 세월을 보냈다.

장헌충은 이자성과 같은 해인 1606년, 같은 섬서성의 연안부에서 태어났다. 어려서는 아버지를 도와 대추 장사를 했고 청년기에 들어서는 군대에 들어가 변방을 지키는 군졸이 되었다. 의협심이 강했던 장헌충은 군대 내의 불공정한 일을 항의하다 감옥에 갇혀 죽을 처지가 되자 탈옥해서 고향으로 돌아갔다. 그때 왕가윤이 반란을 일으키자 돌아볼 것도 없이 반란군 무리에 합류하였다. 담이 크고 책략이 있는데다 군대 경력까지 갖췄던 장헌충은 곧바로 두각을 나타내었고, 급기야 독자적인 무리를 이끌게 돼 서영팔대왕(西營八大王)이 되었다.

도적떼 안에서 성공의 기회를 잡은 장헌충은 그 세력을 빠르게 키워나갔고 급기야 명나라 전역에서 그의 이름을 모르는 사람이 없게 되었다. 장헌충은 특히 숭정 8년(1635년) 1월 15일 안휘(安徽)의 봉양성(鳳陽城)을 공격해 수비군 2만 명을 죽이고 봉양부 지사를 처형한 일로 악명을 떨쳤다.

봉양성은 명나라를 세운 주원장의 고향으로 황실의 조상 묘지들은 왕릉급으로 조성되었고 주변은 소나무와 잣나무 숲으로 둘러싸여 있었다. 봉양성을 점령한 장헌충은 백성들을 시켜 황실 집안 묘역의 소나무 수십만 그루를 죄다 찍어버리고 묘역의 건축물과 주원장이 출가했던 절인 황각사(皇覺寺)를 허물어 버린 다음 황실 조상들의 묘지를 불 질러 버렸다. 담력에서 일반 도적들과는 차원이 달랐던 장헌충은 황실의 권위에 주눅 들기는커녕 강한 적대감을 유감없이 드러낸 것이다. 헌충(獻忠), 충성을 바친다는 이름과 달리 서슴없이 역적이 되어 황실을 모독한 장헌충의 행위는 엄청난 파장을 일으켰다. 숭정제는 조상의 묘소가 불탔다는 보고에 상복을 입고 태묘(太廟)로 달려가 엎드려 통곡을 하였으며 조정관원들도 상복을 입고 고기 대신 채소만 먹으면서 애도를 표시할 정도로 충격적인 사건이었다.

봉양성 사건으로 전국적인 명성을 얻은 장헌충은 안휘성과 강소성 일대를 제집 안방처럼 들락거리며 관군과 수십 차례 전투를 벌였다. 장헌충은 왕가윤을 척살한 맹장 조문조(曹文詔)를 비롯해 애만년

(艾萬年), 반가대(潘可大) 등 이름난 장수들을 닥치는 대로 잡아 죽여 관군들이 몹시 겁을 내고 미워하였다.

이자성과 장헌충을 중심으로 한 유적떼가 72개 진영으로 확대되면서 나라가 망할 지경에 이르자 명나라도 '체제 유지 본능'이 작동되며 유적에 대한 대대적인 반격에 나서게 된다.

토벌전 실패와 '유적 세상' 도래

유적들의 실력은 1637년에 또다시 시험대에 오르게 된다. 1637년 4월 명나라는 국가의 명운을 걸고 대대적인 유적 토벌전을 시작하였다. 병부상서 웅문찬(熊文燦), 섬서총독 홍승주, 섬서순무 손전정(孫傳庭) 등이 지휘를 맡아 병력 12만 명을 투입한 대작전은 전국의 유적떼를 확실하게 몰아붙이는 작전이었다. 그 결과 여러 유적군은 이때 궤멸적 타격을 입게 되었다.

명의 관군은 여러 유적무리 가운데 가장 실력이 나은 이자성을 집중 공격하였다. 섬서에서 하남으로 가는 길목인 동관에서 관군과 전투를 벌여 이자성의 전 부대가 몰살당하고 겨우 18기만 이끌고 탈출했다는 얘기도 전해진다. 이자성은 섬서성 남부, 하남성과의 경계지대인 한중(漢中)의 깊은 상락산(商洛山) 속으로 숨어들었지만 관군은 집요하게 추적하였다. 관군의 계속되는 추적에 지친 이자성은 4차례나 자살을 생각할 정도로 비참한 생활을 하고 있었다. 실제로 이자성이 죽었다는 소문까지 생겨났다.

장헌충과 나여재도 달아날 길이 없자 실력을 보존하기 위해 부득이 관군의 화친제의를 받아들였다. 다만 장헌충은 조정이 내리는 관직을 거부한 채 호북성 곡성(谷城)의 근거지를 굳게 지켰다. 장헌충 부대는 무기를 제조하고 부지런히 훈련을 하는 등 전투력을 유지하며 때를 기다리고 있었다.

유적은 이제 끝났다는 평가가 나오는 최악의 상황에서 활로가 생겨났다. 1639년 중국 전역이 가뭄 등의 재해를 겪자 굶주린 농민들은 다시 도적이 되기를 원하였다. 장헌충은 1639년 5월 호북성 곡성에서 재궐기하였고 나여재, 마수응 등도 이에 호응해 봉기하였다. 관군의 주력이 장헌충 등에 집중된 사이에 이자성은 섬서의 상락산을 벗어나 하남으로 진입하는데 성공하였다.

당시 유적 집단에게 2가지 행운이 다가왔다. 하나는 사상 최악의 대기근이었고 다른 하나는 청의 침공이 더욱 고조됐다는 점이다. 자연재해와 그에 따른 기근은 명나라 말기 들어 해마다 반복된 일이지

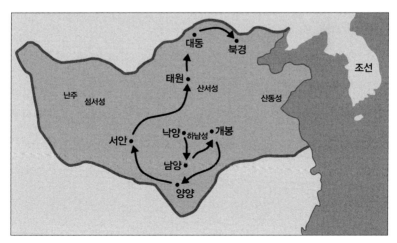

이자성의 진격로

만 이때의 대기근은 이전과는 비교가 되지 않았다. 가뭄과 여름철 이상저온, 메뚜기 떼 습격, 전염병이 중국 북부지방은 물론이고 강남까지 확대되었다. 실제로 1640년부터 3년은 중국 역사상 가장 가뭄이 심하고 서늘한 여름으로 꼽히고 있다.

숭정 13년(1640년) 겨울 이자성이 상락산의 포위망을 뚫고 섬서에서 하남성으로 진출했을 때 굶주림에 지친 사람들은 쌍수를 들어 환영하였다. 이자성은 대중의 심리파악에 탁월하였다. 그는 "모든 농민에게 토지를 균등하게 나눠주고(均田) 세금을 면제(免賦)해 주겠다"는 허황된 공약을 내걸었다. 기근과 학정에 시달리던 농민들이 공약의 현실성을 따질 여유가 없었던 만큼 이자성은 순식간에 대대적인 지지세를 확보할 수 있었다.

하남에 처음 들어갔을 때 수천 명 수준이던 이자성의 도적부대는 한 달 만에 수십만 명으로 늘어났을 정도로 폭발적인 성장세를 보였다. 이제 이자성의 부대는 '규율이 엄한 군대'로 발전하였고 단순한 도적떼를 넘어 농민혁명군의 성격을 띠고 있었다.(훗날 마오쩌둥은 이자성군을 자신이 이끈 홍군(紅軍)의 전신(前身)처럼 높이 평가하였다. 홍군 역시 농민반란군이란 점에서 별 차이가 없었던 데다 토지를 균등하게 나눠주겠다는 이자성의 구호가 공산당과 유사했기 때문으로 보인다.) 이자성 스스로도 명나라를 대신할 새로운 정권수립을 구상하기에 이르렀다. 이자성의 반란군은 마치 원나라를 대체한 주원장의 군대처럼 새로운 시대변혁의 에너지를 품은 채 화북전역을 석권하고 북경을 압박해 나가기 시작하였다. 백성들의 굶주림을 해결하지 못하고 지지마저 잃은 정부는 설 자리가 없는 법, 명나라는 이자성의 농민군을 통제할 힘을 상실하게 되었다.

숭정 14년(1641년) 1월 이자성군은 유서 깊은 낙양성을 공격해 이틀 만에 점령하였다. 하남성의 중심지 낙양을 점령해 근거지를 확보한 이후 이자성군의 성격과 행동 방식은 이전과 크게 달라진다. 근거지는 자신의 터전이므로 유적떼 식으로 초토화시켜서는 곤란하다. 이자성의 집단은 여자와 재물을 노리던 도적떼의 탈을 벗고 새로운 질서를 꿈꾸는 농민혁명군의 모습을 표방하기 시작한 것이다.

이때부터 이자성군은 일반 백성들의 지지를 얻기 위한 계산된 행동을 시작하였다. 당시 이자성의 휘하에는 우금성(牛金星), 송헌책(宋獻策), 이암(李巖) 등의 유학자들이 몰려들었는데 이들은 새로운 국가 건설의 이념을 제시하였다. 이자성은 학자들의 충고에 따라 낙양성을 점령한 이후부터는 일반 백성의 재산과 금품을 강탈하지 않았다. 또 병졸들이 백성을 죽이거나 부녀자를 강간하는 것을 금지하였다.

대신 만력제의 아들이자 숭정제의 숙부인 복왕(福王) 주상순(朱常洵)을 죽이고 복왕부의 재물 가운데 일부를 백성들에게 나눠줘 인심을 얻었다.(복왕 주상순은 만력제의 셋째 아들로서 만력제는 그를 황태자로 삼고 싶어 했지만 신료들이 장자가 아니라는 이유로 반발해 태자가 되지 못하였다. 만력제는 신하들의 반대에 실망해 수십 년간 태업을 함으로써 제국을 골병들게 만들었다. 주상순은 복왕으로 책봉돼 낙양으로 갔지만 백성들의 고혈을 짰던 탓에 인기가 없었고 이때 이자성에 잡혀 죽었으니 '복왕'이라는 책봉명과 달리 복이 없던 인물이다.) 정치 선전도 강화하였다. 자신들은 도적떼가 아니라 '해방군'이며 '정의의 군대'라고 표방하는 한편 세금을 걷지 않겠다는 폭탄선언을 해 인기를 모았다. 이자성의 영

웅적인 자질에 관한 이야기를 만들어 민간에 퍼뜨렸고 이런 노래도
유포시켰다.

소와 양을 잡고 술도 빚어서(殺羊牛備酒漿)

성문을 열고 틈왕을 맞이하세(開了城門迎闖王)

틈왕이 오면 세금을 걷지 아니한다네(闖王來時不納糧)

1641년 2월 세력을 더 확대한 이자성 군은 하남성 개봉을 포위공
격한 것을 시작으로 관군에 대해 대대적인 공세를 펼쳤다. 이자성은
1641년부터 1642년 사이에 하남성 일대에서 5차례나 관군을 섬멸하
는 화려한 전과를 거두었다.

1641년 11월 하남성 남양(南陽)을 공격해 당왕(唐王) 주율막(朱聿
鏌)을 죽였고, 1642년 9월에는 황하의 둑을 헐어 수몰시키는 수공법
으로 개봉성을 함락시켰다. 당시 개봉성에 갇힌 명의 관군들은 군량
미가 없어 푸른 감을 따먹고 간신히 목숨을 이어갔으니 세간에서는
'감 시(柿)'자를 써서 이 전투를 '시원지역(柿園之役)'이라고 불렀다.

1642년 11월에는 좌량옥, 손전정 등이 이끄는 수십만의 관군을
대파해 한 맺힌 동관(潼關)을 점령하였고 1642년 12월 4일 호북성 양
양(襄陽)에 입성하여 양경(襄京)으로 개칭하고는 대본영(大本營)으로 삼
았다. 넓은 근거지를 확보한 이자성은 휘하에 기병 3만 명, 보병 7만
명의 정예군과 협종 100만 명을 거느리는 대규모 집단으로 발전하였
다. 1643년 1월 이자성은 자신을 '신순왕(新順王)'으로 칭하고 양경을
도읍으로 삼아 궁궐을 짓고, 6부(六部) 등을 갖춘 독자적인 정권을 세

윘으며 화폐를 발행하기 시작하였다.

그러나 하늘 아래 두 태양은 없는 법, 장헌충은 점차 이자성과 경쟁, 반목하면서 독자노선을 걷기 시작하였다. 이자성이 북경 진공을 장기목표로 한 채 중부지방인 하남성을 도륙내는 동안 장헌충은 사천성과 호남성, 강서성 등 서남쪽을 휩쓸기 시작했다. 장헌충의 반란군은 한때 '60만 대군'으로 행세할 정도로 크게 세력을 떨쳤다. 1641년 호북의 양양을 공격하여 양왕(襄王) 주익명(朱翊銘)을 죽이고 은전 15만 냥을 풀어 굶주린 백성들을 구제해 인기를 모았다.

장헌충은 1643년 호북성 무창(武昌)에 자리를 잡고 스스로 '대서왕(大西王)'이라 칭했으며, 이듬해인 1644년에는 사천성 대부분 지역을 확보하고 성도(成都)를 공격하여 촉왕(蜀王) 주지주(朱至澍)를 죽였다. 장헌충은 1644년 11월(이때는 북경의 명 조정은 이자성에 망했고, 이자성 역시 청군에 쫓겨 북경을 버리고 호북성으로 은거했던 시절이다. 나중에 자세히 다룬다.) 국호를 대서(大西), 연호를 대순(大順)이라 정하고 대서 황제(大西 皇帝)로 자칭했다. 성도를 서경(西京)으로 바꿔 부르고 과거를 실시해 관직 체계를 정비하였으며 '대순통보(大順通寶)'라는 독자화폐를 만들어 사용하는 등 이자성에 못지않은 또 다른 국가 건설을 기도하였다.

이처럼 1637년부터 5~6년간 이뤄졌던 명 조정의 반격이 물거품이 되면서 중원 땅은 이제 이자성과 장헌충이 주도하는 '도적들의 세상'으로 바뀌어 가고 있었다.

16장

차도살인 전술로 산해관을 넘다

차도살인(借刀殺人)… 남의 칼을 빌려 적을 죽인다는 병법(兵法) 36계 가운데 제3의 계책이다. 치밀한 두뇌게임과 기만술이 필요한 고난도 계략이다. 만주국은 도적떼를 키워 중원을 흔들고 접수하는 차도살인지계를 성공적으로 집행하였으니 머리싸움에서도 한족의 명나라를 능가했던 셈이다. 용기는 물론이고 지략까지 앞선 덕분에 작은 나라가 큰 나라를 꺾을 수 있었던 것이다.

한번 일어난 도적떼는 소멸되지 않고 불길을 키워 끝내는 명나라를 태워버렸으니 만주국으로선 그 도적을 무찌르고 산해관(山海關)을 넘는 일만 남았다. 넓은 중원 곳곳에 수많은 관문이 존재하지만 산해관은 그 위상이 남달랐다. 만리장성의 최동단 관문으로 오랫동안 화(華)와 이(夷)의 땅을 구분 짓는 상징성 높은 웅관(雄關)이었다. 특히 명나라는 산해관 방어에 힘을 기울여 난공불락의 중진으로 만들었으니

산해관(山海關) 천하제일관(天下第一關)으로 불린 산해관은 중국 허베이 성 친황다오 시 산하이관 구에 있는 누각으로써 즈성러우(知聖樓)라고도 칭한다.

만리장성의 동쪽 시작 산해관 보하이만에서 시작하는 산해관은 만리장성의 동단요새이자 여진을 방비하기 위한 요충지였다.

가히 천하제일관(天下第一關)이라는 그 이름에 부합하였다.

수백 년간 오랑캐에게 문을 열지 않았던 산해관을, 만주국은 억지로 깨뜨리지 않고 유유히 넘어갔다. 한족으로써 한족을 제압하는 이한제한(以漢制漢)의 결과였다. 오랑캐로써 오랑캐를 견제한다는 한족의 이이제이(以夷制夷)를 되받아친 전술이다. 도적군대와 명 유신(遺臣)의 갈등 속에 산해관은 저절로 열렸고, 모든 준비를 끝내고 기다리던 만주국은 곧바로 중원전역에 군력을 투입해 통치력을 확보하였다. 도적을 활용한 대륙정복… 차도살인의 완성이었다. 그러나 천하를 삼킬 웅략을 지녔지만 홍타이지의 비대한 몸은 그의 야심을 오랫동안 담아주지 못하였다. 산해관을 넘어 중원의 도적을 소탕하고 대륙의 주인이 되는 과업은 홍타이지가 아닌 후계자들의 몫이 되었다.

이자성 북경 진공, 명나라 멸망

명나라가 유적떼를 진압하지 못한 이유는 대기근과 과중한 세금에 따른 민심이반 탓도 크지만, 명의 정예군이 청의 압박에 묶여 제역할을 수행하지 못한 점을 거듭 강조하고 싶다. 사실 홍타이지가 수시로 중원을 두드린 것은 포로와 가축 획득, 재물 약탈을 위한 목적이 일차적이지만 명나라 관군의 도적떼 진압을 방해하기 위한 목적도 다분하였다. 홍타이지는 명나라에 도적떼가 창궐하는 모습에서 대륙정복의 '해법'을 발견했던 것이다.

1637년 명 관군의 대대적인 유적 토벌전 이후만 보더라도 1638년 9월의 4차 입관, 1640년 10월의 송산·금주 전투, 1642년 10월의 5차 중원 입관은 명 조정과 군대로 하여금 도적떼 진압에 나설 물적, 심리적 여유를 앗아가기에 충분하였다. 홍타이지는 유적떼가 들끓는 섬서성 등 중국 서부는 내버려두고 북경과 하북성, 산동성 등 동부지역을 집중 강타하였다. 만주 팔기군과 도적떼의 조우를 피하는 한편, 서쪽으로 향하던 명나라 관군을 동쪽에 붙잡아 두기 위한 작전으로 풀이된다.

어쨌든 만주군의 요서 공격과 잇단 입관침공으로 명나라는 유적을 진압하던 군대를 빼내 동쪽으로 보낼 수밖에 없었고, 덕분에 궤멸지경에 몰렸던 이자성의 유적군은 재기에 성공하며 북경을 공략할 수 있는 기회를 갖게 되었다. 홍타이지는 수시로 중원을 약탈해 자신들의 힘을 키우는 한편 명 조정과 유적 집단의 한판 대결을 어부지리의 심정으로 즐기고 있었다. 홍타이지는 분명 도적의 칼을 빌려 명나라의 숨통을 끊고자 하였다.

"군이 내 손으로 숨통을 끊지 않아도 명은 골병이 들어 죽을 것이다. 도적떼가 명의 살점을 모두 뜯어가고 숨을 끊게 한 뒤 우리 군대가 나서서 천하를 도모하리라…"

황제 위에 오른 이후 홍타이지의 벌명(伐明)전략은 대략 이와 같았다. 그러므로 유적군과의 충돌은 절대로 피해야 하였다. 홍타이지는 1642년 10월 5번째 입관 공격에 출전하는 아바타이에게 다음과 같이 지시하였다.

"만약 유적(流賊, 여기선 이자성군을 말함)과 조우한다면 '여러분은 명나라 정치가 문란한 탓에 난을 일으킨 것으로 알고 있다'고 말한 뒤 '우리(청군)가 중원 정벌에 나선 것도 마찬가지 이유에서이다'라고 좋은 말로 안심시켜라. 또 군사들에게는 유적 한두 명을 죽여 도적떼와 사이가 나빠지게 만들지 않도록 엄하게 경계하라."

당시 명나라 최강의 군대는 동북방 산해관을 지키던 오삼계 군단이었지만 청나라가 그 발목을 잡고 있었다. 동북의 군대를 동원해 도적을 막으려 들었다간 팔기군이 곧바로 산해관을 넘어 명의 목을 찌를 터였다. 명나라는 도적떼를 충분히 진압할 만한 군대를 보유하고 있었지만 홍타이지의 압박 탓에 어떤 방도도 시행하지 못하는 답답한 처지에 놓여 있었다.

홍타이지의 청군이 명의 정예군을 묶어두고 있는 사이, 이제는 단순한 도적떼의 면모를 벗고 천하의 패권쟁취를 표방한 이자성의 농민군은 파죽(破竹)의 기세를 타고 북중국을 휩쓸기 시작하였다.

1643년, 유적군을 제압할 실력을 갖춘 명의 관군은 병부시랑(兵部侍郎, 국방차관 격) 손전정의 부대가 거의 유일하였다. 손전정은 섬서성과 하남성의 경계인 동관을 지켜 이자성군의 북상을 저지하는 것을 목표로 삼고 있었지만 호들갑스런 명 조정에선 하루빨리 출동하여 이자성을 섬멸하라고 닦달하였다. 이즈음 절망에 빠진 숭정제는 거의 이성을 상실한 상태였다. 극도로 예민해진 황제는 잇단 내정의 실패를 관리나 무인들 탓으로 여겨 총독을 죽이고 순무를 죽이고 장군을 죽였다. 대신들은 처형을 겁내 자결하거나 아예 적에게 투항하기 일쑤였다. 1643년 8월 손전정이 무리하게 이자성 공격에 나선 것도 이런 배경에서였다. 유리한 형국이 조성되길 기다리며 공격을 지체했다가는 황제의 칼에 목숨을 잃을 가능성이 높았던 것이다.

잠시 쉬어가기로 하자. 1611년생인 숭정제는 1627년 17살에 황위에 올라 1644년까지 17년간 재위하면서 50명의 내각을 바꾸고 14명의 병부상서를 교체하였다. 1630년 원숭환을 처형한 것을 비롯해 죽이거나 자살하게 만든 독사(督師) 혹은 총독이 11명이고 죽인 순무가 11명, 자살하게 핍박한 경우가 1명이다. 감옥에 갇히고 구타당하여 죽었거나 자살한 고급관리도 수십 명이다. 변덕이 심하고 죽이는데 부지런하였던 숭정제는 오랫동안 함께할 수 없는 황제였다.[12]

황제의 괴롭힘 속에 명나라 고급 인재들은 둘 중 하나를 선택할

---

12) 정만군, 「인물중국사(160) 범문정: 대명왕조의 인재유실」, 인터넷글 참고.

수밖에 없었다. 하나는 자살하는 심정으로 어이없는 명령을 따르는 길이고 다른 하나는 적에게 투항하는 길이다. 당연히 자살보다는 투항이 많을 수밖에 없다. 숭정제 시대 최고지도자의 치명적인 결함에다가 관외의 강력한 경쟁자 청나라가 적극 유인하는 탓에 명의 인재 유실은 극심하였다.

어쨌든 손전정의 관군은 하남성 낙양을 회복하기 위해 이자성의 농민군과 원치 않는 싸움을 벌였다. 농민군의 북상을 저지할 길목, 동관을 지키는 것이 옳았지만 '도적의 근거지'를 섬멸하라는 황제의 보챔 때문이었다. 이자성은 경기병(輕騎兵)을 출동시켜 관군의 보급선을 끊고 일진일퇴 끝에 4만 명을 죽였다. 결국 군량미가 떨어진 관군이 흩어지면서 승리는 이자성에게 돌아갔다. 1643년 10월 6일 손전정이 후퇴하다 동관에서 전사하면서 명 관군의 유적 토벌전은 철저한 실패로 종식되었다. 이후 명나라는 도적을 물리칠 힘을 상실하였다.

1643년 겨울, 이자성의 군대는 서쪽으로 진격하여 하남성 서안을 함락하고 더 나아가 섬서와 감숙성 전역에서 관군은 물론 다른 소소한 도적떼도 모두 제거하거나 흡수해 버렸다.

이자성은 이듬해인 1644년 정월 초하루, 서안을 서경(西京)으로 고쳐 도읍으로 삼고 국호를 대순(大順), 연호를 영창(永昌)으로 하고 황제로 즉위했다.(1644년 11월 황제를 자처한 장헌충은 국호를 대서(大西), 언호를 대순으로 정했다. 두 도적떼 수령이 국호나 연호에서 순(順)자를 선호했던 것이 이채롭다. 자신들의 집권이 '순리'임을 강조하고 싶었던 모양이다.) 이제 천하는 명과 청, 순이라는 3개의 황제국이 다투는 형국이었다.

이자성은 북경을 치기 위해 곧바로 동정군(東征軍)을 일으켰다. 보병 40만 기병 10만을 이끌고 황하를 넘어 산서로 진입해 2월에는 태원(太原)을 함락시켰다. 경사(京師, 북경)는 이제 눈앞이다. 산서총병 주우길(周偶吉)의 격렬한 저항으로 한때 후퇴를 논의하기도 하였지만 선부(宣府)와 거용관(居庸關) 등 중진(重鎭)을 지키는 장수들이 차례로 투항하면서 이자성은 용기백배하였다.

이자성은 1644년 3월 19일(양력 4월 25일) '해방군'을 이끌고 북경 자금성을 함락시켜 명 왕조의 숨통을 끊었다. 내탕(內帑, 황제 사금고)에 거금 3,700만 냥을 쌓아두고도 군자금을 푸는 데 인색했던 숭정제는 자금성 인근 경산(景山)에서 목을 매 자살하였다. 1368년 농민 도적 출신 주원장이 세운 명나라는 16대 276년 만에 후배 유적에 의해 멸망하였다.

홍타이지 사망, 도르곤(多爾袞) 집권

이자성이 북경을 함락하기 7개월 전 청나라 황제 홍타이지가 사망했다. 숭덕 8년(1643년) 8월 경오일(양력 9월 21일) 밤, 향년 52세로 재위 기간 17년이었다. 황위 승계와 관련해 아무런 유언도 남기지 않은 급사였다. 그의 죽음이 대해 『청사고(淸史考)』는 '병 없이 붕어했다(無疾崩, 무질붕)'고 적었다. 비교적 몸집이 좋았다는 점, 뇌출혈 조짐이 있었다는 점 등을 감안할 때 뇌경색 등 심혈관계 질환이 사인이었던 것으로 추정된다.

뛰어난 무장이면서도 수준 높은 교양인으로서 중국문화를 잘 이

도르곤, 호거, 순치제 초상화 1643년 홍타이지 사후 누르하치의 14남 도르곤과 홍타이지의 장남 호거는 '대권'을 놓고 격돌했으나 양측의 힘이 팽팽해 승부를 내지 못했다. 결국 홍타이지의 9남인 6살 푸린이 어부지리로 황제 위를 계승하였다.

해하고 있었던 만큼 그는 문무 양 방면에서 탁월한 업적을 이루었다. 외정 면에서 범여진족 통일전쟁을 완수한 가운데 조선과 몽골을 복속시켰는가 하면 중원을 수시로 공략해 확실한 대명 우위를 점하는 화려한 성과를 거뒀고, 내정 면에서도 미완의 국가조직을 정비하여 대제국으로 발전할 토대를 마련하였다. 묘호 태종(太宗)은 그래서 적절해 보인다.

『청사고 태종본기』는 홍타이지를 평가하기를 "문무에 능했으며 안으로는 정사(政事)를 닦고 밖으로는 정벌을 게을리하지 않았다. 용병술은 신기에 가까워 가는 곳마다 승전보를 울렸다"고 하였다. 사실과 부합되는 기술이라고 할 수 있다.

황제의 자리는 하루도 비워둘 수 없다. 홍타이지가 후계자를 정하지 않고 타계한 만큼 황제 위를 둘러싼 경쟁이 곧바로 분출되었다. 제위(帝位) 계승전의 선두 주자는 홍타이지의 장남 숙친왕(肅親王) 호거(豪格)였다. 1609년 출생한 호거는 35살의 장년이었다. 군공이 혁혁한 데다 황제의 장자라는 점이 강점이었다. '용모가 범상치 않았고 궁술(弓術)과 마술(馬術)도 뛰어났다. 영명하고 강인하며 지혜로웠다'는 기록이 있다. 다만 생모가 정비가 아니라는 점이 약점이었다. 만주족 등 유목민족은 장남보다는 뛰어난 아들이 부친의 지위를 계승하는 전통을 갖고 있었다. 하지만 '뛰어난 장남'이라면 사정이 달라진다. 부친이 살아 있는 동안에 이뤄놓은 것이 많기 때문에 동생들에 비해 더 유리할 수 있는 것이다.

문제는 호거의 라이벌이 동생들이 아니라 숙부라는 데 있었다. 누르하치의 14번째 아들 예친왕(睿親王) 도르곤이 그의 맞수였다. 당시 도르곤의 나이는 32살로 조카인 호거보다 3살 적었지만 창업주의 아들이라는 강점에다 군공과 군력 면에서도 호거를 능가하고 있었다. 사실 군공을 경쟁하는 데다 '나이 많은 조카와 어린 숙부' 사이였기에 평소에도 호거와 도르곤 관계는 좋은 편이 못되었다.

누르하치의 마지막 정비 우라나라(烏拉納喇)씨의 소생인 도르곤은 1626년 부친이 사망했을 때 생모가 홍타이지 등의 압박에 의해 순장된 데 불만이 없지 않았겠지만 내색하지 않았다. 당시 15살에 불과했지만 독한 녀석이었다. 오히려 홍타이지의 명령을 착실히 수행함으로써 새 한(汗)의 신임을 얻었다. 홍타이지는 도르곤에게 최고 귀족 칭호인 '호쇼버일러'를 부여하고 양백기를 지휘하게 하였다. 1612년생인 도르곤은 17살 때인 1628년 차하르 몽골족과의 전쟁 때부터 명성을 떨치기 시작하였고, 마침내 황제 다음 가는 지위인 예친왕에 봉해졌다. 특히 1635년 차하르 몽골의 릭단칸이 보유하던 대원의 전국옥새를 획득해 홍타이지에게 바치면서 더 큰 신임을 얻었다. 1638년 9월 4차 중원 공격 때는 만리장성을 돌파해 하북성과 산동성의 40개 성을 점령하는 공을 세웠다. 앞서 누르하치가 사망할 당시에도 15살인 도르곤을 후계자로 생각했다는 설이 있을 정도로 자질이 뛰어났다.

홍타이지가 사망하자 팔기 가운데 황제 직속이었던 정황기와 양황기, 정람기의 버일러들은 호거를 추대하고자 하였고, 도르곤의 동모형제인 아지거와 도도 등은 도르곤을 지지하였다. 당시 팔기군 편제를 보면 호거와 도르곤 양측의 군력은 엇비슷하였다. 양측 모두 상대를 압도하지 못한 상황에서 어느 한쪽이 황위를 계승하기란 불가능하였다. 결국 어부지리 격으로 홍타이지의 9남으로 겨우 6살이던 푸린이 황위를 이으니 순치제(順治帝)이다. 황위 계승 싸움이 더 커지지 않고 봉합된 것은 도르곤이나 호거 모두 자신의 정치적 계산보다는 제국의 앞날을 더욱 중시했기 때문이다. 신생국 청나라가 권력 다툼에 휩쓸렸다가는 명나라나 이자성의 군대와 일전도 치러보지 못한 채 몰락할 수 있다는 위기감을 느끼고 있었던 것이다.

도르곤은 황위는 계승하지 못했지만 순치제의 숙부란 점을 활용해 사촌형 지르갈랑과 공동섭정을 맡아 어린 황제를 보좌하면서 라이빌 호거보다 앞서 나갔다. 점차 특유의 정치수완으로 지르갈랑을 몰아내고 단독섭정이 되면서 도르곤은 황제를 능가하는 권력을 휘두르게 되었다. 도르곤이 권력투쟁에서 승리할 수 있었던 것은 두뇌 회전력과 지식의 양이 경쟁자들을 압도했기 때문이다. 단순하고 거친 만주국의 일반 권력자들과 달리 용맹하면서도 지략을 갖추고 있었다는 점에서 도르곤은 홍타이지와 많이 닮았다고 하겠다.

훗날 도르곤은 순치제의 생모이자 배다른 형(홍타이지)의 부인인 효장문황후(孝壯文皇后)와 결혼 내지 연애를 하였는데, 당초 황숙섭정왕(皇叔攝政王)이던 도르곤이 황부섭정왕(皇父攝政王)으로 바뀐 조선의 외교문서가 간접증거이다. 형이 죽은 후 형수를 아내로 맞는 만주족 고유의 형사취수(兄死娶嫂) 제도를 따른 행위로 풀이되는데 대권을 쥔 도르곤이 굳이 황제 위를 노리지 않았던 이유가 설명되는 대목이기도 하다. 즉, 황제의 모친과 결합하고 '황제의 부친'이 된 도르곤에게 순치제는 '친아들'이 된 만큼 굳이 황권을 다툴 이유가 없었던 것이다. 사실 도르곤에게는 딸만 있었을 뿐 아들이 없었다. 효장황후가 아들을 지키기 위해 도르곤에게 구애했다는 설도 있으나 실체는 알기 어렵다.

그러나 도르곤과 효장황후의 '결합'은 한족의 입장에선 패륜적인 불륜으로 비춰졌다. 만주족 입장에서도 이미 1632년 홍타이지가 형사취수 관습을 금지한 바 있었다. 특히 한문화(漢文化)에 심취된 아들 순치제가 모친과 숙부의 '접근'에 강한 저항감을 갖고 있어 두고두고 문제가 되었다. 도르곤은 1650년 12월 31일 만리장성 근처에 있는 카라호툰에서 사냥을 하다 사고로 죽었다. 향년 39살의 한창 나이였다. 도르곤이 사망하고 얼마 지나지 않아 역적으로 몰려 부관참시(剖棺斬屍, 무덤을 파헤쳐 관을 쪼개고 시체의 목을 베는 형벌)의 벌을 받은 배경에는 모친과의 관계에 실망했던 순치제의 분노가 작용했다는 풀이가 많다.

(반역자로 팽개쳐진 도르곤은 순치제를 뒤이은 강희제 시절부터 복권되기 시작하였다. 강희제는 '청나라 건국에 가장 공이 큰 사람은 도르곤'이라고 칭송하였고, 1733년 건륭제는 제국 수립에 기여한 도르곤의 공로를 인정해 왕작을 회복하고 방치되었던 무덤도 복원하였다. 아들이 없던 도르곤의 유일한 혈육은 '동아'(愛新覺羅 東莪)라는 딸인데 놀랍게도 조선과 핏줄로 이어진다. 도르곤에게는 두 명의 조선부인이 있었으니 한 사람은 조선 왕실에서 보낸 의순공주(義順公主)이고, 다른 한 사람은 조선 왕족의 딸 이씨(李氏)이다. 이씨가 1638년 동아를 낳았다. 1650년 도르곤이 죽은 후, 13살이던 동아는 순치제의 명에 의해 신군왕 다니(信郡王 多尼)에게 의탁하게 되었다. 다니는 도르곤의 동복형제인 도도(多鐸)의 아들이었으니 동아에게는 사촌이 된다. 동아는 사촌 오빠의 도움을 받아 잘 컸을 것으로 추측되지만 이후의 기록이 없다.

참고로 의순공주는 성종의 4대 후손인 금림군(錦林君) 이개윤(李愷胤)의 딸이었는데 효종이 양녀로 삼아 공주로 봉하였다. 조선의 공주를 배필로 맞이하겠다는 도르곤의 요구에 따라 종실여자를 공주로 만들어 북경으로 보낸 것이다. 1650년 도르곤과 결혼한 의순공주의 운명은 순탄치 않았다. 39살의 도르곤은 16살의 조선 공주를 대단히 마음에 들어 하였고, 의순공주 역시 섭정왕을 흠모하였다고 한다. 그러나 도르곤이 결혼 7개월 만에 사망하고 역적으로 몰리면서 의순공주는 부하 장수 보로(甫老)의 첩실이 되지만 그마저 1년 뒤 세상을 떠났다. 기구한 삶을 살다가 아버지의 손에 이끌려 7년 만에 귀국하였다. 이덕무의 '청장관전서'에는 의순공주가 귀국한 뒤에도 도르곤을 그리워하여 무당을 불러 귀신이라도 만나보기를 고대했다고 기록하고 있다. 강요에 의한 혼인이었지만 도르곤과의 짧은 결혼생활은 그리 나쁘지 않았던 것으로 여겨진다. 그러나 오랑캐와 혼인한 환향녀로 손가락질 받다 귀국 후 5년 만인 28살에 한 많은 세상을 떠났다.)

이자성 제압, 북경으로 천도

다시 시간을 거꾸로 돌려보자. 1643년 6살 순치제를 대신해 섭정왕(攝政王)에 오른 도르곤은 선황(先皇) 홍타이지의 중원 정복전략을 그대로 따르고 있었다. 즉, 명군(明軍)과 이자성의 대순군(大順軍)이 건곤일척의 승부를 겨루는 모습을 지켜보며 양측이 지치기를 기다렸다가 어부지리를 취할 계책이었던 것이다. 기회는 오래지 않아 찾아왔다. '틈적(闖賊) 이자성이 (1644년) 3월 19일에 북경을 점령했고 숭정제는 목을 매달아 자살했다'는 소식이 성경(盛京)에 전해지자 도르곤은 발 빠르게 움직였다. 도르곤은 책사(策士) 범문정을 급히 불러 대책을 논의하였다. 홍타이지의 심복이었던 범문정은 이때 도르곤의 측근이 돼 있었다.

범문정은 명조에 충성하는 관리와 유생, 신사층과 백성들의 불만을 최대한 이용해 '숭정제의 원수를 갚는다'는 명분하에 '유적을 진압할 의로운 군사'를 일으켜 즉각 관내로 진격할 것을 건의하였다. 도르곤은 명나라 관리와 백성들에 포고문을 내고 군사를 일으킨 명분을 설파하였다.

"우리(청나라)는 여러분의 황제를 위해 복수하려는 것일 뿐 명나라 백성을 해치는 일을 결코 하지 않을 것이다. 우리가 쳐 죽이려는 것은 틈적(이자성) 뿐이다. 우리에게 귀순하는 관리는 본래의 관직을 그대로 유지할 것이고 귀순하는 백성은 종전에 종사하던 일을 계속할 수 있을 것이다. 군율이 엄한 우리 군대는 절대 백성들을 해치지 않을 것이다."

스스로 대장군에 오른 섭정왕 도르곤은 1644년 4월 9일 만주팔기와 몽골팔기, 한군팔기 등 총 14만 명의 팔기군을 이끌고 산해관으로 진격하였다. 명이 망한 지 불과 20일 만의 일이다. 당시의 통신체계를 감안할 때 숭정제 자살 소식은 일주일 이상 지난 뒤 성경에 전해졌을 것이다. 그런데 스무날 만에 산해관으로 진격하였다는 것은 북경발 뉴스를 입수하자마자 지체 없이 동병(動兵)에 나섰다는 뜻이다. 시시각각 전해오는 이자성군의 북진소식을 청취하며 출격준비를 끝내놓고 있었음을 알 수 있다.

이때 산해관 일대를 관할하던 장수는 오삼계(吳三桂)였다. 오삼계의 부대는 명나라 최강의 군대, 이자성이 북경을 압박해 오자 조정에선 오삼계에게 수도방위를 위해 상경할 것을 명령하면서 평서백(平西伯)의 작위를 내렸다. 오삼계는 주변 일대의 군사와 민간인 50만 명을 이끌고 북경으로 구원하러 갔지만 중도에서 자금성이 함락되었다는 소식을 듣고 중간 길목인 난주(灤州)에 머물며 형세를 관망하던 중이었다.

자금성을 점령한 이자성은 각지의 명나라 군부에게 대세가 결정났다며 신정권에 항복하라는 투항권유문을 보냈다. 북경에 살던 오삼계의 부친 오양(吳襄)에게도 아들에게 항복권고장을 보낼 것을 지시하였다. 난주에서 아버지의 편지를 받은 오삼계 역시 이자성에게 항복할 생각이었다. 그러나 이자성의 최측근 유종민(劉宗敏)이 오삼계의 애첩 진원원(陳圓圓)을 납치해 갔다는 사실이 드러나면서 사정은 돌변하였다. 흥분한 오삼계는 지금까지의 적, 청군의 힘을 빌려 이자성을 치기로 마음을 바꾸고는 산해관으로 군대를 되물렸다. 이때 청군은 도르곤의 지휘 하에 이미 성경을 출발해 산해관으로 접근하고 있던 상황이었다.

이에 이자성은 20만 대군을 이끌고 산해관으로 진격하니 이곳에서 천하의 대세가 결정날 판이었다. 당시 기세등등하던 이자성의 농민군은 오삼계를 충분히 격파할 수 있다고 자신하고 있었지만 불행히도 팔기군이 진군하고 있다는 사실은 모르고 있었다.

산해관 전투는 1644년 4월 21일부터 23일까지 사흘간 지속되었다. 이자성은 산해관 서쪽 사하의 강변에 군을 배치하였다. 오삼계는 부하들에게 산해관의 방어를 맡긴 뒤 주력군을 이끌고 이자성군과 맞섰다. 도르곤은 산해관으로 진격하던 중 명나라 장수였다가 이자성군에 항복한 당통(唐通)의 부대와 마주쳤다. 당통은 이자성의 명령으로 사하를 건너 오삼계군의 뒤를 치기 위하여 이동하다가 청군을 만난 것이다. 갑작스럽게 나타난 팔기군에 당황한 당통의 부대는 곧바로 전멸 당한다. 4월 21일 산해관 근처에 도착한 도르곤은 오삼계의 정식 항복을 받았다.

4월 23일의 전투에서 이자성은 군대를 거대한 학익진형으로 배치하고 오삼계군의 돌격을 맞았다. 이자성군은 오삼계군을 맞아 잘 싸웠고 승리가 눈앞에 온 듯했다. 이때 강한 바람이 불면서 엄청난 먼지

구름이 사방을 뒤덮어 전투가 잠시 중단되었다. 시간이 흐른 뒤 시야가 열리고 보니 이자성군의 전면에 만주 철기군이 가득했다. 앞머리를 빡빡 밀어버린 기괴한 변발을 한 대규모 기병대가 하늘이 무너질 듯한 괴성과 함께 창칼을 휘두르며 달려들자 혼비백산한 이자성군은 변변한 저항도 못한 채 달아나기에 바빴다. 오삼계군과 싸우느라 지친 상태에서 철기군의 거센 공격을 받은 이자성군은 진형이 그대로 무너졌다. 후퇴하는 이자성의 20만 대군은 밟혀 죽거나 철기군 칼에 맞아 도륙당했다. 도르곤은 팔기와 오삼계 연합군을 이끌고 북경으로 진군하였다.

팔기군과의 전투에서 참패한 이자성군은 허겁지겁 후퇴해 북경에 재입성한다. 이자성은 만주 철기에 맞설 수 없음을 실감하고 북경 관리와 부호의 집을 약탈할 것을 명하였다. 4월 29일에 서둘러 '대순황제(大順皇帝)' 즉위식을 치른 이자성은 다음날 자금성에 불을 지르고 자금성의 온갖 금장식을 녹여 만든 금괴를 수레에 싣고는 서쪽으로 탈출하였다.

도르곤이 이끄는 '새로운 해방군'은 이자성의 '옛날 해방군'을 뒤쫓아 5월 1일 북경성을 '또다시 해방'하였다. 이자성군의 약탈에 실망한 명의 유신(遺臣)들이 50리 밖으로 나와 도르곤 일행을 환영하였다. 도르곤은 청나라 예친왕 자격으로 이틀 전 이자성이 즉위식을 올린 바로 그 자리, 지금성 무영전(武英殿)에서 명나라 유신들의 배례를 받고 섭정업무를 개시하였다. 도르곤은 다음날 자살한 숭정제를 위한 발상(發喪)을 발표하고 3일간의 복상을 명했다. 명나라 관리들에게는 속히 원래 자리로 복귀할 것을 명하고 백성들을 선무하는 한편 숭정제의 억울한 죽음을 복수하기 위해 '역적' 이자성과 장헌충을 소탕하겠노라고 선언하였다.

이때 청나라에서는 자연스럽게 천도문제가 거론되었다. 적지 않은 청나라 대신과 관리들이 만주 땅을 떠나기 싫어하며 북경 천도를 반대하고 나선 것이었다. 도르곤의 동복형인 영군왕(英郡王) 아지거의 주장은 이러하였다.

> "우리가 (누르하치 시절) 처음 요동으로 진출했을 때 살육을 금지했던 탓에 많은 만주족이 요동인에게 살해당했소. 지금 여세를 몰아 북경성을 도륙하고 제왕들을 불러들여 북경을 제압해야만 하오. 그런 뒤에 대군을 철수시켜 성경을 지키든지 물러나 산해관을 지키든지 해야만 후환이 없을 것이오."

도르곤은 홍타이지의 유조(遺詔)를 거론하며 아지거 등 반대파 대신들을 설득하였다.

> "일찍이 선황(홍타이지)께서는 만약 우리가 북경을 얻는다면 앞으로의 발전을 고려하여 즉시 그곳으로 수도를 옮겨야 할 것이라고 말씀하셨소. 지금 이곳(북경) 인심이 아직도 흉흉하니 결코 이곳을 버리고 동쪽으로 회군할 수는 없소."

도르곤의 말에 따르면 홍타이지는 만주군대가 북경을 점령할 수 있을 것으로 확신하였고, 그에 대비하여 '수도 이전' 지시를 내려 두었던 것이다. 이 대목에서도 홍타이지의 치밀하고도 원대한 계획을 거듭 확인할 수가 있다. 홍타이지는 분명히 명과 이자성의 격돌 이후를 대비하고 있었던 것이다.

홍타이지의 유훈에다 섭정왕의 강력한 주장에 의해 순치제 푸린은 심양을 떠나 북경에 당도하였고 10월 초하루 자금성 황극문(皇極門)에서 '연경(燕京)으로 천도한다'는 조서를 만천하에 공포하였다. 이로써 홍타이지가 기획했던 '차도살인을 통한 중원 정복'의 꿈은 1단계 완성을 보았다.

'도적 소탕' 명분으로 천하 제패

도르곤은 이어 숭정제의 원수를 갚는다는 명분을 내세워 이자성과 장헌충 토벌전을 개시하였다. 명분은 도적 토벌이었지만 실상은 팔기군의 강력한 무위(武威)를 과시하며 중원 전역을 청나라 세상으로 바꾸기 위한 물리적 제압 수순이었다.

청은 가장 먼저 전 대륙에 포고령을 내걸고 만주식 변발과 복장을 강요하였다. 한족의 풍습을 그대로 두고서는 중원을 다스릴 수 없다고 판단한 때문이었다. 변발과 만주복식을 따르는 것은 만주국에 항복한 증거로 간주했고, 이를 거부하는 것은 저항 의사가 있는 것으로 보고 무자비하게 난입하였다.

'유두불유발, 유발불유두(留頭不留髮, 留髮不留頭)'는 당시의 최대 유행어였다. "머리를 보존하려면 머리카락을 잘라야 하고, 머리카락을 남기려면 머리는 남아 있지 못한다."라는 무시무시한 경고이다.

팔기군은 대륙을 남하하며 한족들의 머리를 일제히 깎아버리기 시작하였다. 그러나 북경이 함락된 직후 남경에서 남명(南明)정권이 출범한 터라 한족의 저항도 만만치 않았다. 왕수초(王秀楚)란 양주 출신 선비가 1645년 음력 4월, 양주성에서 열흘 동안 일어난 일을 기록한 책이 『양주십일기(揚州十日記)』이다. 도르곤의 동복아우 도도가 이끈 청군은 항복을 거부하고 끝까지 저항한 양주성을 함락한 뒤 열흘 동안 약탈을 자행하였다. 과장이 있을 수도 있지만 약탈 와중에 양주성 백성 80만 명이 죽임을 당했다고 한다. 『양주십일기』의 한 대목에 중국과 조선 여인의 절개를 비교하는 내용이 있어 흥미롭다.

> "이 부인은 양주사람인데 짙은 화장을 곱게 하고… (중략) …값나가는 물건이 나올 때마다 (만주)병사에게 애걸하여 수중에 넣는데 갖은 아양을 떠는 것이 수치를 몰랐다. 병사의 칼을 빼앗아 이 요사스런 물건을 베어버리지 못하는 것이 한스러울 지경이었다. 이 병사가 뒤에 사람들에게 말하기를 "우리가 고려(조선)를 정복할 때에 고려 부녀자 수만을 포로로 잡았는데 몸을 내맡기는 자 한 명도 없었다. 어찌하여 중국이 수치를 모르기가 이 지경에 이르렀나?" 오호라 이게 바로 중국이 대란(大亂)을 당하는 이유이다…"[13]

팔기군은 반항하는 도시와 무리에게 무자비한 탄압을 가하는 공

---

13) 출처가 불명확한 인터넷 글에서 재인용.

복릉(福陵) 복릉은 청 태조 누르하치와 효자고황후(孝慈高皇后)를 합장한 능으로 라오닝성 심양(瀋陽) 동쪽 교외의 천주산(天柱山) 언덕 위에 있으며 동쪽에 있다고 하여 동릉(東陵)이라 불린다. 누르하치의 무덤에는 아들 홍타이지의 무덤과 같이 꼭대기에 나무 한 그루가 있다.

포정치로 빠르게 대륙을 정비해 나갔다. 당시 대륙의 인구는 1억에서 1억 5,000만 명 정도로 만주보다 100배나 많았지만 조직화돼지 못했던 탓에 '소수정예' 팔기군에 속절없이 무릎을 꿇었다. 이때 팔기군의 상대는 남명정권과 이자성, 장헌충이었다.

남명의 초대황제는 홍광제(弘光帝) 주유숭(朱由崧)이니, 이자성에 잡혀 죽은 복왕 주상순의 아들이며 만력제의 손자이다. 1644년부터 남경에서 즉위한 이후 나라를 재건할 생각은 없이 미녀를 끼고 주지육림 속에서 살았다. 함량이 한참 모자랐던 홍광제는 '선제공격으로 장강 이북에서 청군의 남하를 저지하자'는 뜻있는 사람들의 건의를 거부하고 남경에서 안주하다 시기를 놓쳤다. 홍광제는 양주가 무너진 뒤 몰래 달아나다 청군에 체포됐고 북경으로 압송돼 목이 잘렸다.

이어 당왕(唐王) 주율건(朱聿鍵)이 1645년 복건에서 융무제(隆武帝)로 즉위하였다. 해상왕 정지룡이 황제로 추대하였지만 결국 정지룡

소릉(昭陵) 청 태종 홍타이지와 효단문황후의 능으로 누르하치의 복릉보다 훨씬 크다. 이는 홍타이지의 업적이 그만큼 대단했기 때문이라는 견해가 많다. 선양의 북쪽에 있으며, '북릉공원(北陵公園)'으로 불린다.

은 싸우지도 않고 항복하였고 융무제도 이듬해 청군에게 붙잡혀 사형을 당했다.

1646년 광동에서 계왕(桂王) 주유랑(朱由瑯)이 즉위하니 남명의 마지막 황제 영력제(永曆帝)이다. 광동에서 운남(雲南)으로, 이어 미얀마로 도주하며 훗날을 기약했지만 청군의 압박을 받은 미얀마 정부가 그를 내주었고 1661년 불쌍한 망명객은 운남성 곤명으로 잡혀가 오삼계의 칼에 목이 달아났다. 이로써 남명정권은 3대 18년 만에, 청에 아무런 위협이 되지 못한 채 소멸되었다.

그나마 청군이 (약간)신경을 쓴 적수는 남명이 아니라 이자성의 무리였다. 4월 30일 북경을 탈출한 이자성군은 7월 초에 '대순국 수도'인 서안에 당도하였다. 이자성은 서안의 동쪽 대문격인 동관을 방비하면 이곳에서 충분히 왕 노릇을 하며 지낼 수 있을 것으로 생각했지만 청군의 전략은 한 수 위였다. 팔기군은 북방 오르도스 사막을 경유해 북쪽에서 남하하며 서안을 노렸던 것이다. 이자성은 적이 동쪽에서 올 것으로 보고 동쪽 문을 지키고 있었지만 청군은 북쪽 담장을 깨뜨린 격이었다. 서안을 잃은 이자성은 남쪽으로 달아났다. 서안을 출발할 때 이자성의 군세는 20만 명, 처음엔 제법 규모를 갖춘 군대였지만 목적지 없는 도주를 계속하다 보니 기강 있던 '농민혁명군'은 다시 질 나쁜 유적(流賊)으로 전락하였다. 이곳저곳을 헤매면서 싸움마다 패하다 보니 2만 정도만 남게 되었고 결국 호북성의 구궁산(九宮山)이란 산속으로 도망치는 신세가 되었다. 이자성은 한심하게도 시골 농민이 휘두른 괭이에 맞아 죽었다. 1645년 윤 6월, 북경에서 도주한 지 1년여 만의 일이다.

어느 날 이자성은 20명 정도의 부하들을 데리고 구궁산 인근 마을로 다가갔다. 정찰도 하고 식량도 마련하기 위한 발걸음이었다. 그런데 운이 나쁘다 보니 산골 촌민들에게 발각되었다. 사방에 도적이 날뛰는 뒤숭숭한 시절이니 이곳 농민들도 나름대로 무장한 상태였다. 100여 명의 농민들은 이자성 일행을 에워싸고는 사정을 알아볼 것도 없이 다짜고짜 때려죽였다. 이자성은 정구백이란 농민과 다투다 정구백의 조카가 휘두른 괭이에 최후를 맞이하였다. 이틀 뒤 대순군 패잔병 2만 명이 황제의 죽음을 확인하고는 부근 마을을 습격하여 촌민 3천 명을 학살하였다고 한다. 이자성의 잔당은 어이없게도 '철천지원수' 남명정권과 손을 잡고 청에 저항하다 강희 3년인 1664년 완전히 소멸되었다.

또 다른 유적수괴 장헌충도 이자성과 비슷한 경로로 소탕되었다. 1646년 홍타이지의 장남 호거가 이끄는 팔기군이 사천성 성도를 공격하자 장헌충은 격렬히 맞섰지만 결국 패배하여 전사하였다. 그가 죽은 뒤에도 장헌충의 잔당은 한동안 일정한 세력을 유지하였으나 1659년 투성(渝城, 지금의 충칭)이 함락되면서 저항을 멈추었다.

명 왕조의 숨통을 끊는 일은 이자성과 장헌충 등 유적 집단이 해냈지만 천하의 주인자리는 결국 만주족이 차지하였다. 홍타이지의 만주국은 명나라 전역에 도적의 씨를 뿌리고 창궐하게 만든 다음, 그 도적떼에 무너진 명나라의 원수를 갚는다는 논리로 대륙을 석권하였던 것이다. 홍타이지가 마련한 차도살인지계(借刀殺人之計), 도적떼를 이용한 이한제한의 중국 정복 작전은 아들 순치제의 치세기간에 동생 도르곤에 의해 100% 달성되었다.

만주족의 중국 경영 268년

　　1644년 산해관을 돌파한 만주족은 1912년까지 중원의 지배자로 군림하였다. 268년에 이르는 만주족의 대륙경영 성적은 탁월하다. 앞에서도 언급했지만 960만㎢에 이르는 중국의 방대한 국토면적부터가 만주족의 청나라가 남긴 유산이다. 한족이 세운 송과 명의 영역은 400~500만㎢에 불과했던 반면 청나라 건륭제 시대의 영토는 1,300만㎢로 확장되었다. 청의 영역에서 외몽골과 연해주, 중앙아시아 일부를 상실한 것이 현재 중국의 영토이다. 비교적 낮은 세율과 높은 성장률 덕분에 18세기 말 건륭제 시절 세계 GDP의 3분의 1을 차지하는 최강대국이 되었다. 이즈음 인구도 입관 초기보다 배 이상 늘어 3억 명을 넘어섰다.

　　현대 중국인들은 청나라가 확보했던 광대한 영역과 막강한 국력에 대한 향수를 간직하고 있다. 청이 이룩한 업적에 자부심을 느끼는 만큼 '세계 최강대국'의 영화를 재현하려는 시도는 본능처럼 강하다. 중화제국의 부활을 꿈꾸는 시진핑의 중국몽은 청국몽(淸國夢)에 다름 아니다.

만주족의 청나라가 현대 중국의 원형이 된 만큼, 중화인민공화국을 제대로 파악하기 위해서는 만청(滿淸)의 역사에 대한 이해가 필수적이다. 홍타이지가 제시한 '만한몽(滿漢蒙) 협화' 사상만 하더라도 중국공산당에 의해 '다민족통일국가 사상'으로 이어졌고 나아가 '중화민족'이라는 신개념으로 발전되었다. 중화인민공화국을 경영하는 핵심집단은 공산당이다. 8,800만 중공(中共, 중국공산당)은 군대와 관료조직을 철저히 장악하는 방식으로 14억 거대국가를 일사분란하게 통치하고 있다. 그런데 중공의 조직력은 만청의 팔기(八旗)와 기인(旗人) 제도를 모방한 측면이 다분하다.

중원을 정복한 이후 만주족 집권자들은 팔기무력을 대륙 20여 곳의 요지에 배치하여 위세를 과시함으로써 한족들의 저항을 미연에 차단하였다. 이를 주방팔기(駐防八旗)라고 부른다. 만주족은 대부분 팔기에 소속된 만큼 '기인'으로 불렸는데 기인은 군인이나 관리만 될 수 있었고 상공업에는 종사할 수 없었다. 소수의 만주족이 기인이라는 이름으로 군대와 관료조직을 틀어지고서 100배나 많은 한족을 성공적으로 지배하였던 것이다.

만주족 지도자들은 수도인 북경은 물론이고 주요 도시마다 기인과 그 가족들을 파견해 현지에 거주하면서 해당 권역을 지배하도록 조처하였다. 만주 기인들이 몰려 사는 거주지는 만성(滿城)이라고 불렸다. 만성의 성문은 해당 지역 실권자인 장군이 직접 관리하되, 새벽에 문을 열고 저녁에 문을 닫아 한족은 마음대로 들어가지 못하도록 하였다. 한인을 국정운영 과정에서 배제하지는 않았지만 만주족과 한족을 엄격히 격리하는 정책을 편 것이다. 만주족과 몽골족의 결혼은 장려됐지만 한족과의 결혼은 사실상 금지되었고 만주족 군인이 죽을 경우 반드시 북경의 만주족 묘지에 안장하고 남은 가족도 북경에서 거주하도록 강제하였다. 이는 소수의 만주족이 다수의 한족에 흡수되는 것을 막기 위한 조치로 과거 어느 소수민족도 시행하지 못한 정책이었다. 덕분에 만주족은 혈통상으로 한족에 동화되지 않고 독자성을 유지할 수 있었다. 기인제도는 만주족 중원 경영의 핵심이었다. 기인체제를 굳건히 유지해 통치의 골간(骨幹)으로 삼은 청나라의 전통은 현대 중국공산당의 국가경영 방식과 근본적으로 다르지 않다. 팔기와 기인제도가 지녔던 통치기구로서의 효율성이 중공에 고스란히 승계된 셈이다.

소수의 만주족이 대륙을 성공적으로 지배할 수 있는 초석을 다진 인물은 이 책의 주인공 홍타이지이다. 그런 점에서 '만주족 성공역사의 주인공'이라고 할 수 있다. 홍타이지는 1626년 부친 누르하치가 타계하고 금국 한(金國 汗)의 지위를 계승한 지 10년 만인 1636년 대청제국으로 국체를 확대변경하고 황제가 되었다. 그리고 7년의 세월이 흐른 1643년 9월 21일(양력), 중원 정복의 대계(大計)를 마련한 뒤 세상을 떠났다.

시간의 흐름이 현대보다 느렸던 전통시대에 홍타이지가 다스렸던 17년의 세월동안 만주국의 발전 속도는 참으로 눈부시다. 자립기반을 마련하지 못해 앞날이 캄캄하던 북방의 소국이 어찌하여 전 대

륙을 정복하는 최강국으로 성장하였는가? 나는 '최고 지도자의 역량
이 훌륭했기 때문'이라고 판단하였다. 국가든 단체든, 기업이든 모든
조직은 최고 리더의 수준을 넘어설 수 없다. 리더의 수준이 곧 조직의
수준이다. 뛰어난 리더였던 홍타이지는 만주국이 처한 상황을 정확
히 진단하고 있었고, 자신들의 강점인 전쟁수행능력을 100% 활용하
는 '오랑캐다운 국가발전전략'을 수립한 다음, 흔들림 없이 추진하였
다. 아울러 새 나라가 나아갈 국가 비전(대륙 정복)을 분명히 제시하여
부하들과 후계자들이 한길로 달리도록 안배하였다.

　　홍타이지의 집권 초기이던 1626~1627년, 만주국은 군사적으로
명을 제대로 위협하지 못하는 상황에서 경제기반이 가난해 위기를
맞았다. 평화공세도 먹히지 않았으니 명은 세폐를 줄 생각이 없었고,
무역금지를 풀 태세도 아니었다. 이런 막막한 상황에서도 홍타이지
와 만주국은 흔들리지 않았다. 요동의 한인을 설득해 농사를 짓게 하
고 조선을 정벌해(1627년 정묘호란) 급한 물자를 확보한 다음, 나라의
미래를 진지하게 고민하였다.

　　답답하고 암울한 처지에서도 홍타이지는 대국 명나라를 결코 두려
워하지 않았다. '적이 100배나 크고 강할지라도 만주의 사내들을 당해
내지는 못한다'는 기백으로 맞서 나갔다. 만주국을 홀대한 자들에게는
반드시 빚을 갚겠다는 투지를 한순간도 버리지 않았다. '오랑캐의 용
기와 탁월한 지력의 겸비'… 영용초인(英勇超人)이라는 평가를 받았던
청나라의 실질적 창업주 홍타이지의 품성은 이러하였다.

　　어쨌든 홍타이지가 이룩한 성과, 창업주를 뛰어넘은 2세 경영의
실적은 사극이 아니라 현대극이 될 수 있는 충분한 요소를 갖추었다.

'창업주를 능가하는 창업정신'이야말로 홍타이지가 오늘의 우리에게 던지는 메시지가 아닐까 싶다.

홍타이지가 누린 시대적 행운은 작지 않았다. 당시 대륙의 주인이던 명은 안팎의 도전에 시종일관 비합리적으로 대처하다 사실상 자멸함으로써 만주국의 어깨를 가벼이 해주었다. 홍타이지는 후계자 복도 많았다. 어떤 인물이 애써 쌓은 업적을 뒷사람이 망가뜨릴 경우 그의 공로는 역사적 의미를 갖지 못하고 물거품이 되게 마련이다. 예를 들어 수나라를 창건한 문제(文帝) 양견(楊堅)은 강력한 중앙집권제를 구축하고 요역과 세금을 낮춰 '개황의 치(開皇之治)'를 이룩한 영걸이었지만, 뒤를 이은 양제(煬帝) 양광(楊廣)이 폭정 끝에 나라를 잃은 까닭에 양견의 성과는 '도로 아미타불'이 되었다.

홍타이지를 뒤이은 청나라 3대 황제 순치제(順治帝, 재위 1643~1661년)는 후계를 다툰 도르곤과 호거의 힘이 엇비슷한 가운데 타협안으로 추대됐다. 1643년 즉위 당시는 6살밖에 되지 않았으므로 실력자인 예친왕 도르곤과 정친왕 지르갈랑의 보좌를 받았다.

청군이 산해관을 넘어 북중국을 장악하고 상황이 어느 정도 정리된 1644년 가을, 도르곤은 심양으로부터 어린 순치제를 북경으로 모셨다. 가을비가 내리던 10월 초하루 자금성에서 황제 등극식이 열렸다. 비에 젖은 명나라 신료들은 만세를 부르며 새로운 주인을 맞이하였다. 이미 심경에서 즉위식을 올린 순치제가 자금성에서 등극의식을 다시 가진 것은 청이 대륙의 주인이 되었음을 만천하에 알리기 위한 조치였다. 순치제는 청나라 황제 가운데 처음으로 자금성을 차지하고 대륙을 석권했다는 점에서 세조(世祖)라는 '~조(祖)'의 묘호를 받아 태종(太宗) 즉, '~종(宗)'의 묘호에 그쳤던 부친 홍타이지보다 높은 위치를 점하게 된다.

순치제는 중국 지배의 기초를 세운 황제로 기록되는데 무엇보다 그 자신이 중국식 교양을 쌓은 덕분이다. 중국의 제도와 문물을 적극적으로 받아들이고 한인을 차별하지 않는 한화정책을 폈다는 점도 업적으로 꼽힌다. 순치제의 초기 7년은 숙부인 도르곤이 실권을 지니고 있었기에, 실질 황제로 군림한 기간은 도르곤 사망 후인 1651년부터 61년까지 10년 정도이다. 1650년 도르곤이 사망하자 친정에 나섰고 1659년 남명의 영력제를 운남으로부터 미얀마로 내몰아 명나라 잔존세력을 대부분 평정하였다. 1661년에는 영력제를 미얀마에서 잡아와 목을 베었다. 명의 정치체제를 계승하고 한인을 등용하였으며 명나라 말기의 여러 폐정을 바로잡아 인심의 안정을 기하였다. 그러나 순치제는 즉위 18년 만인 1661년 정월 24살의 한창 나이에 천연두를 앓고 타계한다.(일부 야사에는 황제의 총애를 받았던 동악비(董鄂妃)라는 만주족 여인이 병사하자 비탄에 잠긴 순치제가 인생무상을 느껴 황위를 팽개치고 산서성 오대산(五臺山)의 절에 들어가 나오지를 않아 신하들이 어쩔 수 없이 황제의 사망을 발표하고 아들로 뒤를 잇게 했다는 얘기도 있다.)

이어 순치제의 셋째아들인 8살 현엽(玄燁)이 황제 위에 오르니 강희제(康熙帝, 재위 1661~1722년)이다. 총명했던 강희제는 14살에 실권자 오배(鰲拜)를 몰아내고 친정을 시작했다. 강희제가 자신과 함께 '씨름놀이'를 하던 4명의 어린 장사를 동원해 늙은 오배를 꽁꽁 묶고 권력을 회복한 일은 그의 기지와 역량을 보여주는 작은 일화이다. 19

살에는 거대 군벌이던 삼번왕(오삼계, 상지신, 경정충)을 9년간의 전쟁을 거쳐 진압하는 성과를 보였다. 강남의 3분의 2를 점했던 삼번(三藩)이 멸망하면서 청은 더욱 강화된 중앙집권화 정책을 펴 중국 전역을 진정으로 지배할 수 있게 되었다.

강희제는 만-한간 통혼을 금지해 만주족 지배층을 온존시키는 한편 팔기에 속한 기인으로서 기사(騎射)에 능하지 못한 자를 가차 없이 엄단했다. 동시에 한족·인재를 신중히 등용해 친청(親淸) 세력을 부식시켰고 『강희자전(康熙字典)』 등 여러 편찬사업에 한족을 적극 참여시켜 딴 생각을 하지 못하도록 만들었다. 강희제는 9번의 남순을 통하여 지방관들의 사기를 진작하고 민심을 살폈다. 외정면에서는 서몽골 준가르부를 정복하였고 1689년 네르친스크 조약을 맺어 러시아의 남하를 저지하는 성과도 거뒀다.

강희제가 재위 61년 만에 69세로 숨지자 넷째아들 윤진(胤禛)이 치열한 형제간 경쟁을 뚫고 황위에 올랐다. 연호는 옹정(擁正)이다. 성실하고 치밀했던 옹정제(雍正帝, 재위 1722~1735년)는 강희제 말년에 나타난 재정악화 등 여러 문제들을 해결하여 태평성세가 이어지게 했다. 그는 엄청난 양의 일처리를 한 것으로 유명하니, 조그만 현의 문서에도 황제의 의견을 개진한 주비(硃批, 빨간 글씨로 쓴 조칙)가 남아 있다. 13년에 불과한 치세였지만 강희제와 건륭제 시대를 이어주는 중요한 황제였다.

건륭제(乾隆帝, 재위 1735~1795년)는 옹정제의 넷째 아들로서 이름은 홍력(弘曆)이다. 어린 시절부터 영특해 강희제가 가장 총애한 손자였다. 옹정제가 제정한 태자밀건법(太子密建法)에 따라 1735년 황태자를 거치지 않고 즉위하였다. 조부 강희제의 재위 기간(61년)을 넘는 것을 꺼려 재위 60년에 퇴위하고 1795년 10월에 태상황제(太上皇帝)가 되었다. 그로부터 3년여를 더 살아 1799년 2월 89살로 타계하는데, 태상황제도 사실상의 황제였던 만큼 중국 역대황제 중 재위 기간이 가장 길다고 하겠다.

조부 강희제 때부터의 재정적 축적을 계승하여 국가가 안정되고 문화적으로도 난숙한 최전성기를 이룩하였다. 초기에는 만인(滿人)·한인(漢人) 간 반목을 막고 붕당의 싸움과 황족의 결당을 금하는 등 내치에 전념하였다. 만년에는 현재의 신장자치구 지역인 준가르 평정 2회를 비롯해 위구르와 타이완, 미얀마, 베트남, 네팔을 원정하는 등 10회에 걸친 무공을 세워 스스로 '십전노인(十全老人)'이라 불렀다. 조부를 본받아 남순 6회, 동순 5회, 서순 4회의 국내 순회도 하였다. 고증학의 번영을 배경으로 『사고전서(四庫全書)』를 펴내고 『명사(明史)』를 완성하는 등 문화사업도 활발하였다.

1661년 강희제의 등극에서부터 옹정제를 이어 1799년 건륭제가 타계하기까지 3대 138년을 흔히 '강건성세(康乾盛世)'라고 부른다. 정치 리더십이 확립된 가운데 국내의 반대세력을 완전제압하였고 재정까지 안정된 상황이었다. 특히 건륭 연간 3억 이상의 인구를 지니게 된 청나라는 지구상 최강의 국력을 과시할 수 있었다.

개국에서부터 강건성세까지, 청나라의 고속성장은 무엇보다 '좋은 리더십'을 구축한 덕분이다. 태조 누르하치와 태종 홍타이지, 순치제, 강희제, 옹정제, 건륭제까지 6대에 걸쳐 지용(智勇)을 겸비한 비범한 인물들이 제위를 계승하였고 7대 가경제(嘉慶帝, 재위 1796~1820

년) 이후의 황제들도 중간 이상의 능력자들이었다.(다만 가경제 이후에는 청나라의 공간적 확장이 중단되고 청 황실 자체가 '중화의 몸통'으로 변모하면서 오랑캐의 야성을 상실하는 모습을 보인다. 세월의 흐름에 따라 유가적 보수화의 덫에 빠져 약화되는 셈인데 이 책의 주제의식과는 차이가 있으므로 이 정도로만 언급한다.) 청의 황제 모두가 대단히 뛰어나고 착실한 인물들이었다고 평가할 수 있다.

적장자(嫡長子)를 중시하는 유가의 종법제도(宗法制度)를 따른 명나라는 괴팍한 망나니들이 줄줄이 황제로 등극하면서 정치시스템이 망가져 장기 생존에 실패하였다. 반면 만주족의 청나라는 장남(長男)보다는 강남(强男)이 승계하는 시스템이었으니 제위 계승 후보자 중 가장 뛰어난 인물을 경쟁을 통해 골랐다. 덕분에 능력이 뛰어난 인물이 황제가 될 수 있었고 특히 강건성세 3대에는 탁월한 명군(明君)이 줄이어 다스리면서 대륙정복의 정당성을 굳건히 하였다.

이렇게 홍타이지 이후 순치, 강희, 옹정, 건륭의 성세가 이어지면서 만주족이 세운 청나라는 영토와 인구, 재정 면에서 지상 최대의 국력을 자랑하게 되었다. 아울러 만(滿)·한(漢)·몽(蒙)·회(回)·장(藏)의 '5족협화(五族協和) 체제'를 굳히면서 현대 중국의 국가 틀을 사실상 형성하였다. '천하를 차지하겠다'는 홍타이지의 웅략은 그의 후손들에게 온전히 계승되었고 소수의 만주족은 1644년 대륙의 주인 자리를 거머쥔 이후 1912년까지 대청이라 국호 아래 268년간 군림하였다.

청조가 멸망한 이후에도 만주족은 사라지지 않았다. 지금은 만족(滿族)으로 불리는 만주족의 인구는 1,000여만 명으로, 중국 내 55개 소수민족 가운데 2위지만 '다른 소수민족과는 다른' 위상을 갖고 있다. 조상의 언어와 풍습을 상당 부분 잃었지만 다수가 중국 주류사회에 진입한 채 민족 정체성은 유지하고 있다. '귀족의 후예'처럼 살아간다는 표현이 적절해 보인다. 한족들도 만주족을 대함에 있어 과거의 지배민족으로 외경(畏敬)은 할지언정 하대시하거나 차별하는 법은 (거의)없다.

2003~2004년경, 중국 특파원일 때 북경 중심가의 작은 지방선거를 취재한 적이 있다. 우리로 치면 동장(洞長)이나 구의원을 뽑는 정도인데, 지명제에서 선거제로 변화를 시도하는 현장을 당국이 언론에 공개한 것이었다. 그런데 후보자로 한족(漢族)과 만족(滿族, 현대 중국에서는 만주족을 만족이라고 부른다.)이 나란히 입후보해 정견을 발표하는 것이 이채로웠다. 유권자들도 만·한족이 섞여 친숙하게 지내는 모습이었다. 북경 중심가의 한족들이 만족을 '이민족'이 아닌 '보통 이웃'으로 받아들이고 있음을 목격했던 것이다. 당시 분위기를 그대로 묘사하기는 쉽지 않지만, 만족은 분명 여타 소수민족과 다른 대접을 받고 있음을 알 수 있었다.

청 황실의 후예들도 건재하다. 권력은 놓쳤지만 중국은 물론이고 전 세계 금융계와 학계 등 핵심분야에서 파워를 지닌 '숨은 실력자'의 위치를 굳건히 지켜가고 있다. 이와 같은 만주족의 근현대사를 돌이켜보면 17세기 초 대륙을 정복하기로 방향을 정한 홍타이지와 만주국 지도부의 결단은 용감하고도 적절했다는 평가를 받기에 충분하다. 나라의 미래가 불투명하던 시절에도 만주족 리더들은 좌절하지 않았고 최선의 방안을 마련하였다. 그들은 100배나 많은 인구에 경제력에서도 월등한 중국에 위축되기는커녕 오히려 정복을 하겠다는 야심찬 국가목표를 세웠고, 온 민족이 한마음으로 뭉쳤다. 그리고 온갖 도전을 물리치고 자신들의 꿈을 현실로 만들었다.

만주족의 역사, 특히 누르하치의 굴기에서 홍타이지를 거쳐 강건성세까지 200여 년을 반추해 보면 '위대한 성공'의 비결은 분명해진다. 상대가 아무리 크고 강해도, 사안이 아무리 위험해도 두렵지 않다는 오랑캐의 기백… 스스로의 강약장단(强弱長短)을 파악해 어떤 상황에서도 최선의 방안을 도출해 내는 지략… 그리고 앞사람의 업적을 발전적으로 계승하는 창업정신의 견지… 세 가지로 귀결된다. 대국들이 자국의 이익을 위해 가진 힘을 마음껏 발산하는 새로운 긴장의 시대, 상대적 소국들에게 필요한 교훈이기도 하다.

皇太極

홍타이지

—책 속의 책—

병자호란,
피할 수 있었던 어리석은 전쟁

1636년 병자년(丙子年) 12월, 12만 8,000명의 대군을 이끌고 압록강을 건넌 청 태종 홍타이지는 이듬해 1월 30일 서울 송파구 '삼전도 들판'에서 조선 왕을 무릎 꿇렸다. 나중에 인조(仁祖)로 불린 이종(李倧)은 바닥에 꿇어앉아 자신의 '죄'를 실토하고 개과천선을 다짐한 뒤 굴욕적인 삼배구고두례(三拜九叩頭禮)를 행하였다.

세 번 절하고, 한 번 절할 때마다 3번씩 모두 아홉 번 머리를 조아리는 항복의식이었다. 이로써 홍타이지는 '한반도를 무력으로 정복한 유일한 외국군주'가 되었고, 우리 역사의 한 페이지를 장식하게 되었다.

필자가 초등학교 4학년이던 1974년 '고전(古典)읽기'가 전국에서 반강제적으로 시행되었는데 당시 읽은 고대소설『박씨전(朴氏傳)』의 기억이 생생하다.『박씨전』은 이시백(李時白, 병자호란 당시 남한산성 방어책임자)의 부인 박씨가 조선을 침공한 오랑캐에게 복수하는 내용으로 조선을 괴롭히는 악의 축은 호왕(胡王)이다. 호왕은 곧 홍타이지이니, 조선인들에게 오랫동안 '공포의 대왕'이었던 셈이다.

하지만 소설 속의 복수나 정신승리법은 게으른 대응이었다. 삼전도의 굴욕은 좀 더 세밀히 복기(復碁)할 가치가 있다. 조선이 만주국과 호왕을 연구하고 조금만 유연하게 대처하였더라면 충분히 피할 수도 있었던 사건이었기 때문이다.

이 책의 주제의식은 홍타이지가 이끈 신생 만주국이 천하를 제패할 수 있었던 '성공의 비결'과 조선이 하대했던 오랑캐에게 무릎 꿇은 '실패의 원인'을 파악하는 데 있다. 병자호란이야말로 만주국의 성공과 조선의 실패를 극명하게 대비할 수 있는 사건이란 점에서 책의 말미에서 재점검해 볼 필요가 있다. 전쟁의 배경과 과정, 결과의 순서로 살펴본다. 앞의 3부 12장의 '조선 정벌 … 대명체제(大明體制) 끝장내기'가 만주의 시각에서 조만전쟁을 다뤘다면 '책 속의 책'은 조선의 입장에서 본 병자호란의 모습이라는 차이가 있다.

외교의 실패 …
"전쟁으로 결판내자"

애당초 만주족 지도부는 조선을 자신들과 손잡을 수 있는 잠재적 동지로 간주하였다. 중원의 한족(漢族)에 차별받고 조공을 바치며 살아가는 '오랑캐'라는 연대의식이 있었던 것이다. 조선이 비록 명나라를 지극정성으로 섬기는 듯 보이지만 속마음은 다를 것으로 여겼다. 그러므로 만주와 몽골이 힘을 합쳐 중원을 정복하는 과정에 조선이 동참할 수 있거나 적어도 중립은 지켜줄 것으로 기대하였다. 그러나 조선의 행보는 정반대였다. 명에 찰싹 달라붙어 필요 이상으로 자신들을 적대시 하는데 열을 받았다. 특히 홍타이지는 조선에 심한 배신감을 느끼고 있었다.

만주 측이 보기에 조선은 '오랑캐 주제에 스스로를 중화로 착각해 명나라를 편들고, 같은 오랑캐를 적대시하는 한심한 나라'였다. 만주국의 주(主)관심사는 중원 공략이었던 만큼 후방의 조선과는 가능한 문제를 일으키지 않기를 바랐다. 하지만 조선-만주 외교는 어설프기 짝이 없었고 양국 관계는 갈등 해소가 아니라 증오의 심화로 이어졌다.

만주국의 요구가 지나쳤던 탓도 있지만 조선이 군력(軍力)이 약한 데도 상대를 오랑캐로 얕보며 적대 입장으로 일관한 것도 큰 요인이었다. 외교가 실패한 틈을 비집고 전쟁의 싹은 자라나고 있었다.

서인(西人)정권 등장, 원리주의 강화

광해군 집권 시기는 누르하치의 집권기와 겹친다. 누르하치 집권 후반기였던 1623년 3월 12일, 조선에서 '인조반정'이 일어나 광해군이 쫓겨나고 조카뻘인 능양군(綾陽君) 이종(李倧)이 왕이 되었다. 반정의 주요 명분 가운데 하나는 광해군의 외교정책이었다. 반정 이틀 후인 3월 14일, 인목대비는 유폐돼 있던 경운궁(西宮)에 광해군을 꿇어 앉힌 채 그의 '죄목'을 열거한 후 폐위시킨다는 교지를 내렸다.

인목대비가 밝힌 광해군의 죄는 폐모살제(廢母殺弟, 선조의 계비이자 어머니인 인목대비를 폐위시키고 동생인 영창대군을 죽인 죄)와 궁궐 중수에 따른 백성의 부담가중도 있지만 명-후금 간의 중립외교를 문제 삼은 것이 특이하다. 즉, 1619년 사르후 전투 당시 조선군이 후금군에게 투항한 것이 명나라의 은혜에 대한 배신이요 죄악이라는 논리를 내세웠다.

"(전략) …우리나라가 중국을 섬겨온 지 200여 년이 지났으니 의리에 있어서는 군신 사이지만 은혜에 있어서는 부자 사이와 같았

354

고 임진년에 나라를 다시 만들어준 은혜는 영원토록 잊을 수 없었다. 이리하여 선왕(광해군의 부왕 선조를 말한다)께서 40년간 보위에 계시면서 지성으로 중국을 섬기시며 평생에 한 번도 서쪽으로 등을 돌리고 앉으신 적이 없었다. 그런데 광해는 은덕을 저버리고 천자의 명을 두려워하지 않았으며 배반하는 마음을 품고 오랑캐와 화친하였다. 이리하여 기미년(1619년)에 중국이 오랑캐를 정벌할 때 장수에게 사태를 관망하여 향배를 결정하라고 은밀히 지시하여 끝내 우리 군사 모두를 오랑캐에게 투항하게 하여 추악한 명성이 온 천하에 전파되게 하였다. 그리고 우리나라에 온 중국 사신을 구속 수금하는 데 있어 감옥의 죄수들보다 더하였고, 황제가 칙서를 여러 번 내렸으나 군사를 보낼 생각을 하지 아니하여 예의의 나라인 우리 삼한(三韓)으로 하여금 이적 금수의 나라가 되는 것을 면하지 못하게 하였으니 가슴 아픈 일을 어떻게 다 말할 수 있겠는가. 천리(天理)를 멸절시키고 인륜을 막아 위로 중국 조정에 죄를 짓고 아래로 백성들에게 원한을 사고 있는데 이러한 죄악을 저지른 자가 어떻게 나라의 임금으로서 백성의 부모가 될 수 있으며, 조종의 보위에 있으면서 종묘·사직의 신령을 받들 수 있겠는가. 이에 그를 폐위시키노라."[1]

위의 교지는 인목대비가 스스로 지은 것이 아니라 서인세력이 미리 작성한 '반정의 논리'를 그대로 읊은 데 불과하다. 한마디로 명과

---

1) 『광해군일기』, 1623년 3월 14일자.

의 오랜 의리를 버리고 오랑캐와 화통했다는 것이 서인세력이 제기한 광해군 외교의 문제점이었다. 사르후 전투 이후에도 명나라가 군대를 다시 파견해 달라고 칙서를 보냈을 때 광해군이 완곡히 거부한 것도 '죄악'으로 비난하고 있으니 명을 위해서라면 자기나라 백성은 죽어도 괜찮다는 희한한 시각이다. 중국 관리들이 울고 갈 정도이니 서인정권의 친명사대주의는 가히 정신질환 수준이었다.

서인정권은 조선을 중화(中華)로 간주하는 한편 이적(夷狄), 오랑캐는 배척하는 '중화 원리주의(原理主義)'에 지나치게 매몰됐다. 그 결과 광해군의 중립외교를 내던지고 친명배금(親明排金) 노선을 분명히 하였다. 1626년까지 이어진 누르하치 집권기는 명과의 전쟁이 시급하였기에 조선의 '변심'을 두고 볼 수밖에 없었다. 그러나 홍타이지는 달랐다. 홍타이지는 사르후 전투 당시에도 '조선을 손봐줘야 한다'며 복수전을 주장하는 등 대(對)조선 강경론을 견지하고 있었다. 광해군의 중립외교마저 마뜩지 않았던 홍타이지에게 서인정권의 노골적인 친명 노선은 용납할 수 없는 도전이었다. 등 뒤의 조선을 정리하지 않으면 중원으로 나아갈 수 없다는 것이 홍타이지의 판단이었다.

서인정권의 친명배금 정책은 1627년 이미 정묘호란을 야기한 바 있다. 정묘호란으로 조선과 후금은 형제국이 되었지만 양국 관계는 결코 나아지지 않았다. 서로가 좋아서 형제가 된 것은 아니었기 때문이다. 특히 양측이 서로에게 기대하는 입장 차이가 컸다. 홍타이지는 조선이 명-후금전쟁에서 최소한 중립을 취하고 후금과의 교역에도 적극 나서 줄 것을 기대하였지만, 조선은 오랑캐를 형으로 부르면서 사이좋게 지낼 생각이 아예 없었다. '친명배금'은 이미 조선의 국시(國是)로 굳어져 있었다. 조선과 후금 간에 오간 수많은 국서들을 보면 후금은 조선의 외교정책에 크게 실망하고 있었다. 양국은 무역문제부터 입장 차이를 보이기 시작했다.

갈등 관리 실패 … 높아가는 전쟁 기운

병자호란은 피할 수 없었던 전쟁인가? 나는 동의하지 않는다. 만약 조선이 전략적인 결단에서 홍타이지를 황제로 인정하고 청을 상국으로 대우했다면 수십 만의 인명 피해를 본 대전란(大戰亂)은 피할 수도 있었다고 본다. 명과의 전쟁으로 바빴던 홍타이지가 대군을 한반도로 보내야 할 이유는 그리 크지 않았던 것이다.

고려 인종 시절인 1126년 신생강국 금나라가 군신관계를 요구하자 권신 이자겸과 척준경은 나라와 정권을 지키기 위해 자존심을 접고 이를 수용함으로써 전쟁을 피한 전례가 있다. 하지만 '화이론'이라는 경직된 이데올로기로 무장하고 있었던 조선은 고려와 달리 후금의 상황을 인식하고 그들의 요구를 수용할 태세가 전혀 아니었다.

세계관과 처한 입장이 달랐던 양국 간에는 정묘호란 직후부터 갈등이 시작되었다. 군력이 약했던 조선으로서는 갈등 관리가 무엇보다 중요했지만 후금과의 외교는 철저히 실패하였다. 후금의 과도한 요구에 전략적으로 대응하기보다는 신경질적인 반응을 거듭하면서 조선은 '전쟁의 함정'에 스스로 빠져 들었다. 그 실상을 들여다보면 당대 조선의 국가운영 실력이 저절로 드러난다.

① 무역·세폐 갈등

정묘호란 이후 후금이 가장 희망했던 것은 조선과의 무역이었다. 명과의 공식무역이 중단된 상황에서 압록강과 두만강 국경에 시장을 열어 조선의 쌀과 생필품 등을 공급받기를 기대하였다. 후금은 조선과의 개시(開市)를 통해 식량난 등 경제문제를 제도적으로 해소할 복안이었다. 후금은 조선에 포로와 은을 주는 조건으로 다양한 물목을 요구하였다. 1628년 1월 한양에 왔던 후금 사신단은 홍시와 대추, 알밤 등 과일과 약재를 요구했다. 중국산 비단과 청포(靑布), 일본산 후추와 일본도(日本刀) 등도 관심 품목이었다.

반면 조선은 교역에 소극적이었다. 한 번 교역의 문을 열어줄 경우 후금의 요구가 끝없이 이어질 것이라는 우려 때문이었다. 김상헌 등 척화파가 '오랑캐에게 중국산 물품을 넘겨주는 것은 도리가 아니다'며 교류에 반대하는 것도 정치적 부담이었다. 후금은 1627년 12월 심양에 갔던 조선 사절 박난영(朴蘭英)에게 호시(互市)를 열어 무역할 것을 강력히 촉구하였다.

> "이미 한 집안과 같이 하기로 하늘에 맹세하였으니 어려울 때 서로 구원하는 것이 사람의 떳떳한 도리이다. 모병(毛兵, 모문룡의 군사)은 돈도 안 주고 양식을 요구하지만, 나(홍타이지)는 이런 기근을 당하여 돈을 주고 사려는 것이다. 만일 서로 구원하지 않으면 유감이 없지 않을 것이다."[2]

---

2) 『인조실록』, 1627년 12월 22일자.

조선 측은 "양서(평안도와 황해도)는 전쟁으로 탕진되었고, 나머지 6도는 흉년이 들어 어렵다"며 난색을 표했지만 후금은 집요했다. 힘에서 밀린 조선은 결국 1628년 2월 중강(中江, 압록강 의주 부근의 작은 섬)에 시장을 열고 쌀과 과일, 약재에다 중국과 일본산 물품을 후금 측에 공급했다. 중국산 물품은 모문룡이 주둔한 가도를 통해 입수했고, 일본 물품은 동래왜관에서 수입하였다. 당시 조선 법령이 통하지 않았던 가도는 국제무역기지로 변모해 각국의 상인이 모여들었다. 조선 상인들은 은이나 인삼을 갖고 가도로 가서 중국산 비단과 청포 등을 구입해 중강에서 후금 상인들에게 판매했다. 후금에 중국과 일본산 물자를 공급하는 중개자 역할을 하며 상당한 이득도 올렸다. 처음에는 꺼리던 조선 상인들도 이익이 생기자 제법 적극성을 띄었지만 '상(商)'을 말업(末業)으로 천시했던 조선 조정은 무역규모를 늘릴 생각이 없었다.

개시(開市)는 이뤄졌지만 시간이 흐를수록 마찰이 커졌다. 우선 개시에 대한 양측의 입장이 달랐다. 조선은 봄가을 두 차례만 교역할 것을 희망한 반면 후금은 봄, 여름, 가을 세 차례 개시하되 필요하면 교역기회를 더 넓히자고 맞섰다. 후금은 중강 외에 함경도 회령에도 시장을 열자고 요구했다. 조선은 마지못해 회령개시에 동의했지만 흐지부지 전략으로 맞섰다.

후금은 조선의 소극적인 교역 태도가 불만이었다면 조선은 후금의 거친 교역방식에 실망하였다. 구매할 물목을 제멋대로 정하는가 하면 가격을 후려치기 일쑤였다. 게다가 후금 상인이 먹을 식량까지 조선이 충당하라고 윽박질렀다. 예컨대 1628년 2월 중강 개시에 참가한 후금 상인은 1,300명이나 됐는데 총지휘자격인 잉굴타이는 과거 조명 무역을 전례로 상인들이 먹을 식량과 말먹이(馬草, 마초)를 전부 조선 측에 요구했다. 조선은 결국 후금 상인단에게 쌀 2,000섬을 공짜로 건네주었다. 후금도 식량이 모자라던 시절인지라 남의 것을 빼앗아 먹는 '오랑캐 근성'을 버리지 못하고 있었다.

세폐, 즉 정묘호란의 결과 조선이 후금에 주기로 한 물자의 수량과 품질을 둘러싼 입장 차이도 갈등을 키우는 요인이었다. 1633년 1월 조선 사신 신득연(申得淵)이 심양을 찾았을 때 홍타이지는 세폐를 그대로 돌려보내면서 불만에 찬 국서를 전하였다.

"…귀국이 준 물건은 본래 정으로 준 것이 아니며, 또 우리가 요구한 것도 아니오. 이는 귀국이 까닭 없이 명을 도와 우리나라를 침범하였다가 하늘의 벌을 받은 것이니 우리가 그 숫자를 정한 것이 실로 이 때문이오. 1년에 두 차례가 불가능하다면 한 차례로 하는 것도 좋겠으나 다만 예단과 교환하는 물건이 점점 적어지고 질이 나빠짐을 심히 간과할 수 없소. 만약에 우리의 말을 따라주지 않는다면 서로 왕래를 끊고 물건만 무역하는 것이 좋겠소… (중략) … 내가 지금 섬(가도)을 정벌하려 하니 나에게 큰 배 300여 척을 의주 포구로 내어 빌려 주어야 할 것이오. 진실로 이와 같이 한다면 귀국의 마음이 명백히 드러날 것이오. 병선과 예물, 이 두 건을 만약 모두 허락하지 않는다면 사신을 다시금 왕래하지 못하게 할 것이오…"3)

조선이 거부할 것을 알면서 가도를 칠 배를 빌려달라고 한 것은 더 많은 세폐를 받아내기 위한 의도였다. 조선이 물자제공에 협조하지 않자 '고운 말로 안 되면 뺏자'고 나온 셈이다. 실제로 세폐 요구가 대폭 늘어났다. 금 100냥, 은 1,000냥, 잡색면주(綿紬) 1,000필, 백저포(白苧布)·세마포(細麻布) 각 1,000필, 세면포(細綿布) 1만 필, 표범가죽(豹皮) 100장, 수달피(水獺皮) 400장, 물소뿔(弓角) 100부, 상화지(霜華紙) 2,000권 등으로 어마어마하였다.4)

조선은 후금의 '도둑놈 심보'에 열을 받았다. 이종은 후금과의 관계를 끊고 한번 싸우자고 말할 정도로 강경하였다. 조정은 '배를 빌려 줄 수도, 세폐를 늘려줄 수도 없다'며 후금의 요구를 반박하는 절교 답서를 썼다. 1633년 2월 2일 회답사 김대건(金大乾)이 답서를 가지고 심양으로 출발하였다. 하지만 김대건은 압록강을 건너지 못하였다. 사도체찰사 김시양(金時讓)과 부원수 정충신(鄭忠信)이 김대건을 의주에 잡아둔 뒤 상소를 올렸다. '1년 동안 군사를 동원하는 데 들어가는 비용이 수년간 세폐를 보내는 비용보다 훨씬 비싸다'는 내용이었다. '세상일을 통쾌하게 하려고만 하면 후회가 따르는 법'이라며 절교 재고를 촉구하였다.

이 점은 매우 중요히다. 당시 조선에서 대(對)만주 강경론자, 결전

3) 『인조실록』, 1633년 1월 25일자.
4) 『인조실록』, 1633년 1월 25일자.

론자는 거의 모두가 문신들이었다. 겨울이 되어 강이 얼면 적이 올 것 인데 척화파 문신들은 철기의 창칼을 붓대로 막을 것처럼 개전론(開戰論)을 서슴없이 내뱉고 있었다. 문장으로 호통치고 질타하면 놀란 오랑캐가 반성이라도 할 것처럼 경쟁적으로 자극적인 언사를 내뱉어 '이름'만 높였던 것이다. 반면 장수들 대다수는 강화론에 무게를 싣고 있었다. 싸움에 익숙한 장수들은 본능적으로 알고 있었다. 조선의 군력으로는 만주의 철기병을 결코 막을 수 없다는 사실을… 그런 만큼 무인들은 외교를 통해 쓸데없는 갈등이 풀리기를 바랐다. 까짓것 황제를 칭한다면 들어줄 수도 있지 않느냐 하는 것이 무인들의 솔직한 생각이었다.(병자호란이 일어나 남한산성에서 농성할 때에도 장수와 병사들은 청과의 화의가 불가피하다고 여기고 있었고, 고집불통 척화파 문신들을 베어버리려는 움직임까지 보였다. 이 점은 나중에 서술한다.) 동서고금을 막론하고 무인들은 대개 호전적인 반면 문인들은 화평론자가 많다. 전쟁이 벌어지면 무인들의 발언권이 강해지기 때문이다. 하지만 이때 조선의 상황은 정반대였다.

이즈음 결전론에 기울어져 있던 왕은 격노했다. 체찰사와 부원수를 하옥하라고 지시하면서 '무신들이 춥지도 않은데 떨고 있다'고 화를 냈다. 그러나 만약 1633년에 절교국서가 전해졌다면 병자호란은 조금 더 일찍 터졌을 것이다.

비변사가 뒤늦게 정신을 차렸다. 처음에는 열을 받아 강경한 국서를 보냈지만 가만히 생각해 보니 김시양 등의 말이 맞았다. 비변사는 '일선에 있으면서 우리 방어태세가 약한 것을 알고 있는 체찰사와 부원수의 조처를 존중하자'며 말을 바꾸었다. 국서를 부드러운 내용으로 수정하자는 제의도 했다. 왕은 화가 나서 펄펄 뛰었지만 결국 비변사의 건의를 받아들였다. 그 역시 냉정을 찾고 보니 전쟁을 감내할 수 없는 현실을 실감했던 것이다. 조선은 토산품이 아닌 금·은과 물소뿔 외에 직물 등 나머지 물자는 후금 요구액의 절반 정도를 제공하는 것으로 대처하였지만 양국 모두 불만이었다.

이후에도 후금은 조선에 이런저런 물자를 요구했다. 예컨대 병자호란이 일어나기 한 해 전인 1635년 11월 4일자 『인조실록』에는 "금한(金汗, 홍타이지)이 해마다 홍시(紅柿) 3만 개를 요구하니 왕이 주도록 명하였다."는 기록이 있다. 짧은 기록이지만 홍시를 보낸 사실을 실록에 올렸다는 것은 그만큼 기분이 나빴다는 뜻이다. 1630년대 조선과 후금 사이에 오간 외교문서들은 인삼과 국경침범 문제, 양국 간 호시(互市) 운영 등 경제문제가 대부분을 차지하였다.

후금에서 도망쳐 온 정묘호란의 포로 송환문제도 갈등의 불씨가 되었다. 후금은 조선이 고의로 포로들을 숨겨주고 있다고 비난하며 잡아 보낼 것을 강요하였다. 포로를 '피 흘린 대가'로 여겨 송환을 요구하는 후금과 '살려고 도망쳐 온 백성'을 다시 보내고 싶지 않았던 조선의 갈등은 필연이었다. 양국 관계는 많은 곡절 속에 위태롭게 이어지며 어떤 결말을 요구하고 있었다.

② 공유덕(孔有德)·경중명(耿仲明)의 후금 귀순과 조선의 방해

명나라의 중간급 장교이던 공유덕과 경중명은 1632년 1월 산동성 등주(登州)에서 반란을 일으켰다가 명나라 관군에 패해 9월에 바다로 탈출하였다. 수군 1만 4,000여 명에 함선 180여 척을 거느린 공유덕-경중명의 무리가 해상을 통해 후금으로 도주할 조짐을 보이자 명은 전 해상에 비상을 걸었다. 명나라 수군장수 주문욱(周文郁)은 1633년 1월부터 수군을 띄워 반란군을 추격했지만 제대로 따라잡지 못하였다.

1633년 3월 말, 공유덕의 반란군은 주문욱의 포위망에서 벗어나 배를 동쪽으로 몰기 시작했다. 압록강을 통해 후금 영내로 진입하려는 의도였다. 다급해진 주문욱은 조선에 글을 보내 공유덕 일당을 중도에 요격해 줄 것을 요구하였다. 그러나 반란군은 4월 4일 저지선을 뚫고 압록강으로 들어가는데 성공한다. 당시 후금군은 압록강 북안에 출동해 공유덕 일당을 맞이할 준비를 하고 있었다. 그러자 주문욱은 공-경 무리가 후금군과 합류하지 못하도록 차단하는 역할을 조선에 강요했다. 조선은 임경업(林慶業)이 이끄는 300명의 조총수를 압록강 남안으로 보냈다.

4월 10일 압록강 하류 탁산(卓山)에서 주문욱의 명군과 공유덕의 반군 사이에 전투가 벌어졌고, 사흘 뒤에는 조선군도 전투에 참가했다. 조선군 조총부대는 공유덕의 수군을 향해 총탄을 쏘았다. 그러자 압록강 북쪽의 후금군에서 조선군을 향해 홍이포를 날렸다. 비록 작은 규모지만 정묘호란이 끝난 지 6년 만에 조선군과 후금군이 또다시 교전을 벌인 것이다. 이 싸움은 훗날 홍타이지가 조선을 재침하는 명분이 됐다는 점에서 신중하지 못한 처신이었다. 공-경 일당은 조명 연합군의 저지에도 불구하고 후금으로 귀순하는 데 성공하였다.

1633년 4월 28일 한양을 찾은 후금 사신 잉굴타이는 공유덕이 수만 명을 이끌고 귀순했다고 크게 떠벌인 다음 그들에게 먹일 쌀을 요구했다. 홍타이지는 국서에서 '공유덕 등이 명군일 때는 식량을 주다가 우리에게 귀순했다고 주지 않는다면 이는 형제를 우애하는 도리가 아니다'며 식량공급을 압박하였다. 후금의 요구는 다분히 억지였다. 그런다고 공유덕의 배를 채워줄 조선이 아니었지만 그 대응은 지나치게 솔직했다. "중국을 배반한 흉악한 무리에게 식량을 줄 수 없다."고 반박한 것이다. 후금군과 교전을 벌인 뒤에 식량 요구까지 내치기가 부담스러웠지만 '명을 배신할 수 없다'는 의리론이 압도하면서 후금의 요구는 거부되었다. 조선과 후금 간에 응어리가 차곡차곡 쌓여가고 있었다.

수군이 없어 조선의 배에까지 눈독을 들였던 후금으로서는 공유덕이 몰고 온 수백 척의 전함에 감격하였다. 홍타이지는 공유덕을 도원수(都元帥), 경중명을 총병관(總兵官)으로 임명하였다. 공-경을 환대했다는 것은 그만큼 귀순을 방해한 조선에 실망했다는 뜻이다. 조선은 공유덕의 망명을 저지하지도 못한 채 후금의 분노만 키운 셈이었다. 이래저래 조-금 관계는 최악의 상황으로 치닫고 있었다.

③ 홍타이지의 황제 즉위와 조선의 반발

1636년 2월 잉굴타이와 마푸타이(馬夫大, 마부대)를 비롯한 후금 사신단이 석 달 전에 타계한 인조의 비 인열왕후(仁烈王后) 한씨(韓氏)를 조문힌디는 명목으로 입국하였다. 그런데 사절단에는 서달(西㺚)이라고 부르던 몽골족 추장 77명이 포함되어 있었다. 잉굴타이가 의주부윤 이준(李浚)에게 이유를 설명하였다.

"우리나라(후금)가 이미 대원(大元)을 획득했고 (대원 황제의)옥새도 차지했다. 이에 서달의 여러 왕자들이 대호(大號)를 올리기를 원하고 있으므로 귀국과 의논하고자 왔다. 이들만 보낼 수 없어 우리도 함께 온 것이다."[5]

대원을 획득했다는 것은 내몽골 정복을 의미하고 옥새는 차하르부의 릭단칸(林丹汗)이 쓰던 원나라 국새를 말한다. 대호를 올린다는 것은 홍타이지가 황제로 즉위한다는 뜻이다.

이준의 보고는 조정을 뒤집어 놓았다. 사간 조경(趙絅)은 서달을 국문(國門)으로 들이지 말라고 촉구했고 홍문관 신료들도 '서달은 명을 배신하고 후금에 붙은 반역자'라며 의주감옥에 처넣어 상경을 막아야 한다고 목청을 높였다. 장령 홍익한(洪翼漢)은 "태어나서 지금껏 대명(大明)의 천자가 있다는 말을 들었을 뿐인데 어찌 금한(金汗)을 황제라 칭한단 말인가?… (중략) …사신을 죽이고 그 머리를 상자에 담아 명나라로 보내야 한다."는 격렬한 상소를 올렸다.[6]

후금이 조문사를 보내면서 몽골 추장들을 대동한 것은 원나라의 후예를 정복했음을 과시하려는 의도였다. 홍타이지는 코르친(科爾沁)과 나이만(柰曼)부족에 이어 1635년 내몽골 최강의 부족인 차하르(察哈爾)부를 완전히 복속시켰다. 1636년 2월 후금의 신료들이 홍타이지에게 대호(大號)를 정하고 황제 위에 오르라고 상주하자 홍타이지는

---

5) 『인조실록』, 1636년 2월 16일자.
6) 『인조실록』, 1636년 2월 21일자.

형제국 조선도 논의에 동참시킬 것을 지시하였다.

홍타이지는 황제 위에 오르기에 앞서 기골이 세기로 소문난 조선의 동의를 받고 싶었고 그 때문에 잉굴타이에게 몽골 추장들을 동행시킨 것이었다. 대원의 후예까지 만주국에 굴복한 사실을 알게 되면 조선의 태도가 달라질 것이란 순진한 기대에서였다. 그러나 홍타이지는 '아우'의 본심을 모르고 있었다. 조선은 후금과 화친하고 동생임을 받아들였지만 속마음은 전혀 달랐다. 형님이 아니라 '흉측한 오랑캐'라고 여겼던 만큼 금한(金汗)을 황제로 받들 생각은 추호도 없었다. 만주국이 몽골을 정복한 것이 갖는 국제정치적 의미도 제대로 파악하지 못하고 있었다.

어쨌건 잉굴타이와 마푸타이 일행은 조선을 찾았다. 왕후 조문보다는 황제 추대에 동참할 것을 촉구하는 것이 주목적이었던 만큼 홍타이지의 국서 외에도 '금국집정팔대신(金國執政八大臣, 팔기의 여덟 버일러)'의 서신과 '금국외번몽고(金國外藩蒙古, 후금에 투항한 몽골추장들)' 명의의 서신을 따로 소지하고 있었다.

팔기 버일러들이 보낸 서신은 대원의 후예들이 홍타이지에게 복종을 다짐하고 존호(尊號)를 올리기로 한 사실을 알리면서 '아우인 조선 왕도 기쁜 마음으로 자제들을 보내 황제 추대에 동참하라'고 적고 있었다. 몽골 추장들의 편지는 더 기분 나쁜 내용이었다. '명나라의 인심이 해체되고 싸울 때마다 무너지고 있어 운명이 다한 듯하다'면서 '만주황제는 은혜와 위엄을 아울러 갖췄고 민심이 사모하니 천명이 장차 돌아가려 한다'고 적었다.

1636년 2월 22일 잉굴타이 일행이 상경해 문제의 서신들을 내밀었을 때 조선은 접수를 거부하였다. 후금 버일러나 몽골 추장을 막론하고 신하된 자가 타국의 군주에게 글을 올리는 것은 '예의가 아니다'라는 이유였다. 조정의 중론은 서신접수 반대를 넘어 '사절의 목을 베라'는 수준이었다. 대사간 정온(鄭蘊)과 홍문관 신료들, 성균관 학생 138명과 여러 유생들이 상소를 올려 '개돼지 같은 오랑캐에게 욕을 당하여 조종(祖宗)에 수치를 끼쳤다며 사신의 목을 베고 서신을 불에 태우라'고 목청을 높였다. 세상 물정을 모르는 자들이 당대의 여론을 주도한다는 것은 그 체제의 약점이고 불행이다. 결국 2월 26일 잉굴타이는 조선의 처사에 화를 내며 궁궐을 나가 버렸다.

한편 마푸타이는 2월 26일 부하들을 이끌고 창경궁 명정전(明政殿)의 인열왕후 빈소를 찾았다. 조선은 명정전이 좁다는 이유를 대며 조금 떨어진 금천교(禁川橋) 위에 장막을 치고 그곳에서 조문하도록 했다. 오랑캐를 국모의 빈소에 들이지 않으려는 계산으로 보이는데 마푸타이는 이런 푸대접에 열을 냈다. 화를 참고 조문하려는 순간 강풍이 불어 금천교의 장막이 걷혔다. 당시 훈련도감 포수들이 궁궐에 모인 상태였고, 임금을 호위하는 금군(禁軍)들도 무기를 소지한 채 장막 근처에 있었다. 장막이 걷힐 때 마푸타이 일행은 무기를 든 병사들을 보고 기겁했다. 우연히 군대가 옆에 있었는지 겁을 줄 작전이었는지는 분명하지 않지만 후금 조문단은 자신들을 해치려는 의도라고 의심하였다.

잉굴타이와 마푸타이를 위시한 후금 사신단은 허겁지겁 한양을 빠져나갔다. 청나라 기록에는 당시 사신단은 조선이 사절을 죽이려 한다고 판단하고 다급한 나머지 민가의 말을 훔쳐 타고 귀환했다고 적고 있다. 이로써 조선과 후금의 관계는 사실상 끝장이 났다.

놀라기는 후금 사신단보다 조선이 더하였다. 전쟁공포가 현실로 다가왔기 때문이다. 2월 29일 왕은 신료들을 모아 방어책을 숙의하였으나 뾰족한 대책이 있을 리가 없었다. 그저 '포수(砲手)를 늘리자, 화약을 증산하자, 서북지역 병졸의 신역(身役)을 감해 사기를 높이자'는 정도였다. 이종은 3월 1일 팔도의 백성들에게 전쟁을 결심하는 내용의 유시문(諭示文)을 내렸다.(이 유시문도 병자호란을 부른 중요한 단초 중 하나이다.)

"우리나라가 갑자기 정묘호란을 당하여 부득이 임시로 기미(羈縻)될 것을 허락했는데 오랑캐의 욕구는 한이 없어서 공갈이 날로 심해지고 있다. 이는 참으로 전에 없던 치욕이다. 그러니 치욕을 참고 통한을 견디면서 장차 한번 기운차게 일어나 이 치욕을 씻기를 생각함이 어찌 끝이 있겠는가? 지금 오랑캐가 세력이 더욱 커져 감히 참칭(僭稱, 황제 칭호)을 의논한다는 핑계로 갑자기 글을 가지고 왔다. 어찌 우리나라 군신이 차마 들을 수 있겠는가? 이에 강약과 존망을 헤아리지 않고 한결같이 의로운 결단을 내려 그 글을 물리치고 받지 않았다.(상대가 강한지 약한지, 나라가 보존될 것인지 망할 것인지를 생각하지 않고 국사를 결정했다는 것을 자랑처럼 말하고 있다. 이것이 일국의 왕이 할 소리인가?) 오랑캐 사신이 여러 날 요청했으나 끝내 받아주지 않자 성을 내고 가게 되었다. 서울 사람들은 전쟁의 참화가 눈앞에 박두했음을 알면서도 오히려 오랑캐를 배척하고 거절한 일을 통쾌하게 여기고 있다. 만약 팔도의 백성들이 조정이 이런 정대한 조치와 위험하고 절박한 시기가 닥쳐왔음을 알게 되면 소문만 듣고도 격분하여 죽기를 각오하고 원수를 갚으려 할 것이다. 지역의 원근과 신분의 귀천이 다르다고 차이가 있겠는가? 충의로운 선비는 각자의 책략을 다하고 용감한 사람은 종군을 자원하여 다함께 어려운 난국을 구제해 나라의 은혜에 보답하라."[7]

하지만 3월 7일, 오랑캐와 단교한다는 사실과 방어 태세를 확고히 하라는 왕의 명령서를 갖고 평안감사에게 가던 전령이 잉굴타이 일행에게 붙잡혀 문서를 빼앗겼다는 소식이 전해졌다.(1628년 8월 만주국 사신단이 모문룡 부하의 습격을 받아 죽을 뻔한 위기를 넘긴 이후 만주 사절은 100명쯤 되는 기병대의 호위를 받고 다녔는데 이때 조선의 전령이 호위기병대에 붙잡힌 것이다.) 조선의 속마음이 들킨 셈이니 전쟁은 피할 길이 없어 보였다.

한 달쯤 뒤인 1636년 4월 11일, 심양에서는 홍타이지의 황제 즉위식이 열렸다. 즉위식장에는 조선의 사신 나덕헌(羅德憲)과 이확(李廓)도 있었다. 이들은 국궁배례(鞠躬拜禮)가 진행되는 내내 홍타이지에게 절을 하지 않았다. 조선은 아직 형제국이지 신속(臣屬)하는 나라가 아니라고 생각했기 때문이다. 모두가 무릎을 꿇고 머리를 조아리는 식장에서 두 사신은 곧바로 눈에 띄었다. 만주국 관리들은 두 사람을 집단폭행하면서 죽이자고 건의하였다.

---

7) 『인조실록』, 1636년 3월 1일자.

그러나 홍타이지는 담담하였다. '만일 사신들을 죽이면 조선은 우리가 맹약을 어겼다며 명분을 얻으려 들 것이다. 하찮은 분노 때문에 사신을 죽임으로써 저들에게 구실을 주지 않겠다'고 수하들을 다독였다. 하지만 사신 편에 전한 국서는 작심한 듯 신랄한 내용이었다. 잉굴타이 일행이 한양에 갔을 때 조선이 몽골 추장들을 만나 주지 않은 것은 자신을 무시한 행위라고 비난하였다. 두 나라는 본래 원한이 없었는데 1619년 조선이 명을 도와 후금을 공격한데 이어 요동에서 도망친 명나라 사람을 받아들이고 그들에게 식량을 준 것 때문에 정묘호란이 일어나게 되었다고 적었다. 정묘호란 때 가짜 왕제(王弟)를 속여 볼모로 보낸 것도 문제 삼았다.

황제 즉위식장에서 무릎을 꿇지 않고 버텼던 나덕헌과 이확이지만 국서를 받아 귀국하면서 걱정이 태산이었다. 조선을 비난하고 전쟁협박을 하는 국서를 가져갈 경우 척화파들에게 '밥'이 될 것이 뻔했기 때문이다. 두 사신은 머리를 썼다. 귀국 도중에 만주 통원보(通遠堡)란 곳에 이르러 홍타이지의 국서를 버렸다. 국서를 보자기에 싸서 숙소에 던져 놓고는 내용을 베껴 조정에 보고하기로 하였다. 국서 내용은 보고하되 휴대하지는 않았다고 둘러댈 잔머리였다.

준비 없는 결전론 득세

몽골 추장들을 대동했던 잉굴타이 일행이 북으로 도주하고 청(후금)과 관계를 끊겠다는 왕의 유시문마저 빼앗긴 뒤 조선의 분위기는 뒤숭숭했다. 여기에 나덕헌과 이확이 귀국해 황제 즉위식장에서의 소동이 알려지자 전쟁은 이제 기정사실처럼 되었다. 그러나 전쟁대비는 뒷전이고 정쟁이 먼저 시작되었다.

나덕헌 등이 전한 국서를 먼저 읽은 평안감사 홍명구(洪命耈)가 상소하였다. 그는 나덕헌 등이 오랑캐의 글을 받은 즉시 던져 버렸어야 했다면서 두 사람의 목을 베어 홍타이지에게 보내라고 촉구했다.[8] 홍명구의 상소를 통해 국서 내용이 알려지자 조정은 또다시 달아올랐다. 여러 신료들은 나덕헌 등이 그런 국서를 받고서도 자살하지 않은 것을 문제 삼았다. '더러운 문서'를 받고도 죽지 않고 살아서 귀국했다는 이유로 나덕헌과 이확은 평안도 변방으로 귀양가야 했다.

비변사는 나덕헌 등의 이름으로 "국서의 서식이 과거와 달라 중도에 버렸다. 이런 사실을 한(汗)에게 전해 주기 바란다."는 내용의 서신을 청나라에 보냈다. 조선은 이를 통해 홍타이지의 황제 즉위를 인정할 수 없음을 천명한 셈이다. '황제국 청나라'를 무시한 이상 침공은 분명해졌고 실질적인 방어책이 시급했다. 하지만 당시 조선은 군사적, 경제적, 심리적으로 전쟁을 치를 역량이 사실상 없었다. 이념 과잉의 나라, 행동보다 말 싸움에 능숙한 조선 조정에서 실제 대책이 나오기란 난망한 일이었다. '널리 인재를 구하고 부지런히 정사에 힘쓰라'는 하나마나한 소리들만 난무하였다.

"원수(元帥)를 선발해 북방으로 보내고 압록강 방어책을 세우자." "왕이 개성까지 나아가 군사들을 독려해야 한다." "반정공신들이 사병처럼 거느린 정예병과 궁궐 호위병력을 전방으로 보내자."라는 건

---

8) 『인조실록』, 1636년 4월 26일자.

의가 조금 나은 대책이었다. 하지만 이종은 이런 건의들을 모조리 배척하였다. 개성으로 전진하고 정예병을 전선에 배치하자는 주장에 대해서는 '지나치게 염려하는 것 같다'고 답변했고 자신의 호위병력을 전선으로 보내자는 주장에 대해서도 '연소한 대간들이 아무것도 모르면서 군사문제를 언급하고 있다'며 무시해 버렸다.

왕의 안이한 상황인식은 유사시 강화도로 달아나면 그만이라고 생각한 데서 비롯된 것으로 여겨진다. 정묘호란식 대책이었다. 이종은 오랑캐와 일전을 불사하자는 '화이론 원리주의'의 손을 들어 주어 전쟁을 불러들였지만 실제 전쟁준비를 하자는 목소리는 무시하였다. 우유부단, 오락가락… 이종은 능력이나 품성 면에서 용렬한 인물이었다.

1636년 5월 26일 이종은 다시 교서를 내려 자신감을 펼쳐 보였다. "오랑캐가 참칭(황제)을 쓴 뒤부터 우리나라를 업신여기는 것이 전보다 더 심하다. 우리는 수천 리의 국토를 가지고 있는데 어찌 움츠리고만 있을 것인가? 지난번(2월) 용골대(龍骨大, 잉굴타이) 일을 보니 겁 많고 꾀가 없는 것이 우리보다 더하더라…"

6월 17일에는 홍타이지의 국서에 답하는 격문을 의주로 내려 보냈다. 정묘년 맹약이 깨지게 된 것은 청나라 탓이라면서 명을 배신하지 않을 것임을 선언하였다. "…우리는 의지할 만한 군사가 없고 충분한 재물이 없으나 믿는 것은 하늘뿐이다. 옛날 풍신수길도 우리나라를 짐공했다가 망히였다. 우리는 명의 동번(東藩)으로서 (명나라가) 요동과 심양 땅을 잃었다고 다른 마음을 품지 않는다…" 대략 이런 내용이었다.

당시 조선도 대륙의 정세를 주시하고 있었을 터인데, 망해가는 명에는 일편단심이면서 상승세의 만주국을 철저히 무시했던 이유는 뭘까? 나는 현상유지를 바라는 조선 지도부의 집단심리가 국제질서의 격변을 직시하지 못하도록 방해했을 것으로 보고 있다. '저 거대한 중국이 하찮은 오랑캐에게 망할 리가 있겠나?' 하는 희망 섞인 집착이 객관적인 판단력을 흐리게 했다는 말이다. 중국이 한동안 힘들어 보이지만 언젠가는 오랑캐를 쓸어버리고 부활할 것이라는 헛된 기대를 명이 망하는 순간까지 저버리지 않았던 것이다. 사람들은 흔히 '바라는 대로 전망하는' 경향이 있다.

청과의 척화에 반대하는 의견도 없지 않았다. 주화파 대신들을 중심으로 화친의 끈을 놓지 말자는 주장이 잇따랐다. 하지만 전쟁 불사를 외치며 팔뚝을 치켜드는 명분론자들을 제어하기엔 세(勢)가 모자랐다. 1636년 8월 27일, 주화파 최명길이 "병법에는 권모술수가 없을 수 없습니다. 추신사(秋信使)는 보내지 않더라도 우선 역관을 들여보내 청 내부의 동태를 파악하는 것이 필요합니다."라며 제안하였다. 그러나 화의를 해도 어차피 화를 면하지 못할 것이니 차라리 대의를 밝히고 절교하자는 척화파의 타박만 받았다. 정식 외교사절이 아니라 통역관이라도 보내자는 최명길의 호소는 간단히 일축됐다.

답답한 최명길은 9월 5일에도 글을 올렸다. "심양에 국서를 보내 추신사를 파견하지 않은 이유를 알려주고 청 내부를 탐지하자. 만일 청이 답장을 보내고 우리의 충심을 받아주면 관계를 유지하되 그렇지 않을 경우 압록강변에서 결전을 벌여 승부를 내자."고 제의하였다. 최명길의 주장은 청에 국서를 보내 화의를 도모하든지 반대로 척화하여 싸우겠다면 국경에서 승패를 결정지어야 피해를 줄일 수 있다는 논리였다.(물론 최명길은 질 것이 뻔한 전쟁보다는 화의를 하자는 데 방점을 두었다.)

왕이 가타부타 답을 하지 않는 사이 언론(言論, 사간원(司諫院)과 사헌부(司憲府), 홍문관(弘文館)을 합친 개념이다.)이 들고일어나 최명길의 목을 베라고 외쳤다. 언론을 주축으로 하는 척화파가 최명길을 죽이려 들었던 이유는 '결전에 돌입하기 전에 한 번 더 국서를 보내 청의 속내를 알아보자'는 대목 때문이었다. 최명길이 '국경에서의 결전' 운운하지만 결국은 사신을 보내자는 데 무게를 두고 있으며 이는 척화의 대의에 어긋난다고 간주하였다. 이때 척화파는 청나라보다 화의론자들을 더 미워하여 걸핏하면 목을 베라고 요구하였다. 주화파를 모조리 죽여 없애면 전쟁은 자연히 피할 수 있을 것처럼 들렸다.

사실 언론의 대책없는 정치 개입은 조선의 큰 약점이었다. 나라의 존망이 걸린 외교정책을 이른바 춘추대의에 입각한 화이론으로만 풀려고 하니 '오랑캐와의 화평'은 애초부터 설자리가 없었던 것이다. 사간원과 사헌부, 홍문관 등 언론삼사(言論三司)의 소장파 언관(言官)들이 '준비 없는 결전론'을 주도하였다. 기관 간의 선명성 경쟁을 벌여가며 '오랑캐 배척론'을 선동하는 언론의 강한 힘은 정책입안자들의 손발을 묶어버리는 수준을 넘어 왕도 눈치를 봐야 할 정도였다.

최명길의 주장 사흘 뒤인 1636년 9월 8일, 비변사는 심양으로 역관을 보내 청의 내부 사정을 탐문하자고 주청했다. 결기를 내세워 이름을 얻는 언론과 달리 국정을 책임진 비변사로서는 찜찜하고 불안했던 것이다. 왕도 비변사의 제의를 받아들였다. 이즈음 명 황제가 보낸 칙사가 '청의 실정을 알아보라'고 말한 데 용기를 얻었기 때문이다. 그러자 오달제(吳達濟) 등 젊은 척화신료들이 들고 일어났다. 그들은 '간첩을 쓰는 것은 의롭지 못한 행동'이라며 비판했다. 더 나아가 청에 사절을 보내는 것은 위로는 명을 배반하고 아래로는 백성을 기만하는 행위라고 비난했다. 참으로 대책 없는 명분론이었다.

왕과 비변사는 일단 역관 박인범(朴仁範)과 권인록(權仁祿)을 심양으로 파견하였다. 하지만 언론이 격렬히 반발하자 정책결정권자들은 다시 흔들렸다. 언관들과의 논의가 결정되지 않았다는 이유로 역관들에게 압록강을 건너지 말고 의주에 대기하라고 지시했다. 이종은 중요한 순간 결정을 회피하는 것이 특기였던 지도자이다. 박인범 등이 압록강을 넘은 것은 10월로 접어든 뒤였다.

이종이 주화론과 척화론 사이에서 갈피를 잡지 못하고 있던 상황에서 최명길이 다시 나섰다. 그는 정묘호란 때 일부 언관들이 '야간에 적을 습격하는 것은 의롭지 못하다'고 비판한 사례를 들며 연소한 언관들이 기밀의 중요성을 모른다고 지적하였다. 그러면서 '앞으로는 국가대사를 대신과 비밀리에 결정하되 승지와 내관들도 알지 못하게 하라.'고 촉구하였다.

당연히 척화파의 거센 공격이 날아들었다. 홍문관 교리 오달제는 최명길이 기필코 중론(衆論, 척화론)을 배척한다며 목을 베야 한다고 말했다. 조빈은 "우리의 국시(國是)는 중국을 높이고 오랑캐를 배척하는 것인데, 광해군이 오랑캐와 화친했기 때문에 쫓겨났다."며 인조반정을 거론했다. 그러면서 "청에 다시 사자를 보내면 반란을 생각하고 있는 백성들에게 구실을 줄 수 있다."라며 왕을 협박하였다. 반정(쿠데타)을 통해 서인정권이 등장했고 이괄의 반란을 경험했던 시대였기에 중론, 즉 대세론(척화론)은 왕도 함부로 무시할 수 없었다.

중론에 이의를 제기했던 최명길은 11월 6일 한성판윤 자리에서 쫓겨났다. 이런 험악한 분위기에서 정책결정권자들이 중론에 반대되는 청과의 화의를 추진하기란 쉽지 않는 일이었다. 그런데 당시는 청의 침공이 공공연히 예견됐던 시점이라는 데 문제의 심각성이 있다. 1636년 11월 4일자 『인조실록』을 보자.

> "접반사 이필영(李必榮)이 장계를 올렸다. '도주하여 돌아온 한인(漢人) 왕언과(王彦科) 등이 말하기를 노적은 10월 1일에 이미 소굴로 돌아갔는데 서쪽을 침범했을 당시(1636년 6~9월에 있었던 청의 명나라 공격을 말한다.) 장령(將領) 2명이 전사했으며 겨울쯤에는 동쪽 고려(高麗) 땅으로 가려고 지금 말을 먹이고 있다.'고 하였습니다."

상황이 긴박했던 만큼 지각 있는 사람들은 '이러다 전쟁 난다. 나라가 망할 수 있다'는 걱정들을 하고 있었다. 목소리 큰 사람들 말을 그대로 따라서는 곤란하다는 것을 인식하고 있었다는 뜻이다. 하지만 척화 원칙론을 고수하는 강경파를 제어할 수 없다는 것이 '이념의 왕국' 조선의 비극이었다.

왕노 "적을 방어할 대비가 없는데 화의는 모두가 반대한다. 적은 오고야 말 것인데 장차 어찌 할 것인가?"라며 한탄만 할 뿐이었다.[9]

---

9) 『인조실록』, 1636년 11월 12일자.

이종 역시 중론이 잘못됐음을 모르지 않았지만 이를 물리칠 정치력과 배짱이 없었던 것이다.

만주국의 최후통첩 무시

전운이 감돌던 1636년 10월, 심양을 찾은 역관 박인범 등에게 홍타이지는 최후통첩을 날렸다. "11월 25일 이전에 대신(大臣)과 왕자를 보내서 화친을 결정하지 않으면 내가 군사를 일으켜 동쪽을 칠 것이다."라는 경고였다.[10] 이때 청은 전쟁을 결심하고 압록강이 얼기만을 기다리는 중이었지만 조선 측에 공격의사를 숨기지 않았다. 청나라도 가능하다면 전쟁 없이 조선의 '양보'를 얻어내길 바랐기 때문이다. 홍타이지가 박인범 등에 보낸 국서에 이런 구절도 있다.

> "너희나라가 산성을 많이 쌓는다는데 만약 내가 큰 길로 곧바로 한양으로 향해도 산성으로 나를 막을 것인가? 너희가 믿는 것은 강화도인데 만약 내가 팔도를 다 유린해도 조그마한 섬 하나로 나라를 이룰 수 있겠는가? 척화를 주장하는 자들은 유신(儒臣)인데 그들의 붓대로 우리 군대를 물리칠 것인가?"[11]

쓸모없는 일이지만 만약 이때(1636년 10월)라도 협상에 제대로 임

---

10) 이긍익, 『국역 연려실기술』, 제25권 인조조 고사본말, p173.
11) 앞의 책, p173.

했더라면 두 달 뒤 전쟁이 터져 수십만이 죽거나 포로로 잡혀가고, 국토의 상당 부분이 불타고, 왕이 무릎 꿇고, 세자와 왕자가 인질로 잡혀간 비극은 피할 수 있었을 것이란 점에서 아쉬움이 많은 대목이다. 심양을 정탐하고 11월에 귀국한 역관 박인범 등은 '오랑캐가 군대를 일으키려는 기미도 보이지만 말과 표정을 보면 우리와 꼭 절교하려는 것은 아닌 것 같다'는 흐리멍덩한 보고를 했다.

그러는 사이 '11월 25일까지 대신과 왕자를 보내라'는 청의 최후통첩은 간단히 무시됐다. 당시 조선의 정치상황에서 이런 경고는 논의의 대상조차 될 수 없었다. 비변사는 정식 사절이라도 보내 화의를 도모하자고 했지만 언론은 '오랑캐의 본심이 드러났다'며 그마저 반대했다. '부모인 명을 돕기 위해서는 조선이 망하는 한이 있더라도 오랑캐와 한판 붙어야 한다'는 것이 척화의 중론이었다. 화친의 길을 찾아 나라를 살리자는 현실론은 사론(邪論), 즉 척결의 대상이었다. 병자호란을 불과 한 달도 남겨두지 않은 상황에서 선비들의 결기서린 목청으로 조선 전역이 달그락거렸지만, 사실은 철기군 1명도 죽이지 못하는 '무력(無力)한 결전론'이었다. 결전론을 주도했던 언관들은 막상 전란이 발발하자 국가에 도움 되는 역할을 거의 하지 못하였다.

청이 시한으로 통보한 11월 25일 넘겨 12월이 돼서야 조선은 박로(朴籚)를 사절로 보냈다. 관례와 달리 부사도 없이, 역관 박난영(朴蘭英)만 대동하고 가는 초라한 사신이었다. 모양새를 갖춘 대형사절단이 가도 양국 화의가 쉽지 않은 상황이었지만 척화론의 강한 반발에 밀려 '보내기는 하되 정치적 부담이 적은 단촐한 사절'을 파견한 것이었다. 청이 요구한 '대신과 왕자'와는 너무도 거리가 멀었다. 박로가 심양으로 출발한 뒤에도 귀환을 요구하는 언론의 항의가 빗발쳤다.

그러나 사신 파견과 반대 모두가 허망한 일이었다. 청군은 이때 조선을 공격하기 위해 남하하던 시점이었다. 개전의 화살이 발사된 뒤 너무 늦게 사신을 보냈던 것이다.(박로와 박난영은 남진하던 마푸타이의 선봉대에 붙잡혀 적군과 함께 한양으로 귀환했다. 박난영은 왕의 동생과 대신을 협상대표로 보내라는 마푸타이의 요구를 받고 조선 측이 가짜 왕제와 가짜 대신을 보낸 것을 비호하다가 어이없는 죽음을 맞았다.) 외교가 철저히 실패한 상황에서 다음 수순은 모든 갈등을 한꺼번에 해결하는 방법, 전쟁뿐이었다.

과정

군대와 붓대의 싸움 …
조용한 전쟁, 시시한 승부

'로마인 이야기'로 유명한 일본인 여류작가 시오노 나나미는 '십자
군 이야기' 제1권에서 "전쟁은 인간이 여러 난제를 한꺼번에 해결하려
할 때 떠올리는 아이디어다."라고 설파하였다. 인류역사에서 끊임없이
발발한 여러 전쟁들을 가장 함축적으로 표현한 말이라고 하겠다.

병자호란, 즉 1636년 조청전쟁(朝淸戰爭) 역시 양국 간에 쌓인 여
러 갈등과 모순들을 한꺼번에 해결하려한 홍타이지의 결단으로 시작
되고 끝이 났다. 황제 위에 오른 지 1년도 되지 않아 친정에 나섰다는
것은 그만큼 '열'을 받고 있었다는 말인데 심리적, 정치적 요인이 개
전의 중요한 배경임을 시사하는 대목이다. 힘이 커져 군림하길 바라
는 청의 요구를 모조리 배척했다는 점에서 조선이 전쟁을 자초한 측
면도 다분하다.

막상 압록강이 열린 결과 조선군의 맞대응은 미약했고 그래서 제

대로 된 전투도 펼쳐지지 않는 '조용한 전쟁'으로 진행됐다. 또 개전한 지 열흘도 되지 않아 '청의 완승, 조선의 완패'로 승부가 정해졌으니 반전의 드라마 한편 없는 신속하고도 시시한 결말이었다. 1636년 11월 심양을 찾은 조선 사절에 밝힌 홍타이지의 경고대로 '만주 군대와 조선 붓대의 싸움'이었다. 피할 수도 있었던 병자호란… 조정은 산성에 갇혀 희망을 상실했고, 척화의 높은 절개는 오랑캐의 군력 앞에 속절없이 무너졌다. 이번 장에서는 압록강 도강에서부터 남한산성 포위, 근왕군 패전, 강화도 함락에 이르는 전쟁의 양상을 개괄해 본다.

신속 진격 vs 빠른 도주 … '전투 없는 전쟁'

조선 측에 화의 마감시한으로 통보한 1636년 11월 25일, 홍타이지는 부하들을 이끌고 심양의 환구단을 찾아 제사를 올렸다. 하늘과 땅에 축문을 올리며 조선을 정벌하는 이유를 고하는 자리였다. 1619년 사르후 전투 당시 명을 도와 자신들을 공격한 것에서부터 정묘년(1627년)에 형제지맹을 체결한 이후에도 맹약을 어긴 것, 1636년 조선 왕이 평안도에 유시문을 보내 전쟁준비를 선언한 것 등이 개전의 명분으로 담겼다.

홍타이지는 11월 29일, 여러 장수를 불러 조선 정벌이 불가피한 논리를 거듭 밝히면서 조선에서의 행동지침도 하달했다. '인명을 함부로 살상하지 말 것, 군대가 통과하는 지역의 사묘(寺廟)를 파괴하지 말 것, 항복한 자는 죽이지 말고 변발을 시킬 것, 사로잡은 포로의 가족을 이산시키지 말 것, 부녀자를 강간하지 말 것' 등이었다. 홍타이지는 평안감사에게도 유시문을 보내 조선이 패만하고 무례하므로 의병을 일으키게 되었다고 강조했다. 선전포고였던 셈이다.[12]

홍타이지의 이 같은 사전 정지작업은 만주와 조선, 명, 몽골 등 동아시아 각국에 개전의 정당성을 선전하는 한편, 부하들에게는 "이번 전쟁은 성전이다. 우리는 정의의 전쟁을 치르고 있다."는 점을 주입시켜 전투의지를 북돋우고자 하는 치밀한 의도로 풀이된다.

12월 1일 원정에 동참할 몽골 추장들이 병력을 이끌고 심양에 집합했다. 조선 전역(戰役)에는 만주, 몽골군뿐 아니라 한군(漢軍)도 대거 투입하였다. 원정군은 만주병 7만 8,000, 몽고병 3만, 한군 2만, 도합 12만 8,000명으로 편성되었다.

홍타이지는 사촌동생 지르갈랑(濟爾哈朗)에게 심양에 남아 궁성을 방어하라고 지시하고 이복동생 아지거(阿濟格)를 우장(牛莊, 현재 요동만 인근 영구(營口)시)에 배치하여 명군이 배후에서 역습할 가능성에 대비하도록 했다.(그러나 명은 조선을 도울 처지가 되지 못하였고 전쟁 내내 무심하였다.)

12월 2일, 마푸타이가 이끄는 선봉대 6,000명을 필두로 조선을 칠 대군이 남진하였다. 같은 날 파견을 놓고 척화-주화의 논쟁이 컸던 조선의 사신 박로와 박난영이 심양으로 뒤늦게 출발하였으니 '원님 행차 뒤에 나팔 부는 격'이었다. 12월 8일에는 마푸타이의 기병대 6,000이 압록강을 건너 조선 영토로 진입하였다. 특히 조선 왕의 강화도행 저지를 위해 300기의 기병을 상인으로 변장해 밤낮으로 달리

12) 한명기, 「병자호란 다시 읽기 74」, 서울신문, 2008년 6월 4일자 26면.

게 하였다. 마푸타이가 이끈 선봉군은 임경업이 지키던 백마산성을 비롯해 행군로의 성읍은 하나도 건드리지 않고 바람같이 한양으로 직공하였다. 보기 힘든 속도전이었다.

청군 주력은 12월 9일부터 얼어붙은 강을 건넜다. 조선이 의주성을 비워두었기에 이렇다 할 충돌이 없었다. 백마산성을 지키던 의주부윤 임경업이 궁궐로 치보(馳報)하였다. "9일 압록강 건너편에 적병이 가득 차더니 이날 저녁에 길을 나눠서 강을 건너고는 속도를 갑절로 하여 급히 나아간다."는 내용이었다. 조정은 임경업의 이 장계를 12월 12일에 받고 청군의 침입을 알게 됐지만 적세의 규모와 전쟁목적을 판단하기에는 정보가 부족했기에 시간만 허비하고 말았다.

12월 10일에는 홍타이지가 이끄는 4만 중군(中軍)이 압록강을 건너 조선 영내에 진입하였다. 청군은 의주와 용천, 곽산, 선천, 정주 등 평안도의 여러 고을에 무혈입성하였다. 홍타이지는 투항한 조선 백성을 해치지 말고 머리를 만주식 변발로 하라고 지시하였다. 청군은 고을마다 소수의 병력만을 잔류시켜 조선군의 동태를 감시하게 하고 계속 남진하였다. 당시 청군은 적어도 한양에 입성하기 전까지는 전혀 약탈하지 않았다. 양식과 장비가 넉넉했던 까닭도 있지만 쓸데없이 시간을 끌지 않으려는 의도와 조선인들에게 인심을 잃지 않으려는 전술적 차원도 있었다. 나중에 크게 먹을 생각으로 약탈을 자제했다고 볼 수도 있다. 어쨌든 이번처럼 적군이 침입해 약탈행위를 벌이지 않은 경우는 역사 이래 한 번도 없었다.[13] (1636년경의 만주군은 개

13) 이이화, 『한국사이야기 12』, 한길사, 2000, p215.

별 병사의 약탈을 금지하였다. 약탈에 눈을 팔다 보면 전쟁목표 수행에 차질이 생길 수 있기 때문이다. 다만 승리가 확정된 후반부에 개인차원이 아니라 부대단위로 약탈을 행했다고 보인다. 청군이 조선인 포로 50만 명을 끌고 간 것은 초기부터 부지런히 포로를 잡은 결과가 아니라 점령지에서 군정을 행하는 방식으로 확보한 것으로 짐작된다. 그러므로 전쟁 초기 만주병들은 조선 백성을 크게 괴롭히지 않았다. 그러나 기율이 약했던 몽골병과 한족군사들은 개별적 약탈을 서슴지 않았다.)

조선군은 만주 철기(鐵騎)를 야전에서 맞서기란 어렵다고 보고, 대로변에서 멀리 떨어진 산성으로 들어가 농성전을 대비했다. 말이 농성이지 사실상 '신속한 도주'였다. 하지만 청군은 산성을 공격해 시간을 낭비하지 않고 한양을 직공하는 전술을 택했다. 홍타이지를 비롯한 청군 지도부는 조선 지방군과의 시시한 전투에는 관심이 없었다. 서울로 직행해 왕을 사로잡거나 도성을 포위해 항복받는 것이 전쟁목표였던 것이다. 청군은 조선 지방군에 관심이 없고, 조선군은 의미 있는 저항을 하지 못하니 '싸움 없는 전쟁'이 되어버렸다.

이렇게 되니 한양의 조정은 답답하였다. 조선군대로 하여금 대로에서 적을 막도록 하지 않았던 것은 치명적이었다. 평안도 각 고을에서 올린 봉화와 파발 등 통신선은 청군 기마대에 차단되었다. 적은 수도로 곧장 달려오고 있었지만 적의 기본 정보마저 확보하지 못한 조정은 강화도로 들어갈 기회를 상실하였다.

청군이 청천강 남쪽 안주(安州)를 지났다는 도원수 김자점의 장계가 조정에 들어간 것은 12월 13일이었다. 이종은 대신들을 불러 모았다. 영의정 김류는 경기 일대의 군사를 빨리 불러 모아 강화도로 들어가자고 촉구했지만 왕은 동의하지 않았다. 청군이 깊이 들어올 리가 없다며 좀 더 기다려 보자고 했다. 정묘호란 때 후금군이 황해도 평산 이북에 머문 것을 떠올린 셈인데, 상대의 전쟁목표가 그때와 달라졌다는 점을 알지 못했기 때문이다.

설사 이종이 김류의 말대로 13일 강화도로 떠났다고 해도 순조롭게 들어갔을 지는 의문이다. 당시 한양에서 강화도까지는 이틀거리이므로 15일에야 입도할 수 있다. 그런데 마푸타이의 선봉대는 왕의 강화행을 저지하기 위해 바람처럼 달려 12월 14일 서울에 도착하는데, 조선 조정이 하루 전에 떠났다면 도중에 요격당할 위험이 다분했다. 청군은 왕이 남한산성으로 피한 이후에도 강화도로 가는 길목에 복병을 깔아두었다고 한다.

다만 임경업의 장계를 받은 12일에 곧바로 출발했다면 입도했을 가능성이 높고 그랬다면 조선의 운명은 달라졌을 수도 있다. 리더는 정확한 판단과 신속한 결단이 무엇보다 중요하다. 우유부단, 우물쭈물, 오락가락… 이종은 능력이나 품성 면에서 일국의 군주가 되기엔 모자란 인물이었다. 과감한 지도력으로 부하들에게 높은 수준의 신뢰를 받고 있던 홍타이지와 극히 대조적이다.

귀중한 시간을 허비하고 맞은 다음날(12월 14일), 청군 철기가 이미 개성을 지났다는 보고가 날아들었다. 다급해진 이종은 종묘에 모신 선왕들의 신주(神主)를 수습하고 빈궁과 왕자들을 강화도로 먼저 들어가게 하였다. 한성판윤 김경징(金慶徵)을 검찰사(檢察使)로, 이민구(李敏求)를 부검찰사로 삼아 강화도 방어를 책임지게 하였다.

이종이 강화도로 떠나려 할 때는 어두워진 무렵이었다. 왕 일행이

숭례문에 도착했을 때 청군이 양철평(良鐵坪, 현재 은평구 녹번동)에 육박했다는 보고가 날아들었다. 12월 8~9일경 압록강을 건넌 마푸타이 부대가 불과 대엿새 만에 서울에 도착해 왕의 강화행을 저지하는 장면이다. 천 리가 넘는 눈길을 바람처럼 달려들었다는 말이다. 당시 청군 선봉대 병사들은 지친 가운데 '귀신의 몰골'을 하고 있었다고 한다.[14]

왕이 당황하고 있을 때 마푸타이가 이끄는 철기대는 이미 홍제원을 지나고 있었다. 이종은 훈련대장 신경진(申景禛)을 시켜 모화관(慕華館, 현재 서대문구 독립문 근처)으로 나아가 적을 막으라고 지시했다. 청군이 들이닥치자 도성에서는 큰 소동이 벌어졌다. 왕은 결국 강화도로 가지 못했다. 철기병이 도성을 포위하는 동시에 강화도로 이어지는 서울 서쪽의 양천과 김포 길목을 먼저 차단해 버렸기 때문이다.(마푸타이의 선봉대는 조선 왕의 강화행 저지에 가장 큰 목표가 있었다. 이종이 13일쯤 출발했다고 해도 강화까지는 이틀이 더 걸리므로 철기대에 꼬리를 잡혔을 것이다. 14일 출발한 왕자와 대신 등이 강화로 피하는데 성공했지만 이는 철기 선봉대의 주관심이 왕의 움직임에 맞춰져 있었기에 가능했다고 여겨진다.) 유사시 최선의 피난지로 준비해 왔던 강화도… 상당한 군량과 화약이 비축되어 있었다. 그런데 가장 필요로 했던 시기에 강화도는 무용지물이 되었다.

왕의 강화행이 실패한 것은 역으로 청의 사전대비가 주효한 결과이다. 청군은 유사시 조선 왕이 강화도로 떠날 것을 잘 알고 있었다.

---

14) 이긍익, 『국역 연려실기술』, 제25권 인조조 고사본말, p181.

정묘호란 때도 조선 조정이 강화도로 들어가는 바람에 형제지맹을 맺는데 그쳐야 했다. 하지만 이번에는 왕이 섬으로 들어가기 전에 서울로 들이닥쳐 길을 끊어버린 것이다. 조선의 파발선과 거의 유사한 속도로 기병대를 서울로 급파한 청군의 작전이 성공한 셈이다. 이때는 청군이 공유덕(孔有德) 등의 귀순을 통해 수군과 함선을 보유하고 있었기에 강화도도 절대 안전지대는 아니었지만 아무래도 육지보다는 방어하기 수월했을 것이다. 얼마 뒤 강화도가 청군에 점령당하지만 만약 왕이 피난하고 있었다면 방어태세는 한결 강화됐을 것이고 쉽게 무너지지 않았을 개연성이 높다.

길이 막혔다는 소식에 왕과 대신들이 허둥대고 있을 때 최명길이 나섰다. 청군 진영을 찾아 담판을 벌여볼 테니 그 틈을 타서 남한산성으로 들어가라고 건의했다. 개전 초기에 적진으로 들어가 시간을 벌겠다고 자원한 것에서 최명길의 인품과 용기를 알 수 있다. 최명길은 마푸타이에게 남의 땅에 깊숙이 들어온 이유를 물었다. 마푸타이는 '조선이 까닭 없이 맹약을 어겼으므로 새로 화약을 맺기 위해 왔다'고 답했다. 조선을 안심시켜 수도의 방비태세를 느슨하게 하고 황제가 대군을 이끌고 남하 중인 사실을 감추기 위한 나름의 속임수였다.

최명길이 마푸타이와 한양 서쪽에서 강화를 시도하는 틈을 이용해 이종은 동쪽으로 빠져나가 남한산성으로 향했다. 이괄의 난, 정묘호란에 이어 세 번째로 왕이 서울을 버리고 달아나는 '신기록'을 세우고 있었다. 삼십육계 주위상책(三十六計 走爲上策), 이종은 도피에는 일가견이 있었던 왕이다. 산성으로 가는 좁은 길에 왕을 모신 어가행렬과 조정을 뒤따르는 피난민 행렬이 뒤엉켰다. 가족을 찾는 백성들의 고함과 통곡이 길 위에 넘쳐났고, 호위군사의 대오는 무너졌다. '오랑캐의 버르장머리를 고쳐주자'던 결전론과 어울리지 않는 한심한 도주였다. 조정은 밤 9시가 넘어 남한산성에 도착했다. 일단 마푸타이의 손아귀에서 벗어났으니 한숨 돌린 셈이다.

그러나 산성의 방비가 바다 가운데의 섬에 비할 수는 없다. 왕실과 종실, 대신들의 가족이 강화도로 피했으니 조정이 합류한다면 방어를 집중할 수가 있어 유리하다. 남한산성에 들어서자마자 영의정 김류는 강화도로 가자고 졸랐다. 이종도 옳다고 여겨 몇 시간 몸을 녹인 다음 12월 15일 새벽에 산성을 나와 강화도로 향했다. 청군은 눈에 띄지 않았지만 눈보라가 심하고 비탈진 산길이 얼어붙어 말들이 나아가지 못하였다. 이종은 말에서 내렸지만 눈 쌓인 산길을 걷기란 쉬운 일이 아니었다. 왕의 발이 동상에 걸리자 결국 산성으로 되돌아가야 했다.

『인계록(因繼錄)』에 따르면 "왕이 탄 말이 갑자기 벌벌 떨면서 땀을 흘리고 서서 앞으로 가지 않아 채찍질을 했지만 소용이 없었다. 왕이 이상한 일이라며 방향을 바꾸자 빠르게 달렸다. 뒤에 들으니 오랑캐 장수가 왕이 강화도로 갈 것으로 짐작하고 매복하여 길에서 기다렸다 하니 말이 가지 아니한 것도 하늘의 뜻이었다."는 기록이 나온다.15) 하지만 이때 왕이 잡혀 전쟁을 일찍 끝냈다면 피해는 오히려 적었을 것이란 분석도 있다.16)

---

15) 이긍익, 『국역 연려실기술』, 제25권 인조조 고사본말, p179.
16) 이이화, 『한국사이야기 12』, 한길사, 2000, p219.

청을 자극해 전쟁을 자초했다는 자책감에다 강화도로 들어가지 못해 실망감이 컸던 12월 15일의 남한산성… 최명길이 적장을 만난 뒤 올린 장계가 도착하면서 분위기는 다소 나아졌다. 최명길은 '청군이 깊숙이 들어온 것은 조선과 화친을 다시 맺기 위함'이라는 마푸타이의 발언을 그대로 전하였다. 그러나 왕은 최명길이 마푸타이에게 속은 것 같다며 한숨을 지었다. 용렬한 군주였지만 눈치는 빨랐던 이종의 걱정은 불행히도 적중하였다. 청은 조선과 화친을 맺기 위함이 아니라 조선을 완전히 제압할 각오로 대대적인 전쟁을 개시했던 것이다.

포위당한 남한산성, 치열한 내부싸움

남한산성은 강화도에 버금가는 요새였다. 높은 곳에 위치한 덕분에 시야가 넓어 방어에 유리하였다. 더욱이 병자년 겨울에는 눈보라가 몰아치고 한파가 닥쳐 산성으로 통하는 길이 온통 얼어붙었다. 철기병이 비록 강군이라 해도 공략하기 힘든 철옹성이었다. 문제는 조선의 준비 부족이었다. 왕의 피난은 생각하지 못했기에 수비군병도, 그들을 먹일 군량도 모자란 상태였다.

당시 남한산성의 병력은 1만 2,000~1만 8,000명으로 추산된다. 훈련이 잘된 어영군도 일부 있었지만 대부분은 광주, 수원, 여주 등지에서 끌어 모은 지방군이었다. 조선에 들어온 청군이 12만 8,000명이라고 할 때 산성군은 대략 10배의 적을 상대한 셈이었다.

오합지졸로 적을 맞았지만 농성 초기의 분위기는 그리 나쁘지 않앉다. 무엇보다 적세를 과소평가하고 있었다. 마푸타이가 이끈 선봉대 6,000명에다 기껏 2~3만 명이 더 있을 것으로 예상하고 있었다. 3만 명이 침공한 정묘호란 수준으로 착각하고 있었던 것이다. 예컨대 12월 21일 지중추부사 심열(沈悅)은 "삼가 듣건대 적병이 많지 않다고 하니 저들이 필경 원하는 것도 강화를 맺고 돌아가는 것에 지나지 않을 것입니다."라는 글을 올리고 있다. 험한 산성을 지키며 전국에서 몰려들 근왕병을 기다리다 보면 적군도 무한정 포위할 처지가 되지 못하니 물러가거나 화의가 이뤄질 것으로 막연히 기대하였다.

걱정거리는 군량이었다. 1637년 1월 8일, 관량사(管粮使, 군량담당관) 나만갑(羅萬甲)에 따르면 원래 군량은 6,000석이었는데 당시 2,800석이 남은 상태였다. 12월 15일부터 24일간 3,200석, 하루 평균 130석을 소비한 셈이었다. 12월 15일부터 계산할 때 남한산성에서 버틸 수 있는 시간은 대략 45일이다. 참고로 왕이 항복한 날이 1637년 1월 30일이니 산성에 들어간 지 45일, 군량이 바닥나 더 이상 버틸 수 없었던 시점이었다.

좁은 산성에서 조정이 할 수 있는 일은 별로 없었다. 적군도 크게 공세를 가하지 않으니 그저 버티는 것이 일이었다. 그 사이 척화파 문신들은 도원수 김자점과 부원수, 평안병사와 의주부윤 등 적을 막지 못한 무신들의 목을 베라고 목청을 높였다. 성 밖의 무신들을 무슨 수로 불러들여 벌을 내릴지는 말하지 않았다. 반면 최명길 등 주화파 신료들은 산성과 청군 진영을 오가면서 교섭의 불씨를 되살리기 위해 부심했다. 한양에서 열린 첫 대면에서 마푸타이는 최명길에게 강화를 맺으려면 왕의 동생과 대신(大臣, 정승)을 인질로 보내라고 요구했다. 마푸타이의 제의는 황제가 이끄는 본진의 접근을 감추기 위한 속임수였고, 청이 뒤에 내놓을 진짜 카드는 '왕의 항복'이었다.

그러나 조선은 가장 낮은 수준의 요구마저 꼼수로 대처했다. 종친인 능봉수(綾峯守) 이칭(李偁)에게 군호를 부여해 왕의 아우로 사칭하고 형조판서 심집(沈諿)을 대신, 즉 정승이라고 속여 적진으로 보내기로 했다. '어리석은 오랑캐들이 뭘 알겠냐'며 즉흥적으로 결정했지만 세상일에는 공짜가 없는 법이다. 조선은 정묘호란 때도 종실인 원창부령(原昌副令) 이구(李玖)를 '임금의 동생 원창군(原昌君)'이라고 속여 인질로 보냈다가 반발을 샀던 전과가 있다. 상대에게 같은 수법을 반복하는 것은 대단히 안이하고 위험한 선택임에도 불구하고 또다시 빤한 속임수로 청과의 교섭에 나섰으니 당시 조정의 수준을 짐작하고도 남음이 있다.

12월 16일 심집 일행은 청군 진영으로 갔다. 심집은 고지식한 선비로 전략적인 사고의 소유자가 아니었다. 적진으로 떠나기 전 "나는 평소 말을 신실하게 해왔으니 오랑캐라고 해서 속일 수 없다."고 자신의 임무를 망각한 듯한 발언을 하였다. 이런 인물에게 청군 지도부를 상대하라는 중책을 맡긴 조정의 처사가 실로 한심하다.

'신실한' 심집은 마푸타이가 왕제와 대신의 진위 여부를 추궁하자 '우리 두 사람은 가짜'라고 '사실대로' 말하였다. 이칭은 꾀가 조금 있는 편이어서 왕의 동생이라고 강변했지만 청군을 속이기엔 역부족이었다. 당시 역관 박난영이 사신 박로와 함께 심양으로 가던 도중에 붙들려 청군 진영에 있었는데 마푸타이는 누구 말이 맞는지 물었다. 박난영이 '심집이 틀리고 이칭이 맞다'고 하자 화가 난 마푸타이는 그 자리에서 박난영을 베어버렸다. 조정의 어설픈 작전에 노련한 외교 관만 뜻밖의 화를 당한 셈이다.

만약 조선이 이때 '왕의 진짜 동생'과 '진짜 정승'을 보내 진지하 게 협상하였다면 보다 나은 조건으로 전쟁을 끝낼 수도 있었겠지만 거짓으로 대응하다가 상대를 더욱 자극한 셈이 되었다. '가짜 왕제' 때문에 격분한 청군은 심집 일행을 쫓아 보냈다. 죽이지 않은 게 이상 할 정도이다.

놀란 조정은 좌의정 홍서봉(洪瑞鳳)과 호조판서 김신국(金藎國)을 청군에 보내 재교섭을 시도했다. 그러면서 "봉림(鳳林)과 인평(麟坪) 대군 가운데 한 사람을 보내겠다. 하지만 지금은 모두 강화도에 있어 보낼 형편이 못 된다."고 둘러댔다. 두 대군이 강화도로 피난한 것을 염두에 두고 또다시 말장난으로 외교에 임한 셈이다. 하지만 두 번 속 을 청군이 아니다. 마푸타이는 "이제는 대군으로 안 된다. 세자를 보 내지 않으면 화친은 없다."고 강경하게 나왔다. 조선의 섣부른 임기 응변은 일만 더 키우고 실패하였다.

그 사이 청군은 남한산성을 옥죄는 데 주력하였다. 12월 16일 청 군은 남한산성을 완전포위한 데 이어 삼남으로 이어지는 판교(板橋) 길목을 차단했다. 당시 청군의 포위망은 치밀하였다. 산성 주변에 참 호를 파고 성을 둘러싼 100리 길에 소나무 목책을 설치해 외부와 완 전히 격리시키는 고사(枯死) 작전이었다. 때려 죽이기보다는 말려 죽 이기… 1631년 명의 대릉하성(大凌河城)을 공략할 때 사용했던 전술 그대로이다. 그런 다음 수시로 홍이포를 발사해 성벽을 파괴하니 성 안의 공포심은 절정에 이르렀다. 군량은 빠르게 줄어드는데 보충할 방도는 없을 뿐더러 외부의 근왕병은 모두 청군에 의해 차단되었다.

포위된 남한산성 안에서는 '또 다른 전쟁'이 벌어졌다. 주화와 척화를 둘러싼 '말(言)의 전쟁'이었다. 12월 17일 영의정 김류는 최명길, 장유 등 비변사 원로들과 함께 '세자를 적진으로 보내고 홍타이지를 황제라고 부르자'고 주청했다. 성안에서 죽기는 싫은데 청군을 물리칠 방도가 없는 만큼 강화를 위해 감히 세자 입송을 입에 올린 것이었다. 이종은 여러 신하들의 뜻이 그러하다면 세자를 보낼 수도 있다고 밝혔다.

문제는 척화파였다. 개전 책임론으로 며칠간 숨죽이고 지내던 척화파가 아연 활기를 되찾았다. 세자 입송론을 들은 척화파의 두령 예조판서 김상헌이 비변사로 달려가 '그런 말을 하는 자들을 죽여버리겠다'고 난리를 쳤고 선조의 부마 신익성(申翊聖)도 '세자 파송론을 꺼낸 자들의 머리를 베겠다'고 칼을 뽑아 보였다. 사간원과 사헌부, 시강원의 신하들도 '세자를 오랑캐 진영으로 보내라고 주장한 자들을 죄로 다스리자'고 주먹을 내질렀다. 주화론자들을 다스리지 않으면 국사를 망칠 것이라고 외치면서 적과 싸울 의지를 다지라고 촉구했다. 열을 받은 이종은 척화신들을 작심하고 공격하였다.

"…연소한 자들이 사려가 얕고 너무 과격하여 이 같은 화란을 부른 것이다. 당시(1636년 2월)에 저들(후금)의 사신을 박절하게 배척하지 않았더라면 설사 화란이 생겼다고 하더라도 그 형세가 이

지경까지는 이르지 않았을 것이다…"17)

왕이 척화파의 잘못된 외교정책을 비난했지만 척화파의 강한 반발에 밀려 왕세자 압송은 결국 이뤄지지 않았다. 만약 이즈음 왕세자를 청군 진영으로 보내고 홍타이지를 황제라고 부르는 데 동의하였다면, 왕이 삼전도 들판에서 무릎을 꿇고 수많은 포로가 잡혀가는 것보다는 나은 조건에서 강화가 성립됐을 수도 있었다. 사실상 마지막 기회마저 척화파의 거친 목소리와 함께 날려버린 셈이다.

12월 27일 조정은 청군 진영에 술과 고기를 보냈다. 이항복(李恒福)의 서자 이기남(李箕男)에게 소 두 마리와 돼지 세 마리, 술 10병을 들려 청군 진영으로 보내 세시(歲時) 인사를 하면서 적정을 살피려는 생각이었다. 작전이랄 것도 없는 이런 소소한 행위를 놓고서도 주화-척화의 갈등은 격화되었다. 대사간 김반(金槃), 승지 최연(崔衍), 교리 윤집(尹集) 등 척화 신료들은 격렬히 반대하면서 '적진에 선물을 보내자고 주장한 자들(주화파)의 목을 치라'고 촉구하였다. 왕은 척화파를 일축하고 술과 고기를 보냈지만 청군은 '우리는 배불리 먹고 있으니 배고픈 너희들이나 먹어라'며 돌려보냈다. 산성 내부에 큰 소용돌이를 야기했던 '세모 인사 시도'는 척화-주화파 간의 갈등만 키운 채 아무런 소득 없이 끝났다.

당시 산성 안에서의 척화파는 주전론(主戰論)도 아니었다. 강한 적과 싸워 이길 군대가 없다는 것은 그들도 알았기 때문이다. 그저 대의

---

17) 『인조실록』, 1636년 12월 17일자.

(大義)를 믿고 오랑캐와는 말도 섞지 말고 성안에서 끝까지 버티자는 주장이었다. '그러다가 결국 굶어죽거나 적의 칼에 군신이 상하게 돼 국가멸망으로 이어질 것'이란 주화파의 지적에 대해서는 '군신이 다 죽고 나라가 망하더라도 (명과의)의리를 밝히는 것이 오랑캐를 황제로 받드는 것보다 낫다'고 목청을 높였다.(그러나 막상 항복 이후 심양으로 끌려간 삼학사 외에 죽음을 택한 척화파 신료는 없었다.)

국토 한복판에서 길을 잃다

포위가 길어지면서 남한산성의 형세는 갈수록 고단해졌다. 성 안에 갇힌 관리와 장졸들의 스트레스는 극에 달하였다. 성을 에워싼 청군의 압박도 힘들었지만 추위와 물자부족이 더 큰 고통이었다. 제대로 된 방한 장비가 없었던 병졸들이 빈 가마니를 두른 채 살을 에는 추위를 견디다 보니 동상에 걸리기 일쑤였다. 사람 뿐 아니라 먹지 못한 전마(戰馬)들도 쓰러졌다. 굶주린 말을 삶아 사람의 배를 채웠으니 전투를 치를 일이 막막하였다.

지구전이 힘든 상황에서 조기결전론이 힘을 받았다. 타격을 주어야만 청과의 강화에도 유리할 것이라는 논리였다. 다른 방법이 없었기에 왕도 한판 붙기로 결심하였다. 12월 18일 이종은 산성을 순시하면서 군사들을 격려하였다. 장교들은 품계를 높여주고 군졸들에게는 향후 10년간 전세(田稅)를 면제하겠다고 약속해 사기를 높였다. 이어 은그릇을 긁어모아 상으로 내렸다. 왕은 제법 결기를 세운 유시문을 발표하였다.

"…오랑캐가 대호(大號, 황제 칭호)를 참칭하고 우리나라를 업신여기므로 내가 천하의 대의를 위해 그 사신을 배척했다가 이런 화란을 만났다… 화의는 이미 끊어졌으니 오로지 싸움만이 있을 뿐이다. 싸워 이기면 상하가 모두 살 것이요 지면 함께 죽을 것이다… 마음과 힘을 합해 떨치고 일어나 적을 상대한다면 저 오랑캐가 외로운 형세로 깊숙이 들어왔으니 아무리 강해도 쉽게 약화될 것이고 사방의 원병이 계속 달려오고 하늘이 돕는다면 우리는 승리할 것이다…"

유시문에서 밝혔듯이 청군은 타국 중심부로 깊숙이 들어간 '외로운 형세'였다. 그런데 더 한심한 처지는 조선 왕이었다. 자신의 국토 한복판에서 적에게 포위돼 옴짝달싹 못하고 있는 현실은 왜 말하지 않았을까?

사실 남한산성은 조선국토의 중앙에 위치한 중진(重鎭)이다. 전국 사방에서 구원군이 몰려들 수 있는 좋은 곳일 뿐 아니라 복잡한 지세 활용 면에서도 침략군보다 유리하다. 그런데도 산성은 철저히 봉쇄당했고, 왕과 조정은 활로를 찾지 못했으니 할 말이 없다. 오히려 청군이야말로 '황제를 모신 채 적진 한복판에 들어간 형국'이니 사면의 공격을 감내해야 할 위태로운 상황이었다. 홍타이지는 위험한 도박을 감행한 셈이었다. 청과 홍타이지 입장에서 조선을 제압해야 할 필요성이 그만큼 절박했다는 얘기다.

12월 18일 어영부사 원두표(元斗杓)가 정예병 50여 명을 이끌고 적을 기습해 6명을 살해했다. 산성으로 들어온 이후 거둔 첫 승리였다. 12월 19일부터 23일까지 소수의 조선군이 성 밖으로 출격해 소소한 전투를 계속 치렀다. 조선군이 죽인 청군은 모두 100여 명에 이르렀으나 전세를 바꾸기엔 턱없이 부족하였다. 12월 19일 청군의 좌익군 2만 4,000명이 남한산성에 도착한 것을 비롯해 홍타이지가 이끄는 중군 등 10만 대군이 속속 당도해 주변에 포진하였다. 성안에 갇힌 조선 조정은 이런 상황을 파악하지 못하고 있었다. 12월 28일, 도체찰사 김류가 '싸우든 화의하든 길한 날'이라는 술사의 얘기를 듣고 제법 크게 공격했다가 역습에 걸려 300명 이상을 잃었고, 이로써 조정과 병사들은 더 이상 싸울 의지를 상실하였다.

당시 남한산성에선 8도의 근왕병에 기대를 걸고 있었다. 12월 19일 이종은 강화유수 장신(張紳)과 강화검찰사 김경징에게 납서(蠟書, 밀랍으로 감싼 비밀문서)를 보냈다. 도원수와 각 도의 관찰사 등에게 연락해 근왕병을 이끌고 산성을 도우라는 지시였다. 험한 산성에 대한 청군의 포위가 완벽하지 못했기에 산성과 외부와의 통신망은 일부 가동되고 있었다.(산성이 외부와 완전 차단되기는 1637년 1월 중순 이후이다.)

각지의 근왕병이 남한산성으로 접근해 소소한 전투를 치른 것은 사실이다. 그러나 대부분이 면피용 '진격 흉내'에 그쳤고 산성의 포위망을 흔들거나 적의 작전에 차질을 야기할 정도의 타격을 입힌 경우는 없었다. 1월 6일 전라병사 김준룡(金俊龍)이 이끄는 2,000명이 수원 광교산에서 홍타이지의 매부 양구리(楊古利)를 조총으로 죽인 것과 평안병사 유림(柳琳)이 1월 28일 강원도 김화에서 상당수의 적군을 죽인 것이 눈에 띄는 정도이다.

도원수 김자점과 신원수 심기원(沈器遠) 등이 2만 4,000명의 병력을 거느리고도 경기도 양평에 20여 일을 머물렀을 뿐 남한산성을 구할 엄두를 내지 못하고 있었다. 철기군과 정식으로 붙는다면 모두 어육(魚肉)이 될 것을 잘 알고 있었기 때문이다. 청군 지도부가 보기에 조선군은 별로 위험하지 않은 상대였다. 실제로 근왕군을 상대한 소수의 팔기병과 강화도 공격군 외에 대다수 청군은 조선군과 싸워보지도 못한 채 '조용한 전쟁'을 끝냈다. 오히려 맹추위와 폭설, 험준한 남한산성 주변의 형세 등이 더 힘든 적이었다고 하겠다.

최후의 일격 '강화도 함락'

홍타이지가 압록강을 건너면서 가장 염려했던 것은 조선 왕이 강화도로 달아나는 일이었다. 왕의 입도(入島)를 막지 못할 경우 수군을 동원해 섬을 공격해야 할 텐데 수군은 청군의 장기가 아닌 만큼 자신이 없었던 것이다. 고려조 항몽전쟁처럼 조선 조정이 강화도에서 버틸 경우 전쟁이 길어지면서 속전속결 구상에 차질이 생길 수 있었다. 때문에 청군은 본진 출발에 앞서 마푸타이의 선봉대를 파견하여 강화로 가는 길부터 차단했던 것이다. 왕은 입도하지 못했지만 왕실의 여자와 어린이, 늙은 대신들은 먼저 떠나 강화도로 피난해 있었다.

새해인 정축년(1637년)이 시작되자마자 홍타이지는 남한산성에서 버티는 이종을 제압할 묘수 찾기에 부심하였다. 산성을 박살내는 것은 정치적 견지에서 좋은 해법이 아니었다. 최선은 강화도 점령이었다. 강화도를 차지해 왕실과 대신의 가족을 사로잡으면 조선 조정은 더 이상 버티지 못할 것이라고 보았다. 이는 함락 후에 사실로 입증되었다.

홍타이지는 이복동생 도르곤에게 강화도 공격을 지시하였다. 수군이 약한 청군이지만 주변 정찰을 통해 공략이 가능하다고 판단하였다. 섬의 방비가 허술한 만큼 일단 섬에 상륙하기만 하면 된다고 본 것이다. 공유덕 같은 수군 장수들은 강화 해협의 폭이 좁기 때문에 작은 배로도 건널 수 있다고 판단했다.

청군은 한강변에서 한강과 임진강의 선박을 끌어 모아 수리하고 민가를 헐어 뗏목과 병선을 만들었다. 1월 19일 청군은 수리하거나 제작한 배 80척을 수레에 싣고 강화도로 출발했다. 1월 21일까지 강화도 건너편 김포해안에 도르곤, 호거(홍타이지의 장남), 공유덕 등 청군 장수들이 1만 6,000명의 병력을 거느리고 집결하였다.

당시 강화도 방어책임자는 검찰사 김경징, 영의정 김류의 아들이다. 입도 때부터 자신의 일가친척만 챙겨 비난을 샀던 김경징은 섬에 들어간 뒤에도 무사태평이었다. 바다를 무서워하는 오랑캐가 강화도를 공격할 일은 없다고 여겨 방어준비는 소홀하였다. 강화도 동남쪽 광성진(廣城津) 부근에 약간의 수군을 배치했을 뿐 다른 곳은 텅 비어 있었다. 청군이 배를 만들고 있으며 해전을 경험한 수군장수가 수두룩하다는 사실은 당연히 알지 못했다. 병자록 등 사료에는 김경징이 날마다 잔치를 열고 술 마시는 것을 일삼았다고 다소 감정적으로 기록하고 있다. 『인조실록』은 김경징을 '광동(狂童)' 즉, 미친 녀석으로 평가했다.

1637년 1월 21일, 심상찮은 보고가 날아들었다. 청군이 강화도를 향해 배를 운반하면서 이동하고 있다는 소식이었다. 김경징은 충청수사 강진흔의 병선을 갑곶에 배치하는 한편 남쪽 광성진에 있던 강화유수 장신의 수군 주력을 북쪽 갑곶으로 옮길 것을 지시하였다. 장신은 북상을 시도했지만 조수가 낮아 배를 몰기 힘들었고 선단은 22일 새벽까지도 갑곶에 도착하지 못하였다. 김경징 자신은 수비군 1,000명을 이끌고 강화외성 진해루(鎭海樓)에 지휘본부를 차렸고 회은군(懷恩君) 이덕인 등 종실인사들에게 강화성과 주변 포구의 수비를 맡겼다. 수군장수들은 무관이었지만 육상의 지휘관들은 전투 경험이 없는 문관들이었고 방어훈련도 전무하였다. 군사의 수나 지휘관 능력이나 청군에 비해 '장난감 병정' 수준이었다.

1월 22일 새벽 청군이 갑곶을 통해 해협을 건너기 시작했다. 갑곶은 현재 강화대교가 건설된 부근으로 강화해협 중에서 바다의 폭이 가장 좁은 곳이다. 청군이 해협을 건너기 시작할 때 갑곶에 배치된 방어군은 충청수사 강진흔이 이끄는 병선 7척과 수군 200명이 전부였다. 1만 6,000명의 청군은 100척이 넘는 선박에 50~60명씩의 병력을 나눠 태우고 공격을 개시했다. 일부 병선에는 홍이포가 설치돼 있었다.

강진흔의 병선이 적선 3척을 침몰시켰지만 중과부적이었다. 시간이 흘러 장신의 수군이 도착하면서 사정이 좀 나아지는 듯했다. 덩치가 큰 장신의 전함은 적선을 받아 침몰시키기도 했다. 그러나 수많은 병선이 몰려들고 홍이포가 발사되자 겁에 질려 남쪽으로 달아났다.

결국 수군이 무너지면서 갑곶 방어선이 뚫렸고 청군의 상륙이 시작되었다. 화살이 빗발처럼 날아들고 대포가 불을 뿜어대자 해안을 지키던 조선군은 곧바로 도주하였다. 싸울 의지도, 능력도 없던 김경징은 당황하여 해안을 포기하고 강화성 안으로 달아났다.

갑곶 건너편 김포해안에 집결했던 청군의 대병력은 아무런 방해도 받지 않고 바다를 건넜다. 병자록은 '청군이 나는 듯이 바다를 건너 달려들었다'고 적었다. 조선군의 산발적인 저항이 있었지만 사기가 떨어진 데다 중과부적이었다. 김경징은 나룻배를 타고 장신의 배로 몸을 피했고, 휘하의 문관 장수들도 바다나 산으로 달아났다.

갑곶 나루를 돌파한 청군은 사시(巳時, 오전 9~11시) 무렵 강화성을 포위하고 항복을 종용했다. 원임대신 김상용(金尙容) 등이 중심이되어 성곽 방어를 시도했지만 대세는 기울었다. 조선군은 조총과 활을 쏘며 저항했지만 대포를 쏘며 몰려드는 청군의 상대가 되지 못했다. 청군을 바다에서 막지 못하고 상륙을 허용하면서 전투는 끝난 셈이었다. 한나절 만에 강화성은 함락되고 청군에 저항하거나 도망치던 많은 사람이 희생되었다. 남문에 머물던 김상용이 화약궤짝에 불을 질러 폭사하는 등 자살한 사람도 적지 않았다.

도르곤은 강화성 점령 직후 역관 정명수(鄭命壽)를 시켜 항복을 요구하였다. 조선 측이 원임대신 윤방을 보내 요구를 받아들이자 도르곤은 휘하의 병력을 들여보내 정전(正殿)을 점거한 뒤 성안에 계엄을실시했다. 청군은 세자빈을 비롯해 왕실과 고관들의 가족을 앞세워남한산성의 저항 의지를 꺾을 계산을 하고 있었다. 그 때문에 포로들에 대한 대우는 나쁘지 않았다. 특히 세자빈 일행을 이동시킬 때는 병력을 풀어 호위하는가 하면 지나는 길에 도랑이나 험한 곳이 있으면길을 수리한 뒤 움직일 정도로 호의를 베풀었다.

청군 가운데 만주병은 군율이 잡혀 있어서 약탈을 자제했지만, 몽골병이나 한병(漢兵)은 강도나 다름없었다. 그들은 섬 곳곳을 뒤져 여자들을 잡아가고 재물을 약탈했다. 반항하는 사람은 도륙하고 집에는 불을 질렀다. '시체가 쌓여 들판에 깔리고 피는 강물을 이루었다.' '눈 위를 기어다니거나 죽은 어미의 젖을 빠는 아이가 헤아릴 수 없이 많았다.' 등의 참상이 사서에 기록되어 있다.

결과

무릎 꿇은 조선,
천자(天子)가 된 오랑캐

청나라가 조선 왕의 항복을 받아낸다면, 그리하여 조선을 제후국으로 삼을 수만 있다면 그 여파는 동아시아 전역에 미칠 터였다. 명나라 조공책봉체제의 열렬한 추종자로서 '명나라 천하'의 한 축을 이뤘던 조선의 이탈을 의미하는 상징이 되기에 충분했다. 명의 시대가 무너지고 있음을 선전하는 데 더없이 좋은 정치이벤트인 것이다. 때문에 남한산성 공성전은 조선과 청뿐만 아니라 명과 몽골, 일본 등에까지 큰 파장을 예고하고 있었다.

하지만 홍타이지가 우세한 군력으로 산성을 깨뜨리고 조선 왕을 짓밟아버린다면 그는 '포악한 오랑캐'일 뿐 천하의 주인 자격을 보여줄 수 없을 것이다. 결국 적절한 압박과 회유로 자진투항을 받아내야만 '새로운 하늘'이 열렸음을 증명할 수 있을 터였다. 그렇다고 무한정 조선의 굴복을 기다릴 수만도 없는 처지였다. 황제가 자리를 비운

사이 심양에서는 물론이고 명과 몽골에서도 예상치 못한 사단이 벌어질 가능성은 얼마든지 있었다.

홍타이지로서는 ① 산성을 깨뜨리지 않고 ② 조선 왕을 최대한 신속히 성 밖으로 끌어내는 것이 병자호란의 목표였다. 조선의 투항을 이끌어 내기 위해서는 '겁주고 달래는' 양면전술이 필요하였다. 한편으로는 근왕군을 박살내고 홍이포를 성안으로 발사하는가 하면 거친 글을 보내 '대국을 능멸한 죄'를 묻겠노라고 위협하였다. 동시에 조선을 부수는 것이 전쟁의 목표가 아니라 서쪽(明)에 본보기를 보여주고자 한다며 투항만 하면 적자(赤子, 어린 자식) 돌보듯 사직을 보전해주겠노라고 달콤한 말로 달랬다.

홍타이지로서는 다행히도 조선의 전쟁준비는 부실하였고, 왕은 용렬하여 무릎을 굽혀서라도 살아남기를 바랐다. 신료들도 겉으로는 척화 주장이 우세하였지만 실상은 사직을 보전함으로써 기득권을 유지하고자 하였다. 청의 화전양면 작전이 성공하는 데는 긴 시간이 걸리지 않았고, 동아시아의 문명국 조선을 속국으로 삼으면서 홍타이지는 비로소 천하사방이 인정하는 '진명천자(眞命天子)'가 되었다.

휴전회담 실기, 항복 조건 악화

엉겁결에 남한산성으로 숨어들었던 만큼 조선의 전략은 빈약하였다. 초기 대응을 잘하였다면 최소한의 피해로 막을 수도 있었지만 주화-척화 내부갈등으로 귀중한 시간을 허비한 결과 적잖은 대가를 감수하지 않으면 안 되었다. 애초엔 청을 제국으로 받드는 조건 하에 세자의 출성으로 강화가 이뤄질 수도 있었으나 종국엔 왕이 무릎을 꿇지 않을 수 없었다. 막다른 지경에 몰린 조선은 왕의 옥체와 왕실, 영토를 보전하기 위해 온갖 머리를 굴렸다. 청 역시 같은 수준으로 심리전을 펼쳤다.

모든 협상이 다 그러하듯이 상호 간에 '신뢰'를 구축하는 일이 급선무였지만 양측은 서로를 불신하고 있었다. 특히 조선은 왕이 출성하면 죽이거나 북으로 끌고 가지 않을까 두려워하고 있었다. 청은 인내심과 일관성을 갖고 조선과의 화전양면 외교전을 이끌었고 '항복하면 살 수 있다'는 믿음을 갖게 된 조선 왕이 스스로 성을 나서게 만들었다.

회담 과정을 일별해 보면, 조선은 주화-척화 논쟁 속에 개전초의 '호기(好期)'를 놓치면서 '왕의 출성'이라는 최악의 조건에서 항복하게 되었다. 날짜별로 살펴보자.

• 1636년 12월 14일 최명길-마푸타이 한양 회담

마푸타이, 조선이 왕제(王弟)와 대신(정승)을 보낼 것을 요구하였다.

• 1636년 12월 16일 가짜 왕제·대신 보냈다 발각됨

이칭을 왕제로 심집을 대신으로 속여 청군으로 보냈다 발각됐다. 이후 협상은 끊기고 전투국면에 돌입하였다.

• 1637년 1월 2일 본격 조청협상 시작 … 청, 1차 국서 보내옴

좌의정 홍서봉, 호조판서 김신국, 부호군 이경직이 청군 진영을 방문하자 잉굴타이가 황제 명의의 국서를 건네 주었다. 앞으로 이어질 국서들은 길지만 찬찬히 읽어 볼 가치가 있다. 폐하, 신, 황제와 같은 단어 하나를 쓰기까지 많은 고민과 논란이 있었을 정도로 무거운 고민들의 결정체이기 때문이다.

청 1차 국서 – "전쟁은 조선이 자초 … 명은 왜 돕지 않나?

"대청국 관온인성황제는 조선 국왕에게 조서를 내려 유시한다. 우리 군대가 지난날 동쪽으로 우랑카이(兀良哈, 여진부락의 하나. 오랑캐라는 단어의 어원이 된 부족.)를 쳤을 때 너희 나라가 군대를 일으켜 우리를 공격했다. 그 뒤로 또 명을 도와서 우리에게 해를 끼쳤다.(1619년 사르후 전투를 말함.) 그러나 우리는 이웃과의 우호관계를 생각해서 이를 마음에 두지 않았다. 우리가 요동을 점령하자 너희는 다시 우리 백성들을 유인하여 명나라에 보냈다. 짐이 진노하여 정묘년에 군사를 일으켜 너희들 친 것은 진실로 이 때문이다. 이로써 강대하다고 약자를 업신여겨 이유 없이 군사를 일으킨 것이라고 할 수 있겠는가?

너는 또 무엇 때문에 너희 변방 장수에게 '사세가 부득이하여 임시로 청나라의 무리한 요구를 받아들여 화약을 맺었지만 이제는 정의로써 결단할 때이니 경은 때로 열읍을 깨우쳐서 충의로운 선비로 하여금 책략을 내게 하고 용감한 자로 하여금 적을 정벌하는 대열에 따르게 하라'는 글(잉굴타이 일행에게 빼앗긴 1636년 3월 1일자 격분을 말한다.)을 보냈는가? 이제 짐이 대군을 통솔해서 싸우러 왔다. 너는 왜 지모 있는 자로 하여금 계책을 다하게 하고 용감한 자로 하여금 싸우는 대열에 나서게 해서 친히 일전(一戰)을 시도하지 않느냐?(3월 1일자 격문에 나오는 말을 들어서 비꼬고 있다.) 짐은 결코 힘의 강대함을 믿고서 남을 침범하려는 것이 아니다.

너희가 도리어 약소한 국력으로써 우리의 변경을 소란하게 하고 우리의 지경 안에서 인삼을 캐고('인삼전쟁'은 호란의 중요한 원인 가운데 하나였다.) 사냥을 했으니 이는 무슨 까닭인가? 또 짐의 백성이 도망을 가면 너희가 이를 받아들여 명나라에 보냈으며 명나라 장수 공유덕과 경중명 두 사람이 귀순코자 하여 짐의 군대가 그들을 맞이하러 갔을 때(1633년 4월의 일이다.) 너희 군대가 총을 쏘며 이를 가로막아 싸운 것은 또한 무슨 까닭인가? 이번 전쟁의 원인은 실로 너희 나라에 있다.

짐의 아우와 조카 등 여러 왕들이 네게 글을 보냈으나 너는 받아들이지 않았다.(1636년 2월 잉굴타가 몽골 추장들을 대동하고 한양을 방문했을 때의 일이다.) 지난 정묘년에 네가 섬(강화도)으로 도망가서 화친을 애걸했을 때 바로 그 왕들 앞으로 글을 보내지 않았더냐? 짐의 조카나 아우가 어찌 너만 못하단 말인가? 그리고 몽골의 여러 왕들이 너에게 글을 보냈는데 너는 거절하고 이를 받아들이지 않았다. 그들은 당당한 원나라 황제의 후손인데 어찌 또 너만 못하랴. 원나라 때 조선(고려)은 공물을 바치기를 그치지 않았다. 오늘날 어찌 하루아침에 이처럼 오만해졌단 말이냐? 그들이 보낸 글을 거절해서 받지 않은 것은 너희의 혼암(昏闇)과 교만이 극도에 이른 것이다. 너희 조선은 요, 금, 원 세 나라에 대하여 해마다 공물을 바치고 신(臣)이라 일컬었다. 예로부터 너희 나라가 북면(北面, 신하는 북쪽을 바라보고 앉고 군주는 남쪽을 바라보고 앉음.)하여 남을 섬겨 평안을 보전하지 않은 때가 있었단 말이냐?(듣기 거북한 말이지만 어느 정도는 사실이다. 홍타이지는 조선의 역사를 철저히 연구한 인물이다.)

짐이 이미 너희 나라를 아우로 대했는 데도 너는 갈수록 배역하여 스스로 원수를 만들고 백성들을 도탄에 몰아넣었다. 성곽을 비우고 궁궐을 버려서 처자와 헤어지고 단신으로 산성으로 도망쳐 들어가 설사 목숨을 연장하여 천년을 산들 무슨 이로움이 있겠느냐?

정묘년의 치욕을 씻는다면서 지금의 이 치욕은 어떻게 씻을 것인가? 정묘년의 치욕을 씻으려 한다면 무엇 때문에 몸을 움츠리고 들어앉아서 울타리 안에 사는 부녀자의 짓(청은 조선을 '부녀자의 나라'라며 조롱하였다. '부녀자 같다'는 표현은 만주에서 매우 큰 욕이었다.)을 본받는단 말인가? 네가 비록 이 성안에 몸을 숨기어 구차스럽게 살기를 바라지만 짐이 어찌 너를 그대로 버려두겠느냐?

짐의 나라 여러 왕(황제국이 되었으므로 왕호를 받은 귀족이 여럿임.)과 문무의 신하들이 짐에게 황제의 칭호를 권하여 올렸다. 너는 이 말을 듣고 이르기를 "어찌 우리 군신이 차마 들을 수 있겠는가"했다는데 이는 또 무슨 까닭이냐? 무릇 황제의 칭호를 올리고 올리지 않는 것은 너에게 달려 있지 않다. 하늘이 도우면 필부(匹夫)도 천자(天子)가 될 수 있고 하늘이 재앙을 내리면 천자도 이름없는 사내가 되는 것이니, 네가 한 말은 심히 방자하고 망령스럽도다.(홍타이지는 천명(天命)이 내리면 오랑캐도 천하의 주인이 될 수 있다는 유연한 사고를 보여주고 있다. 홍타이지의 지적은 유교의 천명사상에도 부합된다. 오랑캐도 천자가 될 수 있다는 이 대목에서 조선과 만주 간의 철학이 근본적으로 갈린다.) 또 맹약(정묘약조)을 어기고 성을 쌓았으며, 우리의 사신을 접대하는 예의가 소홀하였다. 우리의 사신이 가서 너희 재상을 만났을 때 계교를 써서 사로잡으려 한 것은 무슨 까닭인가?(1636년 2월 잉굴타이와 미푸타이가 몽골 추장들과 함께 한양을 찾았다가 피살 위협을 느껴 도주한 사건을 말한다.) 명은 부모의 나라로 섬기면서 우리를 해치려 꾀했음은 또 무슨 까닭인가?

이상은 너의 죄목 중에 큰 것을 들었을 뿐이고, 그 밖의 사소한 것은 이루 열거하기 어렵다. 이제 대군을 이끌고 와서 너의 팔도(八道)를 무찌르려고 하는데 네가 부모처럼 섬기는 명나라가 장차 너희를 어떻게 구해 주려는지 보고 싶다. 자식의 위급함이 경각에 달려 있는데 부모된 자가 어찌 구원하지 않을 수 있겠는가?(조선이 국익 개념도 없이 명을 부모의 나라라고 떠받들고 있는 현실에 대한 조롱이다.) 만일 그렇지 않다면 이는 네가 스스로 무고한 백성을 물불 속으로 몰아넣은 것이니 억조의 민중이 어찌 너를 탓하지 않으랴? 만일 할 말이 있거든 서슴지 말고 소상하게 알려라.

• 1637년 1월 3일 조선, 청에 1차 답서 보냄

조선 1차 국서 – "잘못 인정 … 청이 군사를 쓰면 조선도 싸울 것"

"조선국왕 성(姓) 모(某)는(국서에서는 이종이라는 이름을 썼겠지만 실록에서는 왕의 이름을 쓰지 못하고 모(某)라고 기록했다. '조선국왕 신(臣) 이종'이란 표현을 쓰지 않음으로써 '칭신'은 일단 거부한 셈이다.) 삼가 대청 관온인성황제에게 글을 올립니다.(대청이라는 국호를 쓰고 홍타이지를 황제라고 불러 그 위상을 처음으로 인정한 표현이다.) 소방(小邦)이 대국(大國)에 죄를 얻어 스스로 병화를 불러 외로운 성에 몸을 의탁한 채 위태로움이 조석에 닥쳤습니다. 사신에 글을 받들게 하여 간절한 심정을 전하고자 하였지만 군사가 대치한 상황에서 길이 막혀 자연 통할 방법이 없었습니다. 그런데 어제 듣건대 황제께서 궁벽하고 누추한 곳까지 오셨다기에 반신반의하며 기쁨과 두려움이 교차하였습니다. 이제 대국이 옛날의 맹약을 잊지 않고 분명하게 가르침과 책망을 내려주어 스스로 죄를 알게 하였으니 지금 이야말로 소방의 심사(心事)를 펼 수 있는 때입니다.

소방이 정묘년에 화친을 맺은 이래 10여 년간 돈독하게 우의를 다지고 공손히 예절을 지킨 것은 대국이 아는 일일 뿐만 아니라 실로 하늘이 살피는 바인데 지난해의 일은 소방이 참으로 그 죄를 변명할 수 없는 점이 있습니다. 그러나 이 또한 소방의 신민이 식견이 얕고 좁아 명분과 의리를 변통성 없이 지키려고 한 데 연유한 것으로 마침내는 사신이 화를 내고 앞질러 떠나게 하고 만 것이었습니다.(1636년 2월 잉굴타이 일행의 방문 때 홀대한 점을 해명하고 있다.) 그리고 소방의 군신이 지나치게 염려한 나머지 변신(邊臣)을 신칙하였는데 글을 지으면서 내용이 사리에 어긋나고 자극하는 것이 많아 모르는 사이에 대국의 노여움을 촉발시키게 하였습니다.(잉굴타이에게 빼앗긴 1636년 3월 1일자 격문에 대해 변명하고 있다.) 그러나 그것이 신하들에게서 나온 일이라고 하여 나는 모르는 일이라고 감히 말할 수 있겠습니까.

명나라는 바로 우리나라와 부자(父子)관계에 있는 나라입니다.(청이 극도로 싫어하는 명을 언급하며 조명 관계의 특수성을 인정해 줄 것을 우회적으로 요청하고 있다. 아직은 사정이 덜 급하다는 뜻이다.) 그러나 전후에 걸쳐 대국의 병마(兵馬)가 관(關, 산해관 안쪽의 중원)에 들어갔을 적에 소방은 일찍이 화살 하나도 겨누지 않으면서 형제국으로서의 맹약과 우호를 소중히 여기지 않은 적이 없습니다. 그런데 어찌하여 이런 말까지 나오게 되었단 말입니까.(1633년 공유덕·경중명이 귀순 때 조선이 청군을 공격했다는 비난에 대해 그러지 않았다고 해명한다.) 그러나 이것 역시 소방의 성실성이 미덥지 못해 대국의 의심을 받게 된 것이니 누구를 탓하겠습니까?

지난날의 일에 대한 죄는 소방이 이미 알고 있습니다. 그러나 죄가 있으면 정벌했다가 죄를 깨달으면 용서하는 것이야말로 천심을 체득하여 만물을 포용하는 대국이 취하는 행동이라 할 것입니다. 만일 정묘년에 하늘을 두고 맹서한 언약을 생각하고 소방 생령의 목숨을 가엾이 여겨 소방으로 하여금 계책을 바꾸어 스스로 새롭게 하도록 용납한다면 소방이 마음을 씻고 종사하는 것이 오늘부터 시작될 것입니다. 그러나 만약 대국이 기꺼이 용서해 주지 않고서 기필코 그 병력을 끝까지 쓰려고 한다면 소방은 사리가 막히고 형세가 극에 달하여 죽음을 무릅쓰고 싸우기를 스스로 기약할 뿐입니다.(청이 지나치게 압박하면 조선은 죽기를 각오하고 싸울 것이라고 의지를 피력한다. 이때만 해도 남한산성의 사정이 그리 나쁘지 않았기에 호기를 부려본 것이다.) 감히 심정을 진달하며 공손히 가르침을 기다립니다."

• 1637년 1월 3일~12일 조청 휴전회담 중단

칭신을 거부한 조선국서에 청이 회답을 보내지 않아 협상이 끊겼다.

• 1637년 1월 13일 조선, 고심 끝에 2차 국서 보냄

조선 2차 국서 – "잘못 용서해 주면 대국으로 받들 것"

"소방의 여러 신하가 국문(鞫問)의 편지(군주가 중죄인을 국청에서 신문하는 것을 국문이라 하는데 홍타이지가 보낸 국서에 조선을 질책하는 내용이 있어 이런 표현을 썼다.)를 받들어 품청한 바가 있었는데 돌아와 이르기를 황제가 장차 후명이 있으리라 하였습니다. 소방의 군신이 목을 늘여 날마다 기다리기를 이미 십여 일인데 옳다 그르다 말이 없으니 형세가 궁박하여 두 번 부르짖음을 면하지 못함을 황제는 살펴주십시오.

소방이 일찍이 대국의 은혜를 입어 외람되이 형제로 의탁하여 천지께 맹세하였으니 비록 땅은 나뉘어 있어도 정의(情義)는 간격이 없었습니다. 그래서 자손만대의 한없는 복이 되었다고 스스로 여겼는데 맹서를 한 지 얼마 되지 않아 의혹의 단서가 맺혀 그만 위태롭고 급박한 화란을 당함으로써 거듭 천하의 웃음거리가 될 줄이야 생각이나 했겠습니까. 그러나 그 이유를 찾아 보건대 모두가 천성이 유약한 탓으로 여러 신하들에게 속아(척화신들을 비판하는 뜻에서 '속았다'는 표현을 썼다.) 사리에 어두워 살피지 못함으로써 오늘날의 결과를 초래하였으니 스스로를 책망할 뿐 다시 무슨 말을 하겠습니까. 다만 생각건대 형이 아우에게 잘못이 있음을 보고 노여워하여 책망하는 것은 진실로 당연한 일이지만 너무 엄하게 책망한 나머지 도리어 형제의 의에 어긋나는 점이 있게 되면 어찌 하늘(天)이 괴이하게 여기지 않겠습니까.

소방은 바다 한쪽 구석에 위치하여 오직 시서(詩書)만을 일삼고 병장기를 익히지 않았습니다. 약한 나라가 강한 나라에 복종하고 작은 나라가 큰 나라를 섬기는 것이야말로 당연한 이치인데 어찌 감히 대국과 서로 겨루겠습니까. 다만 명나라와는 대대로 두터운 은혜를 받아 명분이 본래 정해졌습니다. 일찍이 임진년의 환란에 소방이 조석으로 망하게 되었을 때 신종황제께서 천하의 군사를 동원하여 수화(水火) 가운데 빠진 백성들을 건져내고 구제하셨으므로 소방의 백성들이 지금까지도 그 은혜를 마음과 뼈에 새기고 있습니다. 그리하여 대국에게 죄를 짓더라도 차마 명나라를 저버릴 수는 없다고 하니(조-명 특수관계를 거론하며 명을 여전히 상국으로 섬기도록 인정해 달라는 것이 당시 조선의 가장 큰 바람이었다. 청으로서는 결코 용납

413

할 수 없는 요구였다.) 이것은 다름이 아니라 은혜를 베푼 것이 두터워 사람을 깊이 감동시켰기 때문입니다. 사람에게 은혜를 베푸는 방법은 한 가지가 아닙니다. 진실로 생령(生靈)의 목숨을 살리고 종사(宗社)의 위태로움을 구원하는 것이라면 군사를 일으켜 환란을 구제하거나 회군하여 보존되도록 도모해 주는 일이 비록 다르다고는 하더라도 그 은혜는 마찬가지라고 할 것입니다.(청이 군사를 물려주기를 슬쩍 희망해 본다.)

지난해 소방의 일처리가 잘못되어 대국으로부터 여러 차례 진지하게 가르침을 받았는데 스스로 깨닫지 못하여 화란을 초래하고 말았습니다. 그러나 지금 만일 잘못을 용서하고 스스로 새롭게 되도록 허락하여 종사를 보존하고 대국을 오래도록 받들게 해 주신다면(청을 황제국으로 받들겠다는 의지를 피력한 대목이다. 그러나 명 또한 부모의 나라로서 저버릴 수 없다고 밝히고 있는데, 이때 조선은 명과 청 모두를 황제국으로 받드는 '양속(兩屬)'을 희망했다고 생각된다. 하지만 이는 명을 버리고 청을 택하라는 홍타이지의 요구와 부합될 수 없었다.) 소방의 군신이 장차 마음에 새기고 감격하여 자손 대대로 영원히 잊지 않을 것이고 천하에서도 이를 듣고 대국의 위엄과 권세에 복종하지 않음이 없게 될 것입니다. 이는 대국이 한 번의 거사로 큰 은혜를 동토(東土, 조선)에 베푸는 일이 됨과 동시에 더 없는 영예를 사방의 나라에 베푸는 일이 될 것입니다. 그렇지 않고 오직 하루아침에 분함을 풀려고 병력으로 추궁하기를 힘써 형제 사이의 은혜를 손상시키고 스스로 새롭게 하려는 길을 막음으로써 여러 나라의 소망을 끊어버린다면 대국의 입장으로 볼 때에도 장구한 계책이 되지 못할 듯합니다. 고명하신 황제께서 어찌 이를 염려하시지 않겠습니까?

가을에 만물을 죽이고 봄에 살리는 것은 천지의 도이고, 약한 것을 어여삐 여기고 망해가는 것을 불쌍히 여기는 것은 패왕(覇王)의 사업입니다. 지금 황제께서 영명하고 용맹스런 계략으로 여러 나라를 어루만져 안정시키고 새로 대호(大號)를 세우면서 관온인성(寬溫仁聖) 네 글자를 내걸었습니다. 이 뜻이 장차 천지의 도를 체득하여 패왕의 사업을 넓히려고 하는 것이니 소방처럼 지난날의 잘못을 고치고 스스로 넓은 은혜에 의지하기를 바라는 자에 대해서는 의당 끊어서 버리는 가운데에 포함시키지 않아야 할 듯합니다. 이에 다시 구구한 정을 펴 집사(執事, 존귀한 사람, 여기선 황제.)에게 명을 청하는 바입니다."

• 1637년 1월 17일 청, 2차 국서 보내옴

청 2차 국서 – "항복하면 살려준다, 싸우려면 속히 붙자"

　"대청국 관온인성황제는 조선국왕에게 조서를 내려 유시한다. 보내온 편지에 '문책하기를 너무 엄하게 하여 도리어 형제의 정의를 상하게 함은 하늘이 괴이히 여기지 않겠습니까?'라고 말했는데 짐이 정묘년 맹세를 중히 여겨 일찍이 너희 나라를 자주 살펴주었더니 네가 하늘을 두려워하지 않고 목숨을 근심하지 않아 먼저 맹세를 저버렸느니라. 너희 나라가 군사를 부릴 뜻이 있는 줄 알고 짐이 너희 사신을 대하여 이르기를 '너희 나라가 이렇게 한결같지 아니하여 장차 나아가서 칠 것이니 돌아가 너희 왕에게 말하라'하고 분명히 일러 보냈다.(1636년 11월 심양을 찾은 조선의 사절에게 경고한 사실을 언급하고 있다.) 그러니 이 전쟁은 간사한 속셈으로써 한 것이 아니다. 또 너희가 맹세를 저버리고 불화의 단서를 여럿 낸 일을

415

자세히 하늘에 고한 후에 군사를 일으켰다. 그런데 네 어찌 도리어 엉뚱한 사람처럼 하늘을 거들어 마지못하여 했다고 말하느냐?

보내온 편지에 이르기를 '소방은 바다 한쪽 구석에 위치하여 오직 시서(詩書)만을 일삼고 병장기를 익히지 않았습니다'라고 하였는데 지난 기미년에 너희가 무고하게 우리나라를 침노하므로(1619년 사르후 전투 때 조선군 파병 사실을 말한다.) 짐은 '조선이 병사(兵事)를 아는구나' 하였다. 지금까지 불화의 실마리를 여럿 내니 너희 나라가 또한 반드시 병장기를 익혔을 터인데 오히려 익히지 않았노라고 할 줄을 어찌 생각이나 하였겠는가? 너희는 진실로 군사를 모아 이후에 다시 익혔음이 분명하다.

편지에 또 이르기를 '임진란에 신종황제가 천하의 군사를 움직여 생명을 건져냈다'고 하였는데 천하라는 것이 크고 천하의 나라 또한 많다. 너희 난리를 구원한 자가 명조 한 나라인데 어찌 천하 여러 나라의 군사가 다 이르렀겠는가? 명과 너희 나라가 거짓이 많아 미덥지 않고 두려운 것이 없어서 마침내 그렇게 하였고, 이제 괴롭게 산성을 지켜 목숨이 조석이 있으나 오히려 부끄러운 줄 모르고 이렇게 빈말을 하니 무슨 도움이 있겠는가?(조선의 국서에서 조일전쟁 때 명의 지원을 받은 사실을 언급한 데 대해 불쾌감을 드러내고 있다. 청은 조선이 명을 지나치게 받드는 것을 극도로 경멸하였다.)

편지에 또 이르기를 '형제의 은혜를 상하게 하고 여러 나라가 바라는 것을 끊는 것은 대국에 옳은 일이 아니니 황제의 고명함으로써 어찌 이를 염려하지 않으리오' 하였는데 형제가 좋은 것을 무너뜨리고 내 나라를 해하니 어찌 내 나라가 은혜만 베풀리오. 이는 네가 스스로를 고명하다고 하는 셈이다.

짐은 천지의 도를 본받고 패왕의 업을 넓히지 않은 것이 아니요,

까닭 없이 군사를 일으켜 너희 나라를 멸하고 너희 백성을 해하려 함이 아니요 마땅히 이치의 곡직(曲直)을 따지려는 것뿐이다.(조선을 멸망시켜 청나라 판도에 집어넣을 의향이 없음을 분명히 한 대목이다. 사실 청이 조선을 멸망시키고자 들었다면 고려가 몽골에 40년간 싸웠듯이 조선도 꽤나 오랫동안 저항했을 것이다. 이런 역사를 알고 있었던 홍타이지는 조선이라는 수렁에 빠져 중원을 정복할 시간을 허비할 생각이 없었기에 '너희 나라를 멸하려 함이 아니다'고 언급한 것이다.)

천지의 도는 어진 이에게는 복을 주고 악한 자에게는 화를 주나니 짐이 하늘을 본받아 마음을 기울여 귀순하는 자는 관대하게 길러주고, 죄를 청하는 자는 편안하게 하고, 명(命)을 거스르는 자는 토벌하고, 악의 무리를 지어 맞서는 자는 벌을 주고, 고집 세고 거만하여 순종하지 않는 자는 사로잡아 징계하고, 간사하게 남을 속이는 자는 할 말이 없도록 만들 것이다. 지금 그대가 짐과 적국이 된 까닭으로 병사를 일으켜 여기에 이르렀도다. 만일 너희 나라가 다 우리의 판도에 들어온다면 짐이 어찌 어린 자식(赤子)처럼 대하지 않겠는가?(조선이 항복하여 청을 황제국으로 섬긴다면 모든 죄를 용서해주겠다는 말이다.) 또 네 말과 행동이 심히 다르고 너희 나라에서 왕래한 문서를 얻어 보니 내 나라를 도적이라 하였더구나. 도적이란 몸을 감추어 몰래 가지는 것을 말함이니 내가 과연 도적이면 네가 어찌 도적을 잡지 못하느냐?(조선이 만주국을 도적으로 부르는 것을 조롱하면서 스스로의 자신감을 드러낸 표현이다.)

우리나라의 풍속은 말과 일이 같은 이를 취하나니 누가 너희 나라처럼 거짓을 말하고 남을 속이고 간사한 거짓을 말하고 미덥지 않고 부끄러운 줄을 모르고 망령되이 말하고 두려운 것이 없는 자가 있겠는가? 네가 살고 싶으냐? 그러면 성에서 빨리 나와 항복하

라. 네가 싸우고자 하느냐? 그러면 성에서 속히 나와 일전을 벌여보자. 두 나라 군사가 싸우다 보면 자연 하늘의 처분이 있을 것이다."(마지막 단락은 '살고 싶으면 항복하고, 싸울 생각이면 속히 붙어보자'는 직설적인 요구이다. 홍타이지의 패기가 담긴 유명한 구절이다.)

• 1637년 1월 18일 조선, 3차 국서 보냄

조선의 3차 국서 – "왕의 출성은 곤란 … 성 위에서 절하겠다"

"조선국왕 이종(李倧)은 삼가 대청국 관온인성황제에게 글을 올립니다.(관온인성황제 다음에 '폐하(陛下)'라는 두 글자가 있었는데 여러 신하들이 반대해 지웠다고 실록에 적혀 있다. 그러나 불과 사흘 뒤 4차 국서에서부터 '폐하' 존칭을 붙이는 만큼 허망한 논란이었다.) 삼가 명지(明旨)를 받들건대 거듭 유시해 주셨으니 간절히 책망하신 것은 바로 지극하게 가르쳐 주신 것으로서 추상과 같이 엄한 말 속에 만물을 소생시키는 봄의 기운이 같이 들어 있었습니다.

삼가 생각건대 대국의 위엄과 덕이 멀리까지 전하고 여러 제후국이 말씀을 한가지로 받자와 천명과 인심이 돌아가고 바야흐로 큰 명령이 새로운 때입니다. 소방은 지난 10년간 형제의 나라로 있으면서 도리어 죄를 얻은 것이 많으니 돌이켜 생각해 볼 때 후회해도 소용없는 결과가 되고 말았습니다. 지금 원하는 것은 마음을 고치고 생각을 바꾸어 구습(舊習)을 말끔히 씻고 온 나라가 명(命)을 받들어 여러 제후국과 대등하게 되는 것뿐입니다.(여러 제후국과 함께 청을 황제국, 즉 종주국으로 받들겠다는 말이다.) 진실로 극진히 구원하고 스스로 새로워지도록 허락해 주신다면 문서와 예절은 자연 행하여야 할 의식이 있으니 강구하여 시행하는 날이 있을 것입니다.(청

418

을 종주국으로 받드는 문서와 의식이 정해지면 기꺼이 따르겠다는 말이다.)

그리고 출성하라고 하신 명이 실로 인자하게 감싸주는 뜻에서 나온 것이긴 합니다만 겹겹의 포위가 풀리지 않았고, 황제께서 한창 노여워하고 계시는 때이니 이곳에 있으나 성을 나가거나 죽는 것은 마찬가지일 것입니다.(출성하면 죽임을 당할 수도 있으니 성을 나가기 어렵다는 말이다. 죽이지 않는다는 보장이 필요하다는 뜻을 에둘러 표현하고 있다.) 그래서 용기를 바라며 죽음의 갈림길에서 스스로 결정하자니 그 심정이 또한 서글픕니다. 옛날 사람이 성 위에서 천자에게 절했던 것은 대체로 예절도 폐할 수 없지만 군사의 위엄 또한 두려웠기 때문입니다.(출성하지 않고 성벽 위에서 황제에게 절을 하도록 해 달라는 요청이다.)

그러나 소방의 진정한 소원이 이미 위에서 진달한 것과 같고 보면 이는 변명도 궁하게 된 것이고 경계할 줄 알게 된 것이며 마음을 기울여 귀순하는 것입니다.(청을 종주국으로 받들고 제후국의 예법대로 따를 터이니 다만 왕이 성을 나가지 않고 성벽 위에서 황제에게 절할 수 있도록 해달라는 것이 조선의 바람이다.) 황제께서 바야흐로 만물을 살리는 하늘과 땅의 마음을 갖고 계신다면 소방이 어찌 온전히 살려주고 관대하게 길러주는 대상에 포함되지 못할 수가 있겠습니까. 삼가 생각건대 황제의 덕이 하늘과 같아 반드시 불쌍하게 여겨 용서하실 것이기에 감히 실정을 토로하며 공손히 은혜로운 분부를 기다립니다."

청 3차 국서 - 국왕 출성·척화신 박송 요구

"대청국 관온인성황제는 조선국왕에게 조유하노라. 네가 하늘의 명을 어기고 맹세를 저버린 까닭에 짐이 크게 노하여 정벌하러 왔으므로 용서하지 않으려 했다. 그러나 이제 네가 외로운 성을 고달프게 지키며 짐이 직접 내려 책망한 조서(詔書)를 보고 죄를 뉘우칠 줄 아는구나.(이종이 제후국이 되겠다며 머리를 숙인 점은 평가해 주고 있다.) 네가 여러 번 글을 올려 죄를 면하기를 원했으므로 짐이 너를 용서하여 스스로 새로워지기를 허락하는 바이다. 하지만 이는 내 힘이 너를 취할 수 없거나 에워쌀 수 없어서가 아니라 너를 불러서 오도록 하기 위함이다. 이 성이야 공격만 하면 물론 얻을 수 있다. 그렇게 하지 않아도 너의 마초와 군량이 다 떨어지면 저절로 곤궁해질 것이니 역시 함락시킬 수 있다.(홍타이지는 남한산성 포위전의 전략을 스스럼없이 공개하고 있다.) 이처럼 보잘 것 없는 성을 취할 수 없다면 장차 어떻게 깊숙이 있는 연경(燕京, 북경)을 함락시키겠는가?(조선이 아니라 중원을 도모하는 것이 홍타이지 자신의 목표임을 분명히 밝히고 있다. 천하를 거머쥐겠다는 자신감을 보여준 대목이다.)

너에게 출성하여 짐을 만나라 명하는 것은 첫째는 네가 성심으로 기뻐하며 복종하는지를 보려 함이며, 둘째로는 너에게 은혜를 베풀어 다시 나라를 보전하게 함으로써 천하에 짐의 인자함과 신의를 보이려 함이다. 너를 꾀로 유인하려는 짓은 하지 않는다.(살려주겠다고 해서 성 밖으로 나오게 한 뒤 죽이거나 북으로 잡아가는 일은 없을 것이라고 약속한다.) 짐은 바야흐로 하늘의 도움을 받아 사방을 평정하고 있으니 너의 지난날의 잘못을 용서하여 줌으로써 남조(南朝, 명나라)에 본보기를 보이려고 하는 것이다.(조선 왕도 항복하니 살려 주었다는 약속을 지켜 중원에 널리 선전하려는 목적임을 숨기지 않는 다.) 만약 간사하게 속이는 계교로 너를 취한다고 하더라도 이 큰 천하를 어떻게 모두 속여서 취할 수 있겠는가? 이는 와서 귀순하려는 길을 스스로 끊는 것이니 지혜로운 자나 어리석은 자를 막론하고 모두가 아는 일이다.('조선 왕을 성 밖으로 유인한 뒤 죽인다면 앞으로는 아무도 항복하지 않을 것 아니냐'는 말로 약속을 지키겠다는 의지를 거듭 강조한다.) 만일 네가 날짜를 미루고 나오지 않는다면 너의 지방이 다 짓밟히고 마초와 식량이 떨어져 백성들이 도탄에 허덕이고 재난과 고통이 날로 더할 것이니 (출성은)잠시도 늦출 수 없는 일이다.

짐은 처음에는 맹약을 어기도록 주모한 너의 신하들을 모두 죽인 뒤에야 그만 두려고 생각하였다. 그러니 네가 정말로 성에서 나와 귀순하려거든 먼저 주모한 신하 두세 명을 묶어 보내라.(조청관계를 파탄으로 몰고 간 척화파의 책임을 물으려 하는 대목이다.) 짐이 당당히 효시(梟示)하여 뒷사람을 경계하리라. 짐이 서쪽(명나라)으로 정벌하는 대계를 그르치게 하고(조선과 싸우느라 명을 정벌할 시일이 늦춰진 것을 아쉬워하는 대목이다. 병자호란은 피할 수 있는 전쟁이었음을 시사받을 수 있다.) 백성을 수화(水火)에 빠뜨린 자가 그들이 아니고 누구겠는가? 만약 주모자들을 미리 보내지 않는다면 네가 귀순한 뒤 가장 먼저 할 일이 그들을 찾아 묶는 일일 것이다. 짐은 그러고 싶지 않다. 네가 만약 성을 나오지 않으면 나중에 아무리 빌고 청하여도 짐은 늘어수지 않을 것이다. 특별히 깨우쳐 주는 비이다."

• 1637년 1월 21일 조선, 4차 국서 보냄

조선 4차 국서 – 출성·척화신 박송 거부

"조선국왕 신(臣) 이종(조선 왕이 확실히 칭신한 첫 사례이다.)은 삼가 대청국 관온인성황제 폐하(폐하란 표현도 처음이다.)께 글을 올립니다. 신이 하늘에 죄를 얻어 외로운 성에서 고달프게 지내면서 곧 망하게 되리라는 것을 알고 여러 번 글을 올려 스스로 새롭게 되는 길을 찾았습니다만 크게 노여워하시는 하늘에 꼭 용서받으리라고 확신하지는 못하였습니다. 그런데 이번에 은혜로운 유시를 받들건대 지난날의 잘못을 모두 용서하여 추상같은 엄숙한 위엄을 늦추고 봄 같은 혜택을 베푸심으로써 장차 동방 수천 리의 백성들로 하여금 수화(水火)에서 벗어나게 하셨으니 어찌 한 성(城)의 목숨만 연장되는 것이겠습니까. 군신 부자가 감격하여 눈물을 흘리며 어떻게 보답해야 될지를 알지 못하옵니다.

저번에 성에서 나오라는 명을 받고는 실로 의혹되고 두려운 단서가 많았는데 하늘의 노여움이 아직 걷히지 않은 때라서 감히 마음에 품은 생각을 모두 진달하지 못하였습니다. 그런데 진실을 숨김없이 알리고 바르게 인도하시는 유시를 받들건대 이는 참으로 옛 사람들이 말한 '입장을 바꿔서 잘 헤아려 주는 것'이라 하겠습니다. 신이 대국을 받들어 섬긴 지 10년 동안에 폐하의 신의를 마음으로 따른 것이 오래 되었습니다. 대수롭지 않은 언행도 서로 부합되지 않은 것이 없었는데 더구나 사시(四時, 춘하추동 사계절)와 같은 조칙의 명령은 어찌 따르지 않겠습니까. 따라서 신은 다시 이것을 염려하지는 않습니다.

다만 신에게 안타깝고 절박한 사정이 있기에 폐하에게 호소하려

합니다. 동방의 풍속은 좁고 예절은 너무 꼼꼼합니다. 그리하여 왕의 행동이 조금이라도 예사롭지 않으면(즉, 출성항복을 하게 되면) 놀란 눈으로 서로 쳐다보며 괴상한 일로 여깁니다. 만약 이런 풍속을 감안해서 다스리지 않으면 마침내는 나라를 세울 수가 없게 됩니다.(광해군의 왕권을 빼앗아 본 이종은 권력을 상실하는 것의 두려움을 잘 알았다. 그래서 출성항복을 하게 되면 왕위를 지킬 수 없을 것이라며 권력사수에 집착하는 것이다.) 정묘년 이후로 조정의 신하들 사이에 다른 논의가 많았으나(척화파가 청과의 화의를 반대한 사실을 둘러서 말하고 있다.) 가능한 진정시키려 하면서 크게 나무라지를 못했던 것은 이런 점을 염려해서였습니다. 오늘날 온 성안의 관리와 선비들이 위태롭고 급박한 사세를 목도하고 귀순하자는 의논에 대해서는 모두 동의하고 있습니다만 유독 출성에 대해서만은 고려조 이래로 없었던 일이라고 하면서 죽기를 각오하고 나가지 않으려 합니다.(신하들이 극력 반대한다는 이유를 대며 출성이 어렵다고 말한다.) 만일 대국이 독촉하기를 그만두지 않으면 뒷날 얻는 것은 시체 쌓인 텅 빈 성일 것입니다.(끝내 출성을 요구하면 시체가 될 때까지 저항할 것이라고 에둘러 밝히고 있다.) 조만간 죽을 것을 아는 성 안의 사람들이 오히려 이러하니 (성 밖의)다른 사람들은 어떠하겠습니까?

예로부터 국가가 망한 이유가 오로지 적병 때문만은 아니었습니다. 아무리 폐하의 은덕을 입어 다시 나라를 세운다고 해도 지금의 인심을 살펴보면 반드시 저를 왕으로 받들려 하지 않을 것이니 이것이 신이 크게 두렵게 여기는 바입니다. 폐하께서 귀순을 허락한 것은 대제도 소방의 종사(宗社)를 보진시기려 함인데 한 가지 일(출성을 말함.) 때문에 나라 사람들에게 용납되지 못한 채 멸망하고 만다면 이는 폐하께서 저를 감싸주고 돌보아 주시는 본심과도 어긋날 것입니다.(성을 나가서 항복하면 왕의 권위가 추락해 군주 노릇을 할 수 없을 것이라고 호소한다.)

또한 폐하가 벼락같은 군사로 천 리나 떨어진 곳에 들어와 두 달이 못 되어 그 나라를 신하로 만들고 그 백성들을 다스리니 이야말로 천하의 기이한 공으로서 전대(前代)에 없던 일입니다. 어찌 신이 구태여 성에서 나오기를 기다린 뒤에야 이겼다고 하겠습니까? 폐하의 위무(威武)에도 손상 가지 않고 소방의 존망 문제를 해결할 수 있는 열쇠가 바로 이 하나(출성하는 대신 성벽 위에서 절하게 해주는 것)에 달려 있습니다. 대국이 이 성을 공격하지 않는 것은 이기지 못해서가 아닙니다. 성을 치는 목적은 죄를 토벌하는 것인데 이미 신하로서 복종하였으니 성을 무엇에 쓰겠습니까? 삼가 생각건대 폐하께서는 천부적인 예지(睿智)로 만물을 밝게 살피시니 소방의 진정과 실상에 대하여 남김없이 환하게 아실 것입니다.

여러 척화 신료들은 대간(臺諫)의 직무를 맡은 자들인데 지난날의 일은 그릇되고 망령되기 짝이 없었습니다. 소방의 백성들이 도탄에 허덕이게 된 것은 모두 이들의 죄입니다. 그래서 지난해 가을 무렵에 이미 근거 없는 논의로 일을 그르친 자들을 적발하여 모두 내쫓았습니다. 지금 황제의 명을 어찌 감히 어기겠습니까마는 이 무리들(척화파)은 본래 식견이 치우치고 어두워 천명을 모르고 마음속으로 옛 습관만 융통성 없이 지키려고 하다가 그렇게 된 데 불과합니다. 이제 폐하께서 군신의 대의로 한 세대를 감화시킨다면 이들 무리도 불쌍히 여겨 용서하는 가운데 포함시켜야 될 듯합니다. 폐하께서 하늘과 같은 도량으로 임금의 죄를 용서해 주신 이상, 보잘것없는 소신(小臣)들은 소방에 맡겨 다스리게 해 주신다면 더욱 큰 덕이 나타날 것이라는 뜻을 진달하며 폐하의 결재를 기다립니다.(척화파 신료들도 용서해서 조선의 법으로 다스리도록 해 달라는 요청이다.

홍타이지가 들어줄 리가 없다.) 삼가 죽음을 무릅쓰고 아룁니다."

• 1637년 1월 23일 산성 내 군부시위 … '척화신 박송' 동의

수원과 죽산의 장졸 수백 명이 행궁 앞으로 몰려가 시위를 벌였다. (1차 군부시위) 전쟁을 부른 척화신들을 내놓으라는 요구도 하였다. 병사들이 공포 분위기를 조성하자 체찰사 김류는 요구를 수용하겠다고 약속하였다. 군부시위에 놀란 조정은 '척화신의 처리에 동의한다'는 내용의 국서를 청군에 보냈다.

조선 5차 국서 – 출성은 반대, 척화신 박송은 동의

"조선국왕 신(臣) 이종은 삼가 대청국 관온인성황제 폐하께 글을 올립니다. 소방은 해외의 약소국으로서 오직 강대한 나라에 대하여 신하로서 복종하였으니 고려 때 요(遼)·금(金)·원(元)나라를 섬긴 것이 이것입니다. 지금 폐하께서 하늘의 돌보심을 받아 큰 운세를 여시었는데 소방은 영토가 서로 잇닿아 복종하며 섬겨온 지가 이미 오래되었습니다. 따라서 다른 나라보다도 먼저 귀순하여 앞장을 섰어야 마땅한데 지금까지 머뭇거렸던 까닭은 대대로 명나라를 섬겨 명분(名分)이 정해졌기 때문이니 신하의 절의를 갑자기 바꾸지 않았던 것 또한 인정과 예의로 볼 때 당연하다 할 것입니다.

그러나 너무 사리에 어두워 망령되이 일을 처리한 경우가 많았습니다. 지난해 봄 이후 대국은 한결같은 정의(情意)로 소방을 대한 반면 소방이 죄를 얻은 것은 한두 번이 아니었으니 대군이 오게 된 것은 실로 자신이 불러들인 결과입니다. 그래서 군신 상하가 두려움 속에서 날을 보내며 그저 죽기만을 기다리고 있었는데 뜻밖에도 하

늘과 같은 성덕(聖德)으로 불쌍하게 굽어 살펴주시며 종사를 보전할 수 있도록 배려해 주셨습니다.

그리하여 이달 17일 황지(皇旨)에서 '너희 나라가 모두 나의 판도에 들어온다면 짐이 어찌 살려서 길러주고 안전하게 해 주기를 어린 자식처럼 하지 않겠는가' 하셨으며 20일의 황지에는 '짐이 넓은 도량을 베풀어 스스로 새롭게 하기를 허락한다' 하셨습니다. 이렇듯 은혜로운 말씀이 한번 펼쳐지자 만물이 모두 봄을 만난 듯하니 참으로 죽은 자를 살아나게 하고 뼈에 살을 붙여준 격이라 할 것입니다. 따라서 동방 백성들이 자자손손 폐하의 공덕을 칭송할 것인데 하물며 '재조(再造)의 은혜'를 입은 저의 경우는 어떠하겠습니까? 이제 신하라고 일컬으며 표문(表文)을 받들고 번방(藩邦)이 되어 대대로 섬기고 싶어 하는 것 역시 어쩔 수 없는 인정(人情)과 천리(天理)에서 나온 것이라 하겠습니다.

그런데 신이 이미 몸을 맡긴 이상 폐하의 명에 대해서는 분주하게 받드느라 겨를이 없어야 당연한데 감히 성에서 나가지 못하는 이유는 신의 실정과 형세가 지난번에 말씀드린 바와 같기 때문이니 이 한 조목에 있어서만은 신에게 죽음이 있을 뿐입니다.(출성만은 안 된다고 다시 한 번 애걸한다.) 전해오는 말에 '인지소욕 천필종지(人之所欲 天必從之)', 즉 사람이 바라는 바를 하늘은 반드시 따라준다고 하셨습니다. 폐하는 신의 하늘입니다. 어찌 굽어 살펴서 받아주지 않겠습니까? 폐하께서 죄를 용서하여 신하되기를 허락하셨고 신이 이미 신하의 예로 폐하를 섬기게 된 이상, 성을 나가느냐의 여부는 작은 예절에 불과한데 어찌 큰 것은 허락하시면서 작은 것은 허락하지 않으십니까?

신의 소망은 천병(天兵)이 퇴군하는 날, 성 안에서(성 밖이 아니

426

다!) 은혜로운 조칙에 절을 하고 단을 설치해 망배(望拜)하면서 황제의 수레를 전송하고 대신을 사은사로 보내어 성심으로 감동하고 기뻐하는 소방의 심정을 나타냈으면 하는 것입니다. 그리고 앞으로는 사대하는 예를 상식(常式)으로 삼아 영원히 끊지 않도록 하겠습니다.(성 안에서 배례하고 장차 사대의 예로 청을 받들겠다는 각오를 밝힌다. 출성을 제외하고는 모든 예법과 격식을 갖추겠다고 다짐한다.) 신이 성심껏 폐하를 섬기고 폐하께서도 예의로 소방을 대하시어 군신 사이에 각기 그 도리를 다함으로써 생령(生靈)의 화(禍)를 풀어주고 후세의 칭송을 받게 된다면, 오늘날 소방이 병화를 입은 것이 야말로 자손들에게 한없이 아름다운 경사가 될 것입니다.

화친을 배척한 여러 신하에 대해서는 지난번 글에서 이미 대략 진달하였습니다. 이 무리들이 감히 그릇되고 망령된 말을 하여 두 나라의 대계(大計)를 무너뜨렸으니 이는 폐하가 미워할 대상일 뿐만 아니라 소방의 군신이 공통으로 분하게 여기는 바입니다. 따라서 그들을 주벌하는 데 대해서 어찌 조금이라도 돌아보고 아깝게 여길 것이 있겠습니까. 지난해 봄에 앞장서서 주장한 대간 홍익한은 대군이 국경에 이르렀을 때 평양서윤(平壤庶尹)으로 임명함으로써 군대의 예봉을 스스로 감당하게 하였습니다. 만약 군사들 앞에 사로잡히지 않았다면 틀림없이 본토로 회군하는 길목에 있을 것이니 그를 체포하기가 어렵지 않을 것입니다. 그리고 기타 배척을 당하여 지방에 있는 자 또한 길이 뚫린 뒤에는 그 거처를 심문하여 처리할 수 있을 것입니다.

그러나 신을 따라 성 안에 있는 자는 부화뇌동한 점이 있다 하더라도 그 죄는 조금 가볍습니다. 하지만 폐하가 소방의 사정과 상황을 살피지 못하신 나머지 신이 그들을 감싸준다고 의심하실 경우 지성으

로 귀순하는 신의 마음을 자백(自白)할 수 없을까 두려웠습니다. 그
래서 조정으로 하여금 세밀히 조사하고 심문하도록 하였으니 조사
가 끝나는 대로 진영에 내보내어 폐하의 처분을 기다리겠습니다."

• 청군 국서 수령 거부, 산성 공격

조선이 왕의 출성을 거부하자 잉굴타이는 5차 국서 수령을 거부
하였다. 청군은 왕을 끌어내기 위해 산성에 홍이포를 날리며 공세를
가하였다.

• 1637년 1월 25일 청, 황제 귀국설 흘리며 압박 강화

청 진영을 찾은 조선대표에게 잉굴타이가 협박하였다. '황제가 내
일 귀국하니 국왕이 출성하지 않으려거든 다시 오지 말라'며 그동안
의 국서를 모두 돌려주었다. 황제가 떠난 뒤 곧바로 남한산성을 짓밟
을 것이라는 공갈이자 최후통첩을 이용한 고도의 심리전이었다.

• 1637년 1월 26일 2차 군부시위, 강화도 함락 확인

사흘전 수원과 죽산 군사들에 이어 훈련도감과 어영청 장졸들이
행궁 앞에서 무력시위 벌였다. (2차 군부시위) 척화신들을 붙잡아 청
군으로 보내라는 요구였다.[18] [19] 군란 조짐에 왕은 '세자 파송'을 결
심하였다.

---

18) 작자 미상, 『산성일기』, 김광순 역, 서해문집, 2007, pp85~86.
19) 이긍익, 『국역 연력실기술』, 제25권 인조조 고사본말, pp212~213.

• 강화도 함락 확인 … 왕 출성 결심

최명길 등이 세자의 출성을 알리자 청군은 '이젠 국왕이 나오지 않는 한 받아들일 수 없다'며 받아들이지 않았다. 그러면서 강화도 점령 사실을 통보하였다. 봉림대군의 편지와 윤방의 장계가 그 증거였다. 강화도 함락 소식에 산성 분위기가 급변해 홍서봉과 김류, 최명길 등이 왕에게 '결단'을 촉구하였다. "출성하면 보존할 확률이 절반이지만 안 나가면 반드시 망할 것"이라고 진언하자 왕은 "전조(前朝, 고려)에서도 그런 일이 있었다"며 출성항복 의사를 밝혔다. 최명길은 서둘러 '출성 동의 국서'를 작성하였다.

• 1637년 1월 27일 조선, 출성에 동의하는 6차 국서 보냄

조선 6차 국서 - 국왕 출성항복 동의

"조선국왕 신(臣) 이종은 삼가 대청국 관온인성황제 폐하께 글을 올립니다. 신이 이달 20일에 성지(聖旨)를 받들건대 '지금 네가 외로운 성을 고달프게 지키며 짐이 절실히 책망하는 조서를 보고 바야흐로 죄를 뉘우칠 줄 아니 짐이 넓은 도량을 베풀어 네가 스스로 새로워지도록 허락하고 네가 성에서 나와 짐을 대면하도록 명한다. 이는 한편으로는 네가 진심으로 기뻐하며 복종하는지 확인하는 것이며 한편으로는 너에게 은혜를 베풀고 온 나라를 회복시켜줌으로써 회군한 뒤에 천하에 인애와 신의를 보이려고 함이다. 짐이 바야흐로 하늘의 돌보심을 받들어 사방을 어루만져 안정시키니, 너의 지난날의 잘못을 용서함으로써 남조(南朝, 명)의 본보기를 삼으려 한다. 만약 간사하게 속이는 계책으로 너를 취한다면 천하가 크기도 한데 모두 간사하게 속여서 취할 수 있겠는가. 이는 와서 귀순하려는 길

429

을 스스로 끊는 것이다.'고 하였습니다.(조선 왕을 성 밖으로 유인해 죽이거나 북송하지 말라는 뜻에서 '속임수로 그대를 취하겠는가?'라는 홍타이지의 말을 재인용함.)

신은 성지를 받들고서부터 천지처럼 포용하고 덮어 주는 큰 덕에 더욱 감격하여 귀순하려는 마음이 가슴 속에 더욱 간절하였습니다. 그러나 신 자신을 살펴보건대 죄가 산더미처럼 쌓여 있기에 폐하의 은혜와 신의가 분명하게 드러남을 모르는 것은 아니었지만 조서를 내림에 하늘이 내려다보는 듯하여 두려운 마음을 품은 채 여러 날 머뭇거리느라 앉아서 회피하고 게을리하는 죄만 쌓게 되었습니다. 이제 듣건대 폐하께서 곧 돌아가실 것이라 하는데 만약 일찍 스스로 나아가서 용광(龍光)을 우러러 뵙지 않는다면 조그마한 정성도 펼 수 없게 될 것이니 후회한들 무슨 소용이 있겠습니까.(출성해서 홍타이지와 대면하겠다는 뜻을 처음으로 밝힌다.)

다만 생각하건대 신이 바야흐로 300년 종사와 수천 리의 생령(生靈)을 폐하에게 우러러 의탁하게 되었으니 정리상 실로 애처로운 점이 있습니다. 만약 혹시라도 일이 어긋난다면 차라리 칼로 자결하는 것이 나을 것입니다. 삼가 원하건대 성자(聖慈)께서는 진심에서 나오는 정성을 굽어 살피시어 뜻을 분명하게 내려 신이 안심하고 귀순할 수 있는 길을 열어주소서."(이종이 하고 싶은 말은 맨 뒷부분의 '신이 안심하고 귀순할 수 있는 길을 열어달라'는 것이다. 출성만은 어렵다던 호소는 사라지고 산성에서 나가겠으니 자신의 안전을 보장해 달라고 요청하고 있다.)

• '박송 대상자' 3인 결정

묶어 보낼 대상자로 김상헌, 정온, 윤황, 윤문거, 오달제, 윤집, 김수익, 김익희, 정뇌경, 이행우, 홍탁 등 11명이 거명됐다. 너무 많다는 논란이 일어 결국 오달제와 윤집과 함께 당시 평양에 있던 홍익한 등 3명을 보내기로 결정하였다. 이들 3명을 '삼학사(三學士)'라고 부른다.

• 1637년 1월 28일 청, 항복 조건 담은 4차 국서 보내옴

청 4차 국서 - 항복 후 조선이 이행할 조건 제시

"관온인성황제는 조선국왕에게 조유한다. 보내온 주문(奏文)을 보건대 20일의 조칙 내용을 갖추어 진술하고 종사와 생령에 대한 계책을 근심하면서 조칙의 내용을 분명히 내려 안심하고 귀순할 수 있는 길을 열어 달라고 청하였는데 짐이 식언할까 의심하는 것인가? 그러나 짐은 본래 나의 정성을 남에게까지 적용하니 지난번의 말을 틀림없이 실천할 뿐만 아니라 후일 유신(維新)하게 하는 데에도 함께 참여할 것이다.(죽이지도 않고 북으로 끌고 가지도 않을 것이니 걱정 말고 성을 나서라는 말이다.) 그래서 지금 지난날의 죄를 모두 용서하고 규례를 상세하게 정하여 군신이 대대로 지킬 신의로 삼는 바이다.

네가 만약 잘못을 뉘우치고 스스로 새롭게 하여 은덕을 잊지 않고 자신을 맡기고 귀순하여 자손의 장구한 계책을 삼으려 한다면 앞으로 명나라가 준 고명(誥命)과 책인(冊印)을 헌납하고 그들과의 수호를 끊고 그들의 연호를 버리고 일체의 공문서에 우리의 정삭(正朔)을 받들도록 하라. 그리고 너의 장자와 또 다른 아들을 인질로 삼고 여러 대신은 아들이 있으면 아들을, 아들이 없으면 동생을 인질로 보내라. 만일 너에게 뜻하지 않은 일이 발생하면 짐이 인질로 삼은 아들을 세워 왕위를 계승하게 할 것이다. 그리고 짐이 만약 명나라를 정벌하기 위해 조칙을 내리고 사신을 보내어 너희 나라의 보병·기병·수군을 조발하거든 수만 명을 기한 내에 모이도록 하여 착오가 없도록 하라. 짐이 이번에 군사를 돌려 가도를 공격해서 취하려 하니 너는 배 50척을 내고 수병(水兵)·창포(槍砲)·궁전(弓箭)을 모두 스스로 준비해야 한다. 대군이 돌아갈 때에도 '호군(犒軍)하는 예'(음식을 제공하라는 뜻)를 응당 거행해야 할 것이다.

성절(聖節)·정조(正朝)·동지(冬至)·중궁천추(中宮千秋)·태자천추(太子千秋)와 경조사의 일이 있으면 모두 예를 올리고 대신과 내관에게 명하여 표문을 받들고 오게 하라. 바치는 표문과 전문(箋文)의 정식(程式), 짐이 조칙을 내리거나 사신을 보내 유시를 전달할 경우 너와 사신이 상견례하는 것, 너의 배신(陪臣)이 알현하는 것과 영접하고 전송하며 사신을 대접하는 예 등을 명의 구례와 다름없도록 하라.

군중(軍中)의 포로들이 압록강을 건너고 나서 만약 도망하여 되돌아오면 체포하여 본주인에게 보내도록 하고 만약 속(贖)을 바치고 돌아오려고 할 경우 본주인의 편의대로 들어주도록 하라. 우리 군사로 죽음을 각오하고 싸우다 사로잡힌 사람은 네가 뒷날에 차마 결박하여 보낼 수 없다고 말하지 말라.(만주국은 전쟁포로를 군사들이 목숨을 걸고 획득한 재산으로 보았기에 미리부터 오금을 박아두고 있다.) 내외의 여러 신하와 혼인을 맺어 화호(和好)를 군게 하도록 하라.(만주-몽골간 혼인을 권장했던 것처럼 조선과 만주인 간의 혼인도 장려한다. 만주국은 한족(漢族)과의 혼인은 최소화했지만 조선인·몽골족과의 혼인은 장려하였으니 만주국이 생각한 '우리 편'의 범위를 알 수 있다.) 신구(新舊)의 성벽은 수리하거나 신축하는 것을 허락하지 않는다.

너희 나라에 있는 우량카이 사람들은 모두 쇄환(刷還)해야 마땅하다. 일본과의 무역은 옛날처럼 하도록 허락한다. 다만 일본의 사신을 인도하여 (심양으로)조회하러 오게 하라. 짐 또한 장차 사신을 저들에게 보낼 것이다.(이 부분은 조선의 대(對)일본 외교권을 인정한 중요한 대목이다. 조선은 이 조항 덕분에 청의 완전한 속방(屬邦)이 아니라 외교권을 지닌 독립국가로 행세할 수 있었다. 통신사의 일본 파견도 이런 조항 덕분에 가능하였다. 만약 이때 조선이 외교권을 완전히 박탈당했더라면 자칫 이후 250년간 티벳이나 위구르 신세가 될 수도 있었다고 여겨진다. 조선이 대일외교권을 확보한 것은 홍타이지의 선심 덕분이 아니다. 남한산성에서 일정 정도 저항하였고, 독립국가로 살아온 조선의 역사전통이 탄탄했던 이유도 있겠지만, 최명길 등 조선 측 협상대표들의 지략과 노력도 적지 않았다고 봐야 한다. 중원을 노리던 청으로서는 '잠재적 경쟁자' 일본과의 교섭은 조선에 맡기는 게 더 낫다고 생각했을 수도 있다.) 그리고 동쪽의 우량카이로 도피하여 살고 있는 자들과는 다시 무역하게 하지 말고 보는 대로 즉시 체포하여 보내라.

너는 이미 죽은 목숨이었는데 짐이 다시 살아나게 하였으며 거의 망해가는 너의 종사를 온전하게 하고 잃었던 너의 처자를 완전하게 해주었다. 너는 마땅히 국가를 다시 일으켜 준 은혜를 생각하라. 뒷날 자자손손토록 신의를 어기지 않는다면 너의 나라가 영원히 안정될 것이다. 짐은 너의 나라가 되풀이해서 교활하게 속였기 때문에 이렇게 교시하는 바이다. 숭덕(崇德) 2년 정월 28일

세폐는 황금 100냥, 백은 1,000냥, 수우각궁면(水牛角弓面) 200부, 표피(豹皮) 100장, 다(茶) 1,000포, 수달피 400장, 청서피(靑黍皮)

300장, 호초(胡椒) 10두, 호요도(好腰刀) 26파, 소목(蘇木) 200근, 호대지(好大紙) 1,000권, 순도(順刀) 10파, 호소지(好小紙) 1,500권, 오조룡석(伍爪龍席) 4령, 각종 화석(花席) 40령, 백저포 200필, 각색 면주(綿紬) 2,000필, 각색 세마포(細麻布) 400필, 각색 세포(細布) 1만 필, 포(布) 1,400필, 쌀 1만 포를 정식(定式)으로 삼는다."

• 1637년 1월 29일 조선, 7차 국서 보냄

조선 7차 국서 – 척화신 박송 보고

"조선국왕 신(臣) 이종은 삼가 대청국 관온인성황제 폐하께 글을 올립니다. 소방에 일찍이 근거 없는 논의가 있어 국사를 무너뜨리고 그르쳤기 때문에 작년 가을에 신이 그 가운데에서 더욱 심한 자 약간 명을 적발하여 모두 배척해서 쫓아내었습니다. 그리고 가장 먼저 주장한 대간(홍익한) 한 명은 천병(天兵)이 국경에 도착했을 때 평양서윤으로 임명하고 그 날로 즉시 앞으로 나아가도록 독촉하였는데 군사에게 잡혔는지 아니면 샛길로 부임하였는지 모두 알 수가 없습니다. 지금 이 성 안에 있는 자(윤집, 오달제)는 혹 부화뇌동한 죄는 있다 하더라도 앞서 배척을 당한 자(홍익한)에 비교하면 경중이 현격히 다릅니다. 그러나 신이 만약 처음부터 끝까지 어렵게만 여긴다면 폐하께서 본국의 사정을 살피지 못하고 신이 숨겨주는 것으로 의심하시어 신의 진실한 마음을 장차 밝힐 수 없을까 두려웠습니다. 그래서 두 사람을 조사해 내어 군전(軍前)에 보내면서 처분을 기다립니다."

• 1637년 1월 30일 조선 국왕, 남한산성 농성 45일 만에 출성 항복

삼전도(三田渡)의 '굴욕'

정축년(丁丑年) 1월 30일(양력 1637년 2월 24일)은 추위가 채 가시지 않은 늦겨울이었다. 남한산성에서 농성하던 조선 인조 이종이 청나라 황제에게 몸을 맡기는 날이었다. 병자년 12월 14일 산성으로 들어간 지 45일 만의 출성이었다. '해가 빛이 없다(日色無光)'는『병자록(丙子錄)』의 상징적 기록이나 '햇볕이 없었다'는『산성일기』를 감안하면 눈이라도 쏟아질 듯 잔뜩 흐린 날씨였던 모양이다.

이른 아침, 신하들의 통곡을 뒤로하고 왕은 남한산성의 서문을 나섰다. 왕은 정문인 남문으로 드나들어야 했지만 황제와 전쟁을 벌인 '죄인'이었기에 서문으로 출성하였다. 이종이 세자와 정승, 판서 등 50여 명만 거느리고 성 밖 5리쯤 갔을 때 청나라 장수 잉굴타이가 철기병 수백 기(騎)를 거느리고 영접하였다. 이종은 잉굴타이의 안내를 받아 현재의 서울 송파구 잠실 일대인 삼전도 들판에 도착하였다. 청군 본진이 터를 잡은 삼전도에는 9층으로 높다랗게 쌓은 수항단(受降檀)이 마련되었고 크고 작은 장막들이 빼곡히 들어차 있었다. 건장한 군사 수만 명이 도열한 채 항복의식을 기다리고 있었다. 잉굴타이가 황제의 막사로 이종이 도착했음을 보고하니 홍타이지가 입을 열었다.

"지난날의 일을 말하려 하면 길다. 이제 용단을 내려 왔으니 매우 기쁘다."

간략한 인사였다. 긴 말을 짧게 한 데서 홍타이지의 대범한 성격이 드러난다. 홍타이지는 이종과 함께 배천의식(拜天儀式)을 거행하였다. 조선이 청의 번국, 즉 제후국이 되었음을 하늘에 고하는 행사였다. 이어 이종이 수항단 바닥에 꿇어앉아 자신의 '죄'를 실토하고 개과천선을 다짐한 뒤 세자와 정승, 판서들과 함께 삼배구고두례(三拜九叩頭禮)를 행하였다.(삼배구고두는 삼궤구고두(三跪九叩頭)라고도 한다.) 세 번 절하고, 한 번 절할 때마다 세 번씩 모두 아홉 번 머리를 조아리는 만주식 예법으로 최고의 복종을 의미한다. 이로써 조선은 하대했던 오랑캐의 신하가 되었고 만주국은 '동방예의지국'을 속국으로 삼는 운명의 역전을 경험하였다.

삼배구고두례가 끝난 뒤 홍타이지는 이종을 수항단 동쪽에 자리 잡은 여러 왕들 가운데 가장 오른쪽(황제쪽)에 앉게 하였다. 황제 바로 다음가는 2인자의 자리에 앉힌 것이다. 패전국 왕에 대한 대우로는 파격이었다. 홍타이지의 이복동생으로 군공이 높은 예친왕 도르곤마저 이종보다 아랫자리에 앉았다.

이어 청과 조선이 '한집안'이 된 것을 기념하는 활쏘기 행사가 열렸다. 청나라 황족과 장수들은 활기차게 화살을 쏘아댔지만 조선 측은 몸이 얼어붙어 시늉만 내고 말았다. 그 다음 군악이 울리는 가운데 술잔을 돌려 마시는 행주(行酒)가 진행되었다. 그 사이 홍타이지는 사냥개 두 마리에게 고기를 친히 썰어 던져주는 등 즐거운 기분을 만끽하였다. 홍타이지는 이종에게 검은담비 가죽으로 만든 고급 방한복인 초구(貂裘) 두 벌을 선물하고 조선의 삼공육경에게는 한 벌씩 주었다. 이종이 한 벌을 입고 세 번 절하며 감사를 표했고, 대신들은 네 번 절하여 사례하였다.

항복식이 끝나자 홍타이지는 청나라 병사들로 하여금 이종을 호위하여 어린 인평대군과 후궁 등을 거느리고 대궐로 돌아가도록 조치하였다. 소현세자와 봉림대군 등은 인질로 잡아두었다. 왕은 소파진(所波津, 현재의 송파)에서 배를 타고 강을 건넜다. 백관들이 다투어 배에 오르려고 왕의 옷소매를 잡아당기기까지 하였다. 다들 정상이 아니었다. 왕이 대궐로 돌아가는 길목에서 포로로 잡힌 많은 백성들이 "우리 임금이시여, 우리 임금이시여, 우리를 버리고 가십니까?" 하며 울었다고 『인조실록』은 기록하고 있다. 왕은 인정(人定, 밤 10시) 때가 되어서야 창경궁에 당도하였다.

'삼전도의 굴욕' '조선 개국 이후 최대 치욕'으로 불리기도 하지만 객관적으로 평가해 보면 조선의 항복 조건은 오히려 관대하고 온건한 편이었다. 삼전도의 이벤트 역시 만주국이 입관 이전에 만주·몽골의 다른 부족들을 포섭할 때 삼궤구고두와 활쏘기를 했던 전통과 다를 다 없다. 조선 왕의 항복을 받았지만 왕위를 보전해 주었고 지나치게 치욕적으로 대하지는 않은 셈이다. 겨울에 방한복 초구를 준 것은 '일가(一家)가 되었다'는 상징이자 나름의 성의 표현이었다.

수항단을 삼전도에 마련한 것 역시 이종을 배려해 준 셈이다. 만약 도성 한복판에서 항복을 받았다면 수많은 백성들이 '왕의 초라한 몰골'을 목도하였을 것이고, 그랬다면 군왕의 권위는 심히 추락했을 것이다. 이종은 출성하여 항복한다면 장차 왕 노릇을 하지 못할 것이라며 '성벽 위에서 절하는 방식'으로 타협할 것을 누차 애걸하였다. 이종의 호소를 감안했는지 홍타이지는 항복의식을 조선 백성들의 시선이 차단된 삼전도의 청군 주둔지에서 거행하도록 하였다. 이종의 항복을 목격한 조선인은 왕의 측근 50여 명과 강화도에서 잡힌 포로들뿐이었다. 홍타이지가 '조선 왕의 투항'이라는 정치적 상징을 조선 내부용으로 활용하기보다 청과 몽골, 명 등 외부세계에 선전할 의도가 더 컸기 때문이라고 짐작된다.(그러나 조선이 항복한 이후에도 명청전쟁에 협조하지 않는 등 소극적으로 나오자 2년 뒤인 1639년 삼전도에 대청황제 공덕비를 세우게 하는 등 왕의 항복을 만천하에 알리도록 강요하였다.)

사실 홍타이지는 조선의 '옥쇄 전략'을 은근히 꺼려하였다. "만약 지나치게 압박한다면 황제는 죽은 시체뿐인 빈 성만 차지할 것"이라는 조선의 1월 21일자 국서를 꼭 믿은 것은 아니지만 극단적 명분론자인 조선 지도부가 언제든지 비상식적, 비현실적인 선택을 할 수도 있다고 여겼다. 조선이 아무런 대비도 없이 청을 자극해서 전쟁을 불러들인 것이야말로 '비현실적 선택'의 대표적인 사례가 아닌가?

1636년 4월 심양에서 열린 황제 즉위식에 참석한 나덕헌과 이확 등 조선 사신이 매를 맞아가면서도, 죽음의 위협 속에서도 무릎을 꿇지 않은 일은 청나라 조야에 깊은 인상을 심어 주었다. 1627년 정묘호란 당시 안주성에 포위됐던 평안병사 남이흥(南以興)이 후금군에 항복하지 않고 화약고에 불을 붙여 자결한 일도 잘 알려진 사실이었다. 당장 강화도가 함락될 때도 화약궤짝에 불을 질러 폭사한 김상용을 비롯해 상당수가 자결을 선택하지 않았던가? 실력을 겨뤄보고 자신보다 힘이 강하다고 확인되면 곧바로 신복하는 몽골인이나 다급하면 투항해서 목숨을 건지는 명나라 사람에 비해 조선인의 행동양태는 사뭇 달랐다.

죽음으로써 의(義)를 실천하겠다는 자들, 목숨을 가벼이 여기는 명분주의자들을 벼랑 끝으로 모는 것은 좋은 계책이 아니다. 적당히 압박하고 달래는 것이 상책이다. 홍타이지가 남한산성을 끝내 깨뜨리지 않았고, 조선 왕의 자리도 보전해 주기로 약속한 것은 일련의 경험을 통해 조선을 다루는 나름의 방법을 터득했기 때문이다. 지나치게 가혹한 항복조건을 요구하면 '죽기를 각오하고 싸우자'는 옥쇄론이 조선의 중론(衆論)이 될 수 있다고 보았다. 홍타이지가 조선 왕을 죽이거나 인질로 잡아가지 않은 사실, 조선을 직할령으로 삼지 않고 '외국'으로 남겨둔 점, 변발을 강요하지 않았고 군신관계를 형성하는 수준에서 멈춘 것은 이런 점이 작용했다고 하겠다.

어쨌든 청은 개전 두 달이 안 돼 숭명반청의 외통수로 치달아 온 조선 왕의 항복을 받고 속국으로 삼는 데 성공하였다. 이로써 홍타이지는 '사방천하가 인정하는 진정한 천자'임을 내세울 수 있게 됐다. 명나라 체제의 최대 추종자인 조선이 청의 신하가 된 것은 동아시아 세계에 큰 충격파를 던졌다. 명의 조야는 자신감을 크게 상실한 반면 청은 뒤를 걱정하지 않고 앞으로 나아갈 수 있게 되었다.

여기서 홍타이지가 조선을 합병하지 않은 배경도 살펴볼 필요가 있다. 당시 청의 군력은 조선을 완벽히 압도하였으니 내몽골을 삼켰듯이 조선을 병탄할 의도를 가질 만도 하였다. 그러나 홍타이지는 왕의 항복만 받고 용상을 보전해 주었다. 이유가 뭘까? 우선 황제 위에 오르면서 국정목표가 '중원 도모'로 바뀐 점을 들 수 있다. 대륙 전체를 먹어치우기로 국가 비전을 정한 터에 '좁은 땅'에 집착할 이유는 없었다. 고집 센 조선을 완전정복하려면 많은 시간과 정력을 소비해야 했는데, 그럴 경우 자칫 대륙정복의 기회를 잃어버릴 수도 있었다.

아울러 항복하면 살려주고 자리도 보전해 준다는 '황제의 덕'을 선전할 기회로 삼고자 했을 수도 있다. 앞서 병자호란은 동아시아 전역을 무대로 한 정치선전장이었다고 언급했음을 상기할 필요가 있다. 조선을 다루는 홍타이지의 행보는 명나라 관리와 지식층을 의식한 측면이 다분했다. 철저한 친명반청주의자인 조선 왕이 청에 투항해 자리를 보전했다는 것은 명의 지도부에게 상당한 동요를 안겨줄 수 있는 사건이었다. 홍타이지도 1월 20일자 국서에서 이런 목적을 분명히 밝힌 바 있다.

> "짐은 바야흐로 하늘의 도움을 받아 사방을 평정하고 있으니 너의 지난날의 잘못을 용서하여 줌으로써 남조(南朝, 명나라)에 본보기를 보이려고 하는 것이다."

조선을 삼키는 것보다 살려둬서 얻는 것이 더 많다고 판단했기에, 홍타이지는 왕의 출성항복을 받고 이틀 뒤인 2월 2일 심양으로 떠났고 2월 5일에는 소현세자와 봉림대군 일행이 심양으로 끌려갔다.

화이론(華夷論)이 부른 비극

　17세기 초 세계 최강의 군대를 보유한 국가와 가장 대책 없는 나라가 맞붙은 전쟁이 병자호란이다. 조선이 아무런 준비도 없이 군사 강국 청과의 전쟁으로 치달은 근본배경은 무엇인가? 당시 조선의 천하관(天下觀)이 청의 패권을 도저히 용납할 수 없었다는 데서 찾을 수 있다. 조선의 사대부, 관료들은 철저히 화이론(華夷論)적 세계관에 매몰돼 있었다. 화이론은 존화양이론(尊華攘夷論)을 줄인 말이니 인간이 사는 천하를 '중화'와 '오랑캐'로 양분해 중화를 존중하고 오랑캐를 멀리한다는 의미이다. 복잡한 세상을 화(華)와 이(夷)로 양분한 전형적인 흑백논리의 세계관이다. 이를 동아시아 국제무대에 적용하면 중국을 맹종하고 중국의 적인 오랑캐는 배척하는 정책으로 귀결된다.

　화이론은 오경(五經)의 하나인 『춘추(春秋)』에서 나온 말로 공자가 주나라를 존중해야 한다고 한 존주론(尊周論)에 바탕을 두고 있다. 성리학에서는 이를 춘추대의(春秋大義)라 하여 중요한 명분으로 삼았다. 국내에서는 고려 말 신진사대부들이 원나라를 배척하고 명과 친하게 지내자는 뜻으로 배원친명 정책을 주장하였는데 화이론이 본격 등장하기는 이때부터이다. 조선이 유교를 국시로 삼은 뒤 화이론은 대외정책의 근본이 되었다.

문제는 조선의 사대부·관료들이 스스로를 오랑캐가 아닌 중화로 인식하고 있었다는 사실이다. 중화는 곧 중국이지만 조선은 중화의 유교문명을 충실히 받아들인 '동방예의지국'인 만큼 소중화라고 여기며 명과 동일시했던 것이다.[20] 따라서 조선의 대외정책은 명과 조선을 공동운명체로 보는 반면 만주와 몽골, 일본 등은 가까이 할 수 없는 이적(夷狄)으로 구분하는 시각을 수백 년간 이어왔다. 특히 조일전쟁 이후 중국 찬양이 거의 신앙처럼 되면서 조선의 대외정책은 국익마저 경시하는 병적인 모습을 보여주고 있었다.(광해군 집권기는 다소 예외적인 면도 있었다.)

반면 명은 조선을 순이(順夷), 말 잘 듣는 고분고분한 오랑캐라고 여기며 자신의 국익에 봉사하도록 마음대로 요리하였다. 1619년 사르후 전투에 참전을 강요한 것과 조선의 섬(가도)을 차지한 모문룡에게 군량미를 제공하게 한 것 등이 대표적인 사례이다. 조선이 명의 실체를 모르고 일방적으로 맹충성하면서 만주국은 배척하는 현실에 대해서는 홍타이지의 부친 누르하치가 일찍이 조롱한 바 있다.

---

20) 최동희, 『조선의 외교정책』, 집문당, 2004, pp48~55.

"…요동은 본래 조선의 국토이다. 지금 명나라 사람들이 그 땅을 빼앗았는데 너희는 명나라가 원수인 것도 모르고 도리어 신하가 되어 복종하고 있구나. 진실로 기자(箕子)의 자손(조선을 말함)은 노예근성이 남아 있나 보구나. 나는 명나라를 전혀 두려워하지 않는다. 너희가 우리와 수호하지 않겠다면 마음대로 하라."[21]

누르하치의 이 말은 곧 홍타이지의 생각과 다르지 않다. 만주인들이 보기에 조선은 같은 동이(東夷)로서 함께 손잡을 대상인데도 명나라만 섬기고 자신들은 배척하니 답답함과 배신감을 느끼고 있었다.

조선 지도층의 화이론이 현실에 기초하지 않은 '상상의 산물'임을 보여주는 작은 에피소드가 있다. 병자호란 당시 남한산성과 청군 진영을 오가며 강화협상을 진행했던 호조참판 윤휘(尹暉)는 자신이 관찰한 것 가운데 '괴이한 점'을 임금에게 보고하였다.

"신이 보기에 이상한 점이 있습니다. 오랑캐의 성품은 몹시 탐욕스러운데 어찌된 일인지 피란민들의 물건을 일절 약탈하지 않고 있습니다. 뿐만 아니라 그들의 대오는 아주 잘 정돈되어 있고 전마(戰馬)는 멀리서 왔음에도 불구하고 조금도 피곤해 보이지 않습니다. 참으로 괴이하고 흉특한 일이 아닐 수 없습니다."

윤휘의 입장에서 청군의 절도 잡힌 행동은 선뜻 이해가 되지 않았

---

21) 원전은 『만문노당비록(滿文老檔祕錄)』인데, 필자를 알 수 없는 인터넷 글에서 재인용하였다.

다. 화이론의 세계관에서 보면 오랑캐 군대는 탐욕스럽고 야만적인 행동을 해야 정상이고 당연히 그럴 것으로 예상하였다. 그런데 실제로는 군의 대오가 정제되어 있고 피란민들을 함부로 약탈하지 않으니 '괴이하고 흉특한 일'이었던 것이다.[22] 조선 지도층에게 중국 아닌 이웃나라는 모두 야만적인 오랑캐로 간주되었는데 사실은 이런 생각 자체가 근거 없는 상상의 산물이었다.

조선 지배층의 화이론은 임진왜란 때 명나라가 조선을 구원하며 나라를 다시 만들어주었다는 이른바 재조지은(再造之恩) 관념을 더하면서 신성불가침한 영역으로 격상되었다. 광해군이 서인들의 쿠데타로 실각한 것도 명-후금전쟁에서 취한 중립 정책이 사대부들의 화이론적 세계관과 부합하지 못한데서 큰 배경을 찾을 수 있다. 조선의 화이론은 조일전쟁 이후 더욱 경직되었고 인조반정으로 집권한 서인정권 아래서는 중증으로 발전한 상태였던 것이다.

이런 상황에서 A급 오랑캐인 만주족이 명을 대신할 의지를 천명하자 조선의 지배층은 명나라 관리들이 울고 갈 정도로 강하게 반발하였다. 특히 '한낱 오랑캐 추장(홍타이지)'이 천자를 자처하며 황제로 등극한 것은 '용납할 수 없는 천하질서에 대한 도전'이라고 조선의 화이론자들은 간주하였다. 그들은 천자는 오직 한족이 맡아야 한다고 믿고 있었다.

반면 홍타이지는 "천하의 주인은 한족만이 될 수 있는 것이 아니다. 덕이 있어 천명을 받으면 누구나 황제가 될 수 있다."는 유연

---

22) 한명기, 「병자호란 다시 읽기 74」, 서울신문, 2008년 6월 25일자 26면.

한 입장을 취하고 있었다. 필부(匹夫)나 오랑캐도 천명을 받으면 황제가 될 수 있다고 보았던 홍타이지는 대원의 후예 몽골이 귀부해 오고 대원의 국새가 자신에게 전해진 것을 천명이 내린 증거로 간주하였다.(훗날 홍타이지의 증손자 옹정제(雍正帝)는 『대의각미록(大義覺迷錄)』이란 책에서 중화사상에 기반한 화이론을 비판하였다. 옹정제는 중화와 오랑캐는 변할 수 있는 상대적인 개념이라면서 만주족도 중국의 황제가 될 수 있다고 설파하였다. '천하의 군주' 황제는 혈연으로 결정되는 것이 아니라 덕이 있어야 된다고 강조한 것이다. 옹정제의 언급은 홍타이지의 생각을 계승한 셈이다.)

그 결과 같은 오랑캐(東夷)이지만 조선은 중국을 '떠받들어야 할 하늘(天)'로 대하였던 반면 만주족은 '정복해야 할 땅(地)'으로 보았다. 이런 인식의 차이는 훗날 양자의 관계를 '천하의 주인'과 '속방(屬邦)'으로 만든 근본 요인이었다. 실제로는 오랑캐이면서도 스스로를 중화로 착각해 '오랑캐 형제'를 배척한 조선 지배층의 사고와 수명천자(受命天子) 의식으로 충만했던 홍타이지의 인식 차이는 한판 전쟁이 아니면 해소되기 힘든 간극이었다.

조선의 지배층은 만주국의 원시성과 역동성, 숭무 기풍, 기동성 등의 풍조를 '호풍(胡風, 오랑캐 풍속)'으로 천시하고 얕잡아 보았다. 반면 청의 지도부는 조선의 허례허식, 모화사상, 사대주의, 문치 기풍을 몽매한 이너자의 넋두리 같다며 경멸하였다. 고조선과 고구려라는 같은 하늘에서 갈라져 나온 두 동이 족속 간의 상반된 세계관은 충돌이 불가피하였고 결국은 하늘이 정하는 힘의 논리에 의해 한쪽은 깨어져 나갈 운명이었다. 조-청 간 '화해할 수 없는 인식의 격차'는 수많은 백성들이 죽고 포로로 끌려간 병자호란의 비극을 만든 근본 원인이라는 게 필자의 판단이다.

조선으로서는 삼전도의 굴욕이 재생의 기회가 될 수 있었으니, 경직된 화이론의 틀에서 벗어나 보다 유연한 사고를 가질 수도 있는 계기였기 때문이다. 하지만 조선의 조야는 끝내 화이의 양분론에서 벗어나지 못한 채 더욱 견고한 주자학의 벽에 갇혔다가 결국은 '섬 오랑캐(島夷, 일본)'에게 국권을 상실하기에 이르니, 남한산성의 쓰디쓴 경험이 국가발전에 긍정적으로 작용하지 못한 셈이었다.

사실 병자호란 이후 수백 년간 북벌(北伐)이란 비현실적인 정치구호와 정신승리법만 난무했을 뿐 이념정치의 실패를 교정하려는 시도는 구체화되지 못하였다. 화이론적 세계관에서 삼전도의 굴욕은 조일전쟁 7년의 경제적 피해를 능가하는 심리적 타격이자 '정신적 트라우마'였을 뿐, 조선의 이념적 성장에 별다른 교훈이 되지 못하였다는 점에서 아쉬움이 크다.

참고문헌

김종원, 『근세동아시아관계사연구』, 서울: 혜안, 1999.

김한규, 『요동사』, 서울: 문학과지성사, 2004.

김희영, 『이야기 중국사』, 서울: 청아출판사, 1998.

난빙원, 『명사(明史) 하권』, 중국: 상하이인민출판사, 2001.

니시노 히로요시, 『말과 황하와 장성의 중국사』, 김석희 역, 서울: 도서출판 북북서,
2007.

동북아역사재단, 『동아시아의 역사 2』, 서울: 동북아역사재단, 2011.

레이 황, 『자본주의 역사와 중국의 21세기』, 이재정 역, 서울: 이산, 2001.

마스이 츠네오, 『대청제국』, 이진복 역, 서울: 학민사, 2004.

마크 C. 엘리엇, 『만주족의 청제국』, 이훈 · 김선민 공역, 서울: 푸른역사, 2009.

미야지마 히로시 · 키시모토 미오, 『조선과 명청』, 김현영 · 문순실 공역, 서울: 너머북스, 2014.

백양, 『맨얼굴의 중국사 5』, 김영수 역, 서울: 창해, 2005.

백영서 외, 『동아시아의 지역질서』, 서울: 창비, 2005.

쉬훙씽, 『천추흥망-청나라』, 정대웅 역, 서울: 따뜻한손, 2010.

신동준, 『조선국왕 vs 중국황제』, 서울: 역사의아침, 2010.

안드레 군더 프랑크, 『리오리엔트』, 이희재 역, 이산, 2003.

옌 충니엔, 『청나라, 제국의 황제들』, 정성철 역, 서울: 산수야, 2017.

왕쟈펑 외 7, 『대국굴기』, 양성희 · 김인지 공역, 서울: 크레듀, 2007.

우한, 『제왕(帝王)』, 김숙향 역, 서울: 살림, 2010.

유소맹, 『여진 부락에서 만주 국가로』, 이훈 · 김선민 · 이선애 공역, 서울: 푸른역사, 2013.

융이, 『백은비사』, 류방승 역, 서울: 알에이치코리아, 2013.

이시바시 다카오, 『대청제국 1616~1799』, 홍성구 역, 서울: 휴머니스트, 2009.

이이화, 『한국사이야기 12』, 서울: 한길사, 2000.

이익, 『성호사설』, 최석기 역, 서울: 한길사, 1999.

임계순, 『청사(淸史)-만주족이 통치한 중국』, 서울: 신서원, 2000.

작자 미상, 『산성일기』, 김광순 역, 서울: 서해문집, 2007.

장진근 역주, 『만주원류고』, 서울: 파워북, 2008.

장한식, 『이순신 수국 프로젝트』, 서울: 산수야, 2018.

진순신, 『중국의 역사 10』, 서울: 한길사, 1995.

천남, 『도설 대청제국(圖說 大淸帝國)』, 중국: 후베이성출판사, 2012.

최동희, 『조선의 외교정책』, 서울: 집문당, 2004.

크리스 피어스, 『전쟁으로 보는 중국사』, 황보종우 역, 서울: 수막새, 2005.

타카시마 토시오, 『중국, 도적 황제의 역사』, 신준수 역, 서울: 역사넷, 2007.

토마스 바필드, 『위태로운 변경』, 윤영인 역, 서울: 동북아역사재단, 2009.

피터 C. 퍼듀, 『중국의 서진』, 공원국 역, 서울: 도서출판 길, 2012.

한국역사연구회 17세기 정치사 연구반, 『조선중기 정치와 정책』, 서울: 아카넷, 2003.

한명기, 『광해군』, 서울: 역사비평사, 2000.

황종희, 『명이대방록』, 강판권 역, 대구: 계명대학교출판부, 2010.

『광해군일기』, 1621년 9월 10일자 / 1623년 3월 14일자.

『성종실록』, 1473년 2월 11일자.

『세조실록』.

『세종실록』.

이긍익, 『국역연려실기술』, 제25권 인조조 고사본말.

『인조실록』, 1627년 12월 22일자 / 1627년 12월 30일자 / 1633년 1월 25일자 / 1635년 12월 30일자 / 1636년 2월 16일자 / 1636년 2월 21일자 / 1636년 3월 1일자 / 1636년 4월 26일자 / 1636년 11월 12일자 / 1636년 12월 17일자.

『청태종실록』.

『태종문황제실록』.

김문기(2011:4.27), 「김문기의 널뛰는 기후 춤추는 역사 3」, 국제신문.

김선민, 「월경 채삼과 후금-조선 관계」, 성균관대 HK연구원, 인터넷 논문.

노기식(2001:12), 「만주의 흥기와 동아시아 질서의 변동」, 중국사연구 제16집.

서영교, 「전쟁과 시장(44)-정치권력과 조폭의 결합」, 인터넷사이트-THE KOREA 전쟁사.

열국연의(2015:5.10), 「만청제국의 개국공신 범문정」, http://www.yangco.net/new0822/?doc=bbs/gnuboard.php&bo_table=1china_9&page=2&wr_id=29.

정만군, 「인물중국사(160) 범문정: 대명왕조의 인재유실」, 인터넷 글 참고.

조병학, 「입관 전 후금의 몽골 및 만주족 통합에 관한 연구」, 중앙대 사학과 박사학위 논문, 2002.

한명기(2008:6.4), 「병자호란 다시 읽기 74」, 서울신문.

한명기(2008:6.25), 「병자호란 다시 읽기 77」, 서울신문.